Mensch oder Materie

Einführung in ein spirituelles Verständnis der Natur auf der Grundlage von Goethes Methode der Beobachtungs- und Denkschulung

Ernst Lehrs

Writat

Diese Ausgabe erschien im Jahr 2023

ISBN: 9789359255224

Herausgegeben von
Writat
E-Mail: info@writat.com

Inhalt

Anmerkung des Verfassers

Der Autor dankt dankbar für die Hilfe, die er durch andere Arbeiten auf dem von Rudolf Steiner eröffneten weiten Feld erhalten hat, und für seine Dankbarkeit gegenüber den Freunden, die ihn auf verschiedene Weise bei der Erstellung seines Manuskripts unterstützt haben.

Aus den folgenden Büchern wurden mit freundlicher Genehmigung der jeweiligen Herausgeber Zitate angefertigt:

Das Leben von Sir William Crookes von EE Fournier d'Albe (Messrs. Ernest Benn Ltd.);
Man the Unknown von A. Carrel (Messrs. Hamish Hamilton Ltd.);
Die Philosophie der physikalischen Wissenschaft und *die Natur des physikalisch-weltlichen A.* Eddington (University Press, Cambridge);
Wissenschaft und das menschliche Temperament von E. Schrödinger (Herren George Allen und Unwin Ltd.);
Jahrhundertelange Meditationen und *poetische Werke* von Th. Traherne (Herren PJ und AE Dobell).

Vorwort

In diesem Buch wird dem Leser eine Methode zur Erforschung der Natur dargelegt, mit deren Hilfe das wissenschaftliche Verständnis über die Grenzen des Physisch-Merklichen hinaus zu den übersinnlichen Quellen aller Naturereignisse und damit in den Bereich getragen werden kann, in dem das wahre Wesen verwurzelt ist des Menschen.

Die Anfänge dieser Methode wurden vor mehr als 150 Jahren von Goethe erarbeitet. Das 19. Jahrhundert bot jedoch keinen fruchtbaren Boden für die Entwicklung der so gesäten Samen. Es blieb Rudolf Steiner überlassen, kurz vor dem Ende des Jahrhunderts die Bedeutung des „ Goetheanismus " für die zukünftige Entwicklung nicht nur der Wissenschaft, sondern der menschlichen Kultur im Allgemeinen zu erkennen. Ihm verdanken wir auch die Möglichkeit, Goethes Wirken so weiterzuführen, wie es die Bedürfnisse unserer Zeit erfordern.

Auf den folgenden Seiten finden Sie Ergebnisse der Arbeit des Autors auf dem von Goethe und Rudolf Steiner eröffneten Weg, die er vor 27 Jahren begann, kurz nachdem er Rudolf Steiner kennengelernt hatte. Mit der Veröffentlichung dieser Ergebnisse wendet er sich an alle – mit oder ohne fachwissenschaftliche Ausbildung –, die sich mit der Zukunft des menschlichen Erkenntnisvermögens in der Gegenwart befassen.

*

Der Leser kann sich über einen Hinweis auf die Art und Weise freuen, in der dieses Buch gelesen werden muss.

enzyklopädische Sammlung neuer Konzepte in verschiedenen Bereichen der Naturbeobachtung bereitzustellen . Vielmehr wollte er, wie der Untertitel des Buches andeutet, eine neue Methode zur Schulung von Geist und Auge (und auch anderer Sinne) anbieten, mit deren Hilfe unser modernes „schauendes" Bewusstsein in ein neues umgewandelt werden kann Art von „teilnehmendem" Bewusstsein. Daher wäre es sinnlos, das eine oder andere Kapitel für die erste Lektüre auszuwählen, vielleicht wegen eines besonderen Interesses an seinem Thema. Die Kapitel sind Etappen auf einem Weg, der zurückgelegt werden muss , und jede Etappe ist notwendig, um zur nächsten zu gelangen. Nur wenn der Leser die Methode akzeptiert, mit der das Buch geschrieben wurde, kann er sich ein kompetentes Urteil über seine wesentlichen Elemente bilden.

EL

Hawkwood College Ostern 1950

TEIL I

Wissenschaft an der Schwelle

KAPITEL I

Einleitend

Wenn ich dieses Buch einleite, erzähle ich, wie ich vor mehr als 25 Jahren Rudolf Steiner und seinem Werk begegnet bin und was mich dazu bewogen hat, nicht nur seinen Wissensweg zu meinem eigenen zu machen, sondern auch beruflich in eine inspirierte Tätigkeit einzusteigen durch seine Lehren, weil ich auf diese Weise dem Leser am unmittelbarsten einen Eindruck von der Art Geist vermitteln kann, aus der ich geschrieben habe. Ich bin mir auch sicher, dass das, was ich in diesem Kapitel zu sagen habe, zwar inhaltlich persönlich ist, aber für viele in unserer Zeit charakteristisch ist.

Als ich Rudolf Steiner und seine Arbeit zum ersten Mal kennenlernte, beendete ich meine akademische Ausbildung zum Elektrotechniker. Am Ende des Krieges von 1914 bis 1918 war mein erster Gedanke, mein Studium dort fortzusetzen, wo ich es vier Jahre zuvor aufgegeben hatte. Der Krieg schien nichts weiter als eine vorübergehende Unterbrechung zu bedeuten. Dies war jedenfalls die Meinung meiner früheren Lehrer; Der Krieg hatte an ihren Vorstellungen überhaupt keinen Unterschied gemacht, weder hinsichtlich des Unterrichtsgegenstandes noch hinsichtlich des erzieherischen Zwecks. Ich selbst jedoch begann bald, anders zu empfinden. Mir wurde klar, dass sich mein Verhältnis zu meinem Fach und damit auch zu seinen Lehrenden völlig verändert hatte. Was ich während des Krieges erlebt hatte, hatte in mir eine Frage geweckt, die mir vorher nicht bewusst gewesen war; Jetzt fühlte ich mich verpflichtet, es auf alles anzuwenden, was mir begegnete.

Als Kind meines Alters war ich in der Überzeugung aufgewachsen, dass es in der Macht des Menschen liege, sein Leben nach den Gesetzen der Vernunft in ihm zu gestalten; Sein Fortschritt in dem Sinne, wie ich ihn damals verstand, schien durch seine zunehmende Fähigkeit gesichert, seine eigenen äußeren Bedingungen mit Hilfe der Wissenschaft zu bestimmen. Tatsächlich war es der Wunsch, aktiv an diesem Fortschritt teilzuhaben, der mich zu meiner Berufswahl veranlasste. Nun aber stand der Krieg als eine gigantische gesellschaftliche Tat da, die ich in keiner Weise als einigermaßen gerechtfertigt ansehen konnte. Wie war es in einer Zeit, in der die Logik der Wissenschaft an oberster Stelle stand, möglich, dass ein großer Teil der Menschheit, einschließlich der Völker, denen die Wissenschaft ihren Ursprung und ihre unaufhörliche Ausbreitung verdankte, auf so völlig unwissenschaftliche Weise handeln konnte? Wo lagen die Ursachen für den so aufgedeckten Widerspruch zwischen menschlichem Denken und menschlichem Handeln?

Von diesen Fragen verfolgt, entschloss ich mich nach einiger Zeit, meinem Studium eine neue Wendung zu geben. Die Art der Ausbildung gab es damals in Deutschland an der sogenannten Technischen Das Hauptziel von Hochschulen war es, den Studierenden einen intensiven praktischen Umgang mit technischen Geräten aller Art zu ermöglichen. es enthielt nur so viel Theorie, wie zum Verständnis der in der technischen Praxis auftretenden mathematischen Berechnungen erforderlich war. Es schien mir nun notwendig, den theoretischen Überlegungen mehr Aufmerksamkeit zu widmen, um genauere Erkenntnisse über die Quellen zu gewinnen, aus denen die Wissenschaft ihre Naturauffassung schöpfte. Deshalb verließ ich die Hochschule für ein Studium der Mathematik und Physik an einer Universität, ohne jedoch meine ursprüngliche Idee, mich auf eine Karriere im Bereich Elektrotechnik vorzubereiten, aufzugeben. Aus diesem Grund habe ich mich später für meinen Doktortitel entschieden. Dissertation ist eine experimentelle Forschung über die Verwendung hochfrequenter elektrischer Ströme.

In den darauffolgenden Jahren der Vernunft fand ich jedoch keine nähere Lösung für das Problem, das mich verfolgte. Alles, was ich in der wissenschaftlichen Arbeit wie im Leben überhaupt erlebt habe, hat ihr nur eine noch schärfere Schärfe verliehen. Überall sah ich, wie sich zwischen menschlichem Wissen und menschlichem Handeln eine Kluft öffnete. Wie oft war ich nicht bitter desillusioniert über das Verhalten von Männern, für deren Fähigkeit, die kompliziertesten wissenschaftlichen Fragen zu durchdenken, ich größte Bewunderung empfand!

Auf allen Seiten fand ich dieselbe verwirrende Kluft zwischen wissenschaftlichen Errungenschaften und der Art und Weise, wie Menschen ihr eigenes Leben führten und das Leben anderer beeinflussten. Ich musste zu dem Schluss kommen, dass das menschliche Denken, zumindest in seiner modernen Form, entweder machtlos ist, menschliches Handeln zu steuern, oder es zumindest nicht in der Lage ist, es auf die richtigen Ziele auszurichten. Tatsächlich waren dort, wo das wissenschaftliche Denken am meisten dazu beigetragen hatte, die praktischen Beziehungen des menschlichen Lebens zu verändern, wie etwa bei der Mechanisierung der wirtschaftlichen Produktion, Bedingungen entstanden, die es den Menschen schwerer und nicht schlechter machten, menschenwürdig zu leben. Zu einer Zeit, in der die Menschheit wie nie zuvor in der Lage war, die Ordnung des Universums zu erforschen, und gestalterische Erfolge bei mechanischen Konstruktionen erzielt hatte, geriet das menschliche Leben in immer wilderes Chaos. Warum war das so?

Die Tatsache, dass sich die meisten meiner Zeitgenossen offenbar überhaupt nicht des Problems bewusst waren, das mich so tief bewegte, konnte meinen Sinn für seine Realität nicht schwächen. Dieses Schlummern so vieler Seelen angesichts der lebenswichtigen Fragen des modernen Lebens schien mir lediglich ein weiteres Symptom der Krankheit unserer Zeit zu sein. Ich könnte auch nicht viel besser über diejenigen denken, die sensibler für die Widersprüche in und um sie herum waren und Zuflucht in der Kunst oder Religion suchten. Die Kriegskatastrophe hatte mir gezeigt, dass diese Aufteilung des Lebens, die ich einst selbst für eine Art Ideal gehalten hatte, mit den Bedürfnissen der heutigen Zeit völlig unvereinbar war. Die Nutzung von Kunst oder Religion als Zufluchtsort war ein Zeichen ihrer zunehmenden Trennung vom Rest der menschlichen Kultur. Es implizierte eine Kluft zwischen den verschiedenen Bereichen der Gesellschaft, die eine echte Lösung sozialer Probleme ausschloss.

Aus der Geschichte wusste ich, dass Religion und Kunst einst eine Funktion ausgeübt hatten, die heute der Wissenschaft vorbehalten ist, denn sie hatten selbst bei den praktischsten Aktivitäten der menschlichen Gesellschaft Orientierung gegeben. Und dadurch haben sie die Lebensqualität der Menschen verbessert, während der Einfluss der Wissenschaft genau das Gegenteil bewirkt hat. Diese Führungskraft hatten sie jedoch längst verloren, und angesichts dieser Tatsache kam ich zu dem Schluss, dass das Heil in erster Linie von der Wissenschaft gesucht werden muss. Hier, im Denken und Wissen des Menschen, lag die Wurzel moderner Probleme; Hier muss eine drastische Revision erfolgen, und hier muss, wenn möglich, eine völlig neue Richtung gefunden werden.

Solche Ansichten widersprachen sicherlich der allgemeinen modernen Überzeugung, dass die gegenwärtige Art des Wissens, mit deren Hilfe so viele Einblicke in die natürliche Welt gewonnen wurden, die einzig mögliche ist, die dem Menschen ein für alle Mal in einer Form gegeben wird, die er niemals erhalten wird verändert sein. Aber ist es überhaupt nötig, fragte ich mich, an dieser rein statischen Vorstellung von der Erkenntnisfähigkeit des Menschen festzuhalten? Steht unter den größten Errungenschaften der modernen Wissenschaft nicht das Konzept der Evolution an vorderster Stelle? Und lehrt uns das nicht, dass der Zustand eines lebenden Organismus zu jedem Zeitpunkt das Ergebnis des ihm vorausgegangenen Zustands ist und dass der Übergang eine entsprechende funktionelle Verbesserung mit sich bringt? Aber wenn wir dies einmal als etablierte Wahrheit erkannt haben, warum sollten wir es dann auf Organismen in jeder Entwicklungsstufe anwenden, außer auf die höchste , nämlich die menschliche, wo die organische Form den selbstbewussten Geist offenbart und ihm dient?

Als ich die Frage so stellte, gelangte ich unweigerlich zu einer Schlussfolgerung, die die Wissenschaft selbst aus ihrer Vorstellung von der Evolution nicht gezogen hatte. Was auch immer der treibende Faktor in der Evolution sein mag, es ist klar, dass dieser Faktor in den Naturreichen, die zum Menschen führten, immer von außen auf die sich entwickelnden Organismen eingewirkt hat. Sobald wir jedoch zum Menschen selbst kommen und sehen, wie die Evolution in seiner Kraft des bewussten Denkens aufgeblüht ist, müssen wir mit einer grundlegenden Veränderung rechnen.

Sobald ein Wesen sich selbst als Produkt der Evolution erkannt hat, hört es sofort auf, dies zu sein und nichts weiter. Mit dem allerersten Akt der Selbsterkenntnis überschreitet es seine bisherigen Grenzen und muss sich in Zukunft für die Fortführung seiner Entwicklung auf sein eigenes bewusstes Handeln verlassen.

Für mich begann das Konzept der Evolution, wenn es zu Ende gedacht wurde, die Möglichkeit eines weiteren Wachstums der spirituellen Fähigkeiten des Menschen nahezulegen. Aber ich sah auch, dass dieses Wachstum nicht länger nur passiv sein konnte, und die Frage, die mich jetzt beschäftigte, war: Durch welche eigene Aktion kann der Mensch seinen Weg in diese neue Phase der Evolution finden? Ich erkannte, dass diese Handlung nicht nur darin bestehen durfte, den natürlichen Kräften des menschlichen Denkens eine äußere Wirkung zu verleihen; Das geschah überall in der ungeordneten Welt um mich herum. Das notwendige Handeln muss innere Wirkungen haben; in der Tat musste es eine sein, bei der der Wille auf die Denkkräfte selbst gerichtet war, sie völlig umwandelte und so die Diskrepanz zwischen dem Denker und dem Handelnden im modernen Menschen beseitigte.

Überlegungen durchführen , aber nicht weiter. Sich eine allgemeine Vorstellung von der Tat zu machen, von der alles andere abhing, war eine Sache; Es war etwas ganz anderes, zu wissen, wie man die Tat ausführt und vor allem, wo man damit anfängt. Wer eine Maschine bauen will, muss zunächst etwas über Mechanik lernen; Ebenso muss jeder, der etwas Konstruktives auf dem Gebiet des menschlichen Bewusstseins tun möchte – und das war für mich der wesentliche Punkt – zunächst etwas über die Gesetze lernen, die in diesem Bereich gelten. Aber wer könnte mir dieses Wissen vermitteln?

Physiologie, Psychologie und Philosophie in ihrer gewöhnlichen Form waren für mich nutzlos, denn sie waren selbst Teil genau jener Art von Wissen, die es zu überwinden galt. In ihren verschiedenen Darstellungen des Menschen gab es keinen Standpunkt, von dem aus die Tat, die ich im Sinn hatte, hätte vollbracht werden können, denn keiner von ihnen blickte über die gewöhnlichen Kräfte des Wissens hinaus. Das Gleiche galt für die akzeptierte Evolutionstheorie; Als Produkt der gegenwärtigen Denkweise könnte es auf alles außer auf das eine Wesentliche angewendet werden – auf diese Denkweise. Offensichtlich können die Gesetze der Entwicklung des menschlichen Bewusstseins nicht von einem Standpunkt innerhalb der modernen Form dieses Bewusstseins entdeckt werden. Aber wie könnte man sozusagen außerhalb dieses Bewusstseins einen Standpunkt finden, von dem aus man seine Gesetze mit der gleichen wissenschaftlichen Objektivität entdecken könnte, mit der es selbst die Gesetze der physikalischen Natur entdeckt hatte?

Als diese Frage in aller Klarheit vor mir stand, führte mich das Schicksal zu Rudolf Steiner und seinem Werk. Anlass war eine Tagung der Anthroposophischen Bewegung im Jahr 1921 in Stuttgart; Es war eines von mehreren, die in den Jahren 1920-22 speziell für Lehrer und Studenten an den Hochschulen und Universitäten eingerichtet wurden. Was mich vor allem dazu bewegte, an dieser speziellen Konferenz teilzunehmen, war der Titel eines Vortrags, den einer der Schüler und Mitarbeiter Rudolf Steiners hielt: „Die Überwindung von Einsteins Relativitätstheorie". [1]

Der Leser wird sofort verstehen, was dieser Titel für mich bedeutete. In den Kreisen, in denen ich arbeitete, tobte gerade eine heftige Kontroverse um Einsteins Ideen. Normalerweise habe ich mich auf die Seite der Befürworter Einsteins gestellt, denn es schien mir, dass Einstein die bestehende wissenschaftliche Denkweise zu ihren logischen Schlussfolgerungen geführt hatte, während ich bei seinen Gegnern diese Konstanz vermisste. Gleichzeitig stellte ich fest, dass die Wirkung dieser Theorie, wenn ihre Implikationen vollständig entwickelt waren, darin bestand, alles so „relativ" erscheinen zu lassen, dass keine verlässliche Weltanschauung mehr übrig blieb. Das war für mich der Beweis dafür, dass unsere Zeit eine völlig andere Form des wissenschaftlichen Denkens brauchte, die zwar in sich konsistent, aber mehr im Einklang mit dem Wesen des Menschen war.

Was mich am Titel der Vorlesung gereizt hat, war einfach die Tatsache, dass, während alle anderen Einsteins Recht oder Unrecht beweisen wollten, es hier offenbar um jemanden ging, der offenbar nicht nur die Absicht hatte, einen weiteren Beweis für oder gegen seine Theorie beizubringen — davon gab es bereits viele - sondern einige Schritte zu unternehmen, um es *zu überwinden* . Aus Sicht der orthodoxen Wissenschaft war es natürlich absurd, von der „Überwindung" einer Theorie zu sprechen, als wäre sie eine vollendete Tatsache, aber für mich deutete dieser Titel genau das an, wonach ich suchte.

Obwohl es der Titel dieses Vortrags war, der mich zur Stuttgarter Konferenz lockte (die Umstände hinderten mich daran, nur diesen Vortrag zu hören), war es der dort von Rudolf Steiner selbst gehaltene Kurs, der das entscheidende Erlebnis meines Lebens beweisen sollte. Es umfasste acht Vorlesungen unter dem Titel: „Mathematik, wissenschaftliches Experiment und Beobachtung sowie erkenntnistheoretische Ergebnisse vom Standpunkt der Anthroposophie"; Was sie mir gaben, beantwortete meine Frage über alle Erwartungen hinaus.

Im Rahmen eines umfassenden historischen Überblicks charakterisierte der Dozent in einer für mich äußerst überzeugenden Weise die gegenwärtige mathematische Interpretation der Natur als Übergangsstadium des menschlichen Bewusstseins – einer Art Wissen, das sich auf dem Weg von einer vormathematischen Vergangenheit zu einer vormathematischen Vergangenheit befindet eine zukünftige postmathematische Form der Erkenntnis. Die Bedeutung der Mathematik, sei es als Disziplin des menschlichen Geistes oder als Instrument der Naturwissenschaften, wurde keinen Moment unterschätzt. Im Gegenteil: Was Rudolf Steiner zum Beispiel über die Projektive (Synthetische) Geometrie, ihre zukünftigen Möglichkeiten und ihre Rolle als Mittel zum Verständnis höherer Prozesse in der Natur sagte, als sie der Wissenschaft bisher zugänglich waren, erklärte deutlich die positiven Gefühle, die ich selbst empfand - ohne zu wissen warum -, als ich mich mit dem Thema befasst hatte.

Durch seine Vorträge und seinen Anteil an den Diskussionen – sie wurden täglich von den verschiedenen Rednern gehalten und erstreckten sich über fast alle Bereiche des modernen Wissens – wurde mir nach und nach klar, dass Rudolf Steiner über einzigartige Kräfte verfügte. Er zeigte sich nicht nur auf allen diesen Gebieten vollkommen zu Hause; Es gelang ihm, sie miteinander und mit der Natur und dem Wesen des Menschen zu verbinden, und zwar so, dass ein scheinbares Chaos unzusammenhängender Details zu einer höheren Synthese entstand. Darüber hinaus wurde mir klar, dass jemand, der wie er über die vergangenen, gegenwärtigen und zukünftigen Stadien des menschlichen Bewusstseins sprechen konnte, nach Belieben vollen Zugriff auf sie alle haben und in der Lage sein muss, jede von ihnen zu einem genauen Objekt zu machen Überwachung. Ich sah einen Denker, der selbst ein ausreichender Beweis dafür war, dass der Mensch in den Ressourcen seines eigenen Geistes den Ausgangspunkt für die Tat finden kann, von der ich vage geahnt hatte, und durch die allein die wahre Zivilisation gerettet werden könnte. Durch all diese Dinge wusste ich, dass ich den Lehrer gefunden hatte, den ich gesucht hatte.

Somit wurde ich in meinen Hoffnungen auf die Konferenz voll und ganz bestätigt; aber ich war auch oft erstaunt über das, was ich hörte. Zu meiner Überraschung gehörte nicht zuletzt Rudolf Steiners Darstellung Goethes als Vorbote der neuen Form wissenschaftlichen Wissens, die er selbst darlegte. Ich wurde hier mit einer Seite Goethes bekannt gemacht, die mir ebenso völlig unbekannt war wie so vielen anderen meiner Zeitgenossen, die noch nicht mit der Anthroposophie in Berührung gekommen waren. Für mich wie für sie war Goethe immer der große Denker, der seine Gedanken durch Poesie offenbarte. Tatsächlich war Goethe erst kurz vor meiner Begegnung mit Rudolf Steiner in seinen Gedichten für mich als Helfer auf der Suche nach einem umfassenderen menschlichen Erleben der Natur und meiner

Mitmenschen neu lebendig geworden. Aber trotz all meiner Goethe-Studien war mir überhaupt nicht bewusst, dass er mehr als ein Jahrhundert zuvor auf dem Gebiet der organischen und anorganischen Wissenschaft etwas erreicht hatte, das dem modernen Menschen zu der neuen Art von Wissen verhelfen konnte, die er heute so dringend benötigt. Dies war für mich unvermeidlich, da ich die moderne Überzeugung teilte, dass Kunst und Wissenschaft einander grundsätzlich fremde Betätigungsfelder seien. Und so war es wiederum Rudolf Steiner, der mir den Weg zu Goethe als Botaniker, Physiker und dergleichen öffnete.

Ich muss noch einen weiteren Aspekt der Stuttgarter Konferenz erwähnen, der zu diesem Bild meiner ersten Begegnung mit der Anthroposophie gehört und ihm für jeden in meiner damaligen Situation besonderes Gewicht verlieh. In Stuttgart gab es viele verschiedene Aktivitäten, die sich mit der praktischen Anwendung der Lehren Rudolf Steiners befassten, so dass man gleichzeitig Lehren und Anwendungen kennenlernen konnte. Es gab die Waldorfschule, die kaum mehr als ein Jahr zuvor gegründet wurde und bereits mehrere hundert Schüler hatte. Sie war die erste Schule, die die Umsetzung anthroposophischer Menschenerkenntnis in pädagogische Praxis vornahm; Später folgten weitere, in Deutschland und anderswo. Es gab eine der Kliniken, in der qualifizierte Ärzte das gleiche Wissen auf die Erforschung von Krankheiten und die Wirkung von Medikamenten anwendeten. In verschiedenen Laboratorien wurden Anstrengungen unternommen, neue Methoden der experimentellen Forschung in der Physik, Chemie, Biologie und anderen Wissenschaftszweigen zu entwickeln. Darüber hinaus wurde in Stuttgart ein großer Wirtschaftskonzern gegründet, um einige Ideen Rudolf Steiners zur Reform des gesellschaftlichen Lebens umzusetzen. Darüber hinaus konnte ich Aufführungen der neuen Bewegungskunst, wiederum eine Schöpfung Rudolf Steiners und von ihm „Eurythmie" genannt, beiwohnen, bei der das staunende Auge sehen konnte, welch edle Rede der menschliche Körper ausdrücken kann, wenn seine Gliedmaßen zusammen sind in Übereinstimmung mit seinen inhärenten spirituellen Gesetzen bewegt. So konnte man in all den vielen Dingen, die neben den Vorträgen stattfanden, einen direkten Beweis für die Fruchtbarkeit dessen finden, was man darin hörte. [2]

Unter dem Eindruck dieser Konferenz begann ich bald, mich mit den Schriften Rudolf Steiners zu beschäftigen. Keine zwei Jahre später entschloss ich mich, mich beruflich den Menschen anzuschließen, die die Anthroposophie in die äußere Praxis umsetzten. Da es mir als das dringendste Bedürfnis der Zeit erschien, die neue Generation durch eine auf den gesamten Menschen ausgerichtete Bildung auf die bevorstehenden Aufgaben vorzubereiten, wandte ich mich mit der Bitte an Rudolf Steiner, als Lehrer an die Stuttgarter Schule aufgenommen zu werden der

Naturwissenschaft. Bei dieser Gelegenheit erzählte ich ihm von meinen allgemeinen wissenschaftlichen Interessen und wie ich hoffte, diese später weiterverfolgen zu können. Ich sprach von meiner beabsichtigten pädagogischen Tätigkeit als etwas, das mir gleichzeitig helfen könnte, mich auf diese andere Aufgabe vorzubereiten. Wer lernt, die Natur so zu sehen, dass seine Ideen von der lebendigen, lebendigen Seele des heranwachsenden Kindes aufgenommen und verstanden werden können, der wird sich, dachte ich, gerade in der Art des Beobachtens und Denkens schulen, die die neue Naturwissenschaft erfordert . Rudolf Steiner stimmte dem zu, und schon bald darauf trat ich in die Schule ein, wo ich elf Jahre lang als naturwissenschaftlicher Oberstufenlehrer tätig sein sollte, eine Tätigkeit, die ich seitdem in mehr oder weniger ähnlicher Form auch außerhalb Deutschlands fortführe.

Dieses Gespräch mit Rudolf Steiner fand in einem großen Saal statt, in dem sich während unseres Gesprächs über tausend Menschen versammelten, um über Anliegen der Anthroposophischen Bewegung zu diskutieren. Dies hielt ihn nicht davon ab, mich nach den Einzelheiten meiner Prüfungsarbeit zu befragen, mit der ich damals noch beschäftigt war; Er gab sich immer voll und ganz dem hin, was gerade seine Aufmerksamkeit beanspruchte. Ich erzählte ihm von meinen experimentellen Forschungen zu elektrischen Hochfrequenzphänomenen und stellte kurz das spezielle Problem vor, mit dem ich mich beschäftigte. Ich ging davon aus, dass eine Frage aus einem so speziellen Teilgebiet der Physik ihn nicht besonders interessieren würde. Beurteilen Sie mein Erstaunen, als er sofort ein Notizbuch und einen riesigen Zimmermannsbleistift aus der Tasche zog, eine Skizze anfertigte und dann als jemand, der damit völlig vertraut war, von dem Problem sprach, und zwar auf eine Art und Weise, die er mir gab Ausgangspunkt für eine völlig neue Auffassung von Elektrizität. Mir wurde sofort klar, dass, wenn Elektrizität in diesem Sinne verstanden würde, Ergebnisse folgen würden, die letztendlich zu einer völlig neuen Technik ihrer Verwendung führen würden. Von diesem Moment an wurde es zu einem meiner Lebensziele, alles beizutragen, was meine Umstände und Kräfte zuließen, um ein solches Verständnis der Natur zu entwickeln.

1 Die Rednerin war die verstorbene Dr. Elizabeth Vreede , einige Jahre lang Leiterin der Mathematisch-Astronomischen Sektion am Goetheanum , Dornach , Schweiz.

2 Die oben genannten Tätigkeiten erschöpfen nicht die praktischen Möglichkeiten der Geisteswissenschaft. Zu diesem Zeitpunkt (1921) hatte Rudolf Steiner noch keine Hinweise zur Behandlung von Kindern mit besonderer seelischer und körperlicher Pflege, zur Erneuerung der Schauspielkunst oder zur Eroberung materialistischer Methoden in der landwirtschaftlichen Praxis gegeben. Es gab auch noch nicht die Bewegung für religiöse Erneuerung, die Dr. Fr. Rittelmeyer gründete später mit der Hilfe und dem Rat von Rudolf Steiner.

KAPITEL II

Wo stehen wir heute?

Im Jahr 1932, als die Welt den hundertsten Todestag Goethes feierte, hielt Professor W. Heisenberg, einer der bedeutendsten Denker auf dem Gebiet der modernen Physik, vor der Sächsischen Akademie der Wissenschaften eine Rede, die als symptomatisch für Goethes Tod angesehen werden kann Es besteht in der neueren Wissenschaft die Notwendigkeit, die Grundlagen ihrer eigenen Bemühungen, die Natur zu kennen, kritisch zu untersuchen. [1] In dieser Rede zeichnet Heisenberg ein Bild des Fortschritts der Wissenschaft, das sich erheblich von dem allgemein bekannten unterscheidet. Anstatt diesen Fortschritt wie üblich als „eine Kette brillanter und überraschender Entdeckungen" zu beschreiben, zeigt er, dass er auf der Tatsache beruht, dass das menschliche Denken mit dem Ziel, die wissenschaftliche Weltanschauung immer weiter zu vereinfachen und zu vereinheitlichen, im Gange ist Im Laufe der Zeit hat sich der Umfang seiner Untersuchungen zur äußeren Natur immer weiter eingeengt.

„Fast jeder wissenschaftliche Fortschritt wird mit Verzicht erkauft, fast jeder Erkenntnisgewinn opfert wichtige Standpunkte und etablierte Denkweisen." Mit der Anhäufung von Fakten und Wissen nimmt der Anspruch des Wissenschaftlers auf ein gewisses *Verständnis* der Welt ab. Unsere berechtigte Bewunderung für den Erfolg, mit dem die unendliche Vielfalt natürlicher Ereignisse auf der Erde und in den Sternen auf ein so einfaches Schema von Gesetzen reduziert werden konnte – so Heisenberg – darf uns daher nicht vergessen lassen, dass diese Errungenschaften um den Preis von „erkauft" werden Wir verzichten auf das Ziel, die Phänomene der Natur auf unmittelbare und lebendige Weise in unser Denken einzubeziehen.

Im Verlauf seiner Darstellung spricht Heisenberg auch von Goethe, in dessen wissenschaftlichen Bemühungen er einen bemerkenswerten Versuch sieht, das wissenschaftliche Verständnis auf einen anderen Weg als den der fortschreitenden Selbstbeschränkung zu lenken.

„Der Verzicht auf Leben und Unmittelbarkeit, der seit Newton die Voraussetzung für den Fortschritt der Naturwissenschaft war, bildete die eigentliche Grundlage für den erbitterten Kampf, den Goethe gegen die physikalische Optik Newtons führte." Es wäre oberflächlich, diesen Kampf als unwichtig abzutun: Es ist von großer Bedeutung, dass einer der herausragendsten Männer alle seine Anstrengungen auf den Kampf gegen die Entwicklung der Newtonschen Optik richtet." Heisenberg kritisiert Goethe nur in einem Punkt: „Wenn man Goethe vorwerfen möchte, dann nur, weil er nicht weit genug gegangen ist – das heißt, er hat die *Ansichten* Newtons

angegriffen, anstatt zu erklären, dass die gesamte Newtonsche Physik ... "
„Optik, Mechanik und das Gesetz der Gravitation – kamen vom Teufel."

Obwohl die volle Bedeutung von Heisenbergs Bemerkungen über Goethe
erst in einem späteren Stadium unserer Diskussion deutlich wird, wurden sie
hier zitiert, weil sie Teil des Symptoms sind, das wir charakterisieren
möchten. Nur so viel sei gleich darauf hingewiesen, dass Goethe – wenn
nicht im wissenschaftlichen, so doch im poetischen Teil seiner Schriften –
das erfüllt hat, was Heisenberg zu Recht als seine eigentliche Aufgabe ansieht.
2

Wir erwähnten Heisenbergs Rede als Symptom einer gewissen, für die jüngste
Phase der Wissenschaft charakteristischen Tendenz, ihre eigenen
erkenntnistheoretischen Grundlagen kritisch zu hinterfragen. Einige Jahre
vor Heisenbergs Rede fand die Notwendigkeit einer solchen Untersuchung
einen beredten Befürworter im verstorbenen Professor AN Whitehead in
seinem Buch „Science *and the Modern World*", in dem er angesichts der
widersprüchlichen Natur moderner physikalischer Theorien darauf besteht
„Wenn die Wissenschaft nicht in ein Durcheinander *von Ad-hoc-* Hypothesen
verkommen soll, muss sie philosophisch werden und sich einer gründlichen
Kritik ihrer eigenen Grundlagen widmen."

Unter den Wissenschaftlern, die dieses Bedürfnis verspürt und sich Mühe
gegeben haben, es zu erfüllen, nimmt der verstorbene Professor A.
Eddington eine herausragende Stellung ein. Unter seinen relevanten
Äußerungen wollen wir hier die folgenden zitieren, weil sie eine konkrete
Aussage über den Bereich der Außenbeobachtung enthalten, der die
Grundlage für das moderne wissenschaftliche Weltbild bildet. In seiner
Philosophie der Physikalischen Wissenschaften finden wir die Aussage, dass „im
Idealfall unser gesamtes Wissen über das Universum allein durch visuelle
Empfindungen erlangt werden könnte – tatsächlich durch die einfachste
Form visueller Empfindungen, farblos und nicht stereoskopisch". [3] Mit
anderen Worten: Um wissenschaftliche Erkenntnisse über die physische Welt
zu erlangen, fühlte sich der Mensch gezwungen, auf den Gebrauch aller
seiner Sinne außer dem Sehsinn zu verzichten und sogar den Akt des Sehens
auf den Gebrauch einer einzigen Farbe zu beschränken -blindes Auge.

Hören wir auf eine weitere Stimme aus den Reihen der heutigen
Wissenschaft, die eine für unsere Zeit symptomatische Kritik äußert. Es
stammt vom verstorbenen Physiologen Professor A. Carrel, der in seinem
Buch „*Man the Unknown*" über die Auswirkungen der wissenschaftlichen
Forschung auf das Leben des Menschen im Allgemeinen sagt: „Die
Wissenschaften der trägen Materie haben uns in ein Land geführt, das ..." ist
nicht unsers. ... Der Mensch ist ein Fremder in der Welt, die er geschaffen
hat."

Von diesen Äußerungen ist die von Eddington zum gegenwärtigen Zeitpunkt unserer Diskussion für uns von besonderem Interesse; denn er umreißt darin genau das Feld der Sinneswahrnehmung, in das sich die Wissenschaft im Zuge des von Heisenberg festgestellten allgemeinen Rückzugs hin zu einer immer engeren Befragung der Natur zurückgezogen hat.

Die Relevanz von Eddingtons Aussage zeigt sich sofort, wenn man darüber nachdenkt, was ein Mensch über die Welt wissen würde, wenn seine einzige Erfahrungsquelle der Sehsinn wäre, der in der von Eddington beschriebenen Weise noch weiter eingeschränkt wäre. Von allem, was die Welt in die Gesamtheit unserer Sinne bringt, bleiben nichts weiter als bloße Bewegungen mit gewissen Geschwindigkeits-, Richtungs- und so weiter Änderungen. Das Bild der Welt, das ein solcher Beobachter erhält, ist ein rein *kinematisches*. Und das ist tatsächlich der Charakter des Weltbildes der modernen Naturwissenschaft. Denn bei der wissenschaftlichen Behandlung natürlicher Phänomene werden alle Qualitäten, die uns unsere anderen Sinne vermitteln, wie Farbe, Ton, Wärme, Dichte und sogar Elektrizität und Magnetismus, auf bloße Bewegungsänderungen reduziert.

Dadurch wird die moderne Wissenschaft daran gehindert, eine gültige Vorstellung von „Kraft" zu entwickeln. Soweit der Begriff „Kraft" in wissenschaftlichen Überlegungen auftaucht, spielt er die Rolle eines „Hilfsbegriffs", und was der Mensch naiv als Kraft auffasst, wird mittlerweile lediglich als „beschreibendes Verhaltensgesetz" definiert. Wir müssen es späteren Überlegungen überlassen, zu zeigen, wie der wissenschaftliche Geist des Menschen zu der Überzeugung gelangt ist, dass der Teil der Wissenschaft, der sich mit den Wirkungen der Kraft in der Natur beschäftigt, ordnungsgemäß mit rein kinematischen Konzepten behandelt werden kann. Es ist die Tatsache selbst, die uns hier beschäftigt. Beachten Sie in diesem Zusammenhang, dass moderne Lehrbücher häufig einfach den Begriff „Kinetik" (eine Abkürzung von „Kinematik") verwenden, um die Wissenschaft der „Dynamik" zu bezeichnen. [4]

Im Verlauf unserer Untersuchungen werden wir die Eigentümlichkeit der menschlichen Natur entdecken, die in der nun abgeschlossenen ersten Phase des Kampfes des Menschen um wissenschaftliches Bewusstsein diesen Verzicht auf alle Sinneserfahrungen verursacht hat, mit Ausnahme derjenigen, die der Mensch durch das Sehen erhält ein einzelnes farbenblindes Auge. Dann wird auch deutlich, aus welcher historischen Notwendigkeit diese Selbstbeschränkung der wissenschaftlichen Forschung entstanden ist. Die Anerkennung dieser Notwendigkeit darf uns jedoch nicht davon abhalten, die Tatsache anzuerkennen, dass sich die moderne wissenschaftliche Forschung, die weit in die dynamischen Substrate der Natur eingedrungen ist, durch diese Einschränkung in der eigentümlichen Situation befindet, in der sie sich nicht befindet überhaupt nicht von seinen eigenen Konzepten geleitet, sondern von den Kräften, die es aufzuspüren versucht. Und in dieser Tatsache liegt die Wurzel der Gefahr, die der Gegenwart droht. [5]

Wer dies erkennt, fühlt sich daher gedrängt, nach einem Weg zu suchen, der über ein einäugiges, farbenblindes Weltbild hinausführt. Das Ziel dieses Buches ist es zu zeigen, dass es einen solchen Weg gibt und wie er befolgt werden kann. Dadurch wird der Beweis erbracht, dass auf diesem Weg nicht nur ein wirkliches Verständnis der Kräfte erreicht wird, die der Wissenschaft bereits bekannt sind (obwohl sie sie nicht wirklich versteht), sondern auch, dass andere Kräfte, die in der Natur ebenso wirksam sind, wie beispielsweise Elektrizität und Magnetismus, in den Bereich der wissenschaftlichen Beobachtung und des wissenschaftlichen Verständnisses geraten. Und es wird sich zeigen, dass diese anderen Kräfte von einer Art sind, die man heute kennen muss, wenn wir das verlorene Gleichgewicht der menschlichen Zivilisation wiederherstellen wollen.

*

Es gibt eine unter Ärzten bekannte Regel, dass „eine wahre Diagnose eines Falles die Therapie in sich birgt". Ohne Untersuchung der „Vorgeschichte" des Falles ist jedoch keine echte Diagnose möglich. Auf unsere Aufgabe übertragen bedeutet dies, dass wir versuchen müssen, einen Aspekt der menschlichen Entwicklung zu finden, sowohl individuell als auch historisch, der es uns ermöglicht, im Wesen des Menschen die Ursache zu erkennen, die für die beschriebene eigentümliche Einengung des Umfangs wissenschaftlicher Forschung verantwortlich ist von den oben genannten Wissenschaftlern.

Ein Merkmal der wissenschaftlichen Forschung, das sie von den früheren Methoden des Menschen zur Lösung der Rätsel der Welt unterscheidet, besteht darin, dass sie als Instrumente der Erkenntnis ausschließlich diejenigen Aktivitäten der menschlichen Seele zulässt, über die wir die volle Kontrolle haben, weil sie im vollen Licht der Wissenschaft stattfinden Bewusstsein. Dies erklärt auch, warum es vor Beginn der gemeinhin als „modern" bezeichneten Ära, also vor dem 15. Jahrhundert, keine Wissenschaft im eigentlichen Sinne des Wortes gab. Denn das Bewusstsein, auf dem das wissenschaftliche Streben des Menschen basiert, ist selbst ein Ergebnis der menschlichen Evolution.

Diese Entwicklung muss daher so betrachtet werden, dass wir den Ursprung des Geisteszustands des modernen Menschen verstehen und insbesondere, warum dieser Geisteszustand an sich keine andere Beziehung zur Welt haben kann als die eines Betrachters. Denn lassen Sie uns klarstellen, dass diese eigentümliche Beziehung keineswegs nur dem wissenschaftlich engagierten Geist vorbehalten ist. Jeder Erwachsene unserer Zeit ist aufgrund seiner psychophysischen Struktur mehr oder weniger ein Weltbeobachter. Was den Geisteszustand des Menschen bei der wissenschaftlichen Beobachtung auszeichnet, ist, dass er auf einen einäugigen, farbenblinden Ansatz beschränkt ist.

*

„Der Tod ist der Preis, den der Mensch für sein Gehirn und seine Persönlichkeit zahlen muss" – so beschreibt ein moderner Physiologe (A. Carrel in seinem oben genannten Buch „ Man *the Unknown"*) den Zusammenhang zwischen den Körperfunktionen des Menschen und seinem Wachbewusstsein. Es ist charakteristisch für die im 19. Jahrhundert vorherrschende Auffassung, dass das Denken als Ergebnis des *Lebens* des Körpers angesehen wurde; das heißt, der körpereigenen Materieaufbauprozesse. Daher wurde damals der einsamen Stimme des deutschen Philosophen C. Fortlage (1806-81) keine Beachtung geschenkt, der in seinem *System der Psychologie als empirische Wissenschaft die* These aufstellte, dass das Bewusstsein tatsächlich auf Todesvorgängen im Körper beruht. Aus dieser Tatsache zog er kühn die Schlussfolgerung (die uns heute als wahr bekannt ist), dass, wenn „teilweiser Tod" zu gewöhnlichem Bewusstsein führte, dann „totaler Tod" zu einer außergewöhnlichen Steigerung des Bewusstseins führen muss. Als Rudolf Steiner in unserem Jahrhundert erneut auf die gleiche Tatsache aufmerksam machte, die er im Rahmen seiner eigenen Forschungen gefunden hatte, und damit die wahre Rolle des Nervensystems im Hinblick auf die verschiedenen Aktivitäten der Seele zeigte, wurde die offizielle Wissenschaft taub Ohr für seine Aussage. [6] Heute sieht es der Wissenschaftler als Teil des „unbekannten Menschen" an, dass das Leben zurücktreten muss, das heißt, dass die Organbildungsprozesse des Körpers zum Stillstand kommen müssen, damit das Bewusstsein zur Geltung kommt.

Mit der Anerkennung eines Todesvorgangs im Nervensystem als körperlicher Grundlage des Bewusstseins und insbesondere der konzeptuellen Aktivitäten des Menschen stellt sich die Frage nach der Natur jener Aktivitäten, die ihre Grundlage in anderen Systemen haben, wie etwa dem der Muskeln. wo das Leben und nicht der Tod herrscht. Hier muss eine Antwort gegeben werden, die den mit modernen Theorien der psycho-physischen Interaktion vertrauten Leser überraschen wird; aber wenn er dem mit einem offenen Geist begegnet , wird es ihm nicht schwerfallen, es zu testen.

So wie die geistige Tätigkeit als körperliche Grundlage das Gehirn mit den Nervenanhängseln hat, so ist es die Willenstätigkeit, die auf Vorgängen im Muskelbereich des Körpers und in den Organen beruht, die für den Stoffwechsel des Körpers sorgen.

Eine Aussage, dass der Wille des Menschen ebenso direkt auf den Stoffwechselvorgängen des Körpers innerhalb und außerhalb der Muskeln beruht wie sein wahrnehmender und gedankenbildender Geist auf einem Prozess in den Nerven, muss Überraschung hervorrufen. Erstens scheint die Rolle, die gemeinhin dem sogenannten motorischen Teil des Nervensystems bei der Herbeiführung körperlicher Handlungen zugeschrieben wird, unberücksichtigt zu bleiben; und zweitens impliziert die Anerkennung der Abhängigkeit des Bewusstseins vom körperlichen „Sterben", dass Wollen eine unbewusste Aktivität ist, weil es auf *Lebensvorgängen* des Körpers basiert.

Das erste dieser beiden Probleme wird in einem späteren Stadium unserer Diskussion eine Antwort finden, wenn wir sehen werden, was uns dazu berechtigt, einen direkten Zusammenhang zwischen Willenskraft und Muskeltätigkeit herzustellen. Um das zweite Problem zu beantworten, ist eine einfache Selbstbeobachtung erforderlich. Das sagt uns, dass wir, wenn wir ein Glied bewegen, nur die Absicht (in ihrer begrifflichen Form) kennen, die den Willen weckt und ihm seine Richtung gibt, und die Tatsache der vollendeten Tat. Zwischendurch begleiten wir die Bewegung mit einem diffusen Bewusstsein für die momentane Position der beteiligten Körperteile, sodass wir wissen, ob sie sich in der beabsichtigten Weise bewegen oder nicht. Dieses Bewusstsein beruht auf einem bestimmten Sinn, dem „Bewegungssinn" oder „Muskelsinn" – einem jener Sinne, deren Existenz in der Physiologie erst kürzlich anerkannt wurde. Wir wissen jedoch nichts von all den komplexen Veränderungen, die innerhalb der Muskeln selbst in Gang gesetzt werden, um eine beabsichtigte Bewegung auszuführen. Und diese sind das direkte Ergebnis unserer Willenstätigkeit.

Wenn wir also die psycho-physische Organisation des Menschen betrachten, sehen wir in ihr eine Art Polarität – sozusagen einen Todespol, repräsentiert durch die Nerven einschließlich ihrer Verlängerung in die Sinne, und einen Lebenspol, repräsentiert durch den Stoffwechsel und die Sinne Muskelsysteme; und mit ihnen einen Pol des Bewusstseins und einen des Unbewussten verbunden – oder wie wir auch sagen können, des Wach- und Schlafbewusstseins. Denn der Bewusstseinsgrad auf der Seite des Lebenspols unterscheidet sich nicht von dem Zustand, in dem sich der gesamte Mensch im Schlaf befindet.

Indem wir die Abhängigkeit des Bewusstseins von Prozessen der körperlichen Auflösung erkennen, verstehen wir erstmals, warum das Bewusstsein, sobald es einen bestimmten Grad an Helligkeit erreicht hat, zwangsläufig wiederholte Unterbrechungen erleiden muss. Jede Nacht, wenn wir schlafen, erwacht unser Nervensystem zum Leben (wenn auch mit allmählich abnehmender Intensität), damit das, was tagsüber zerstört wurde, wiederhergestellt werden kann. Solange das System in diesem Zustand gehalten wird, kann kein Bewusstsein darin entstehen.

Zwischen den beiden polar entgegengesetzten Systemen gibt es ein drittes, wiederum deutlich unterschiedliches Wesen, das als Mittler zwischen beiden fungiert. Hier sind alle Vorgänge streng rhythmischer Natur, wie der Vorgang der Atmung und das Pulsieren des Blutes zeigen. Auch dieses System bildet die Grundlage für einen bestimmten psychologischen Prozess, nämlich das Gefühl. Daß das Fühlen eine vom Denken und Wollen verschiedene Tätigkeit der Seele ist und in den rhythmischen Vorgängen des Körpers sein direktes Gegenstück hat, lässt sich am einfachsten durch Selbstbeobachtung beim Musikhören prüfen.

Die Gefühlssphäre der Seele ist, wie aufgrund ihrer mittleren Lage zu erwarten ist, durch einen Bewusstseinsgrad auf halbem Weg zwischen Wachen und Schlafen gekennzeichnet. Wir sind uns unserer Gefühle nicht bewusster als unserer Träume; wir sind von ihnen ebenso wenig losgelöst wie von unseren Traumerlebnissen, solange diese andauern; Was in unserer Erinnerung an vergangene Gefühle bleibt, ist normalerweise nicht mehr als das, woran wir uns aus vergangenen Träumen erinnern.

Dieses Bild der dreigliedrigen psycho-physischen Struktur des Menschen wird es uns nun ermöglichen, die Entwicklung des Bewusstseins sowohl im individuellen Leben als auch im Leben der Menschheit zu verstehen. Um die Grundlage für das Wachbewusstsein zu schaffen, müssen Körperteile vom Leben getrennt werden. Dieser Prozess ist jedoch einer, den wir, wenn wir das Wort im weitesten Sinne verstehen, als Altern bezeichnen könnten. Alle organischen Körper und auch der Mensch sind ursprünglich durchgehend vom Leben durchzogen. Erst nach und nach lösen sich bestimmte Teile eines solchen Organismus sozusagen aus der allgemeinen organischen Struktur heraus, und zwar zunehmend gegen Ende der Lebensspanne dieses Organismus.

Im menschlichen Körper setzt diese Trennung in den späteren Stadien der Embryonalentwicklung sanft ein und führt zu einem ersten Grad der Unabhängigkeit der Knochen und Nerven vom Rest des Organismus. Der Rückzug des Lebens setzt sich nach der Geburt fort und erreicht im Nervensystem etwa im einundzwanzigsten Lebensjahr einen gewissen Höhepunkt. Im Körper eines Kleinkindes gibt es noch vergleichsweise wenig Kontrast zwischen lebenden und nicht lebenden Organen. Ebenso wenig besteht in seiner Seele ein Unterschied zwischen Schlaf- und Wachzustand. Und die Natur der Seele ist auf dieser Stufe durch und durch Wille. Tatsächlich *will* die Seele des Menschen nie so intensiv wie in der Zeit, in der sie damit beschäftigt ist, den Körper in die Aufrichtung zu bringen, und nie wieder übt sie ihre Kräfte mit der gleichen Unbewusstheit des Ziels aus, das sie anstrebt.

Welches ist dann die charakteristische Beziehung der Seele zur Welt um sie herum in diesem Stadium? Die folgenden Beobachtungen werden es uns ermöglichen, diese Frage zu beantworten.

Es ist bekannt, dass kleine Kinder oft wütend auf einen Gegenstand schlagen, über den sie gestolpert sind. Dies wurde als „Animismus" interpretiert, womit gemeint ist, dass sich das Kind analog zu seiner Erfahrung von sich selbst als beseeltem Körper vorstellt, dass die Dinge in seiner Umgebung ähnlich beseelt seien. Wer die Erlebnisweise des Kindes (von der wir als Erwachsene in der Tat etwas in unserem Willensleben behalten) wirklich beobachtet, wird zu einer ganz anderen Interpretation eines solchen Phänomens geführt. Denn es erkennt, dass das Kind sich weder als eine von seinem Körper getrennte Seelenwesenheit erlebt, noch dem Inhalt der Welt in einer so distanzierten Weise gegenübersteht, dass es seine Vorstellungskraft nutzen muss, um darin irgendwelche von seinem Körper verschiedenen Seelenwesenheiten hineinzulesen eigen.

In dieser frühen Phase seines Lebens empfindet der Mensch die Welt noch als Teil seiner selbst und sich selbst als Teil der Welt. Folglich ist seine Beziehung zu den ihn umgebenden Objekten und zu seinem eigenen Körper ein und dieselbe. Zu dem Beispiel des Kindes, das den äußeren Gegenstand schlägt, über den es gestolpert ist, gehört das komplementäre Bild des Kindes, das sich selbst schlägt, weil es etwas getan hat, das es wütend auf sich selbst macht.

In scharfem Gegensatz zu diesem Zustand der Einheit der Seele des Kindes, sowohl in Bezug auf seinen eigenen Körper als auch auf die umgebende Welt, steht die Getrenntheit des intellektuellen Bewusstseins des Erwachsenen, getrennt von Körper und Welt. Was mit diesem Teil der Seele beim Übergang von einem Zustand in den anderen geschieht, lässt sich treffend beschreiben, indem man einen Vergleich aus einem anderen Bereich natürlicher Phänomene heranzieht. (Spätere Beschreibungen in diesem Buch werden zeigen, dass ein Vergleich wie der hier verwendete mehr als eine bloße äußere Analogie ist.)

Denken wir an Wasser, in dem Salz gelöst ist. In diesem Zustand ist das Salz eins mit seinem Lösungsmittel; es gibt keinen sichtbaren Unterschied zwischen ihnen. Die Situation ändert sich, wenn ein Teil des Salzes kristallisiert. Durch diesen Vorgang verliert der betreffende Teil der Salzsubstanz die Verbindung mit der Flüssigkeit und zieht sich zu einzeln umrissenen und räumlich abgegrenzten Festkörperstücken zusammen. Dadurch wird es optisch von seiner Umgebung unterscheidbar.

Ähnliches geschieht mit der Seele im Bereich des Nervensystems. Was die Seele in einem Zustand der Bewusstlosigkeit hält, solange der Körper in der Kindheit durchgehend vom Leben durchzogen ist, und was sie in den Teilen, die nach der Trennung der Nerven am Leben bleiben, weiterhin in diesem Zustand hält, ist die Tatsache, dass in diesen Teilen ist – um die Analogie aufrechtzuerhalten – die Seele im Körper aufgelöst. Mit der wachsenden Unabhängigkeit der Nerven erlangt die Seele selbst ihre Unabhängigkeit vom Körper. Gleichzeitig durchläuft es einen kontraktionsähnlichen Prozess, durch den es für sich selbst als von der umgebenden Welt unterschiedenes Wesen wahrnehmbar wird . Auf diese Weise wird die Seele schließlich in die Lage versetzt, der Welt von außen als selbstbewusster Betrachter zu begegnen.

*

Was wir hier als das Auftauchen des intellektuellen Bewusstseins eines Individuums aus dem ursprünglichen, rein willentlichen Zustand der Seele beschrieben haben, ist nichts anderes als die Nachbildung eines größeren Prozesses, den die Menschheit als Ganzes, oder genauer gesagt die westliche Menschheit, im Laufe der Zeit durchlaufen hat seiner historischen Entwicklung. Der Mensch war nicht immer der „Gehirn-Denker", der er heute ist.[7] Sobald die Trennung des Nervensystems abgeschlossen und damit die volle Klarheit des gehirngebundenen Bewusstseins erreicht war, begann der Mensch, sich mit Wissenschaft im modernen Sinne zu beschäftigen.

Um zu verstehen, warum diese Wissenschaft auf die einäugige, farbenblinde Beobachtung beschränkt wurde, müssen wir nur das menschliche Sinnessystem anwenden, insbesondere das, was wir über das dreifache Wesen des Menschen gelernt haben.

Obwohl sich die drei Körpersysteme in ihrer jeweiligen Funktionsweise deutlich voneinander unterscheiden, sind sie jeweils über den gesamten Körper verteilt und daher überall nebeneinander zu finden. Daher sind auch die entsprechenden drei Bewusstseinszustände Schlafen, Träumen und Wachen überall nebeneinander und ineinander verwoben. Es ist das Vorherrschen des einen oder anderen, das der einen oder anderen Körperregion eine besondere Seelenqualität verleiht. Dies zeigt sich deutlich im Bereich der Sinnesaktivität, dem bewusstesten Teil des Menschen. Es reicht aus, beispielsweise die Seh- und Geruchssinne zu vergleichen und festzustellen, in welchem unterschiedlichen Maße wir uns der Eindrücke bewusst sind, die sie vermitteln, und wie unterschiedlich die entsprechenden Elemente der Vorstellung, des Fühlens und des Wollens in beiden vermischt sind. Wir wenden uns nie so instinktiv von einer unangenehmen Farbanordnung ab wie von einem unangenehmen Geruch. Welche geringe Rolle spielen andererseits die Darstellungen von Gerüchen in unserer Erinnerung an vergangene Erlebnisse im Vergleich zu denen des Sehens.[8] Das Gleiche gilt im absteigenden Maß auch für alle anderen Sinne.

Von allen Sinnen hat der Sehsinn in höchstem Maße die Qualitäten eines „Begriffssinns". Die Erfahrungen, die sie mit sich bringt, und nur diese, waren als Grundlage für die neue Wissenschaft geeignet, und dennoch war eine weitere Einschränkung erforderlich. Denn trotz der besonderen Qualität des Sehsinns ist er dennoch nicht frei von gewissen Gefühls- und Willenselementen, also von Elementen mit Traum- oder Schlafcharakter. Ersteres spielt eine Rolle bei unserer Farbwahrnehmung ; die zweite Möglichkeit besteht darin, die Formen und die perspektivische Anordnung der Objekte zu beobachten, die wir betrachten.

Hier wiederholt sich in besonderer Weise die dreifache Organisation des Menschen, denn das Sehen von Farben hängt von einem organischen Prozess ab, der von den Nervenprozessen getrennt ist und dem ähnelt, der zwischen Herz und Lunge stattfindet, während das Sehen von Formen und das räumliche Sehen davon abhängen bestimmte Bewegungen des Augapfels (schnelles Überqueren des Umrisses des betrachteten Objekts mit der Sehlinie, Änderung des Winkels zwischen den beiden Sehachsen entsprechend der Entfernung), bei denen das Auge als eine Art äußeres Glied des Auges aktiv ist Körper, eine Aktivität, die ebenso wenig in unser Bewusstsein eindringt wie die unserer Gliedmaßen. Es wird nun deutlich, dass kein auf solche mehr oder weniger unbewusste Weise gewonnener Weltinhalt für den Aufbau einer neuen wissenschaftlichen Weltanschauung verfügbar gemacht werden konnte. Es konnte nur so viel genutzt werden, wie der Mensch durch das Sehen eines einzigen, farbenblinden Auges erlebt.
9

*

Wenn wir die Rolle der Wissenschaft in der gegenwärtigen Phase der menschlichen Entwicklung verstehen wollen, müssen wir bereit sein, zwei völlig unterschiedliche und scheinbar widersprüchliche Urteile auf ein und dasselbe historische Phänomen anzuwenden. Die Tatsache, dass etwas aus einer historischen Notwendigkeit heraus geschehen ist, das heißt aus einer Notwendigkeit, die sich aus den Gesetzen der kosmischen Entwicklung selbst ergibt, rettet es nicht davor, einen Charakter zu haben, der angesichts seiner Folgen notwendigerweise als tragisch bezeichnet werden muss.

In dieser Ära des fortgeschrittenen Intellektualismus ist wenig Verständnis für die Existenz einer wahren Tragödie in der menschlichen Existenz erhalten geblieben. Infolgedessen hat das Wort „Tragödie" selbst an Bedeutung verloren und wird heutzutage hauptsächlich als Synonym für „trauriges Ereignis", „Katastrophe", „schwerwiegendes Ereignis" und sogar „Verbrechen" verwendet (Oxford-Diät). In seiner ursprünglichen Bedeutung, die der dramatischen Poesie des antiken Griechenlands entstammt, verbindet das Wort jedoch den Begriff des Unglücks mit dem der

Unvermeidlichkeit; Der Urheber der zerstörerischen Handlung wurde nicht persönlich dafür verantwortlich gemacht, da er sich in einem Zusammenhang von Umständen befand, die er nicht ändern konnte.

Es ist hier nicht der Ort, darüber zu diskutieren, warum die Tragödie in diesem Sinne Teil der Existenz des Menschen ist. Es reicht aus, dies anzuerkennen und es dort, wo es auftritt, mit wissenschaftlicher Objektivität zu beobachten.

Unsere Überlegungen, ausgehend von bestimmten Aussagen einiger führender wissenschaftlicher Denker unserer Zeit, haben uns nicht nur dabei geholfen, die diesen Aussagen innewohnende Wahrheit zu bestätigen, sondern auch zu erkennen, dass die darin dargelegten Tatsachen das Ergebnis bestimmter Gesetze der Evolution und damit der Evolution sind eine historische Notwendigkeit haben. Dies bedeutet jedoch nicht, dass die wissenschaftlichen Arbeiten des Menschen , die unter den historisch gegebenen Einschränkungen durchgeführt wurden, so groß und erfolgreich diese Arbeiten auch waren und sind, nicht zu katastrophalen Auswirkungen geführt haben, wie wir sie von Professor Carrel aufgezeigt haben. Die Wissenschaften der Materie *haben* den Menschen in ein Land geführt, das ihm nicht gehört, und die Welt, die er durch wissenschaftliche Forschung geschaffen hat, ist nicht nur eine, in der er ein Fremder ist, sondern eine, die ihn heute seiner eigenen zu berauben droht Existenz. Der Grund dafür ist, dass diese Welt im Wesentlichen eine Welt aktiver Kräfte ist und deren wahre Natur etwas ist, was der moderne Mensch, der auf sein Beobachterbewusstsein beschränkt ist, einfach nicht begreifen kann.

Wir haben einen ersten Schritt zur Diagnose des gegenwärtigen spirituellen Zustands des Menschen getan. Es sind noch einige weitere Schritte erforderlich, um zu dem Punkt zu gelangen, an dem wir die für ihn erforderliche Therapie konzipieren können.

1 Diese Ansprache und eine weitere desselben Autors werden gemeinsam unter dem gemeinsamen Titel „ *Wandlungen in den Grundlagen der Naturwissenschaft* " veröffentlicht. Heisenbergs Name ist vor allem durch seine Formulierung des sogenannten Prinzips der Unbestimmtheit bekannt geworden.

2 Siehe hierzu Fausts Streit mit Mephistopheles über die Ursachen der geologischen Veränderungen der Erde. *(Faust* II, Akt 4)

3 Siehe auch Eddingtons ausführlichere Beschreibung dieser Tatsache in „*New Pathways in Science*". Die obige Aussage wurde, wie auch andere von Eddington, von Seiten der Berufsphilosophie als logisch unhaltbar bestritten. Unsere eigene weitere Diskussion wird zeigen, dass es den Tatsachen entspricht.

4 Beide Wörter, Kinematik und Kinetik, sind Ableitungen des griechischen Wortes *kinein* , bewegen. Der Begriff „kinematisch" wird verwendet, wenn Bewegung abstrakt ohne Bezug auf Kraft oder Masse betrachtet wird. Kinetik ist angewandte Kinematik oder, wie oben ausgeführt, Dynamik, die mit kinematischen Konzepten behandelt wird.

5 Diese letzten Aussagen werden in den nächsten beiden Kapiteln näher erläutert.

6 Erstveröffentlichung 1917 in seinem Buch *Von Seelenrätseln* .

[7] Homers Männer denken noch mit dem Zwerchfell *(phrenes)*. In ähnlicher Weise zeigt die alte Yoga-Praxis als Mittel zum Erwerb von Wissen, dass die konzeptionelle Aktivität des Menschen zu der Zeit, als sie blühte, anderswo als im Kopf angesiedelt war.

8 Dies darf nicht mit der Tatsache verwechselt werden, dass ein Geruch durch Assoziationen andere Erinnerungen hervorrufen kann.

9 Für jemanden, der versucht, historische Fakten auf die hier beschriebene Weise zu beobachten, ist es kein bloßes Zufallsspiel, dass der Vater des wissenschaftlichen Atomismus, John Dalton, von Natur aus farbenblind war . Tatsächlich war Farbenblindheit im letzten Jahrhundert lange Zeit als „ Daltonismus " bekannt, da durch die Veröffentlichung von Daltons Selbstbeobachtungen erstmals allgemeine Aufmerksamkeit auf dieses Phänomen gelenkt wurde.

KAPITEL III

Das philosophische Übel des Betrachters

In seiner Isolation als Weltbeobachter musste der moderne Philosoph zu zwei völlig gegensätzlichen Ansichten über den objektiven Wert des menschlichen Denkens gelangen. Eine davon kam in den berühmten Worten von Descartes zum Ausdruck: *Cogito ergo sum* („Ich denke, also bin ich"). Descartes (1596-1650), der zu Recht als Begründer der modernen Philosophie bezeichnet wird, vertrat daher die Ansicht, dass der Mensch nur in seiner eigenen Denktätigkeit eine Garantie für seine eigene Existenz findet.

Um zu dieser Ansicht zu gelangen, ging Descartes von seiner Erfahrung aus, dass das menschliche Bewusstsein nur Gedankenbilder enthält, die durch die Sinneswahrnehmung hervorgerufen werden, und dennoch nichts über das Wie und Warum der Dinge weiß, die für solche Eindrücke verantwortlich sind. Er sah sich daher zunächst gezwungen, daran zu zweifeln, ob eines dieser Dinge überhaupt eine objektive Existenz hatte. Daher blieb für ihn im gesamten Inhalt des Universums nur ein unzweifelhafter Punkt übrig: sein eigenes Denken; Denn sollte er auch nur daran zweifeln, so konnte er dies nur dadurch tun, dass er erneut davon Gebrauch machte. Vom „Ich zweifle, also bin ich" wurde er auf diese Weise zum „Ich denke, also bin ich" geführt.

Die andere vom Betrachterbewusstsein erreichte Konzeption des menschlichen Denkens war der von Descartes diametral entgegengesetzt und machte ihre konzeptionelle Bedeutung völlig zunichte. Es wurde nicht lange danach von Robert Hooke (1635-1703) vorgeschlagen, dem ersten Wissenschaftler, der systematisch das neu erfundene Mikroskop nutzte, mit dem er die grundlegende Entdeckung der Zellstruktur pflanzlicher Gewebe machte. Tatsächlich unternahm er auf der Grundlage seiner mikroskopischen Studien den mutigen Versuch, das Verhältnis des menschlichen Denkens zur objektiven Realität zu bestimmen. Seine Ansichten veröffentlichte er in der Einleitung zu seiner *Micrographia* , dem großen Werk, in dem er mit Hilfe sorgfältig ausgeführter Kupferstiche seine mikroskopischen Beobachtungen der Welt bekannt machte.

Hookes Gedankengang lässt sich kurz wie folgt zusammenfassen: In früheren Zeiten vertraten die Menschen den naiven Glauben, dass das, was sie als Gedankenbilder der Welt in ihrem Bewusstsein haben, tatsächlich den wahren Inhalt dieser Welt wiedergibt. Das Mikroskop zeigt nun jedoch, wie sehr das vertraute Erscheinungsbild der Welt von der Struktur unseres Sinnesapparats abhängt; denn es offenbart einen Bereich, der genauso real ist wie der, den wir bereits kennen, der uns jedoch bisher verborgen blieb, weil er den natürlichen Sinnen nicht zugänglich ist. Wenn das Mikroskop also den

Schleier der Illusion durchdringen kann, der normalerweise eine ganze Welt potenziell sichtbarer Phänomene verbirgt, kann es uns möglicherweise sogar etwas über die Vorstellungen lehren, die wir bisher über die Natur der Dinge gebildet haben. Vielleicht kann es uns der Wahrheit auf dem Gebiet des Denkens einen Schritt näher bringen, wie es auf dem Gebiet der Beobachtung ganz offensichtlich der Fall war.

Von allen Ideen, die der menschliche Verstand bilden kann, betrachtete Hooke die geometrischen Konzepte von Punkt und Geraden als die einfachsten und grundlegendsten. Zweifellos sind wir in der Lage, diese zu denken, aber das naive Bewusstsein geht davon aus, dass es sie auch als objektive Realitäten außerhalb seiner selbst wahrnimmt, sodass Gedanken und Fakten einander entsprechen. Wir müssen uns nun jedoch fragen, ob dieser Glaube nicht auf einer optischen Täuschung beruht. Wenden wir uns dem Mikroskop zu und sehen, wie Punkte und Linien in der Außenwelt dadurch aussehen.

Für seine Untersuchung wählte Hooke die Spitze einer Nadel und eine Messerschneide als die besten Vertreter unter den physikalischen Objekten der Spitze und der geraden Linie. In den hier wiedergegebenen Skizzen können wir sehen, wie Hooke seinen Lesern klar machte, wie wenig diese beiden Dinge, wenn sie durch das Mikroskop beobachtet werden, dem ähneln, was das bloße Auge sieht. Diese Tatsache überzeugte Hooke davon, dass die scheinbare Übereinstimmung zwischen der Welt der Wahrnehmung und der Welt der Ideen auf nichts Festerem als einer optischen Einschränkung beruht (Abb. I).

Verglichen mit den verfeinerten Methoden des heutigen Denkens mag uns Hookes Verfahren etwas primitiv vorkommen. Eigentlich hat er nicht mehr getan, als seither zahllose Male getan wurde; Denn der Wissenschaftler ist zunehmend bereit, künstlich hervorgerufene Sinneswahrnehmungen die Gedanken bestimmen zu lassen, mit denen er sich ein wissenschaftliches Bild der Welt macht.

Im vorliegenden Kontext geht es uns um die historische Bedeutung des Hooke-Verfahrens. Dies liegt daran, dass Hooke, unmittelbar nachdem Descartes überzeugt war, dass der Mensch im Denken die einzige sichere Garantie für seine eigene Existenz hatte, auf scheinbar unzweifelhafte Weise bewies, dass das Denken völlig von der Realität getrennt war. Es dauerte nur ein weiteres Jahrhundert, bis die Philosophie daraus die unvermeidliche Konsequenz zog. Es erschien in Form von Humes philosophischem System, dessen Ergebnis der universelle Skeptizismus war .

Wie wir zu gegebener Zeit sehen werden, bestimmt Humes Denkweise auch heute noch das wissenschaftliche Denken, ganz ungeachtet der Tatsache, dass die Wissenschaft selbst behauptet, ihren philosophischen Elternteil in

Kant zu haben, dem Denker, der sein Lebenswerk der Widerlegung gewidmet hat von Hume.

*

Auf der Grundlage seiner Untersuchungen zum menschlichen Bewusstsein fühlte sich Hume zu folgender Schlussfolgerung verpflichtet: Mein Bewusstsein, wie ich es kenne, hat keinen Kontakt mit der Außenwelt außer dem eines bloßen Außenstehenden. Was es von der Außenwelt für seinen eigenen Inhalt gewinnt, liegt in der Natur einzelner, voneinander unabhängiger Teile. Was auch immer diese Teile innerhalb der Welt selbst zu einem objektiven Ganzen vereinen mag, kann niemals in mein Bewusstsein eindringen; und jeder solche einigende Faktor, den mein Denken berücksichtigt, kann nur ein selbst konstruiertes, hypothetisches Bild sein. Hume fasste seine Ansicht in zwei Axiomen zusammen, die er selbst als das A und O seiner gesamten Philosophie bezeichnete. Der erste lautet: „Alle unsere unterschiedlichen Wahrnehmungen sind unterschiedliche Existenzen." Der andere: „Der Geist nimmt niemals wirkliche Zusammenhänge zwischen verschiedenen Existenzen wahr." *(Abhandlung über die menschliche Natur.)*

Wenn wir uns einmal darüber einig sind, dass wir nichts anderes als unzusammenhängende Gedankenbilder kennen können, weil unser Bewusstsein nicht in der Lage ist, diese Bilder mit einer einheitlichen Realität in Beziehung zu setzen, dann haben wir kein Recht, mit Descartes und seiner Schule eine objektive Realität zuzuschreiben das Ich. Auch wenn uns das Selbst als das verbindende Mittel unserer Gedanken erscheint, muss es selbst ein mentales Bild unter mentalen Bildern sein; und der Mensch kann keine Kenntnis von einer dauerhaften Realität außerhalb dieses schwankenden Bilderreichs haben. Mit Hume erlebte das Beobachterbewusstsein seine eigene völlige Unfähigkeit, ein Wissen über die objektive Existenz entweder einer materiellen Welt hinter allen äußeren Phänomenen oder eines spirituellen Selbst hinter allen Details seines eigenen inneren Inhalts zu erlangen .

Skeptizismus geschleudert . Hume selbst litt unsäglich unter dem Einfluss dessen, was er für unausweichliche Ideen hielt – von anderer Seite zu Recht als „Selbstmord der menschlichen Intelligenz" beschrieben – und seine Philosophie erschien ihm oft wie eine Krankheit, wie er es selbst nannte, gegen deren Griff er sich wehren konnte sehe keine Abhilfe. Um zu verhindern, dass der philosophische Selbstmord in einen physischen Selbstmord mündet, blieb ihm nur noch, seine eigenen Schlussfolgerungen im täglichen Leben so weit wie möglich zu vergessen.

Was Hume jedoch als seine philosophische Krankheit empfand, war nicht das Ergebnis einer ihm eigenen geistigen Abnormalität, sondern der modernen Form des Bewusstseins, die auch heute noch allgemein vorherrscht. Dies erklärt, warum sich das wissenschaftliche Denken trotz aller Versuche, Humes Philosophie zu widerlegen, nicht im geringsten von seinem A und O gelöst hat.

Ein Beweis hierfür ist beispielsweise das in der modernen Physik entstandene Prinzip der Unbestimmtheit.

*

Die Vorstellung der Unbestimmtheit als unvermeidliche Konsequenz der neuesten Phase der physikalischen Forschung geht auf Professor W. Heisenberg zurück. Ursprünglich drängte sich Heisenberg diese Auffassung als Ergebnis experimenteller Forschung auf. Inzwischen hat die gleiche Idee ihre rein philosophische Grundlage erhalten. Wir werden uns hier mit beiden Ansätzen befassen.

Nach der Entdeckung des Parallelogramms der Kräfte durch Galilei wurde es zum Ziel der klassischen Physik – tatsächlich unausgesprochen, bis Newton seine Principia schrieb –, *die* unveränderlichen Naturgesetze ans Licht des menschlichen Bewusstseins zu bringen und ihnen konzeptionellen Ausdruck zu verleihen die Sprache der mathematischen Formeln. Da die Wissenschaft jedoch gezwungen war, sich auf das zu beschränken, was mit einem einzigen, farbenblinden Auge beobachtet werden konnte, hat die Physik die räumlich -zeitlichen Beziehungen und ihre Veränderungen zwischen diskreten, ideal gedachten Punkten zum Hauptgegenstand ihrer Forschung gemacht -ähnliche Teilchen. Unter den mathematisch formulierbaren Naturgesetzen versteht man dementsprechend die Gesetze, nach denen die kleinsten Teilchen im materiellen Grund der Welt ihre Lage zueinander verändern. Eine Wissenschaft dieser Art könnte logischerweise behaupten, dass sie das Gesetz entdeckt hätte, von dem die universelle Existenz abhängt, wenn es ihr jemals gelungen wäre, sowohl die Position als auch den Bewegungszustand der Gesamtheit der Teilchen, aus denen das Universum besteht, in einem einzigen Moment zu definieren . Dies beruhte notwendigerweise auf der Voraussetzung, dass es sich tatsächlich um die letzten Teilchen der physischen Welt handelte, die beobachtet wurden. Auf der Suche nach diesen, vor allem geleitet von der Erforschung der Elektrizität, spürten die Physiker immer kleinere Einheiten auf; und auf diesem Weg ist die wissenschaftliche Forschung zu folgender eigenartiger Situation gelangt.

Um irgendein Objekt in der Sinneswelt beobachten zu können, benötigen wir ein geeignetes Beobachtungsmedium. Für gewöhnliche Dinge sorgt Licht dafür. Im Sinne des heutigen Lichtverständnisses ist dies möglich, weil die räumliche Ausdehnung der einzelnen Lichtimpulse, ihre sogenannte Wellenlänge, unmessbar kleiner ist als die durchschnittliche Größe aller mikroskopisch sichtbaren Objekte. Dadurch ist gewährleistet, dass sie für das menschliche Auge gut erkennbar sind. Viel kleinere Objekte erfordern jedoch eine entsprechend kürzere Wellenlänge im Beobachtungsmedium. Mittlerweile wurden im ultravioletten Licht und in der Röntgenstrahlung kürzere Wellenlängen als die des sichtbaren Lichts gefunden; und diese werden dementsprechend heute häufig für detaillierte physikalische Untersuchungen verwendet.

Auf diese Weise werden wir jedoch von der Natur an eine bestimmte Grenze geführt; denn wir befinden uns nun in einem Bereich, in dem die Abmessungen des Beobachtungsmediums und des beobachteten Objekts mehr oder weniger gleich sind. Das Ergebnis ist leider, dass das „Licht", wenn es auf das Objekt trifft, dessen Bewegungszustand verändert. Wird dagegen ein „Licht" verwendet, dessen Wellenlänge zu groß ist, um den Bewegungszustand des Objekts zu beeinflussen, ist eine genaue Standortbestimmung des Objekts nicht möglich.

Sobald der Wissenschaftler also am Grund der Welt angelangt ist – d nicht sein Bewegungszustand, oder sein Bewegungszustand und nicht seine Position. Das von ihm gesuchte Gesetz erfordert jedoch, dass beide gleichzeitig bekannt sind. Diese Situation ist auch nicht auf die Unvollkommenheit des eingesetzten wissenschaftlichen Apparats zurückzuführen, sondern auf dessen Vollkommenheit, so dass es den Anschein hat, als ob sie aus der Natur der Grundlage der Welt hervorgegangen wäre – zumindest soweit, wie die moderne Wissenschaft es sich zwangsläufig vorstellen muss Es.

Wenn es wahr ist, dass eine gültige wissenschaftliche Erkenntnis der Natur nur im Bereich einer einäugigen, farbenblinden Beobachtung möglich ist, und wenn es wahr ist – wie eine Wissenschaft dieser Art jedenfalls glauben muss – dass alle Prozesse innerhalb der materiellen Grundlage der Welt von nichts anderem als den Bewegungen bestimmter Elementarteilchen extrem kleiner Größe abhängen, dann muss man sich der Tatsache stellen, dass die Natur dieser Prozesse die Entdeckung einer stabilen Ordnung der Dinge in ihr ausschließt der Sinn mathematisch formulierbarer Gesetze. Die Entdeckung solcher Gesetze wird dann immer der vorletzte Schritt der wissenschaftlichen Forschung sein; Das letzte wird unweigerlich die Auflösung solcher Gesetze im Chaos sein. Einem konsequenten wissenschaftlichen Denken, das in diese Richtung geht, bleibt also nichts anderes übrig, als das Chaos als die einzig wirkliche Grundlage einer scheinbar geordneten Welt anzuerkennen, ein Chaos, auf dessen Oberfläche die Gesetze, die zu herrschen scheinen, nur die Scheinbilder des Menschen sind Geist. Dies ist also das Prinzip der Unbestimmtheit, wie es im Verlauf der praktischen Untersuchung der elektrischen Prozesse in der physikalischen Materie festgestellt wurde.

Professor Schrödinger , ein weiterer führender Denker unter den modernen theoretischen Physikern, erklärt folgendermaßen die philosophische Grundlage für das Prinzip der Unbestimmtheit, das Wissenschaftler inzwischen etabliert haben: [1]

„Jede quantitative Beobachtung, jede Beobachtung, die sich der Messung bedient, ist ihrer Natur nach diskontinuierlich. ... Wie weit wir auch im Streben nach Genauigkeit gehen, wir werden nie etwas anderes als eine endliche Reihe diskreter Ergebnisse erhalten. ... Der Rohstoff unserer quantitativen Naturerkenntnis wird immer diesen primitiven und diskontinuierlichen Charakter haben. ... Es ist möglich, dass ein physikalisches System so einfach ist, dass diese spärlichen Informationen ausreichen würden, um sein Schicksal zu regeln; dann wäre die Natur nicht komplizierter als eine Schachpartie. Um den Stand einer Schachpartie zu bestimmen, genügen 33 Fakten. ... Wenn die Natur komplizierter ist als eine Schachpartie, ein Glaube, dem man tendenziell zuneigt, dann kann ein physikalisches System nicht durch eine endliche Anzahl von Beobachtungen bestimmt werden. Aber in der Praxis ist eine endliche Anzahl von Beobachtungen alles, was wir machen könnten.“

Die klassische Physik, so zeigt der Autor weiter, vertrat die Auffassung, dass es möglich sei, einen echten Einblick in die Gesetze des Universums zu gewinnen, weil es uns im Prinzip durch eine unendliche Anzahl solcher diskreter Beobachtungen möglich wäre, die Lücken ausreichend zu füllen, um dies zu ermöglichen Bestimmen Sie das System der physischen Welt. Gegen diese Annahme muss die moderne Physik die Auffassung vertreten, dass eine unendliche Zahl von Beobachtungen ohnehin nicht in der Praxis durchgeführt werden kann und dass nichts uns zu der Annahme zwingt, dass auch diese ausreichen würde, um uns die Mittel zu einer vollständigen Bestimmung zu liefern, die allein würde es uns erlauben, von „Gesetz“ in der Natur zu sprechen. „In diese Richtung hat uns die moderne Physik geführt, ohne es wirklich zu wollen.“

Was wir zuvor gesagt haben, wird deutlich genug machen, dass wir in diesen Worten eines modernen Physikers erneut auf die beiden Grundlagen von Humes Philosophie treffen. Es ist jedoch ebenso offensichtlich, dass genau das Prinzip, das auf der letzten Stufe der modernen Naturwissenschaft bekräftigt wurde, bereits von Hooke fest etabliert wurde, als er seinen Zeitgenossen die Unwirklichkeit menschlicher Ideen beweisen wollte.

Erinnern wir uns an Hookes Motive und Ergebnisse. Der menschliche Verstand entdeckt, dass bestimmte gesetzestreue Denkformen in ihm selbst wohnen; Das sind die Regeln des mathematischen Denkens. Das Auge informiert darüber, dass die gleiche Art von Recht und Ordnung auch in der Außenwelt herrscht. Der Geist kann Punkt und Linie denken; Das Auge berichtet, dass die gleichen Formen auch in der Natur draußen existieren. (Hooke hätte genauso gut die Spitze und den Rand eines Kristalls als Vorbild nehmen können.) Die Vernunft misstraut jedoch dem Auge und „verbessert" es mit Hilfe des Mikroskops. Was bisher für ein kompaktes, geregeltes Ganzes gehalten wurde, zerfällt nun in einen Haufen ungeordneter Teile; Hinter der Illusion des Gesetzes erkennt eine genauere Beobachtung die Realität des Chaos!

Hätte die Wissenschaft in ihrem rasanten Lauf von Entdeckung zu Entdeckung ihre eigenen Anfänge nicht so vollständig vergessen, hätte sie ihrer neuesten Forschungen nicht bedurft, um ein Prinzip hervorzubringen, dem sie tatsächlich von Anfang an gefolgt war – ein Prinzip, das die Philosophie bereits erkannt hatte, wenn auch nicht in ganz derselben Formulierung, dann im 18. Jahrhundert. Unbestimmtheit, wie wir sie gerade von Schrödinger erklärt haben , ist nichts anderes als die exakte Fortsetzung des Humeschen Skeptizismus .

1 In seinem Buch „*Science and the Human Temperament*" (Dublin, 1935).

KAPITEL IV

Das Land, das nicht unsers ist

Die letzten beiden Kapitel haben gezeigt, in welche Sackgasse die menschliche Wahrnehmung und das Denken geraten sind – soweit sie für wissenschaftliche Zwecke genutzt wurden – aufgrund der Beziehung zur Welt, in der sich das menschliche Bewusstsein befand, als es zu sich selbst erwachte zu Beginn der Neuzeit. Obwohl nun der Betrachter im Menschen, insbesondere in der frühesten Phase unserer Zeit, sich der Überzeugung hingab, dass aus den ihm zur Verfügung stehenden Materialien ein in sich geschlossenes Bild des Universums geformt werden könne, hatte er dennoch eine schwache Ahnung dass dieses Bild, weil ihm jeglicher dynamischer Inhalt fehlte, keinen Einfluss auf die wahre Natur des Universums hatte. Unfähig, diese Realität in sich selbst zu finden, machte sich der Weltbeobachter auf seine eigene Weise auf die Suche nach dem Fehlenden und wandte sich der wahrnehmbaren Welt außerhalb des Menschen zu. Hier stieß er ganz unerwartet auf ... Elektrizität. Kaum war die Elektrizität entdeckt, zog sie das wissenschaftliche Denken des Menschen unwiderstehlich in sein eigenes Reich. Dadurch befand sich der Mensch mit einem für die Dynamik völlig blinden Bewusstsein in einem Bereich nur allzu realer dynamischer Kräfte. Die folgende Beschreibung soll zeigen, welche Folgen dies für den Menschen und seine Zivilisation hatte.

*

Erinnern wir uns zunächst daran, welche bedeutende Rolle die Elektrizität durch die großen Entdeckungen Ende des 18. Jahrhunderts im gesellschaftlichen Leben gespielt hat. Dazu müssen wir nur das gegenwärtige Verhältnis zwischen Produktion und Konsum im wirtschaftlichen Bereich mit dem vergleichen, wie es vor der Erfindung der Kraftmaschine und insbesondere der elektrisch angetriebenen Maschine war. Denken Sie an ein großes öffentliches Unterfangen früherer Zeiten – zum Beispiel an den Bau einer großen mittelalterlichen Kathedrale. Fast die gesamte Arbeit wurde von Menschen erledigt, natürlich mit Hilfe domestizierter Tiere. Unter diesen Umständen lag die gesamte Quelle der Produktivkraft in der Willenskraft der Lebewesen, deren Körper mit Nahrung, Kleidung und Wohnraum versorgt werden mussten; und um diese bereitzustellen, waren andere Produktivkräfte ähnlicher Art in der Nähe desselben Ortes erforderlich. Da jede der in der Arbeit eingesetzten Leistungseinheiten gleichzeitig Produzent und Konsument war, war der Akkumulation von Produktivkräften an einem Ort eine gewisse natürliche Grenze gesetzt.

Dieser Zustand des natürlichen Gleichgewichts zwischen Produktion und Verbrauch wurde durch die Einführung der Dampfmaschine tiefgreifend gestört; Dennoch gab es immer noch gewisse Grenzen, wenn auch ganz anderer Art, für die lokale Konzentration der Produktivkraft. Denn Dampfmaschinen benötigen am Einsatzort Wasser und Kohle, die Platz beanspruchen und ständig bewegt und nachgefüllt werden müssen. Aufgrund der Natur der physikalischen Materie kann diese nicht in unbegrenzter Menge dort angehäuft werden, wo sie benötigt wird.

All dies änderte sich, als es dem Menschen gelang, elektromagnetisch durch die bloße Rotation materieller Massen Energie zu erzeugen und die Wasserkraft der Erde – die wiederum letztlich aus den kosmischen Energien der Sonne stammt – zum Antrieb seiner Dynamos zu nutzen. Nicht nur, dass die so erschlossene Energiequelle praktisch unerschöpflich ist, sondern die Maschinen produzieren sie auch, ohne sie selbst zu verbrauchen, abgesehen von Verschleiß, und ermöglichen so die nahezu unbegrenzte Ansammlung von Energie an einem Ort. Denn die Elektrizität unterscheidet sich von allen anderen Energie liefernden Naturkräften, lebenden oder anderen, gerade dadurch, dass sie mit Hilfe eines physikalischen Trägers, dessen materielle Masse im Vergleich zur zugeführten Energie unbedeutend ist, räumlich konzentriert werden kann.

Durch diese Eigenschaft der Elektrizität war es dem Menschen möglich, den Wirkungsbereich seiner Tätigkeit in alle Richtungen, in die Ferne und in die Nähe, auszudehnen. Damit wurde das Gleichgewicht zwischen Produktion und Konsum, das in früheren Zeitaltern durch natürliche Bedingungen mehr oder weniger ausreichend aufrechterhalten wurde, völlig zerstört und ein großes sozioökonomisches Problem geschaffen.

Auf noch andere Weise und aufgrund ganz anderer Eigenschaften spielt Elektrizität eine wichtige Rolle im modernen Leben. Es konkurriert nicht nur mit dem menschlichen Willen; Es ermöglicht auch automatisch intelligente Operationen, die weit über alles hinausgehen, was der Mensch alleine tun kann. Dafür gibt es in der modernen Elektrotechnik unzählige Beispiele; Wir brauchen hier nur die photoelektrische Zelle und die vielen Geräte zu erwähnen, in denen sie enthalten ist.

In immer größerem, völlig unkontrolliertem Maße – denn für den heutigen Menschen ist es nur natürlich, jede neue Entdeckung so schnell und umfassend wie möglich in die Praxis umzusetzen – dringt die Elektrizität entscheidend in unser modernes Leben ein. Wenn wir alle seine Aktivitäten berücksichtigen, sehen wir, wie unter der Menschheit ein riesiges Reich von Arbeitseinheiten entsteht , die auf ihre Weise nicht nur über Willenskraft, sondern auch über die schärfste vorstellbare Intelligenz verfügen. Obwohl sie völlig von der Natur des Menschen entfernt sind, ordnet er sein Denken und Handeln immer mehr dem ihren unter und lässt sie zu Führern und Gestaltern seiner Zivilisation werden.

Wenn wir uns dem Bereich der wissenschaftlichen Forschung zuwenden, stellen wir fest, dass Elektrizität bei der Entwicklung des modernen Denkens eine bemerkenswert ähnliche Rolle spielt wie ihre Rolle als Arbeitskraft im Alltag. Wir finden es im Zusammenhang mit Phänomenen, die, um mit Professor Heisenbergs Worten zu sprechen, ihre gegenseitigen Zusammenhänge dem exakten mathematischen Denken leichter offenbaren als alle anderen Tatsachen der Natur; und doch hat die Art und Weise, wie diese Phänomene bekannt geworden sind, das mathematische Denken in beispiellosem Maße in Mitleidenschaft gezogen. Um zu erkennen, dass die moderne Wissenschaft ihre Erfolge auf diesem Gebiet einer seltsamen und oft paradoxen Mischung aus äußerem Zufall und Irrtum im menschlichen Denken verdankt, müssen wir nur die Geschichte des Fachs ohne Vorurteile betrachten.

*

Die Entdeckung der Elektrizität vollzog sich bisher in vier deutlich unterschiedlichen Phasen. Die erste erstreckt sich von der Zeit, als die Menschen zum ersten Mal von elektrischen Phänomenen wussten, bis zum Beginn des naturwissenschaftlichen Zeitalters; der zweite umfasst das 17. und den größten Teil des 18. Jahrhunderts; der dritte beginnt mit Galvanis Entdeckung und endet mit den ersten Beobachtungen strahlender Elektrizität; und der vierte bringt uns zu unserem eigenen Tag. Wir werden uns hier mit einigen herausragenden Merkmalen jeder Phase befassen, die ausreichen, um den seltsamen Weg zu charakterisieren, auf dem die Menschheit durch die Entdeckung der Elektrizität geführt wurde.

Bis zum Beginn der Neuzeit war über die Elektrizität oder ihre Schwesterkraft, den Magnetismus, nichts weiter bekannt als das, was wir in Plinius' Schriften finden. Ohne einen qualitativen Unterschied zwischen ihnen anzuerkennen, verweist er dort auf die Fähigkeit von geriebenem Bernstein und bestimmten Eisenstücken, andere kleine Materiestücke anzuziehen. Um den wesentlichen Unterschied zwischen elektrischer und magnetischer Anziehung zu erkennen, musste das für unsere Zeit charakteristische überwältigende Interesse an der materiellen Natur geweckt werden. Der erste, der dies richtig beschrieb, war der Arzt von Königin Elizabeth, Gilbert. Seiner Entdeckung folgte bald der Bau der ersten elektrischen Maschine durch den Deutschen Guericke (auch bekannt durch seine Erfindung der Luftpumpe), der den Weg für die Entdeckung ebnete, dass Elektrizität von einem Ort zum anderen übertragen werden kann.

Allerdings begann die Zahl der elektrischen Entdeckungen erst zu Beginn des 18. Jahrhunderts erheblich zuzunehmen: Dazu gehörte die Erkenntnis der Doppelnatur der Elektrizität durch den Franzosen Dufais und die zufällige Erfindung des Leidener Glases (gleichzeitig angefertigt von dem Deutschen von Kleist und den beiden Niederländern Musschenbroek und Cunaeus). Das Leidener Glas brachte elektrische Effekte von völlig unerwarteter Intensität in greifbare Nähe. Angeregt durch die Möglichkeiten der Elektrizität in dieser Form beschäftigten sich nun immer mehr Menschen mit Experimenten mit einer so faszinierenden Naturgewalt, bis im zweiten Drittel des Jahrhunderts ein ganzes Heer von Beobachtern am Werk war, sei es durch Beruf oder Hobby, immer neue Erscheinungsformen seiner Kräfte entdeckend.

Die Stimmung, die damals unter Männern herrschte, die sich mit Elektroforschung beschäftigten, spiegelt sich gut in einem Brief wider, den der Engländer Walsh an Benjamin Franklin schrieb, der kurz zuvor die elektrische Natur der von bestimmten Fischen verursachten Schocks festgestellt hatte das natürliche Vorkommen von Elektrizität in der Atmosphäre:

„Ich freue mich, diese Mitteilungen an Sie richten zu dürfen." Er, der vorhergesagt und gezeigt hat, dass die Elektrizität den gewaltigen Blitz der Atmosphäre beflügelt, wird mit Aufmerksamkeit hören, dass sie in der Tiefe einen bescheideneren Blitz beschleunigt, still und unsichtbar; Wer die elektrische Phiole analysiert hat , wird mit Freude hören, dass ihre Gesetze in belebten Phiolen vorherrschen; Wer durch Vernunft Elektriker wurde, wird mit Ehrfurcht von einem instinktiven Elektriker hören, der von Geburt an mit einem wunderbaren Gerät ausgestattet ist und die Fähigkeit besitzt, es zu benutzen." (Phil. Trans. 1773.)

Kann man glauben, dass in der Elektrizität die Seele der Natur entdeckt wurde? Das war die Frage, die damals viele Menschen in Europa bewegte. Ärzte hatten bereits versucht, durch starke Elektroschocks bei ihren Patienten neue Lebenskraft zu wecken; Es gab sogar Versuche, Tote auf diese Weise wieder zum Leben zu erwecken .. In einer Zeit wie der unseren, in der es uns in erster Linie um die praktische Anwendung wissenschaftlicher Erkenntnisse geht, sind wir es meist gewohnt, solche Gedankengänge aus einer vergangenen Zeit nur als unwesentliche Begleiterscheinung jugendlicher, unreifer Wissenschaft zu betrachten und sie zu belächeln entsprechend als historische Kuriositäten. Das ist ein Fehler, denn wir übersehen dann, wie in ihnen eine Ahnung der Wahrheit verborgen war, wie falsch sie damals auch gedacht war, und wir ignorieren die Rolle, die solche scheinbar phantastischen Hoffnungen im Zusammenhang mit dem Einzug der Elektrizität in die menschliche Zivilisation gespielt haben . (Solche Hoffnungen beschränken sich auch nicht auf das 18. Jahrhundert; wie wir sehen werden, drängte derselbe Impuls Crookes hundert Jahre später zu jener entscheidenden Entdeckung, die die neueste Phase in der Geschichte der

Wissenschaft einläuten sollte, eine Phase, in der der forschende Mensch … Der Geist wurde an die Grenze der physisch-materiellen Welt geführt, wo der Übergang von der trägen Materie zur frei wirkenden Energie stattfindet.)

Wenn noch Zweifel daran bestanden, ob in der Natur die gleiche Kraft am Werk war, die bei Tier und Mensch in der Seele verborgen war, so schien dieser Zweifel durch Galvanis Entdeckung, dass man tierische Gliedmaßen in Bewegung versetzen kann, endgültig ausgeräumt worden zu sein elektrisch durch die Berührung zweier unterschiedlicher Metallstücke. Kein Wunder, dass „der Sturm, der durch Galvanis Veröffentlichung in der Welt der Physiker, Physiologen und Ärzte ausgelöst wurde, nur mit dem zu vergleichen ist, der gleichzeitig über den politischen Horizont Europas zog." Wo immer Frösche und zwei Stücke aus unterschiedlichem Metall zur Verfügung standen, suchte jeder mit eigenen Augen nach dem Beweis, dass sich die abgetrennten Gliedmaßen wunderbar wiederbeleben ließen. [1]

Wie viele seiner Zeitgenossen fühlte sich Galvani vom faszinierenden Verhalten der neuen Naturgewalt dazu hingezogen, neben seiner beruflichen Tätigkeit, der anatomischen Forschung, elektrische Experimente als Hobby zu betreiben. Für seine Experimente nutzte er den Raum, in dem seine anatomischen Präparate aufgestellt waren. So kam es, dass seine elektrische Maschine in der Nähe einiger Froschschenkel stand und für die Sektion vorbereitet war. Durch einen weiteren Zufall löste sein Assistent beim Spielen mit der Maschine ein paar Funken aus, gerade als einige der Proben so viel Kontakt mit der Oberfläche unter ihnen hatten, dass sie zwangsläufig auf die plötzliche Änderung des elektrischen Feldes um die Maschine herum reagierten durch seine Entladung. Bei jedem Funken zuckten die Beine der Frösche. Was Galvani mit eigenen Augen sah, schien nichts weniger als die Vereinigung zweier Phänomene zu sein, von denen eines von Franklin in den Höhen der Atmosphäre beobachtet wurde, das andere von Walsh in den Tiefen des Meeres.

Galvani ging, wie er selbst beschreibt, mit großem Enthusiasmus daran, systematisch zu untersuchen, welcher Unfall ihm dadurch in die Hände gefallen war. [2] Er wollte zunächst herausfinden, ob auf natürliche Weise auftretende Veränderungen im elektrischen Zustand der Atmosphäre bei seinen Proben die gleiche Reaktion hervorrufen würden. Zu diesem Zweck befestigte er ein Ende eines Eisendrahtes an einem Punkt hoch oben vor seinem Haus; das untere Ende verband er mit der Nervensubstanz eines Gliedes eines seiner Exemplare und an dessen Fuß befestigte er einen zweiten Draht, dessen anderes Ende er in einen Brunnen tauchte. Die Probe selbst wurde entweder zur Isolierung in einen Glaskolben eingeschlossen oder einfach auf einem Tisch in der Nähe der Vertiefung liegen gelassen. Und das alles tat er, wann immer ein Gewitter drohte. Wie er selbst berichtete: „Alles verlief wie erwartet." Immer wenn der Blitz zuckte, gerieten alle Muskeln gleichzeitig in wiederholte und heftige Zuckungen , so dass die Bewegungen der Muskeln, wie der Blitz, immer dem Donner vorausgingen und ihn so gleichsam ankündigten. Wir können uns eine Vorstellung davon machen, was während dieser Experimente in Galvanis Kopf vorging, wenn wir uns lebhaft vorstellen, wie die Gliedmaßen der Tiere jedes Mal zuckten, wenn der Blitz zuckte, als ob eine belebende Willenskraft plötzlich von ihnen Besitz ergriffen hätte.

Im Zuge seiner Untersuchungen – die er lange Zeit fortführte – stellte Galvani zu seinem Erstaunen fest, dass einige seiner Exemplare, die er mit Messinghaken an einem Eisengeländer aufgehängt hatte, manchmal sogar bei klarem Himmel zuckend verfielen Es war ganz klar und es gab keine Anzeichen von Donner. Seine natürliche Schlussfolgerung war, dass dies auf bisher unbemerkte elektrische Veränderungen in der Atmosphäre zurückzuführen sein musste. Die stundenlangen täglichen Beobachtungen führten jedoch zu keinem schlüssigen Ergebnis; Wenn es zu Zuckungen kam, traten diese nur bei einigen Exemplaren auf, und selbst dann gab es keine erkennbare Ursache. Dann geschah es eines Tages, dass Galvani, „müde vom fruchtlosen Zuschauen", einen der Messinghaken ergriff, an denen die Exemplare aufgehängt waren, und ihn stärker als gewöhnlich gegen das Eisengeländer drückte. Sofort trat ein Zucken auf. „Ich war fast an dem Punkt, den Vorfall der atmosphärischen Elektrizität zuzuschreiben", erzählt uns Galvani. Dennoch nahm er eines der Exemplare, einen Frosch, mit in sein Labor und unterzog ihn dort ähnlichen Bedingungen, indem er ihn auf eine Eisenplatte legte und mit dem Haken, der durch sein Rückenmark gesteckt war, dagegen drückte. Sofort traten die Zuckungen erneut auf. Er versuchte es mit anderen Metallen und zur Kontrolle auch mit Nichtmetallen. Mit einigem Einfallsreichtum stellte er eine Anordnung zusammen , die der einer elektrischen Glocke ähnelte, wobei die Gliedmaßen beim Zusammenziehen den Kontakt unterbrachen und ihn beim Entspannen wieder herstellten, und so gelang es ihm, den Frosch in kontinuierlicher rhythmischer Bewegung zu halten.

Während Galvani aufgrund seiner früheren Beobachtungen zu Recht davon überzeugt war, dass die Bewegung in den Proben eine Reaktion auf einen elektrischen Reiz von außen darstellte, änderte er nun seine Meinung. Im Moment seiner wirklich bedeutsamen Entdeckung verfiel er dem Irrtum, dass er es mit einer Wirkung tierischer Elektrizität zu tun hatte, die irgendwo im toten Lebewesen selbst lokalisiert war, vielleicht in der Art und Weise, wie man es bei den elektrischen Fischen beobachtet hatte. Er kam zu dem Schluss, dass der Metallaufsatz lediglich dazu diente, die Elektrizität im Inneren des Tieres in Gang zu setzen.

Während Galvani bis zu seinem Tod an diesem Fehler festhielt, erkannte Volta, dass die Quelle der elektrischen Kraft, wie in der ersten von Galvanis

Beobachtungen, immer noch außerhalb der Proben gesucht werden muss, und führte sie selbst zu Recht auf die sich berührenden Metalle zurück. Von dieser Hypothese geleitet, begann Volta mit der systematischen Erforschung der galvanischen Eigenschaften von Metallen und es gelang ihm bald, wieder Elektrizität aus rein mineralischen Stoffen zu erzeugen, nämlich aus zwei verschiedenen Metallen in Kontakt mit einer leitfähigen Flüssigkeit.

Diese Art der Stromerzeugung unterschied sich jedoch von allen bisher bekannten, da sie erstmals die Erzeugung kontinuierlicher elektrischer Effekte ermöglichte. Es ist diese Qualität der von Volta konstruierten Zellen und Pfähle, die den Weg dafür ebnete, dass die elektrische Kraft die Rolle in der menschlichen Zivilisation übernehmen konnte, die wir bereits beschrieben haben. Dass Volta selbst sich dieses wesentlich neuen Faktors bei der galvanischen Elektrizitätserzeugung bewusst war, zeigt sein eigener Bericht an die Royal Society:

„Das wichtigste meiner Ergebnisse, und das fast alle anderen umfasst, ist die Konstruktion eines Apparats, der in seinen Wirkungen ähnelt, nämlich. wie zum Beispiel das Versetzen der Arme mit Stößen usw., die Leydener Phiole und noch bessere, schwach geladene elektrische Batterien; . . . aber was die Tugend und Kraft dieser gleichen Batterien bei weitem übertrifft; da es nicht wie diese darauf bedarf, vorher mit fremder Elektrizität aufgeladen zu werden; und da es in der Lage ist, die übliche Aufregung auszulösen, so oft es richtig berührt wird.'

Während Voltas Erfolg darauf beruhte, Galvanis Fehler zu vermeiden, erwies sich sein Apparat dennoch versehentlich als ein enges Gegenstück zu genau dem tierischen Organ, das Galvani im Sinn hatte, als er seine eigenen Entdeckungen falsch interpretierte! Dass Volta selbst dies erkannte, geht aus den Schlussworten seines Briefes hervor:

„Da dieser Apparat eher dem natürlichen Organ des Torpedos oder Zitteraals ähnelt als der Leidener Phiole oder den gewöhnlichen elektrischen Batterien, kann ich ihn als künstliches elektrisches Organ bezeichnen."

Diese neue Methode zur Erzeugung kontinuierlicher elektrischer Effekte hatte weitreichende Ergebnisse, darunter die Entdeckung der magnetischen Eigenschaften des elektrischen Stroms durch den Dänen Oersted — wiederum eine rein zufällige Entdeckung, die den Annahmen des Entdeckers direkt zuwiderlief sich selbst. Als Oersted gerade den Hörsaal verlassen wollte, in dem er gerade versucht hatte, die Nichtexistenz solcher magnetischen Eigenschaften zu beweisen (ein scheinbar von Erfolg gekrönter Versuch), warf er zufällig noch einmal einen Blick auf seinen Demonstrationstisch. Zu seinem Erstaunen bemerkte er, dass eine seiner Magnetnadeln nicht richtig ausgerichtet war; Offensichtlich wurde es von einem Magnetfeld angezogen, das durch den Strom erzeugt wurde, der durch einen Draht floss, den er gerade benutzt hatte und der noch im Stromkreis war. Was Oersted während seiner geplanten Forschungen entgangen war – nämlich, dass die magnetische Kraft, die einen elektrischen Strom begleitet, in einer Richtung gesucht werden muss, die im rechten Winkel zum Strom verläuft –, ermöglichte ihm ein zufälliges Ereignis, herauszufinden.

Diese wiederholten Zufälle und häufig falschen Interpretationen des so entdeckten Phänomens zeigen, dass die Menschen das elektrische Reich sozusagen im Dunkeln erkundeten; Es war ein Bereich, der ihren gewöhnlichen Vorstellungen fremd war, und sie hatten nicht die Denkformen entwickelt, die nötig waren, um ihn zu verstehen. (Und das gilt, wie unsere weitere Umfrage zeigen wird, auch heute noch.)

In unserem historischen Überblick stehen wir neben den Forschungen von Faraday und Maxwell. Faraday war davon überzeugt, dass, wenn elektrische Prozesse von magnetischen Kräften begleitet werden, wie Oersted gezeigt hatte, auch das Gegenteil der Fall sein muss – Magnetismus muss von Elektrizität begleitet sein. Zu dieser richtigen Überzeugung führte ihn sein Glaube an die qualitative Einheit aller Kräfte der Natur – ein Spiegelbild seines stark monotheistischen alttestamentlichen Glaubens, wie seine Biographie zeigt. Doch gerade diese Sichtweise, die sich die Naturwissenschaft seit Faraday ganz bewusst als Leitprinzip zu eigen gemacht hat, wird sich uns als grundsätzlicher Irrtum erweisen.

Es erscheint paradox zu behaupten, dass die Ergebnisse der wissenschaftlichen Erforschung der Elektrizität umso besser ausfielen, je konsequenter das menschliche Denken diesem Irrtum folgte. Gerade dieses Paradoxon ist jedoch charakteristisch für den Naturbereich, zu dem die Elektrizität gehört; und jeder, der ernsthaft versucht, die Illusionen unserer Zeit zu überwinden, wird sich der Tatsache stellen müssen, dass die unmittelbare Wirksamkeit einer Idee in der Praxis kein Beweis für ihre letztendliche Wahrheit ist.

Ein weiteres beredtes Beispiel für das seltsame Schicksal des menschlichen Denkens im Zusammenhang mit Elektrizität findet sich im Werk von Clark Maxwell, der, ausgehend von Faradays Entdeckungen, der Theorie der Elektrizität ihre mathematische Grundlage gab. Seine rein theoretischen Überlegungen führten ihn zur Erkenntnis der Existenz einer Form elektrischer Aktivität, von der er bisher nicht geträumt hatte: elektromagnetische Schwingungen. Angeregt durch Maxwells mathematische Schlussfolgerungen konnten Hertz und Marconi bald darauf jene Phänomene nachweisen, die einerseits zur elektromagnetischen Theorie des Lichts und andererseits zu den praktischen Errungenschaften der drahtlosen Kommunikation führten.

Wieder einmal besteht die paradoxe Tatsache, dass dieses Ergebnis von Maxwells Arbeit der eigentlichen Grundlage widerspricht, auf der er sein theoretisches Gebäude aufgebaut hatte. Sein Ausgangspunkt war es, sich ein Bild vom elektromagnetischen Kraftfeld zu machen, auf das er bestimmte bekannte Formeln der Mechanik anwenden konnte. Dies gelang ihm, indem er das Verhalten der elektrischen Kraft mit den Strömen einer elastischen Flüssigkeit – also einer materiellen Substanz – verglich . Zwar betonten sowohl er als auch seine Nachfolger zu Recht, dass ein solches Bild keineswegs als Erklärung der Elektrizität gedacht sei, sondern lediglich als Hilfsbegriff in Form einer rein äußerlichen Analogie. Dennoch dachte er an diese Kraft in der Gestalt einer materiellen Flüssigkeit und konnte sie einer mathematischen Berechnung unterziehen. Tatsache ist jedoch, dass ihn die strenge Logik der Mathematik von diesem Ausgangspunkt aus zu der Entdeckung führte, dass Elektrizität zu einem Verhalten fähig ist , das sie qualitativ ähnlich erscheinen lässt wie ... Licht!

Während Praktiker die Arbeit von Faraday und Maxwell nutzten, indem sie die mechanische Funktionsweise der Elektrizität bei der Stromerzeugung und ihre Ähnlichkeit mit Licht bei der drahtlosen Kommunikation von Gedanken nutzten, entstand ein neues Forschungsgebiet mit völlig neuen praktischen Möglichkeiten Im letzten Drittel des 19. Jahrhunderts eröffnete sich plötzlich die Entdeckung, wie sich Elektrizität in verdünnter Luft verhält. Damit sind wir bei der Entdeckung der Kathodenstrahlen und der sie begleitenden Phänomene angelangt, aus denen die jüngste Etappe in der Geschichte der Elektrizität hervorging. Und auch hier stoßen wir, wie in der Geschichte von Galvanis Entdeckungen, wieder auf gewisse Unterströmungen von Sehnsüchten und Erwartungen in der menschlichen Seele, die in diesem plötzlichen, großen Fortschritt in der Kenntnis der Elektrizität eine Antwort zu finden schienen – ein Fortschritt, der erneut dazu geführt hat praktische Anwendungen von größter Bedeutung für die menschliche Gesellschaft, wenn auch überhaupt nicht in der zunächst erhofften Weise.

Das Interesse an den Phänomenen, die beim Durchgang von Elektrizität durch Gase mit vermindertem Druck entstehen, hatte in den siebziger Jahren des 19. Jahrhunderts gleichzeitig mehrere Forscher geweckt. Den entscheidenden Schritt auf diesem Forschungsgebiet machte jedoch der englische Physiker William Crookes. Er wurde von einem Gedankengang geleitet, der völlig irrelevant zu sein scheint; Doch war es gerade dies, was sein Interesse zunächst auf die besonderen Phänomene lenkte, die Kathodenstrahlen begleiten; und sie erwiesen sich als Ausgangspunkt einer langen Forschungsreihe, die nun in der Freisetzung der Atomenergie gipfelte. [3]

Inmitten seiner vielfältigen Interessen und Aktivitäten war Crookes seit seiner Jugend von der Sehnsucht erfüllt, mit empirischen Mitteln die Brücke zu finden, die von der Welt der physikalischen Wirkungen zur Welt der überphysischen Ursachen führt. Er selbst erzählt, wie diese Sehnsucht in ihm durch den Verlust eines geliebten Bruders geweckt wurde. Vor dem Leichnam kam er zu der Frage, die ihn danach nicht mehr loslassen sollte, ob es ein Land gäbe, in dem die menschliche Individualität fortbesteht, nachdem sie ihre körperliche Hülle abgelegt hat, und wie dieses Land zu finden sei. Da die wissenschaftliche Forschung das Instrument war, das der moderne Mensch geschaffen hatte, um durch den Schleier äußerer Phänomene zu den Ursachen vorzudringen, die sie hervorbrachten, war es für Crookes selbstverständlich, sich ihr zuzuwenden, um den Weg von der einen Welt in die andere zu suchen.

Nachdem Crookes einen Mann kennengelernt hatte, der in der Lage war, mithilfe von Kräften, die sich von den in der Wissenschaft bekannten Kräften völlig unterschieden, Wirkungen in der Körperwelt hervorzurufen, beschloss er, sich dieser wissenschaftlichen Suche zu widmen. So kam er zum ersten Mal mit dem Bereich der Phänomene in Berührung, der als Spiritualismus oder vielleicht passender als Spiritismus bekannt ist. Crookes befand sich nun vor einer besonderen Ordnung von Ereignissen, die von einer anderen Welt als der für unsere Sinne offenen Welt zu zeugen schien; Die physische Materie erwies sich hier als bewegungsfähig trotz der Schwerkraft, Manifestationen von Licht und Ton erschienen ohne eine physische Quelle, die sie hervorbrachte. Indem er bei von seinem medialen Bekannten arrangierten Sitzungen mit solchen Dingen vertraut wurde, begann er zu hoffen, dass er den Weg gefunden hatte, wie wissenschaftliche Forschung die Grenzen der physischen Welt überschreiten könnte. Dementsprechend widmete er sich eifrig der systematischen Untersuchung seiner neuen Erfahrungen und wurde so zum Vater des modernen wissenschaftlichen Spiritismus.

Crookes hatte gehofft, dass die Wissenschaftler seiner Zeit ein positives Interesse an seinen Forschungen zeigen würden. Aber sein erster Aufsatz auf diesem Gebiet, „Über Phänomene namens Spiritual", wurde von seinen Kollegen sofort und fast einstimmig abgelehnt, und solange er sich mit solchen Angelegenheiten beschäftigte, litt er unter ihrem Widerstand. Es ging an seinem Verständnis als Wissenschaftler vorbei, warum alles von vornherein als außerhalb des Rahmens wissenschaftlicher Forschung liegend betrachtet werden sollte. Nach mehreren Jahren erfolglosen Kampfes brach er seine Untersuchungen zum Spiritismus ab, zutiefst desillusioniert darüber, dass es ihm nicht gelungen war, die offizielle Wissenschaft dafür zu interessieren. Seine eigene Vorliebe dafür blieb jedoch bestehen (er war von 1896 bis 1899 Präsident der Society for Psychical Research), und er ließ keine Gelegenheit aus, sich als Pionier bei der Suche nach dem Grenzland zwischen der Welt der Materie und des Geistes zu bekennen . Bei all seinen vielfältigen wissenschaftlichen Arbeiten blieb der Wunsch bestehen, mehr über dieses Land zu erfahren.

So wie Crookes einst versucht hatte, den Spiritismus wissenschaftlich zu untersuchen, so war er auch bei seinen späteren wissenschaftlichen Untersuchungen immer so etwas wie ein Spiritist. Er gab zwar zu, dass ihn die seltsamen Lichteffekte, die beim Durchgang von Elektrizität durch verdünnte Gase entstehen, besonders angezogen fühlten, weil sie ihn an bestimmte Lichtphänomene erinnerten, die er während seiner spiritistischen Untersuchungen beobachtet hatte. Hinzu kam die Tatsache, dass sich das Licht hier in einer Weise empfänglich für die magnetische Kraft zeigte, die sonst nur für bestimmte materielle Substanzen charakteristisch ist. Dementsprechend deutete alles zusammen für Crookes darauf hin, dass er sich hier, wenn überhaupt irgendwo, an der Grenze zwischen der physischen und der überphysischen Welt befand. Kein Wunder, dass er sich mit Begeisterung dem Studium dieser Phänomene widmete.

Bald gelang es ihm, auf dem unsichtbaren Weg der Elektrizität durch die später nach ihm benannte Röhre auffällige Effekte – Licht und Wärme, aber auch mechanische – hervorzurufen. Damit bewies er zum ersten Mal sozusagen sichtbar die Doppelnatur – materiell und übermateriell – der Elektrizität. Was Crookes selbst über diese Entdeckungen im Bereich der Kathodenstrahlen dachte, können wir anhand des Titels „Strahlende Materie" oder „Der vierte Zustand der Materie" beurteilen, den er seiner ersten Veröffentlichung über sie gab. Und so war er nur konsequent, als er in seinen Vorträgen vor der Royal Institution in London und der British Association in Sheffield im Jahr 1879, nachdem er einem staunenden wissenschaftlichen Publikum die neu entdeckten Eigenschaften der Elektrizität gezeigt hatte, zum Höhepunkt seiner Darstellung kam indem er sagt: „Wir haben gesehen, dass strahlende Materie in einigen ihrer Eigenschaften so materiell ist wie diese Tabelle, während sie in anderen Eigenschaften fast den Charakter strahlender Energie annimmt." Wir haben hier tatsächlich das Grenzgebiet berührt, in dem Materie und Kraft ineinander zu verschmelzen scheinen, das Schattenreich zwischen Bekanntem und Unbekanntem, das für mich schon immer eigentümliche Versuchungen bereithielt." Und in kühnen prophetischen Worten, die die Zeit teilweise gerechtfertigt hat, fügte er hinzu: „Ich wage zu glauben, dass die größten wissenschaftlichen Probleme der Zukunft in diesem Grenzland und sogar darüber hinaus ihre Lösung finden werden; Hier, so scheint es mir, liegen ultimative Realitäten, subtil, weitreichend, wunderbar.'

Niemand kann diese Worte von Crookes lesen, ohne als Unterton noch einmal die Frage zu hören, die sich ihm schon lange zuvor am Bett seines toten Bruders aufgedrängt hatte. Von dem Menschen, den der Tod genommen hat, ist nur noch ein Haufen von Substanzen übrig, verlassen von der Kraft, die sie als Instrument ihrer eigenen Tätigkeit benutzt hat. Wohin verschwindet diese Kraft, wenn sie den Körper verlässt, und gibt es eine Möglichkeit, dass sie sich offenbart, auch ohne einen solchen Körper zu besetzen?

Von dieser Frage bewegt, machten sich die jungen Crookes auf die Suche nach einer Welt voller Kräfte, die sich von den üblichen mechanischen Kräften, die Materie auf Materie ausübt, dadurch unterscheiden, dass sie autonom und der Materie in ihrem trägen Konglomerat überlegen und dennoch in der Lage sind, Materie gerecht zu nutzen wie die Seele den Körper nutzt, solange sie in ihm wohnt. Sein Ziel war es, den Beweis für die Existenz solcher Kräfte zu erbringen oder zumindest in den Bereich vorzudringen, in dem der Übergang von der Materie zur reinen, materiefreien Kraft stattfindet. Und wieder einmal, wie zu Galvanis Zeiten, faszinierte Elektrizität die Augen eines Mannes, der nach dem Land der Seele suchte. Was der Spiritismus verweigerte, schien die Elektrizität zu gewähren.

Die Abneigung gegen den Spiritismus, auf die Crookes in der zeitgenössischen Wissenschaft stieß, war vom Standpunkt einer solchen Wissenschaft weitgehend berechtigt. Die Wissenschaft in der Form, in der Crookes sie selbst auffasste, ging davon aus, dass die Beziehung des menschlichen Bewusstseins zur Welt die einer äußeren Betrachtung sei. Wenn der Wissenschaftler also innerhalb der so für das Bewusstsein vorgegebenen Grenzen blieb, war es nur konsequent, sich zu weigern, etwas außerhalb dieser Grenzen zum Gegenstand wissenschaftlicher Forschung zu machen.

Andererseits spricht es für den Mut und die Aufgeschlossenheit von Crookes, dass er sich nicht davon abhalten ließ, die für ihn einzig mögliche Möglichkeit zu finden, die Grenzen der Wissenschaft über die gegebene physische Welt hinaus auszudehnen. Darüber hinaus war es nur natürlich, dass er als Mensch seiner Zeit auf der Suche nach einer Welt höherer Ordnung als der physischen zunächst seine Aufmerksamkeit auf spiritistische Ereignisse richtete, auf den Spiritismus, wie er aus Amerika nach Europa gelangt war Mitte des 19. Jahrhunderts war nichts anderes als ein Versuch des Betrachterbewusstseins, auf seine Weise etwas über die übersinnliche Welt zu erfahren. Der Spiritist erwartet, dass sich der Geist in äußerlich wahrnehmbaren Phänomenen offenbart, als wäre er Teil der physischen Welt. Gegen Ende seines Lebens gestand Crookes, dass er, wenn er noch einmal von vorne anfangen könnte, lieber telepathische Phänomene – die direkte Übertragung von Gedanken von einer Person auf eine andere – studieren würde, als die rein mechanischen oder sogenannten telekinetischen Ausdrucksformen des Psychischen Kräfte. Aber obwohl sich sein Interesse damit einem tieferen Bereich der psychischen Forschung zuwandte, blieb er seiner Zeit treu und ging immer noch davon aus, dass Wissen über die Welt, was auch immer sie sein mag, nur dadurch erlangt werden könne, dass man sich als bloßer Beobachter außerhalb des Objekts befinde der Forschung.

*

Die Flut neuer Entdeckungen, die Crookes' Arbeit folgte, begründete seine Überzeugung, dass wir es bei Kathodenstrahlphänomenen mit einem Grenzbereich der physikalischen Natur zu tun haben. Dennoch ist das Land, das auf der anderen Seite dieser Grenze liegt, nicht das, nach dem Crookes sein ganzes Leben lang gesucht hatte. Denn anstatt den Weg in das Land zu finden, in dem die Seele des Menschen beim Tod verschwindet, hatte Crookes versehentlich die Grenze in ein anderes Land überschritten – ein Land, das der Wissenschaftler des 20. Jahrhunderts „das Land, das nicht uns gehört" nennen muss.

Der Bereich, der durch Crookes' Beobachtungen der Wissenschaft eröffnet wurde und in den das menschliche Wissen nun wie im Sturm eindrang, war der Bereich der radioaktiven Prozesse in der mineralischen Schicht der Erde. Dort wurden viele neue und überraschende Eigenschaften der Elektrizität entdeckt – doch das Rätsel der Elektrizität selbst geriet, anstatt näher zu kommen, in immer tiefere Dunkelheit.

Der allererste Schritt in dieses neu entdeckte Gebiet machte das Rätsel noch verwirrender. Wie bereits erwähnt, hatte Maxwells Verwendung einer Materialanalogie als Mittel zur mathematischen Formulierung der Eigenschaften elektromagnetischer Kraftfelder zu Ergebnissen geführt, die Elektrizität in enge Verbindung mit Licht brachten. Auf seine Weise konzentrierte Crookes seine Aufmerksamkeit zunächst ausschließlich auf den lichtähnlichen Charakter elektrischer Effekte im Vakuum. Es waren jedoch gerade diese Beobachtungen, wie sie von Lenard und anderen weitergeführt wurden, die es nun notwendig machten, in der Elektrizität nichts anderes als eine besondere Erscheinungsform träger Masse zu sehen.

Die Entwicklungen, die zu dieser Phase geführt haben, sind neu und vertraut genug, um kurz zusammengefasst zu werden. Der erste Schritt war erneut ein Zufall, als Röntgen (oder besser gesagt einer seiner Assistenten) bemerkte, dass ein Schlüsselbund, der zufällig auf einer ungeöffneten Schachtel mit Fotoplatten in der Nähe einer Kathodenröhre abgelegt worden war, ein unerklärliches Phänomen hervorgerufen hatte Schattenbild von sich selbst auf einer der Platten. Die Kathodenröhre gab offenbar eine bisher unbekannte Art von Strahlung ab, die in der Lage war, undurchsichtige Substanzen zu durchdringen. Röntgen war ein Experimentator, kein Theoretiker; Seine Schüler pflegten privat zu sagen, dass er mit der Veröffentlichung dieser Entdeckung der Röntgenstrahlen zum ersten und einzigen Mal in seinem Leben den Versuch einer theoretischen Erklärung unternommen habe – und dabei einen Fehler gemacht habe!

Diese zufällige Entdeckung hatte jedoch weitreichende Folgen. Es machte auf die Fluoreszenz von Mineralien aufmerksam, die sich in der Kathodenröhre befanden; Dies inspirierte Becquerel zu der Frage, ob natürlich fluoreszierende Substanzen so etwas wie Röntgenstrahlen abgeben, und stieß schließlich – wieder einmal durch Zufall – auf bestimmte Uranverbindungen. Es wurde festgestellt, dass diese eine röntgenähnliche Strahlung abgeben, und zwar auf natürliche Weise und ständig. Bald darauf gelang es den Curies, das Element Radium zu isolieren, ein Element, bei dem festgestellt wurde, dass es einem kontinuierlichen natürlichen Zerfall unterliegt. Der Weg war nun frei für die lange Reihe von Experimenten zum Atomzerfall, die schließlich zur Spaltung des Atomkerns und zum Bau der Atombombe führten.

*

Aus diesen Ergebnissen ergibt sich ein typisches modernes Paradoxon. Durch die Beschränkung seiner kognitiven Fähigkeiten auf ein Erfahrungsfeld, in dem die Vorstellung von Kraft als objektiver Realität undenkbar war, wurde der Mensch auf eine Linie praktischer Forschung geführt, deren Verfolgung ihn zwangsläufig in die Kraftaktivitäten des Kosmos bringen würde . Denn was elektrische und subelektrische Aktivitäten von allen anderen Kräften der physikalischen Natur, die der Wissenschaft bisher bekannt sind, unterscheidet, ist, dass sie für ihre Wirkung nicht auf den Widerstand angewiesen sind, den raumgebundene materielle Körper bieten; sie repräsentieren eine Welt purer Dynamik, in der räumliche Beschränkungen keinen Platz haben.

Ebenso paradox ist die Situation des theoretischen Denkens gegenüber dem Bereich des natürlichen Seins, in den die praktische Forschung neuerdings vordringt. Wir haben gesehen, dass dieses Denken aufgrund des ihm zugrunde liegenden Bewusstseins dazu gezwungen ist, seine Ideen stets in räumliche Form zu kleiden. Wo in der rein räumlichen Nachbarschaft physischer Dinge etwas unerklärlich bleibt, wird auf hypothetische Bilder zurückgegriffen, deren Inhalt wiederum nur aus räumlich ausgedehnten und räumlich benachbarten Gegenständen besteht. Auf diese Weise wurde Materie als bestehend aus Molekülen, Molekülen aus Atomen und Atomen aus Elektronen, Protonen, Neutronen usw. betrachtet.

Soweit das wissenschaftliche Denken an rein räumlichen Vorstellungen festhielt, war es gezwungen, sich auf immer kleinere räumliche Größen zu konzentrieren, so dass das räumlich gedachte Atombild schließlich mit Dimensionen rechnen muss, in denen der alte Raumbegriff seine Gültigkeit verliert. Als das Denken einmal in dieser Richtung begonnen hatte, war es die Elektrizität, die ihm wiederum den stärksten Anstoß gab, noch weiter in die gleiche Richtung zu gehen.

„*The Nature of the Physical World*" dargelegt . Nachdem er dort das moderne Bild der um den Atomkern tanzenden Elektronen beschrieben hat, sagt er: „Dieses Spektakel ist so faszinierend, dass wir vielleicht vergessen haben, dass es eine Zeit gab, in der wir wissen wollten, was ein Elektron ist." Diese Frage wurde nie beantwortet. Um das Elektron lassen sich keine bekannten Vorstellungen weben; es gehört auf die Warteliste.' Das Einzige, was wir über das Elektron sagen können, wenn wir uns nicht täuschen wollen, ist Eddingtons Schluss: „ *Etwas Unbekanntes tut, wir wissen nicht was* ." [4]

Fügen wir noch ein weiteres Detail aus diesem Bild des Atoms hinzu, wie es in Eddingtons „ *Philosophie der Physikalischen Wissenschaften* " dargestellt ist. Bezogen auf das sogenannte Positron, das positive Teilchen, das als polares Gegenteil des negativen Elektrons gilt, bemerkt er: „Ein Positron ist ein Loch, aus dem ein Elektron entfernt wurde; Es handelt sich um ein Spundloch, das durch den Einbau eines Elektrons mit seiner Umgebung ausgeglichen würde. ... Sie werden sehen, dass der Physiker sich noch größere Freiheiten lässt als der Bildhauer. Der Bildhauer entfernt Material, um die gewünschte Form zu erhalten. Der Physiker geht noch einen Schritt weiter und fügt bei Bedarf Material hinzu – ein Vorgang, den er als Entfernen von negativem Material bezeichnet. Er füllt ein Spundloch und sagt, er entferne ein Positron.' Eddington zeigt damit, zu welchen paradoxen Ideen der Wissenschaftler getrieben wird, wenn er mit seinen gewohnten Denkformen in Bereiche vordringt, in denen die für solche Formen notwendigen Voraussetzungen nicht mehr gegeben sind; und er schließt seine Ausführungen mit der folgenden Warnung ab: „Ich möchte Sie noch einmal daran erinnern, dass es nicht um objektive Wahrheit geht."

Durch diese Erinnerung zeigt Eddington, wie weit sich die Wissenschaft mit dem philosophischen Skeptizismus abgefunden hat , zu dem das menschliche Denken in den Tagen Humes gelangt war. Soweit die obige Bemerkung als Trost für den verwirrten Studenten gedacht war, ist sie angesichts der Taten, die die Wissenschaft mit Hilfe dieser unbekannten Wesenheiten ausgelöst hat, ein dürftiger Trost. Denn gerade diese Resignation des menschlichen Denkens macht es unfähig, mit der Flut von Phänomenen umzugehen, die aus dem submateriellen Bereich der Natur entspringen, und hat dazu geführt, dass die wissenschaftliche Forschung das wissenschaftliche Verständnis überholt hat.

1 E. du Bois-Raymond: *Untersuchungen zur tierischen Elektrizität* (1884). Galvani veröffentlichte seine Entdeckung, als die Französische Revolution ihren Höhepunkt erreicht hatte und Napoleon an die Macht kam.

2 Der obige Bericht folgt AJ von Oettingens Ausgabe von Galvanis Monographie *De viribus Electricitatis in motu musculari* .

3 Für das Folgende siehe *The Life of Sir William Crookes* von EE Fournier D'Albe (London, 1923).

4 Eddingtons Kursivschrift. Siehe hierzu auch die Kritik von Professor White Head am hypothetischen Bild des Elektrons und seines Verhaltens .

TEIL II

Goetheanismus – Woher und wohin?

KAPITEL V

Das Abenteuer der Vernunft

Im Jahr 1790, ein Jahr vor dem Erscheinen von Galvanis Monographie „*Über die Kräfte der Elektrizität*", veröffentlichte Goethe seine *Metamorphose der Pflanzen*, die den ersten Schritt zur praktischen Überwindung der Beschränkungen des Betrachterbewusstseins in der Wissenschaft darstellt. Goethes Aufsatz war nicht dazu bestimmt, so viel Aufsehen zu erregen, wie schon bald nach Galvanis Veröffentlichung. Und doch ist die Frucht von Goethes Bemühungen für den Fortschritt der Menschheit nicht weniger bedeutsam als Galvanis Entdeckung. Denn in Goethes Leistung liegt der Keim zu jener Form des Wissens, die der Mensch braucht, um im Zeitalter der Elektrifizierung der Zivilisation Herr seiner Existenz zu bleiben.

*

Unter den Aufsätzen, in denen Goethe in späteren Jahren einige Ergebnisse seiner wissenschaftlichen Beobachtung in axiomatischer Form darlegte, befindet sich einer mit dem Titel „*Anschauende Urteilskraft* ‘), *in dem er behauptet, er habe in der Praxis erreicht, was Kant* für immer über den Rahmen des menschlichen Geistes hinaus erklärte . Goethe bezieht sich auf eine Passage in der *Kritik der Urteilskraft,* in der Kant die Grenzen der menschlichen Erkenntnisfähigkeit definiert, wie er sie in seiner Untersuchung der Eigenart der menschlichen Vernunft beobachtet hatte. Wir müssen zunächst kurz auf Kants eigene Darstellung des Themas eingehen. [1]

Kant unterscheidet zwei mögliche Formen der Vernunft, den *Intellectus Archetypus* und *Intellectus Ectypus* . Mit dem ersten meint er einen Grund, „der nicht wie der unsere diskursiv, sondern intuitiv ist und vom synthetischen Allgemeinen (der Anschauung des Ganzen als solchem) zum Besonderen, das heißt vom Ganzen zu den Teilen, übergeht". Nach Kant liegt ein solcher Grund außerhalb der menschlichen Möglichkeiten. Im Gegensatz dazu der *Intellectus Der dem Menschen eigentümliche Ectypus* beschränkt sich darauf, die einzelnen Einzelheiten der Welt als solcher mit den Sinnen wahrzunehmen. mit diesen kann es durchaus Bilder ihrer Totalitäten konstruieren, aber diese Bilder haben nie mehr als einen hypothetischen Charakter und können für sich keine Realität beanspruchen. Vor allem ist es einem solchen Denken nicht gegeben, „Ganzheiten" so zu denken, dass allein durch einen Denkakt die in ihnen enthaltenen Einzelbestandteile als zwangsläufig aus ihnen hervorgehende Teile aufgefasst werden können. (Um dies zu veranschaulichen, können wir sagen, dass wir nach Kant durchaus die Teile eines Organismus, etwa einer Pflanze, erfassen und aus ihren Bestandteilen ein Bild der Pflanze als Ganzes machen können; aber wir befinden uns nicht in einem Kant drückt dies folgendermaßen aus:

„Für äußere Objekte als Phänomene kann kein angemessener, auf Zwecke bezogener Grund gefunden werden; dies liegt, obwohl es in der Natur liegt, nur in den übersinnlichen Substraten der Natur, von jeder möglichen Einsicht, von der wir abgeschnitten sind. Unser Verstand hat dann hinsichtlich des Urteils die Besonderheit, dass beim kognitiven Verstehen das Besondere nicht durch das Allgemeine bestimmt ist und daher nicht aus ihm abgeleitet werden kann.

Der Versuch zu beweisen, ob eine andere Form der Vernunft als diese (der *Intellectus Kant hielt die Idee des Archetypus* für möglich – wenn auch als jenseits des Menschen erklärt –, weil ihm die Tatsache genügte, „dass wir auf die Idee davon geführt werden – die keinen Widerspruch enthält – im Gegensatz zu unserem diskursiven Verständnis, das dies getan hat." Bedürfnis nach Bildern (*intellectus ectypus*) und auf die Kontingenz seiner Verfassung".

Kant führt hier zwei Gründe an, warum es zulässig ist, sich die Existenz einer außermenschlichen, archetypischen Vernunft vorzustellen. Einerseits gibt er zu, dass die Existenz unserer eigenen Vernunft in ihrem gegenwärtigen Zustand einer zufälligen Ordnung unterliegt und schließt daher die mögliche Existenz einer anders beschaffenen Vernunft nicht aus. Andererseits lässt er zu, dass wir uns eine Form der Vernunft vorstellen können, die in jeder Hinsicht das Gegenteil unserer eigenen ist, ohne auf logische Inkonsistenzen zu stoßen.

Aus diesen Definitionen geht eine Vorstellung von den Eigenschaften der menschlichen Erkenntniskräfte hervor, die genau mit denen übereinstimmt, auf denen Hume, wie wir gesehen haben, seine gesamte Philosophie aufgebaut hat. Beide lassen der Vernunft ein Wissensmaterial zu, das nur aus Bildern besteht – das heißt aus Bildern, die durch die Sinneswahrnehmung im Bewusstsein hervorgerufen und von diesem in Form getrennter Einheiten von der Außenwelt empfangen werden, während sie ihr, wie Hume, alle Kräfte absprechen drückte es aus, jemals „jede wirkliche Verbindung zwischen verschiedenen Existenzen wahrzunehmen".

Diese Übereinstimmung zwischen Kant und Hume muss uns auf den ersten Blick überraschen, wenn wir uns daran erinnern, dass Kant, wie bereits erwähnt, seine Philosophie gerade ausgearbeitet hat, um das erkennende Wesen des Menschen vor den Konsequenzen von Humes Denken zu schützen. Denn wie er selbst sagte, war es die Bekanntschaft mit Humes *Abhandlung* , die ihn „aus seinem dogmatischen Schlaf erweckte" und ihn zwang, über die Grundlagen des menschlichen Wissens nachzudenken. Wir werden dieses scheinbare Paradoxon jedoch verstehen, wenn wir es als

Symptom der engen Gefangenschaft der Menschheit in den letzten Jahrhunderten in den Grenzen ihres Beobachterbewusstseins betrachten.

In seinem Kampf gegen Hume ging es Kant nicht darum, die Definition seines Gegners über die Denkkraft des Menschen in Frage zu stellen. Sein einziges Ziel war es zu zeigen, dass man, wenn man diese Definition akzeptiert, bei der Anwendung dieser Macht nicht so weit gehen darf wie Hume. Alles, was Kant anstreben konnte, war, das Ethische vor Angriffen durch den intellektuellen Teil des Menschen zu schützen, und zwar durch den Nachweis, dass das Ethische zu einer Welt gehört, zu der das Ethische keinen Zugang hat. Denn mit seinem Willen gehört der Mensch zu einer Welt zielgerichteten Handelns, während die Vernunft, wie unsere Zitate gezeigt haben, nicht einmal in der Lage ist, die äußere Natur zu beobachten und die Ganzheiten in der Natur zu begreifen, die die natürlichen Ziele bestimmen. Noch weniger kann es dies tun, wenn es um den Menschen geht, der in seinem Handeln in höhere Zwecke eingebunden ist.

Kants Tat ist insofern bedeutsam, als sie zu Recht auf die polare Spaltung der menschlichen Natur aufmerksam machte, die schließlich schon zu Kants Zeiten festgestellt wurde. Kant zeigte auch, dass es eine Überschreitung zulässiger Grenzen bedeutete, Einsicht in die ethische Natur des Menschen allein mit Hilfe des isolierten Intellekts zu gewinnen. Um dem handelnden Teil des Menschen jedoch seine notwendige Verankerung zu geben, ordnete Kant ihn einer moralischen Weltordnung zu, die dem Menschen völlig außerhalb des Menschen lag und zu der er nur durch gehorsame Unterwerfung richtig in Beziehung gesetzt werden konnte.

Auf diese Weise wurde Kant zum Philosophen jener Trennung zwischen Wissen und Glauben, die bis heute sowohl im kirchlichen als auch im wissenschaftlichen Bereich unserer Zivilisation aufrechterhalten wird. Dennoch gelang es ihm nicht, die Menschheit vor den Folgen von Humes Philosophie zu bewahren; denn der Mensch kann nicht ewig in dem Glauben leben, dass er mit den beiden Teilen seines eigenen Wesens mit zwei Welten verbunden ist, die nichts miteinander zu tun haben. Die Zeit, in der dies möglich war, ist bereits vorbei, wie man daran erkennen kann, dass immer größere Massen von Menschen ihr Verhalten nach ihren eigenen Vorstellungen bestimmen wollen und in der sie umgebenden Zivilisation keine andere Alternative sehen, als sich Ideen zu bilden Mittels der diskursiven Vernunft, die unweigerlich zum Agnostizismus führt, bestimmen sie ihr Handeln danach. Inzwischen schrumpft das ethische Leben aus der Sicht Kants immer mehr zu einem machtlosen, lückenhaften Dasein zusammen.

*

Es ist Goethes Verdienst, als Erster gezeigt zu haben, dass es einen Ausweg aus dieser Sackgasse gibt. Er brauchte nicht theoretisch mit Kant darüber zu streiten, ob es gerechtfertigt sei, dem Menschen jedwedes Verständnisvermögen außer dem Diskursiven zu verweigern und die Fähigkeit zur intuitiven Erkenntnis einer Gottheit irgendwo außerhalb der Welt des Menschen zu überlassen. Denn Goethe war sein eigener Zeuge dafür, dass Kant sich geirrt hatte, als er den gegenwärtigen Zustand des Menschen als seine bleibende Natur ansah. Hören wir, wie er sich zu dieser Tatsache zu Beginn seines Aufsatzes äußert, der als Antwort auf Kants Aussage verfasst wurde:

„Es stimmt, der Autor scheint hier auf einen Intellekt hinzuweisen, der nicht menschlich, sondern göttlich ist." Und doch, wenn wir uns im moralischen Bereich durch den Glauben an Gott, Tugend und Unsterblichkeit in eine höhere Region erheben und uns so dem Urwesen nähern sollen, warum sollte es dann nicht auch im intellektuellen Bereich sein? Können wir uns durch Anschauen *immer* schöpferischer Natur nicht würdig machen, spirituelle Teilhaber an ihren Produktionen zu *sein* ? Zunächst hatte ich, geleitet von einem inneren Drang, der nicht nachlassen wollte, ganz unbewusst nach dem Bereich des Typus und Archetyps gesucht, und mein Versuch hatte sich gelohnt: Es war mir gelungen, eine Beschreibung im Einklang mit der Natur selbst aufzubauen. Nun könnte mich also nichts mehr daran hindern, dem zu trotzen, was der alte Mann vom Königshügel [2] selbst das *Abenteuer der Vernunft nennt.*

Goethe ging von der Überzeugung aus, dass sowohl unsere Sinne als auch unser Intellekt Gaben der Natur sind und dass wir sie bitten müssen, uns bei der Entwicklung dieser Zusammenarbeit zu helfen, wenn sie sich zu einem bestimmten Zeitpunkt als unfähig erweisen, durch ihre Zusammenarbeit ein Rätsel der Natur zu lösen ausreichend. Es kam für ihn also nicht in Frage, die Sinneswahrnehmung einzuschränken, um sie mit der vorhandenen Kraft des Intellekts in Einklang zu bringen, sondern vielmehr darum, die Sinne immer umfassender zu nutzen und unseren Intellekt in Einklang zu bringen mit dem, was sie erzählen. „Die Sinne täuschen nicht, aber das Urteil täuscht", ist eine seiner grundlegenden Äußerungen über ihre jeweiligen Rollen in unserem Streben nach Wissen und Verständnis. Bezüglich der Sinne selbst war er sich sicher, dass „der Mensch für alle wahren irdischen Anforderungen ausreichend gerüstet ist, wenn er seinen Sinnen vertraut und sie so entwickelt, dass sie vertrauenswürdig sind".

Es besteht kein Widerspruch in der Aussage, dass wir unseren Sinnen vertrauen und sie entwickeln müssen, um sie vertrauenswürdig zu machen. Denn „die Natur spricht nach oben zu den bekannten Sinnen des Menschen, nach unten zu seinen unbekannten Sinnen". Goethes Weg zielte darauf ab, Wahrnehmungs- und Konzeptfähigkeiten zu wecken, die in ihm selbst schlummerten. Seine Erfahrung zeigte ihm, dass „jeder Vorgang in der Natur, richtig beobachtet, in uns ein neues Erkenntnisorgan erweckt". Rechte Beobachtung bestand in dieser Hinsicht in einer Form der Naturbetrachtung, die er als „Nachschaffen" einer stets schöpferischen *Natur bezeichnete einer immer schaffenden Natur)*.

*

Wir würden Goethe Unrecht tun, wenn wir den Wert seiner wissenschaftlichen Arbeit daran messen würden, wie viel Faktenwissen er auf dem einen oder anderen Forschungsgebiet beigesteuert hat. Obwohl Goethe viele neue Dinge ans Licht brachte, was in den betreffenden wissenschaftlichen Bereichen gebührend anerkannt wurde, lässt sich nicht leugnen, dass andere Wissenschaftler seiner Zeit, die nach den üblichen Grundsätzen arbeiteten, seine Gesamtzahl an Entdeckungen bei weitem übertrafen. Es lässt sich auch nicht leugnen, dass er, wie Kritiker betont haben, bei der Berichterstattung über seine Beobachtungen gelegentlich in die Irre ging. Diese Dinge bestimmen jedoch nicht den Wert seiner wissenschaftlichen Arbeit . Seine Arbeit bezieht ihre Bedeutung nicht so sehr aus dem „Was", um einen Goetheschen Ausdruck zu verwenden, sondern aus dem „Wie" seiner Beobachtungen, also aus seiner Art, die Natur zu erforschen. Nachdem Goethe diese Methode einst auf dem Gebiet der Pflanzenbeobachtung entwickelt hatte, gelang es ihm, mit ihrer Hilfe ein neues Bild der Tiernatur zu begründen, den Grundstein für eine neue Meteorologie zu legen und durch die Schaffung seiner Licht- und Farbentheorie Bieten Sie ein Modell für eine Forschung auf dem Gebiet der Physik, frei von Zuschauerbeschränkungen.

Im wissenschaftlichen Werk Goethes nehmen seine botanischen Studien einen besonderen Platz ein. Als lebender Organismus ist die Pflanze in einen endlosen Prozess des Werdens eingebunden. Diese Eigenschaft teilt es natürlich mit den höheren Geschöpfen der Natur, und dennoch besteht zwischen ihm und ihnen ein wesentlicher Unterschied. Während sich bei Tier und Mensch ein erheblicher Teil der Lebensvorgänge im Organismus verbirgt , um den innerseelischen Vorgängen eine Grundlage zu geben, bringt die Pflanze ihr Innenleben unmittelbar und vollständig nach außen zum Ausdruck. Daher könnte die Pflanze besser als alles andere Goethes erster Lehrer bei seiner Übung, die Natur neu zu erschaffen, werden.

Aus dem gleichen Grund werden wir hier die Pflanze zur Einführung von Goethes Methode verwenden. Die folgende Darstellung zielt jedoch nicht darauf ab, Goethes eigene botanische Forschungen im Detail wiederzugeben, die er in zwei umfangreichen Aufsätzen, „*Morphologie* " und „*Die Metamorphose der Pflanzen*", sowie in einer Reihe kleinerer Schriften dargelegt hat. Es gibt mehrere ausgezeichnete Übersetzungen des Hauptwerks, der *Metamorphosis,* aus denen der englischsprachige Leser einen ausreichenden Einblick in Goethes Art, seine Ideen auszudrücken, gewinnen kann; ein Vergnügen und ein Gewinn, den er sich nicht entgehen lassen sollte.

Unsere eigene Vorgehensweise wird so sein müssen, dass Goethes Methode und ihre Fruchtbarkeit für den allgemeinen Fortschritt der Wissenschaft möglichst deutlich zum Vorschein kommen. [3] Auf botanische Angaben wird nur zurückgegriffen, soweit dies hierfür erforderlich erscheint.

Die Beobachtungsdaten, von denen wir auf Goethes Art ausgehen werden, wurden für unseren Zweck am besten ausgewählt, ganz unabhängig von den Daten, die Goethe selbst verwendet hat. Unsere Wahl wurde durch das Material bestimmt, das zum Zeitpunkt der Erstellung dieser Seiten verfügbar war. Dem Leser steht es frei, unsere Studien durch eigene Beobachtungen anderer Pflanzen zu ergänzen.

*

Die Tafeln II und III zeigen zwei Reihen von Blättern, die so angeordnet sind, dass sie bestimmte Stadien im Wachstumsprozess der betreffenden Pflanze darstellen. In jeder gezeigten Sequenz wurden die Blätter einer einzelnen Pflanze entnommen, in der sich jede Blattform möglicherweise mehrere Male wiederholte, bevor sie in das nächste Stadium überging. Die Blätter auf Tafel II stammen von einer Sidalcea (aus der Familie der Malvengewächse), die auf Tafel III von einem Rittersporn. Wir werden die Formen der Reihe nach beschreiben, damit wir den Übergang von einer zur anderen so klar wie möglich erfassen können, wie er sich dem Auge darstellt.

Beginnend mit dem rechten Blatt unten auf Tafel II lassen wir unser Auge und unseren Geist von seiner charakteristischen Form beeindrucken und versuchen, das Muster zu erfassen, nach dem es geformt ist. Sein Rand trägt zahlreiche Einschnitte unterschiedlicher Tiefe, die jedoch die Rundheit des Blattes insgesamt nicht beeinträchtigen. Wenn wir in unserer Vorstellung das „Werden" eines solchen Blattes, also sein allmähliches Wachstum in alle Richtungen, nachbilden, erhalten wir den Eindruck dieser Einschnitte als „negative" Formen, weil an den Stellen, an denen sie auftreten, die Die durch das allgemeine Wachstum verursachte Vermehrung der Zellen wurde verzögert. Wir beobachten, dass dieses Zurückhalten einer bestimmten Reihenfolge folgt.

Wir gehen nun zum nächsten Blatt auf derselben Platte über und stellen fest, dass sich das Verhältnis zwischen der positiven und der negativen Form geändert hat, obwohl der ursprüngliche Plan getreu beibehalten wurde. Eine Reihe von Einschnitten, die im ersten Blatt noch kaum angedeutet sind, sind recht auffällig geworden. Das Blatt sieht aus, als würde es in mehrere Unterteilungen zerfallen.

Im nächsten Blatt finden wir diesen Prozess noch weiter fortgeschritten. Die großen Einschnitte reichen fast bis zur Mitte , während einige kleinere am Rand auch tiefer in das Blatt hineingewachsen sind. Der Grundriss des Gesamtblattes bleibt erhalten, die Negativformen haben jedoch bisher die Oberhand gewonnen, so dass die ursprüngliche Rundheit nicht mehr erkennbar ist.

Das letzte Blatt zeigt den Prozess in seiner extremsten Form. Wenn wir zurückblicken und die gesamte Entwicklungsreihe verfolgen, erkennen wir, dass die Form des letzten Blattes bereits in der des ersten angedeutet ist. Es scheint, als sei die Form durch gewisse Kräfte allmählich in den Vordergrund gerückt, die das Blatt zunehmend daran gehindert haben, seinen gesamten Grundriss mit Materie auszufüllen. Im letzten Blatt ist der gemeinsame Grundriss noch in der Verteilung der Adern sichtbar, aber der fleischige Teil des Blattes ist auf schmale Streifen entlang dieser Adern beschränkt.

Die Metamorphose des Rittersspornblattes (Tafel III) hat einen anderen Charakter. Hier beginnt die Pflanze mit einer äußerst kunstvollen Form des Blattes, von der am Ende nichts als die geringste Andeutung übrig bleibt. Der Eindruck, den diese Blätterreihe vermittelt, ist der eines allmählichen Rückzugs der prächtigen Form, die sich in ihrer Fülle erst im ersten Blatt offenbart.

Einen intensiveren Eindruck davon, was diese Metamorphosen eigentlich bedeuten, erhält man, wenn man unsere Betrachtungsweise auf folgende Weise verändert. Nach wiederholter und sorgfältiger Beobachtung der verschiedenen Formen auf einer der Platten bauen wir innerlich als Erinnerungsbild die Form des ersten Blattes auf und verwandeln dieses mentale Bild dann nacheinander in die Bilder der folgenden Formen, bis wir das erreichen letzte Stufe. Der gleiche Vorgang kann auch rückwirkend versucht werden, also vorwärts und rückwärts wiederholt werden.

Auf diese Weise studierte Goethe das *Wirken* der Pflanze, und auf diese Weise entdeckte er das geistige Prinzip alles pflanzlichen Lebens und es gelang ihm auch, ein erstes Licht auf das innere Lebensprinzip der Tiere zu werfen.

*

Wir haben die Umwandlung von Blattformen ineinander als Ausgangspunkt unserer Beobachtungen gewählt, weil hier das Prinzip der Metamorphose am deutlichsten zum Vorschein kommt. Dieses Prinzip ist jedoch nicht auf diesen Teil des Pflanzenorganismus beschränkt. Tatsächlich sind alle verschiedenen Organe, die die Pflanze im Laufe ihres Lebenszyklus hervorbringt – Blätter, Kelch, Blütenkrone, Befruchtungsorgane, Früchte und Samen – Metamorphosen ein und desselben Organs.

Verdoppelung der Blüte einer bestimmten Art auszunutzen . Eine solche Blume drängt viele zusätzliche Blütenblätter in ihren ursprünglichen Kreis, und diese Blütenblätter sind nichts weiter als verwandelte Staubblätter; Dies ist zum Beispiel der Unterschied zwischen der Wildrose und der Kulturrose. Die Vielzahl der Blütenblätter der letzteren entsteht durch die Umwandlung einer Reihe der unzähligen Staubblätter der ersteren. (Beachten Sie die Zwischenstadien zwischen den beiden, die oft in der Blüte solcher Pflanzen zu finden sind.)

Dieses Zurückfallen vom Stadium eines Befruchtungsorgans auf das eines Blütenblattes zeigt, dass die Pflanze zur *regressiven Metamorphose fähig ist, und wir können daraus schließen, dass in der normalen Reihenfolge die verschiedenen Organe durch fortschreitende Metamorphose* voneinander transformiert werden . Es ist offensichtlich, dass der regressive Typ nur als Anomalie oder als Ergebnis künstlicher Kultivierung auftritt. Pflanzen, die einmal in diesen Zustand gebracht wurden, zeigen häufig einen allgemeinen Unruhezustand, so dass auch andere Organe dazu neigen, auf ein niedrigeres Niveau zurückzufallen. So können wir auf eine Rose stoßen, deren äußeres Blütenblatt die Form eines Kelchblattes (Kelchblatt) hat, oder es stellt sich heraus, dass eines der Kelchblätter zu einem gewöhnlichen Rosenblatt gewachsen ist.

Wir dehnen unsere geistige Übung nun auf den gesamten Organismus der Pflanze aus. Durch eine ähnliche mentale Anstrengung wie bei den Blattformationen streben wir danach, eine vollständige Pflanze aufzubauen. Wir beginnen mit dem Samen, aus dem wir uns zunächst vorstellen, dass sich die Keimblätter entfalten, woraufhin sich nach und nach der gesamte grüne Teil der Pflanze, ihr Stängel und ihre Blätter entwickeln, bis sich die letzten Blätter in die Kelchblätter verwandeln. Diese wiederum verwandeln wir in die Blütenblätter, bis sich über Stempel und Staubblätter die Frucht und der Samen bilden.

Indem wir auf diese Weise das Leben der Pflanze von Stadium zu Stadium verfolgen, werden wir uns eines bedeutenden Rhythmus in ihrem gesamten Lebenszyklus bewusst. Als Goethe dies zum ersten Mal entdeckte, verschaffte ihm dies den Schlüssel zum Verständnis der allgemeinen Vorgehensweise der Natur beim Aufbau lebender Organismen und bei der Aufrechterhaltung des Lebens in ihnen.

Die Pflanze lässt sich klar in drei Hauptteile unterteilen: erstens den Teil, der sich von den Keimblättern bis zum Kelch erstreckt, den grünen Teil der Pflanze, also dort, wo das Lebensprinzip am aktivsten ist; zweitens diejenige, die die Blüte selbst mit den Befruchtungsorganen umfasst, wo die Vitalität der Pflanze anderen Prinzipien Platz macht; und schließlich die Früchte und Samen, die dazu bestimmt sind, vom Mutterorganismus ausgeschieden zu werden. Jedes dieser drei enthält zwei Arten von Organen: erstens Organe mit der Tendenz, sich zu breiten Blättern, Blüten und Früchten zu entwickeln; zweitens Organe, die äußerlich kleiner und einfacher sind, aber die Aufgabe haben, die entscheidenden Sprünge in der Pflanzenentwicklung vorzubereiten: das sind der Kelch, die Staubblätter usw. und der Samen.

Goethe erkannte in dieser Abfolge einen bestimmten Rhythmus der Expansion und Kontraktion und er fand heraus, dass die Pflanze ihn in jedem Zyklus ihres Lebens dreimal durchläuft. Im Blattwerk dehnt sich die Pflanze aus, im Kelch zieht sie sich zusammen; es dehnt sich in der Blüte wieder aus und zieht sich im Stempel und in den Staubgefäßen zusammen; schließlich dehnt es sich in der Frucht aus und zieht sich im Samen zusammen.

Der tiefere Sinn dieses dreigliedrigen Rhythmus wird deutlich, wenn wir ihn vor dem Hintergrund dessen betrachten, was wir bei der Metamorphose des Blattes beobachtet haben. Nimm das Malvenblatt; Seine Metamorphose zeigt einen stufenweisen Übergang von gröberen zu feineren Formen, wobei der charakteristische Grundriss des Blattes immer mehr zum Vorschein kommt, so dass es im obersten Blatt eine gewisse Vollkommenheit erreicht. Nun beobachten wir, dass dieses Stadium im Kelch nicht verbessert wird, sondern dass die Pflanze zu einer viel einfacheren Formation zurückkehrt.

Während bei der Malve der Rückzug aus dem Blattstadium in das Kelchstadium mit einem plötzlichen Sprung erfolgt, beobachten wir, dass der Rittersporn diesen Vorgang schrittweise durchführt. Während die Malve erst im Endstadium die hochentwickelte Form des Blattes erreicht, springt der Rittersporn zunächst gleichsam mit dem voll ausgebildeten Blatt vor und zieht sich dann über mehrere Stufen in den Blütenkelch zurück dass dieser Prozess mit eigenen Augen beobachtet werden kann. Bei dieser Art der Metamorphose zeigt das letzte Blatt unterhalb des Kelches eine Form, die sich kaum von der eines Kelches selbst mit seinen einfachen Kelchblättern unterscheidet. Nur in seiner allgemeinen geometrischen Anordnung erinnert es noch an das ursprüngliche Muster.

In einem solchen Fall schleichen sich die Stängelblätter, um Goethes Ausdruck zu verwenden, „sanft in das Kelchstadium hinein". [4] Im obersten Blatt hat die Pflanze bereits etwas erreicht, was auf der anderen Linie der Metamorphose erst in Angriff genommen wird, nachdem der Blattplan selbst schrittweise ausgeführt wurde. In diesem Fall kann man sagen, dass das Kelchstadium mit einem Sprung erreicht wird.

Welche Art von Metamorphose auch immer eine Pflanze durchläuft (und es gibt auch andere, so dass wir sogar von Metamorphosen zwischen verschiedenen Metamorphosenarten sprechen können!), sie alle gehorchen der gleichen Grundregel, nämlich der, bevor sie zur nächsthöheren Stufe übergeht Am Ende des Zyklus opfert die Pflanze etwas, was sie in einem vorangegangenen Zyklus bereits erreicht hat. Hinter der unauffälligen Hülle des Kelches sehen wir, wie sich die Pflanze auf eine Neuschöpfung einer ganz anderen Ordnung vorbereitet. Als Nachfolger des Blattes erscheint uns die Blume immer wieder als Wunder. Nichts im unteren Bereich der Pflanze kann die Form, Farbe , den Duft und alle anderen Eigenschaften des neuen Organs, das in diesem Stadium entsteht, vorhersagen. Das fertige Blatt, das dem Rückzug der Pflanze in den Kelch vorausgeht, stellt einen Triumph der Struktur über die Materie dar. Nun wird in der Blüte die Materie in noch höherem Maße überwunden. Es ist, als ob die materielle Substanz hier durchsichtig wird, so dass das Immaterielle der Pflanze durch ihre äußere Oberfläche hindurchscheinen kann.

*

In diesem „Aufstieg auf der geistigen Leiter" lernte Goethe eines der Grundprinzipien der Natur erkennen. Er nannte es *Steigerung* . So sah er, wie sich die Pflanze durch Metamorphose und Steigerung ihrer Vollendung entgegen entwickelte. Im zweiten dieser beiden Prinzipien steckt jedoch noch ein weiteres Naturprinzip, für das Goethe keinen spezifischen Begriff geprägt hat, obwohl er durch andere Äußerungen zeigt, dass er sich dessen und seiner universellen Bedeutung für alles Leben durchaus bewusst war. Wir schlagen vor, es hier das Prinzip der Entsagung zu nennen.

Im Leben der Pflanze zeigt sich dieses Prinzip am deutlichsten dort, wo das grüne Blatt in die Blüte übergeht. Auf dem Weg vom Blatt zur Blüte nimmt die Vitalität der Pflanze entscheidend ab. Im Vergleich zum Blatt ist die Blüte ein sterbendes Organ. Dieses Sterben ist jedoch von einer Art, die wir treffend als „Ins-Sein-Sterben" bezeichnen können. Das Leben in seiner rein vegetativen Form wird hier gesehen, wie es sich zurückzieht, damit eine höhere Manifestation des Geistes stattfinden kann. Das gleiche Prinzip lässt sich im Insektenreich beobachten, wenn die enorme Vitalität der Raupe in die kurzlebige Schönheit des Schmetterlings übergeht. Im Menschen ist es verantwortlich für die Metamorphose organischer Prozesse, die auf dem Weg vom Stoffwechsel zum Nervensystem stattfindet und die wir als Voraussetzung für die Entstehung des Bewusstseins im Organismus erkannt haben.

Welche gewaltigen Kräfte müssen im Pflanzenorganismus an diesem Übergangspunkt von seinen grünen zu seinen farbigen Teilen am Werk sein! Sie zwingen den Säften, die bis in den Kelch aufsteigen, einen völligen Stopp auf, so dass diese nichts von ihrer lebensspendenden Aktivität in die Bildung der Blüte einbringen, sondern eine vollständige Umwandlung erfahren, nicht allmählich, sondern mit einem plötzlichen Sprung.

Nachdem die Pflanze ihr Meisterwerk in der Blüte erreicht hat, durchläuft sie erneut einen Rückzugsprozess, diesmal in die winzigen Befruchtungsorgane. (Wir werden später auf dieses wesentliche Stadium im Lebenszyklus der

Pflanze zurückkommen und dann die Fehlinterpretation aufklären, die ihr seit Beginn der wissenschaftlichen Biologie zugrunde liegt.) Nach der Befruchtung beginnt die Frucht anzuschwellen; Auch hier produziert die Pflanze ein Organ mit einer mehr oder weniger auffälligen räumlichen Ausdehnung. Darauf folgt eine letzte und extreme Kontraktion bei der Bildung des Samens im Inneren der Frucht. Im Samen gibt die Pflanze ihr äußeres Erscheinungsbild so weit auf, dass nichts als ein kleiner, unbedeutender Fleck organisierter Materie übrig zu bleiben scheint. Doch dieses winzige, unauffällige Ding birgt die Kraft in sich, eine ganz neue Pflanze hervorzubringen.

In diesen drei aufeinanderfolgenden Rhythmen der Expansion und Kontraktion offenbart uns die Pflanze die Grundregel ihrer Existenz. Bei jeder Expansion drängt das Wirkprinzip der Pflanze in die sichtbare *Erscheinung;* Bei jeder Kontraktion zieht es sich aus der äußeren Verkörperung in einen mehr oder weniger reinen Seinszustand zurück . So finden wir das geistige Prinzip der Pflanze in einer Art Atemrhythmus, mal erscheinend, mal verschwindend, mal Macht über die Materie erlangend, mal wieder von ihr zurückziehend.

In der voll entwickelten Pflanze wiederholt sich dieser Rhythmus dreimal hintereinander und in immer höheren Stufen, so dass die Pflanze beim Aufstieg von Stufe zu Stufe jedes Mal einen Rückzugsprozess durchläuft, bevor sie zur nächsten erscheint. Je größer die in einem bestimmten Stadium erforderliche schöpferische Kraft ist, desto nahezu vollständiger muss der Rückzug aus der äußeren Erscheinung erfolgen. Deshalb findet der äußerste Rückzug der Pflanze in den Seinszustand im Samen statt, wenn die Pflanze sich auf den Übergang von einer Generation zur nächsten vorbereitet. Noch früher steht die Blüte den Blättern gegenüber wie eine neue Generation, die aus dem kleinen Organ des Kelchs hervorgeht, ebenso wie die Frucht zur Blüte, wenn sie aus den winzigen Fortpflanzungsorganen entsteht. Am Ende erscheint jedoch nichts äußerlich so unähnlich zur eigentlichen Pflanze wie der kleine Samen, der auf Kosten aller Erscheinung die Kraft besitzt, den gesamten Kreislauf zu erneuern.

Durch das Studium der Pflanze auf diese Weise wurde Goethe sich auch der Bedeutung der Knoten und Augen bewusst, die die Pflanze als Punkte entwickelt, an denen ihre Lebensenergie besonders konzentriert ist; Nicht nur der Samen, sondern auch das Auge ist in der Lage, eine neue, vollständige Pflanze hervorzubringen. In jedem dieser Augen, die sich in den Blattachseln bilden, ist die Kraft der Pflanze in ihrer Gesamtheit vorhanden, so wie in jedem einzelnen Samen.

Auch sonst zeigt die Pflanze an verschiedenen Stellen ihres Organismus ihre Fähigkeit, als Ganzes zu wirken. Andernfalls könnte keine Pflanze durch

Stecklinge vermehrt werden; In jedem kleinen Zweig einer Mutterpflanze sind alle vielfältigen Kräfte, die beim Sammeln, Umwandeln und Formen von Materie wirken und für die Bildung von Wurzeln, Blättern, Blüten, Früchten usw. notwendig sind, potentiell vorhanden und bereit zum Überspringen in die Tat umsetzen, sofern wir ihm geeignete äußere Bedingungen geben. Andere Pflanzen wie Gloxinia und Begonie haben bekanntermaßen die Fähigkeit, aus jedem ihrer Blätter eine neue, vollständige Pflanze hervorzubringen. Aus einem kleinen Schnitt an der Ader eines Blattes, das dann in die Erde eingebettet wird, kann man bald eine Wurzel sehen, die nach unten wächst, und einen Stängel mit Blättern, der nach oben ragt.

Aus methodischen Gründen ist eine besondere Beobachtung Goethes in diesem Zusammenhang interessant. In der Einleitung zu seiner Abhandlung *„Metamorphose der Pflanzen" bemerkt er,* wenn er sich auf die regressive Metamorphose von Staubgefäßen in Blütenblätter als Beispiel für eine *unregelmäßige* Metamorphose bezieht, dass „Erfahrungen dieser Art von Metamorphose es uns ermöglichen werden, zu offenbaren, was in der Pflanze vor uns verborgen ist." eine regelmäßige Entwicklung zu ermöglichen und klar und sichtbar zu sehen, was wir sonst nur ableiten könnten. Mit dieser Bemerkung bringt Goethe eine Wahrheit zum Ausdruck, die in vielen Bereichen des menschlichen und natürlichen Lebens Gültigkeit hat. Es handelt sich häufig um eine pathologische Abweichung in einem organischen Wesen, die es uns ermöglicht, in der physischen Erscheinung Dinge zu sehen, die im ausgeglicheneren Zustand der normalen Entwicklung äußerlich nicht zum Vorschein kommen, obwohl sie gleichermaßen Teil des regulären organischen Prozesses sind.

„ *durchgewachsene* Rose" sah , also eine Rose, aus deren Mitte eine ganz neue Pflanze gewachsen war. Anstelle der zusammengezogenen Samenkapsel mit den daran befestigten, ebenso zusammengezogenen Befruchtungsorganen erschien eine Fortsetzung des Stiels, halb rot und halb grün, die nacheinander eine Anzahl kleiner rötlicher Blütenblätter mit Spuren von Staubbeuteln trug. Weiter oben konnte man Dornen erkennen, zur Hälfte in Blätter verwandelte Blütenblätter und sogar eine Reihe frischer Knoten, aus denen kleine unvollkommene Blüten sprossen. Das ganze Phänomen in all seiner Unregelmäßigkeit war für Goethe ein weiterer Beweis dafür, dass die Pflanze in ihrer Gesamtheit an jedem Punkt ihres Organismus potenziell vorhanden ist. [5]

*

Goethes Betrachtung der Einzelpflanze *im Stand Agendi* hatte ihm beigebracht, Dinge von ganz unterschiedlicher äußerer Erscheinung als in ihrer inneren Natur identisch zu erkennen. Blatt, Kelchblatt, Blütenblatt usw., so sehr sie sich äußerlich auch unterschieden, zeigten sich ihm doch als

Manifestationen ein und desselben spirituellen Archetyps. Seine Idee der Metamorphose ermöglichte es ihm, das zu reduzieren, was in der äußeren Erscheinung scheinbar unvereinbar mit seinem gemeinsamen Gestaltungsprinzip vereinbar war. Sein nächster Schritt bestand darin, das unterschiedliche Auftreten ein und derselben Art in verschiedenen Regionen der Erde zu beobachten und so die Fähigkeit der Art zu beobachten, völlig flexibel auf die verschiedenen klimatischen Bedingungen zu reagieren, ohne jedoch ihre innere Identität zu verbergen in den unterschiedlichen äußeren Formen. Seine Reisen in die Schweiz und nach Italien gaben ihm Gelegenheit zu solchen Beobachtungen, und besonders in den Alpenregionen freute er sich über die Vielfalt der Arten, die er bereits aus seiner Heimat Weimar so gut kannte. Er sah, dass ihre Proportionen, die Abstände zwischen den einzelnen Teilen, der Grad der Verholzung, die Intensität der Farbe usw. mit den unterschiedlichen Bedingungen variierten, ohne jedoch die Identität der Art zu verbergen.

Nachdem Goethe in seinen Untersuchungen einmal von der Metamorphose in den Teilen der einzelnen Pflanze zur Metamorphose zwischen verschiedenen Vertretern einer einzelnen Pflanzenart vorgedrungen war, brauchte er nur noch einen weiteren, ganz entscheidenden Schritt zu tun, um zu erkennen, wie jedes Mitglied des Pflanzenreichs *beschaffen* ist Manifestation eines einzigen Gestaltungsprinzips, das ihnen allen gemeinsam ist. Er stand also vor der gewaltigen Aufgabe, seinen Geist darauf vorzubereiten, eine Idee zu denken, aus der sich die Pflanzenwelt in ihrer gesamten Vielfalt ableiten ließe.

Goethe wagte diesen Schritt nicht leicht, denn es gehörte zu seinen wissenschaftlichen Grundsätzen, niemals eine Idee voreilig auszudenken. Er war sich wohl bewusst, dass derjenige, der den Geist, der sich in den Phänomenen der Sinneswelt offenbart, erkennen und in Ideen ausdrücken will, die Kunst des Wartens entwickeln muss – des Wartens jedoch in einer intensiv aktiven Weise, bei der man wieder hinschaut und noch einmal, bis das, was man betrachtet, zu sprechen beginnt und der Tag endlich anbricht, an dem man durch die unermüdliche „Neuerschaffung einer immer erschaffenden Natur" reif geworden ist, ihre Geheimnisse offen auszudrücken. Goethe war ein Meister dieser Kunst des aktiven Wartens.

* Genau in dem Jahr, in dem Galvani durch seine zufällige Entdeckung den Weg für die überwältigende Invasion der Menschheit durch die rein physischen Kräfte der Natur ebnete, wurde Goethe klar, dass er das Ziel seiner Bemühungen erreicht hatte . Aus den Briefen, die er in den Jahren 1785–1787 schrieb, können wir uns ein Bild vom entscheidenden Akt im Drama seines Suchens und Findens machen.

Im Frühjahr 1785 schreibt er einem Freund auf eine Art und Weise, die zeigt, dass er sich seiner neuen Methode, die Natur zu studieren, voll bewusst ist, in der er erkannte, dass sie eine *Lektüre* ihrer Phänomene war: „Ich kann Ihnen nicht sagen, wie sich das Buch der Natur entwickelt." für mich lesbar. Meine langjährige Rechtschreibpraxis hat mir geholfen; Jetzt klappt es plötzlich und meine stille Freude ist unaussprechlich.' Nochmals im Sommer des folgenden Jahres: „Es ist ein wachsendes Bewusstsein für die Form, mit der die Natur immer wieder spielt und im Spiel vielfältiges Leben hervorbringt."

Dann begab sich Goethe auf seine berühmte Reise nach Italien, die für sein Seelenleben sowohl in der Kunst als auch in der Wissenschaft so bedeutende Früchte tragen sollte. Zu Michaelis 1786 berichtet er von seinem Besuch im Botanischen Garten in Padua, dass „der Gedanke immer lebendiger wird, dass es möglich sein könnte, aus einer Form alle Pflanzenformen zu entwickeln". In diesem Moment fühlte sich Goethe der Grundidee der gesuchten Pflanze so nahe, dass er ihr bereits einen besonderen Namen gab. Der Begriff, den er dafür prägte, ist *Urpflanze*, wörtlich übersetzt „*Urpflanze*" oder „*Urpflanze*", wie wir es ganz einfach nennen möchten. [6]

Es war die reiche tropische und subtropische Vegetation im Botanischen Garten in Palermo, die Goethe zu seinen entscheidenden Beobachtungen verhalf. Die besondere Beschaffenheit der wärmeren Regionen der Erde ermöglicht es dem Geist, sich intensiver zu offenbaren, als dies in der gemäßigten Zone möglich ist. So treten in der tropischen Vegetation viele Dinge vor das Auge, die sonst verborgen bleiben und nur durch die Anstrengung aktiven Nachdenkens entdeckt werden können. Unter diesem Gesichtspunkt ist die tropische Vegetation im gleichen Sinne „abnormal" wie die wuchernde Rose, die für Goethes physische Wahrnehmung das innere Gesetz des Pflanzenwachstums bestätigte, das ihm bereits klar geworden war.

Während seines Aufenthalts in Palermo im Frühjahr 1787 schreibt Goethe in sein Notizbuch: „Es muss eine (ur -Pflanze) geben: Wie sonst könnten wir diese oder jene Formation als Pflanze erkennen, wenn sie nicht alle nach einem Muster geformt wären?" Bald darauf schreibt er in einem Brief an den Dichter Herder, einen seiner Freunde in Weimar:

„Außerdem muss ich Ihnen anvertrauen, dass ich dem Geheimnis der Pflanzenschöpfung ziemlich nahe bin und dass es das Einfachste ist, was man sich vorstellen kann." Die Urpflanze wird das seltsamste Geschöpf der Welt sein, um das mich die Natur selbst beneiden sollte. Mit diesem Modell und dem Schlüssel dazu wird man *bis ins Unendliche Pflanzen erfinden können;* sie wären konsistent; das heißt, obwohl sie nicht existieren, wären sie in der Lage zu existieren, da sie keine Abstufungen oder Ähnlichkeiten mit dem Maler oder Dichter darstellen, sondern Wahrheit und Notwendigkeit besitzen. Dasselbe Gesetz wird auf alle Lebewesen anwendbar sein."

*

Um mit der Vorstellung der Urpflanze vertrauter zu werden , holen wir uns noch einmal den Lebenszyklus der Pflanze vor unser inneres Auge. Dort erscheinen alle verschiedenen Organe der Pflanze – Blatt, Blüte, Frucht usw. – als metamorphe Offenbarungen des einen, identischen Wirkprinzips, eines Prinzips, das sich uns allmählich durch sukzessive Steigerung von den Keimblättern bis zum Keimblatt manifestiert vollendete Pracht der Blume. Unter all den Formen, die so der Reihe nach erscheinen, nimmt die des Blattes eine besondere Stellung ein; Denn das Blatt ist das Organ der Pflanze, in dem der Grundplan allen Pflanzenlebens am unmittelbarsten zum Ausdruck kommt. Nicht nur, dass alle verschiedenen Blattformen durch endlose Veränderung voneinander entstehen, sondern das Blatt verändert sich nach demselben Prinzip auch in alle anderen Organe, die die Pflanze im Laufe ihres Wachstums hervorbringt.

Nach genau demselben Prinzip offenbart sich die Urpflanze im gesamten Pflanzenreich. So wie im einzelnen Pflanzenorganismus die verschiedenen Teile eine abgestufte Offenbarung der Urpflanze sind , so sind es auch die einzelnen Arten und Arten innerhalb der gesamten Pflanzenwelt. Während wir unseren Blick über alle seine Stufen und Stadien schweifen lassen (von der einzelligen, fast formlosen Alge über die Rose und darüber hinaus bis zum Baum), folgen wir Schritt für Schritt der Offenbarung der Urpflanze . In den untersten Pflanzenarten kaum angedeutet, tritt es auf den nächsthöheren Stufen immer klarer in Erscheinung und erstrahlt schließlich in der Pracht der mannigfaltigen Blütenpflanzen in voller Pracht. Dann bringt es als höchste Schöpfung den Baum hervor, der selbst eine wahre Miniaturerde ist und zur Grundlage unzähliger Einzelpflanzengewächse wird.

Es ist Goethes eigenen und späteren Biologen aufgefallen, dass er im Gegensatz zu ihrer Methode sein Studium der Pflanze nicht mit der niedrigsten Form begonnen hat, und so wurde ihm der Vorwurf gemacht, diese letztere übermäßig vernachlässigt zu haben. Aus diesem Grund galten seine Ansichten als wissenschaftlich unbegründet. Goethes Notizbücher beweisen, dass ein solcher Vorwurf unbegründet ist. Tatsächlich interessierte er sich sehr für die niederen Pflanzen, doch er erkannte, dass sie nichts Grundlegendes zu dem spirituellen Bild der Pflanze als solcher beitragen konnten, das er erreichen wollte. Um die Pflanze *zu verstehen,* sah er sich gezwungen, besonderes Augenmerk auf Beispiele zu richten, in denen sie ihren vollkommensten Ausdruck fand. Denn was in der *Alge verborgen war ,* wurde in der *Rose offenbar.* Von Goethe zu verlangen, er hätte die Natur „von unten nach oben" gemäß der gewöhnlichen Wissenschaft erklären sollen, bedeutet, die methodische Grundlage aller seiner Untersuchungen zu verkennen.

Mit Goethes Augen erscheint das Pflanzenreich als Ganzes wie eine einzige mächtige Pflanze. Darin sieht man, dass die Urpflanze , während sie in *Erscheinung tritt,* genau die Regel befolgt, die wir für ihre Wirkung in der einzelnen Pflanze gefunden haben – die der wiederholten Expansion und Kontraktion. [7] Wenn wir den Baum im bereits angedeuteten Sinne als den Zustand höchster Ausbreitung auf dem Weg der Urpflanze zum Eintritt in die räumliche Manifestation betrachten, stellen wir fest, dass die Baumbildung nacheinander auf vier verschiedenen Ebenen erfolgt – als Farnbaum (auch der ausgestorbene Baum). (Form des Schachtelhalms) bei den Kryptogamen, als Nadelbaum bei den Gymnospermen, als Palme bei den Einkeimblättrigen und schließlich in Form der mannigfaltigen Arten der Blattbäume auf der höchsten Stufe des Pflanzenreiches, den Zweikeimblättrigen . Alle diese Ebenen sind nacheinander entstanden, wie geologische Untersuchungen gezeigt haben; Die Urpflanze erreichte diese verschiedenen Baumbildungen nacheinander und gab ihren Expansionszustand jedes Mal wieder auf, nachdem sie ihn auf einer bestimmten Ebene erreicht hatte.

Aus dem Begriff der Urpflanze lernte Goethe bald, einen weiteren Begriff zu entwickeln, der das geistige Prinzip zum Ausdruck bringen sollte, das in einer bestimmten Pflanzenart wirkt, so wie die Urpflanze das geistige Prinzip war, das das Pflanzenreich als Ganzes umfasste. Er nannte es den *Typ.* Bei den so in der Pflanzenwelt tätigen mannigfaltigen Arten treffen wir gleichsam auf Nachkommen der Mutterpflanze, der „ Urpflanze ", die in ihnen differenzierte Wirkungsweisen annimmt.

Der vorliegende Teil unserer Diskussion kann mit der Einführung eines Begriffs abgeschlossen werden, den Goethe für das Erkenntnisorgan entwickelt hat, das durch die Betrachtung der Natur im Zustand des Werdens erlangt wird, wie es ihm die Pflanze beigebracht hatte.

Schauen wir noch einmal zurück auf die Art und Weise, wie wir zunächst versucht haben, das Bild der Blattmetamorphose aufzubauen. Dabei bedienten wir uns zunächst der exakten Sinneswahrnehmungen, auf die wir die Kraft des Gedächtnisses in seiner Funktion als Bewahrer anwendeten. Wir haben dann versucht , die einzelnen Erinnerungsbilder (Blattformen) in unserem Geist ineinander umzuwandeln. Auf diese Weise haben wir die Aktivität der mobilen Fantasie auf sie angewendet. Auf diese Weise haben wir tatsächlich einerseits das objektive Gedächtnis, das von Natur aus statisch ist, mit den dynamischen Eigenschaften der Fantasie ausgestattet und andererseits die mobile Fantasie, die von Natur aus subjektiv ist, mit dem objektiven Charakter des Gedächtnisses ausgestattet . Für das neue

Erkenntnisorgan, das aus der Vereinigung dieser beiden polaren Fähigkeiten der Seele entsteht, prägte Goethe nun den bezeichnenden Ausdruck „ *exakte Sinnesphantasie"*. [8] In Bezug auf unser früher erworbenes Wissen über die psychophysische Beschaffenheit des Menschen können wir sagen, dass die „exakte Sinnesphantasie" ebenso wie das Nervensystem die Grundlage für das Gedächtnis und das Blut die Grundlage für die Fantasie bildet basierend auf einer neu entstandenen Zusammenarbeit der beiden.

*

Unsere Beobachtungen haben einen Punkt erreicht, an dem wir das Stadium im Lebenszyklus einer einzelnen Pflanze betrachten können, in dem der Samen durch den Bestäubungsprozess die Fähigkeit erlangt, aus sich selbst ein neues Exemplar der Art hervorzubringen. Unsere Diskussion darüber wird den grundlegenden Unterschied in der Idee deutlich machen, der entsteht, wenn wir einen Prozess nicht vom Standpunkt des bloßen Betrachters aus beurteilen, sondern versuchen, ihn zu verstehen, indem wir ihn innerlich neu erschaffen.

Die biologische Wissenschaft unserer Tage geht davon aus, dass der Vorgang der Vereinigung von Pollen und Samen in der Pflanze ein Akt der Befruchtung ist, analog zu dem, was bei den höheren Organismen der Natur geschieht. Es ist nun nicht zu leugnen, dass dieser Vergleich für die äußere Beobachtung offensichtlich erscheint und dass es daher nur natürlich ist, vom Pollen als dem männlichen und von der Eizelle als dem weiblichen Element zu sprechen und von ihrer Vereinigung als völlig parallel dazu das zwischen den Geschlechtern in den höheren Naturreichen.

Goethe bekennt, dass er selbst zunächst „das herrschende Dogma der Sexualität leichtgläubig ertragen" habe. Auf die Ungültigkeit dieser Analogie wurde er erstmals durch Professor Schelver aufmerksam gemacht, der als Superintendent des Jenaer Botanischen Instituts unter Goethes Leitung arbeitete und sich in Goethes Methode der Pflanzenbeobachtung geschult hatte. Dieser Mann war zu der Einsicht gelangt, dass man ihr keinen sexuellen Prozess zuschreiben dürfe, wenn man sich strikt an die Goethesche Praxis halte, zur Erklärung der Pflanze nur das zu verwenden, was man aus der Pflanze selbst ablesen könne. Er war davon überzeugt, dass es für eine Goethesche Biologie möglich sein müsse, selbst für den Vorgang der Bestäubung eine Idee zu finden, die sich ausschließlich auf die beiden Prinzipien des Pflanzenlebens gründet: Wachstum und Bildung.

Goethe erkannte sofort die Enge dieses Gedankens und machte sich an die Aufgabe, den Bestäubungsvorgang mit dem Bild der Pflanze in Zusammenhang zu bringen, das seine Untersuchungen bereits ergeben hatten. Seine Art, über das Ergebnis zu berichten, zeigt, wie sehr er sich dessen revolutionären Charakters bewusst war. Er zweifelte auch nicht daran, wie die offizielle Biologie es aufnehmen würde.

Als Goethe das Wachstum der Pflanze beobachtete, hatte er erkannt, dass dieses gleichzeitig nach zwei verschiedenen Prinzipien abläuft. Einerseits wächst die Pflanze in axialer Richtung und bildet dadurch ihren Haupt- und Seitenstamm aus. Goethe gab diesem Wachstumsprinzip den Namen „vertikale Tendenz". Würde die Pflanze nur diesem Prinzip folgen, würden ihre Seitentriebe alle senkrecht übereinander stehen. Die Beobachtung zeigt jedoch, dass die verschiedenen Pflanzenarten in dieser Hinsicht sehr unterschiedlichen Gesetzen gehorchen, wie man sehen kann, wenn man alle Blattknospen entlang eines Pflanzenstamms miteinander verbindet; Sie bilden eine Linie, die sich spiralförmig darum windet. Jede Pflanzenfamilie zeichnet sich durch eine eigene charakteristische Spirale aus, die entweder geometrisch durch ein Diagramm oder arithmetisch durch einen Bruch dargestellt werden kann. Wenn beispielsweise bei einer Pflanze die Blätter so angeordnet sind, dass jedes fünfte Blatt auf derselben Seite des Stängels wiederkehrt, während sich die Spirale, die die fünf aufeinanderfolgenden Blattknospen verbindet, zweimal um den Stängel windet, wird dies in der Botanik durch den Bruch ausgedrückt 2 / 5. Um dieses Prinzip des Pflanzenwachstums von der vertikalen Tendenz zu unterscheiden, verwendete Goethe den Begriff „Spiraltendenz".

Um zu einem klaren Verständnis beider Tendenzen beizutragen, beschreibt Goethe eine Übung, die charakteristisch für seine Art ist, sich in dem zu schulen, was er als exakte Sinnesphantasie bezeichnete. Er sucht zunächst nach einem Phänomen, bei dem das „Geheimnis" der Spiraltendenz „gelüftet" wird. Dies findet er in einer Pflanze wie dem Convolvulus; Bei dieser Pflanzenart fehlt die vertikale Tendenz, und das Spiralprinzip tritt deutlich zum Vorschein. Dementsprechend benötigt der Convolvulus eine äußere Stütze, um die er sich winden kann. Goethe schlägt nun vor, dass man, nachdem man eine Windung betrachtet hat, wie sie um ihre Stütze herum nach oben wächst, sich dies zunächst deutlich vor dem inneren Auge vergegenwärtigen sollte und sich dann wiederum das Wachstum der Pflanze ohne die vertikale Stütze vorstellen sollte, wobei man stattdessen die nach innen wachsende Pflanze zulassen sollte eine vertikale Stütze für sich selbst herstellen. Durch eine innere Neuschöpfung (die der Leser nicht versäumen sollte, selbst durchzuführen) erlangte Goethe eine klare Erfahrung davon, wie bei allen Pflanzen, die beim Aufwachsen ihre Blätter spiralförmig um den Stängel herum entwickeln, die vertikalen und spiralförmigen Tendenzen entstehen zusammenarbeiten.

Indem er den beiden Wachstumsprinzipien folgte, sah Goethe, dass die Vertikale in der Blüte zum Stillstand kommt; Die gerade Linie schrumpft hier sozusagen zu einem Punkt zusammen und bleibt nur im Fruchtknoten und im Stempel als Fortsetzungen des Pflanzenstiels bestehen. Die Spiraltendenz hingegen ist im Kreis der um diese angeordneten Staubblätter zu finden; Der Prozess, der in den Blättern spiralförmig um eine gerade Linie nach außen strebte, wird jetzt auf eine einzige Ebene übertragen. Mit anderen Worten: Der vertikal-spiralförmige Wuchs der Pflanze zerfällt hier in seine beiden Komponenten. Und wenn ein Pollenkörnchen auf einem Stempel landet und sich mit der im Eierstock vorbereiteten Eizelle verbindet, werden die beiden Komponenten wieder vereint. Aus dem nun fertigen Samen kann eine neue und vollständige Pflanze entstehen.

Goethe war sich darüber im Klaren, dass ihm nur die Pflanze selbst eine richtige Vorstellung von diesem Vorgang vermitteln würde. Dementsprechend fragte er sich, wo in der wachsenden Pflanze sonst noch so etwas wie Trennung und Wiedervereinigung zu sehen sei. Dies fand er in der Verzweigung und Wiedervereinigung der Blattadern, der sogenannten *Anastomose*.

Bei der Teilung der beiden Wachstumsprinzipien in der Pflanze durch die Bildung von Fruchtblatt und Stempel einerseits und den pollentragenden Staubfäden andererseits und bei deren Wiedervereinigung durch das Zusammentreffen des Pollens mit dem Samen, Goethe erkannte eine Metamorphose des Anastomosevorgangs auf einer höheren Ebene. Seine Vision davon veranlasste ihn, es „spirituelle Anastomose" zu nennen.

Goethe vertrat eine erhabene und umfassende Auffassung von der Bedeutung der männlichen und weiblichen Prinzipien als spirituelle Gegensätze im Kosmos. Unter den verschiedenen Manifestationen dieser Polarität in der irdischen Natur fand er eine, aber nur eine, in der Dualität der Geschlechter als charakteristisch für Mensch und Tier. Nichts zwang ihn daher, es in der gleichen Form der Pflanze zuzuschreiben. Dadurch konnte er entdecken, dass die Pflanze in ihrer Pflanzenart die gleiche Polarität aufweist.

In der Nähe von Weimar beobachtete Goethe oft einen Weinstock, der seinen belaubten Stamm um den Stamm und die Zweige einer Ulme schleuderte. In diesem beeindruckenden Anblick bot ihm die Natur ein Bild von „dem Weiblichen und dem Männlichen, dem Bedürftigen und dem Gebenden, Seite an Seite in vertikaler und spiralförmiger Richtung". So erkannte sein Künstlerauge im Aufwärtsstreben der Pflanze deutlich ein entschieden männliches Prinzip und in ihrer spiralförmigen Windung ein ebenso deutlich weibliches Prinzip. Da bei der normalen Pflanze beide Prinzipien innerlich miteinander verbunden sind, „können wir uns die Vegetation als Ganzes von der Wurzel an in einer geheimen androgynen Verbindung vorstellen." Aus dieser Vereinigung brechen beide Systeme durch die Veränderungen des Wachstums in offene Polarität aus und stehen so in entscheidendem Gegensatz zueinander, um sich dann in einem höheren Sinne wieder zu vereinen.

So gelangte Goethe zu Vorstellungen über die männlichen und weiblichen Prinzipien der Pflanze, die genau das Gegenteil von dem waren, was man erhält, wenn man bei der Erklärung des Bestäubungsvorgangs nicht an der Pflanze selbst festhält, sondern eine Analogie von ihr heranzieht ein anderes Reich der Natur. Denn in Fortsetzung des vertikalen Prinzips der Pflanze stellen Stempel und Fruchtblatt den männlichen Aspekt im Prozess der spirituellen Anastomose dar, und der bewegliche, vom Wind oder von Insekten getragene Pollen stellt in Fortsetzung des Spiralprinzips den weiblichen Teil dar.

Wenn der Bestäubungsprozess das ist, was die Pflanze uns sagt, dann stellt sich die Frage nach der Ursache für das Auftreten eines solchen Prozesses im Lebenszyklus der voll entwickelten Pflanze. Goethe selbst hat sich zu diesem Thema nicht explizit geäußert. Aber sein Begriff *„spirituelle Anastomose"* zeigt, dass er eine bestimmte Vorstellung davon hatte. Stellen wir uns vor, was physisch in der Pflanze durch die Bestäubung geschieht, und versuchen wir dann, aus diesem Bild wie aus einer Hieroglyphe herauszulesen, welcher Akt des geistigen Prinzips in der Pflanze dadurch zum Ausdruck kommt.

Ohne Bestäubung findet keine Reifung des Samens statt. Reifung bedeutet für den Samen, dass er die Fähigkeit erlangt, einen neuen und unabhängigen Pflanzenorganismus hervorzubringen, durch den die Art ihre Existenz in der Natur fortsetzt. Im Lebenszyklus der Pflanze findet dieses Ereignis statt, nachdem der Organismus seinen höchsten Grad an körperlicher Vollkommenheit erreicht hat. Wenn wir diese Tatsachen nun im Lichte der Erkenntnis lesen, dass es sich um Taten der Tätigkeit dieser *Art handelt*, können wir sie wie folgt beschreiben:

Stufe für Stufe erschöpft sich der Typus in immer ausgefeilteren Erscheinungsformen, bis in der Blüte der Triumph der Form über die Materie erreicht wird. Eine bloße Fortsetzung dieses Weges könnte lediglich zum Verlust jeglicher Verbindung zwischen den überphysischen und physischen Bestandteilen der Pflanze führen. Um der Art ihren Fortbestand in einer neuen Generation zu garantieren, muss die Gestaltungskraft des Typus einen Weg finden, sich erneut mit einem Teil der Materialität der Pflanze zu verbinden. Dies geschieht dadurch, dass die Pflanze die Vereinigung ihrer beiden polaren Wachstumsprinzipien aufgibt und wieder herstellt, was in den meisten Fällen sogar so geschieht, dass die Träger beider Prinzipien aus zwei verschiedenen Organismen stammen.

Wenn wir uns den Prozess auf diese Weise vorstellen, werden wir mit einer Naturregel konfrontiert, die, sobald wir sie erkannt haben, auf allen Ebenen der organischen Natur maßgebend ist. Allgemein kann man es wie folgt ausdrücken:

Damit die spirituelle Kontinuität innerhalb der Vielzahl kommender und gehender Naturschöpfungen aufrechterhalten werden kann, muss der physische Strom in bestimmten Abständen Unterbrechungen erleiden.

Bei der Pflanze wird diese Diskontinuität durch die Trennung der männlichen und weiblichen Wachstumsprinzipien erreicht. Wenn sie sich wieder vereint haben, beginnt die Art, je nachdem, ob es sich um eine einjährige oder mehrjährige Art handelt, entweder die gesamte alte Pflanze oder zumindest einen Teil davon aufzugeben, um sich auf den winzigen Samen zu konzentrieren und setzt sozusagen sein lebendiges Siegel darauf.

So weit können wir bei der Beschreibung dieses mysteriösen Prozesses zumindest im gegenwärtigen Stadium unserer Überlegungen nicht gehen.

*

Unsere Verfolgung von Goethes Art und Weise, das Leben der Pflanze zu beobachten, hat uns an einen Punkt gebracht, an dem es möglich wird, einen weitverbreiteten Irrtum bezüglich seiner Position als Evolutionstheoretiker zu korrigieren.

Goethe wurde ehrenvoll als Vorgänger Darwins erwähnt. Die Wahrheit ist, dass die Idee der Evolution, die sich aus Goethes Betrachtungsweise der Natur ergibt, das genaue Gegenteil derjenigen ist, die Darwin und – in welcher abgeänderten Form auch immer – seine Anhänger vertreten. Eine kurze Betrachtung der darwinistischen Konzepte von Vererbung und Anpassung wird dies zeigen.

Goethes Herangehensweise an seine Konzeption des Typus ist ein klarer Beweis dafür, dass er den Faktor der Anpassung als prägendes Element der Natur nicht unterschätzte; Wir haben gesehen, dass er es kennengelernt hat, als er dieselbe Pflanzenart unter verschiedenen klimatischen Bedingungen untersuchte. Seiner Ansicht nach erscheint Anpassung jedoch nicht als passive Wirkung einer blind wirkenden äußeren Ursache, sondern als Reaktion des spirituellen Typs auf die Bedingungen, die ihm von außen entgegenkommen.

Gleiches gilt für den Begriff der Vererbung. Durch die Vererbung sah Goethe einzelne, akzessorische Merkmale einer Art von einer Generation auf die nächste übertragen; aber niemals konnte das Wiederauftauchen der Grundmerkmale der Art selbst auf diese Weise erklärt werden. Er war ausreichend in die Methoden der Natur eingeweiht, um zu wissen, dass sie keiner Kontinuität des Stroms der physischen Substanz im Sinne der Vererbungstheorie bedarf, um eine Kontinuität der Merkmale der Art über aufeinanderfolgende Generationen hinweg zu gewährleisten, sondern dass Es war ihr Handwerk, durch physische Diskontinuität eine solche Kontinuität zu erreichen.

*

Goethe war vom Temperament her nicht dazu veranlagt, bewusst über seine eigenen Erkenntnisprozesse nachzudenken. Darüber hinaus veranlasste ihn das Übermaß an Reflexion , das ihn in seinem jüngeren Geistesleben umgab, dazu, sich mit einer gewissen Angst vor philosophischen Überlegungen zu hüten. Seine Worte an einen Freund – „Lieber Freund, ich habe es gut gemacht und nie über das Nachdenken nachgedacht" – machen uns das klar. Wenn sich Goethe in seinen späteren Jahren seiner spirituellen Leistungen einigermaßen erkenntnistheoretisch bewusst werden konnte, wie etwa sein Aufsatz über das *intuitive Urteil* zeigt, so verdankte er dies seiner Freundschaft mit Schiller, der für ihn zu einer Art Seelenspiegel wurde in dem er die Widerspiegelung seiner eigenen Bewusstseinsprozesse sehen konnte . Tatsächlich leistete Schiller bei ihrer ersten persönlichen Begegnung, so bedeutsam sie für die gesamte spätere Beziehung war, – wenn auch völlig unbewusst – einen entscheidenden Dienst dieser Art für ihn. Goethe selbst spricht in seinem Aufsatz „Glückliches Treffen" von *diesem Anlass Ereignis* ", geschrieben zwölf Jahre nach Schillers Tod.

Der Anlass war, nach außen hin betrachtet, ein Zufall: Beide Männer verließen eine Vorlesung über Naturwissenschaften an der Universität Jena, wobei Schiller als Geschichtsprofessor an der Universität und Goethe als ihr Schirmherr und als Weimarer Staatsminister anwesend waren. Sie trafen sich an der Tür des Hörsaals und gingen gemeinsam auf die Straße. Schiller, der schon seit langem den Wunsch hegte, näher mit Goethe in Kontakt zu kommen, nutzte die Gelegenheit, um ein Gespräch anzufangen. Er begann mit einem Kommentar zu dem Vortrag, den sie gerade gehört hatten, und sagte, dass ein solch lückenhafter Umgang mit der Natur dem Laien keine wirkliche Befriedigung bringen könne. Goethe, dem diese Bemerkung herzlich willkommen geheißen wurde, antwortete, dass ein solcher Stil der wissenschaftlichen Beobachtung „selbst für den Eingeweihten unheimlich sei und dass es sicherlich einen ganz anderen Weg geben müsse, der die Natur nicht als zerteilt und zerstückelt betrachte, sondern präsentiert." sie als arbeitend und lebendig, aus dem Ganzen in die Teile strebend.

Schillers Interesse wurde durch diese Bemerkung sofort geweckt, obwohl er als gründlicher Kantianer seine Zweifel nicht verbergen konnte, ob das, was Goethe angedeutet hat, im Rahmen der menschlichen Leistungsfähigkeit liegt. Goethe begann sich weiter zu erklären und so ging die Diskussion weiter, bis die Redner bei Schiller eintrafen. Ganz in seine Beschreibung der Pflanzenmetamorphose vertieft, ging Goethe mit Schiller hinein und stieg die

Treppe zu dessen Arbeitszimmer hinauf. Dort angekommen nahm er Stift und Papier von Schillers Schreibtisch und um seinem Begleiter seine Vorstellung von der Urpflanze anschaulich vor Augen zu führen, ließ er „eine symbolische Pflanze mit vielen charakteristischen Federstrichen erscheinen".

Obwohl Schiller bis zu diesem Punkt „mit großem Interesse und durchaus Verständnis" zugehört hatte, schüttelte er den Kopf, als Goethe fertig war, und sagte – Kantianer, der er damals war: „Das ist keine Erfahrung, das ist eine Idee." Diese Worte waren für Goethe sehr enttäuschend. Sofort erwachte seine alte Abneigung gegen Schiller, eine Abneigung, die durch viele Dinge in Schillers öffentlichen Äußerungen verursacht wurde, die er als abstoßend empfunden hatte.

Wieder einmal hatte er das Gefühl, dass Schiller und er „geistige Antipoden waren, die mehr als einen Erddurchmesser voneinander entfernt waren". Doch Goethe unterdrückte seinen aufsteigenden Ärger und antwortete Schiller ruhig, aber bestimmt: „ *Ich bin froh, Ideen zu haben, ohne es zu wissen, und sie mit meinen eigenen Augen zu sehen.* "

Obwohl es bei dieser Begegnung zwischen Goethe und Schiller zu keiner wirklichen Einigung kam, brach die dadurch entstandene persönliche Beziehung nicht ab; beide waren sich des gegenseitigen Werts bewusst geworden. Für Goethe hatte seine erste Begegnung mit Schiller das bedeutsame Ergebnis, dass es ihm zeigte, dass „Nachdenken über Gedanken" fruchtbar sein kann. Für Schiller bestand diese Bedeutung darin, dass er in Goethe einen menschlichen Intellekt getroffen hatte, der allein durch seine vorhandenen Eigenschaften die Philosophie Kants entkräftete. Für ihn wurde Goethes Geist zum Gegenstand empirischer Studien, auf die er die Anfänge einer neuen, von Zuschauerbeschränkungen freien Philosophie gründete.

Ein Aufsatz, den Goethe etwa zur gleichen Zeit wie der gerade zitierte verfasste, zeigt, wie er später dazu kam, über die Erhebung der menschlichen Wahrnehmung in den Bereich der Ideen nachzudenken. In diesem Aufsatz mit dem Titel „*Entdeckung eines hervorragenden Vorgängers* " [9] kommentiert Goethe bestimmte Ansichten des Botanikers KF Wolff über die Beziehungen zwischen den verschiedenen Pflanzenorganen, die seinen eigenen ähnlich zu sein schienen und zu denen Wolff in seinen eigenen gelangt war eigenen Weg.

Wolff hatte sich als Gegner der damals noch verbreiteten sogenannten Präformationstheorie erhoben, wonach die gesamte Pflanze mit all ihren verschiedenen Teilen bereits in embryonaler physischer Form im Samen vorhanden sei und einfach in den Weltraum hineinwächst körperliche Vergrößerung. Eine solche Denkweise erschien Wolff unzulässig, da sie sich einer Hypothese bediente, „die auf einer außersinnlichen Vorstellung beruhte, die für denkbar gehalten wurde, obwohl sie aus der Sinneswelt nie bewiesen werden konnte." Als Grundprinzip aller Forschung legte Wolff fest, dass „nichts angenommen, zugegeben oder behauptet werden darf, was nicht tatsächlich gesehen wurde und nicht auch für andere in ähnlicher Weise sichtbar gemacht werden kann". So treffen wir in Wolff auf einen Phänomenologen, der auf seine Weise versuchte, bestimmten Tendenzen des zeitgenössischen biologischen Denkens entgegenzuwirken. Dabei hatte Wolff bestimmte Beobachtungen gemacht, die ihn dazu veranlassten, der Pflanze Merkmale zuzuschreiben, die denen ähnelten, die Goethe unter dem Begriff der fortschreitenden und regressiven Metamorphose begriffen hatte. Auf diese Weise war Wolff zu der Überzeugung gelangt, dass alle Pflanzenorgane umgewandelte Blätter seien. Getreu seinem eigenen Prinzip hatte er sich dann dem Mikroskop zugewandt, um seine Augen zu holen, um zu bestätigen, was sein Verstand bereits erkannt hatte.

Das Mikroskop lieferte ihm die erwartete Bestätigung, indem es zeigte, dass sich alle verschiedenen Organe der Pflanze aus identischen embryonalen Anfängen entwickeln. In seinem absoluten Vertrauen auf die physikalische Beobachtung versuchte er jedoch darüber hinauszugehen und auf diese Weise den Grund herauszufinden, warum die Pflanze nicht immer das gleiche Organ hervorbringt. Er sah, dass die vegetative Stärke der Pflanze in dem Maße abnimmt, wie ihr Organismus in die späteren Stadien eintritt. Er führte daher die differenzierte Entwicklung pflanzlicher Organe aus identischen Anfängen auf einen immer schwächeren Entwicklungsprozess in ihnen zurück.

Trotz seiner Freude an Wolff als jemandem, der auf seine Weise zu bestimmten Wahrheiten gelangt war, die er selbst auch entdeckt hatte, und trotz seiner Zustimmung zu Wolffs phänomenalistischem Prinzip konnte Goethe seine Erklärung, warum Metamorphose bei Pflanzen stattfand, in keiner Weise *akzeptieren* . Er sagte: „Wolff sah bei der Pflanzenmetamorphose, wie sich dasselbe Organ immer wieder zusammenzieht und kleiner wird; er sah nicht, dass diese Kontraktion mit einer Expansion abwechselt. Er sah, dass die Orgel an Lautstärke abnimmt, aber nicht, dass sie sich gleichzeitig selbst veredelt, und so führte er entgegen der Vernunft den Rückgang auf den Weg zur Vollkommenheit zurück. Was hatte Wolff dann daran gehindert, die Dinge richtig zu sehen? „So bewundernswert Wolffs Methode auch sein mag, mit der er so viel erreicht hat, der ausgezeichnete Mann hätte nie gedacht, dass es einen Unterschied zwischen Sehen und Sehen geben könnte, dass die Augen des Geistes in ständiger lebendiger Verbindung mit denen des Körpers arbeiten müssen , denn sonst läuft man Gefahr , etwas zu sehen und doch darüber hinwegzusehen *(zu sehen und doch vorbei zusehen).'*

Wolffs Fall war für Goethe ein Symptom der Gefahr, die er für die Wissenschaft aus der rasch zunehmenden Verwendung des Mikroskops (und damit auch des Teleskops) erwachsen sah, wenn das Denken nicht entsprechend entwickelt, sondern diesen Instrumenten ausgeliefert bliebe. Seine Besorgnis über den Stand der Dinge geht aus seiner Äußerung hervor: „Mikroskope und Teleskope verwirren tatsächlich die angeborene Klarheit des Geistes des Menschen."

Wenn wir Goethe auf diese Weise folgen, tritt er in charakteristischem Gegensatz zu Robert Hooke vor uns. Wir erinnern uns an Hookes mikroskopischen „Beweis für die Beziehungslosigkeit des menschlichen Denkens zur äußeren Realität" (Kapitel III). Es kann kein Zweifel darüber bestehen, wie Goethe, wenn es dazu gekommen wäre, sich zu Hookes Vorgehensweise geäußert hätte. Er hätte darauf hingewiesen, dass es kein Messer mit einer linienförmigen Kante gäbe, wenn der Mensch nicht in der Lage wäre, sich den Begriff „Linie" auszudenken, und auch keine Nadel mit einem spitzen Ende, wenn er nicht in der Lage wäre, sich den Begriff „Linie" auszudenken 'Punkt'. Tatsächlich sind Messer und Nadel Produkte einer menschlichen Handlung, die jeweils von diesen beiden Konzepten geleitet wird. Als solche sind sie Verkörperungen dieser Konzepte, wenn auch mehr oder weniger unvollkommen. Wir sehen also auch hier, so wie Goethe es durch seine Beobachtung der Pflanze entdeckt hatte, Ideen mit unseren Augen. Was Objekte dieser Art von organischen Einheiten wie der Pflanze unterscheidet, ist die unterschiedliche Beziehung zwischen Objekt und Idee. Während bei einem Organismus die Idee dem Objekt aktiv innewohnt, ist ihre Beziehung zu einem vom Menschen geschaffenen Ding (und ähnlich zu den mineralischen Wesenheiten der Natur) eine rein äußere.

Hooke, so hätte Goethe argumentiert, ließ zu, dass das Mikroskop seinen gesunden Menschenverstand verwirrte. Er hätte in ihm ein Beispiel gesehen, das sein Urteil bestätigte, dass derjenige, der es versäumt, das Auge des Geistes mit dem Auge des Körpers zusammenarbeiten zu lassen, „das Risiko eingeht, zu sehen, aber über die Sache hinauszusehen".

*

„ Nicht durch eine außergewöhnliche spirituelle Gabe, nicht durch eine momentane, unerwartete und einzigartige Inspiration, sondern durch konsequente Arbeit habe ich schließlich so zufriedenstellende Ergebnisse erzielt." Diese Worte Goethes – sie kommen in seinem Aufsatz „ *Geschichte meiner botanischen Studien* " *vor*, den er später als Bericht über seine Arbeit auf diesem Gebiet der Wissenschaft verfasste – zeigen, wie sehr er darauf bedacht war, dass die Fähigkeit, richtig verstanden zu werden, richtig verstanden wird Das Lesen im Buch der Natur, wie er es kannte, war das Ergebnis einer systematischen Schulung seines Geistes. Für unsere weiteren

Studien ist es wichtig, uns an dieser Stelle die Natur der Veränderung klarzumachen, die der Mensch in sich selbst herbeiführen muss, um Kants „Abenteuer der Vernunft" zu bestehen. Goethes Konzept für die neu erworbene Erkenntnisfähigkeit, die exakte Sinnesphantasie, kann uns Anhaltspunkte geben.

polar entgegengesetzte Funktionen der Seele zusammengeschweißt werden mussten: das auf exakter Sinneswahrnehmung beruhende Gedächtnis und die frei wirkende Fantasie; einer ist mit dem Nervensystem des Körpers verbunden, der andere mit dem Blut. Aus früheren Betrachtungen (Kapitel II) wissen wir auch, dass es beim kleinen Kind noch nicht zu einer solchen körperlichen und seelischen Polarisierung kommt wie im späteren Leben des Menschen. Wir sehen also , dass die Erziehung nach Goethes Vorbild auf nichts Geringeres abzielt, als in sich selbst einen Zustand wiederherzustellen, der in der frühen Kindheit natürlich ist.

Damit berühren wir die Grundlagen des von Goethe entdeckten neuen Weges zur Wissenschaft. Wir werden im folgenden Kapitel mehr davon hören.

1 *Kritik der Urteilskraft*, II, 11, 27. Goethe wählte den Titel seines Aufsatzes, um Kant schon durch den Wortlaut zu widerlegen. Kant kam durch seine Untersuchung der *Urteilskraft* des Menschen zu dem Schluss, dass dem Menschen die Fähigkeit zur *Anschauung* (Intuition) abgesprochen wird. Dagegen setzt Goethe sein *Anschauende Urteilskraft* .

2 *'Der Alte vom Königsberge* – ein Wortspiel mit dem Namen von Kants Geburtsstadt *Königsberg* .

3 Es ist natürlich zu erwarten, dass auch die verschiedenen Wissensbereiche als solche, die auf diesen Seiten behandelt werden, in ein neues Licht gerückt werden.

4 Insbesondere das Delphinium hat die Besonderheit (die es mit einer Reihe anderer Arten teilt), dass sein Kelch in Gestalt einer Blüte erscheint, während die eigentliche Blüte recht unauffällig ist.

5 Goethe beschreibt auch eine wuchernde Rosa.

ur " vorgeschlagenen Begriffe „urzeitlich" oder „ursprünglich" sind in einem Fall wie diesem ungeeignet. „Urpflanze", wie es von einigen Goethe-Übersetzern verwendet wird, wirft beispielsweise das Missverständnis auf, dem Goethes Begriff seitens der wissenschaftlichen Botanik ohnehin ausgesetzt war, dass er mit seiner Urpflanze eine primitive, prähistorische Pflanze im *Sinn hatte* , der hypothetische Vorfahre im darwinistischen Sinne des heutigen Pflanzenreichs.

7 Die folgende Beobachtung stammt nicht von Goethe selbst. Es wird hier vom Autor als Beispiel für den *heuristischen* Wert von Goethes Methode der bilddynamischen Betrachtung der Sinneswelt vorgestellt.

8 *' Exakt sinnlich Phantasie .'*

9 *Entdeckung eines trefflich Vorarbeiter .*

KAPITEL VI

Außer wir werden …

In diesem Kapitel werden wir uns mit einer Reihe von Persönlichkeiten aus der mehr oder weniger jungen Vergangenheit des kulturellen Lebens Großbritanniens befassen, von denen jeder ein geistiger Verwandter Goethes und damit ein lebendiges Beispiel dafür war, dass Goethe die wahre Quelle des Wissens war im Menschen muss außerhalb der Grenzen seines modernen Erwachsenenbewusstseins gesucht werden und kann gefunden werden. Während keiner von ihnen Goethe in puncto Universalität und wissenschaftlicher Klarheit gewachsen war, zeichnen sie sich alle durch eine Unmittelbarkeit der Annäherung an bestimmte wesentliche Wahrheiten aus, die in dem Sinne, wie wir meinen, bei Goethe nicht zu finden ist. Es ermöglichte ihnen, die eine oder andere dieser Wahrheiten in einer Form auszudrücken, die sie als Wegweiser auf unserem eigenen Forschungsweg geeignet macht. Auf den späteren Seiten dieses Buches werden wir immer wieder Gelegenheit finden, uns daran zu erinnern, was diese Männer sahen und dachten.

Der erste ist Thomas Reid (1710-96), der schottische Philosoph und Verfechter des gesunden Menschenverstandes als Wurzel der Philosophie. [1] Nachdem Reid einige Jahre als Geistlicher in der Church of Scotland gedient hatte, wurde er Professor für Philosophie an der University of Aberdeen, von wo aus er als Nachfolger von Adam Smith nach Glasgow berufen wurde. Durch seine Geburt in Strachan, Kincardine, gehörte er zu demselben Teil Schottlands, aus dem Kants Vorfahren stammten. Zwei kurze Bemerkungen Goethes zeigen, dass er die Philosophie des Schotten kannte und seinen Einfluss auf zeitgenössische Philosophen schätzte. [2]

Reid spürte wie sein Zeitgenosse Kant, dass sein philosophisches Gewissen durch Humes *Abhandlung über die menschliche Natur geweckt wurde,* und wie Kant stellte er sich die Aufgabe, dagegen vorzugehen. Im Gegensatz zu Kant, dessen philosophisches System darauf abzielte, die Vernunft des Menschen vor dem Abgrund anzuhalten, in den Hume ihn zu stürzen drohte, gelingt es Reid jedoch, die Brücke zu entdecken, die sicher über diesen Abgrund führt. Auch wenn es ihm nicht vergönnt war, diese Brücke tatsächlich zu betreten (was zu seiner Zeit nur Goethe gelang), verstand er es, sie auf eine für unsere Zwecke besonders hilfreiche Weise zu beschreiben.

Arbeit darlegte, erschien 1764 unter dem Titel „ *Inquiry into the Human Mind on the Principles of Common Sense".* Die anderen beiden, *Essays on the Intellectual Powers of Man* und *Essays on the Active Powers of Man,* erschienen zwanzig Jahre später. In diesen Büchern verfolgte Reid ein umfassenderes Ziel als in seinem ersten Werk. Die Verwirklichung dieses Ziels erforderte jedoch eine größere spirituelle Kraft, als ihm zugestanden wurde. Reids Biograf A. Campbell Fraser vergleicht sein späteres mit seinem früheren Werk und sagt:

„Reids *Essays* bilden sozusagen den inneren Hof des Tempels, dessen Aberdonianer *Anfrage* ist der Vorraum. Aber das Vestibül ist ein fertigeres Werk konstruktiver Kunstfertigkeit als der Innenhof, denn der betagte Architekt scheint zuletzt durch die Materialanhäufung in Verlegenheit zu geraten. Die *Essays,* die umfangreicher sind, verdienen möglicherweise weniger einen Platz unter den Klassikern der modernen Philosophie als die *Untersuchung,* ungeachtet ihres engeren Umfangs, der auf die Wahrnehmung der erweiterten Welt durch den Menschen als Anschauungsbeispiel für die Methode der Berufung auf den gesunden Menschenverstand beschränkt ist.
'

Während die Ideen Kants, mit denen er auf seine Weise der Philosophie Humes entgegenzutreten versuchte, innerhalb kurzer Zeit zum allgemeinen Besitz der Menschen geworden waren, war es das Schicksal von Reids Ideen, nur bei einem begrenzten Freundeskreis Anklang zu finden . Darüber hinaus erlitten sie durch die Bemühungen wohlmeinender Schüler entscheidende Missverständnisse und Verzerrungen. Dies lag daran, dass Kants Werk eine späte Frucht einer Epoche der menschlichen Entwicklung war, die Jahrhunderte gedauert hatte und zu seiner Zeit zu Ende ging, während Reids Werk den Keim einer neuen Epoche darstellt, die noch bevorsteht. Hier liegt auch der Grund dafür, dass es ihm nicht gelang, seine Philosophie über die in seinem ersten Werk enthaltenen Errungenschaften hinaus weiterzuentwickeln. Daher werden wir uns bei der Darstellung von Reids Gedanken hauptsächlich auf Letzteres stützen.

*

Die überzeugende Natur von Humes Argumentation und die Absurdität der Schlussfolgerungen, zu denen sie führte, weckten bei Reid den Verdacht, dass die Prämissen, auf denen Humes Gedanken basierten und die er zusammen mit all seinen Vorgängern völlig unkritisch angenommen hatte, enthielt einen grundlegenden Fehler. Denn sowohl als Christ als auch als Philosoph und als Mann mit gesundem Menschenverstand hatte Reid keinen Zweifel an der Absurdität und Zerstörungskraft der Schlussfolgerungen, zu denen Humes Überlegungen ihn geführt hatten.

„Zu meiner eigenen Zufriedenheit habe ich mich ernsthaft mit den Prinzipien befasst, auf denen dieses skeptische System aufgebaut ist; und war nicht wenig überrascht, als ich feststellte, dass es mit seinem ganzen Gewicht auf einer Hypothese beruht, die zwar uralt ist und von Philosophen sehr allgemein akzeptiert wurde, für die ich jedoch keinen soliden Beweis finden konnte. Die Hypothese, die ich meine, ist, dass nichts wahrgenommen wird, außer dem, was in dem Geist ist, der es wahrnimmt: dass wir die Dinge, die äußerlich sind, nicht wirklich wahrnehmen, sondern nur bestimmte Bilder und Abbildungen davon, die dem Geist eingeprägt sind, die Eindrücke und Eindrücke *genannt* werden *Ideen.*

„Wenn dies wahr ist, kann ich unter der Annahme, dass bestimmte Eindrücke und Ideen derzeit in meinem Kopf existieren, aus ihrer Existenz nicht auf die Existenz von etwas anderem schließen; meine Eindrücke und Ideen sind die einzigen Existenzen, von denen ich Kenntnis oder Vorstellung haben kann; und sie sind so flüchtige und vergängliche Wesen, dass sie überhaupt nicht existieren können, solange ich mir ihrer bewusst bin. Nach dieser Hypothese also das gesamte Universum um mich herum, Körper und Geister, Sonne, Mond, Sterne und Erde, Freunde und Verwandte, alle Dinge ohne Ausnahme, von denen ich mir vorstellte, sie hätten eine dauerhafte Existenz, ob ich nun an sie dachte oder nicht sofort verschwinden:

„Und wie das unbegründete Gewebe dieser Vision ... Lassen Sie kein Gestell zurück."

„Ich hielt es für unvernünftig, auf der Grundlage der Autorität von Philosophen eine Hypothese zuzulassen, die meiner Meinung nach alle Philosophie, alle Religion und Tugend und jeden gesunden Menschenverstand auf den Kopf stellt, und zu der Feststellung, dass alle Systeme, mit denen ich vertraut war, dies taten Auf der Grundlage dieser Hypothese beschloss ich, dieses Thema erneut zu untersuchen, ohne Rücksicht auf irgendeine Hypothese.

Die folgende Passage aus dem ersten Kapitel der *Untersuchung* offenbart Reid als eine Persönlichkeit, die nicht im gleichen Maße von der Brillanz des Beobachterbewusstseins geblendet war wie seine Zeitgenossen:

„Wenn es [der Geist] tatsächlich das ist, was die *Abhandlung über die menschliche Natur* daraus macht, bin ich nur in einem verzauberten Schloss gewesen, das von Gespenstern und Erscheinungen bedrängt wurde. " Ich erröte innerlich, wenn ich darüber nachdenke, wie ich getäuscht wurde; Ich schäme mich meiner Statur und kann es mir kaum verkneifen, mich mit meinem Schicksal auseinanderzusetzen: „Ist das, o Natur, dein Zeitvertreib, einem dummen Geschöpf solche Streiche zu spielen, ihm dann die Maske abzunehmen und ihm zu zeigen, wie er betrogen wurde?" Wenn dies die Philosophie der menschlichen Natur ist, dringe meine Seele nicht in ihre Geheimnisse ein. Es ist sicherlich der verbotene Baum der Erkenntnis; Kaum schmecke ich es, als ich mich selbst nackt und aller Dinge beraubt wahrnehme – ja sogar meiner selbst. Ich sehe mich selbst und das gesamte Gefüge der Natur in flüchtige Ideen schrumpfen, die wie die Atome von Epikur in der Leere herumtanzen.

Skeptizismus stürzen ? Dürfen wir nicht vernünftigerweise nach dem, was geschehen ist, urteilen? Des Cartes begann kaum, in dieser Mine zu graben, als schon die Skepsis über ihn hereinbrach. Er tat, was er konnte, um es auszuschließen. Malebranche und Locke, die tiefer gruben, stellten fest, dass die Schwierigkeit, diesen Feind fernzuhalten, immer größer wurde; aber sie haben ehrlich an der Gestaltung gearbeitet . Dann dachte Berkeley, der die Arbeit fortsetzte und verzweifelte, alles zu sichern, über ein Mittel nach: Indem er die materielle Welt aufgab, von der er glaubte, dass sie ohne Verlust und sogar mit Vorteil verschont bleiben könnte, hoffte er, sie durch eine uneinnehmbare Trennwand zu sichern Welt der Geister. Aber leider! „ Die *Abhandlung über die Natur des Menschen* hat mutwillig das Fundament dieser Teilung ausgehöhlt und alles in einer einzigen universellen Sintflut ertränkt." (Kapitel I, Abschnitte vi-vii.)

Was Reid hier so treffend als „verzaubertes Schloss" beschreibt, ist nichts anderes als der menschliche Kopf, der kein Geschehen außerhalb seiner Grenzen kennt, weil er vergessen hat, dass es nur das Endprodukt einer lebendigen Existenz außerhalb und darüber hinaus ist , selbst. Wir sehen hier, dass Reid die Fähigkeit besitzt, dieses Schloss zu betreten, ohne seine Erinnerung an die Welt draußen einzubüßen; und so konnte er sogar innerhalb seiner Mauern seine wahre Natur erkennen. Dies half ihm in hohem Maße, sich von jenen Täuschungen freizuhalten, denen die meisten seiner Zeitgenossen zum Opfer fielen und denen so viele Menschen auch heute noch ausgesetzt sind.

Auf diese Weise könnte Reid es zu einem der Grundprinzipien seiner Beobachtungen machen, alles, was der Kopf denkt, zu testen, indem er es mit der übrigen menschlichen Natur in Beziehung setzt, und nichts bestehen zu lassen, was diesen Test nicht übersteht. In dieser Hinsicht ist das Argument, das er dem kartesischen *„cogito ergo sum"* entgegenstellt, charakteristisch: „Ich denke", sagt er, „also bin ich": Und ist es nicht eine ebenso gute Argumentation, zu sagen: „Ich schlafe"? daher bin ich? Wenn sich ein Körper bewegt, muss er zweifellos existieren; aber wenn es ruht, muss es ebenfalls existieren.'

Im Folgenden wird die Position zusammengefasst, zu der Reid gelangt, wenn er den *gesamten* Menschen in seine philosophischen Untersuchungen einbezieht.

Reid gibt zu, dass das bewusst gewordene Bewusstsein, wenn es das überblickt, was innerhalb seines eigenen Horizonts liegt, dort nichts anderes vorfindet als vergängliche Bilder. Diese Bilder an sich vermitteln dem Geist keine Erfahrung einer dauerhaften Existenz außerhalb seiner selbst. Es gibt keine eindeutigen Beweise für die Existenz einer äußeren materiellen Welt, mit der diese Bilder in Verbindung gebracht werden könnten, oder für die Existenz einer inneren spirituellen Einheit, die für sie verantwortlich ist. Von einer Existenz in beiden Bereichen sprechen zu können, ist für eine

Philosophie, die ihre Aufmerksamkeit ausschließlich auf den bloßen Bildinhalt des Wachbewusstseins beschränkt, unmöglich.

Aber der Mensch ist nicht nur ein wahrnehmendes Wesen; Er ist auch ein Willenswesen, und als solches kommt er in eine Beziehung zur Welt, die eine Quelle reicher Erfahrung sein kann. Wenn man diesen Zusammenhang beobachtet, muss man feststellen, dass er auf der selbstverständlichen Annahme beruht, dass man eine dauerhafte Individualität besitzt, deren Handlungen sich mit einer dauerhaften materiellen Welt befassen. Jedes andere Verhalten würde dem gesunden Menschenverstand widersprechen; Wo wir ihm begegnen, stehen wir vor einem Wahnsinnigen.

also in unversöhnlichem Gegensatz zueinander zu stehen. Aber dieser Gegensatz ist nur scheinbar. Sie existiert, solange die Philosophie glaubt, zu gültigen Schlussfolgerungen kommen zu können, ohne auf die Stimme des gesunden Menschenverstandes zu hören, und glaubt, dass sie zu erhaben ist, um dies tun zu müssen. Die Philosophie erkennt also nicht, „dass sie keine andere Wurzel hat als die Prinzipien des gesunden Menschenverstandes; es wächst aus ihnen heraus und bezieht seine Nahrung aus ihnen: Von dieser Wurzel abgetrennt, verdorren seine Ehren , sein Saft vertrocknet, es stirbt und verrottet.' (I, 5.)

In dem Moment, in dem das philosophische Bewusstsein aufhört, sich selbst als alleinige Grundlage seiner Existenz zu betrachten, und erkennt, dass es nichts über sich selbst sagen kann, ohne die Quelle zu berücksichtigen, aus der es sich entwickelt hat, erlangt es die Möglichkeit, den Inhalt seiner Erfahrung in einem zu sehen neues Licht. Denn es begnügt sich nicht mehr damit, diesen Inhalt in der vollendeten Form zu betrachten, in der er sich darstellt. Vielmehr fühlt es sich dazu gedrängt, den Prozess zu untersuchen, der diesen Inhalt als Endprodukt entstehen lässt (die „Eindrücke" und „Ideen" von Hume und seinen Vorgängern).

Reid *glaubt* an die Tatsache – denn sein gesunder Menschenverstand ist ihm davon überzeugt –, dass hinter der Welt der Sinne eine bleibende Substanz liegt, auch wenn sie für das menschliche Bewusstsein nur so lange existiert, wie Eindrücke davon über die körperlichen Sinne aufgenommen werden. Ebenso glaubt er an die Tatsache, dass sein Bewusstsein, obwohl es nur zeitweilig existiert, ein dauerhaftes Selbst als Träger hat. Anstatt zuzulassen, dass dieses intuitiv gegebene Wissen durch den bloßen Blick auf flüchtige Bilder, hinter denen sich die reale Existenz von Selbst und Welt verbirgt, erschüttert wird, sucht er stattdessen in beide Richtungen nach dem Ursprung der Bilder und gibt nicht Ruhe, bis er ihn gefunden hat die bleibenden Ursachen ihres vorübergehenden Auftretens.

In eine Richtung wird Reid an die äußere Grenze des Körpers geführt, wo die Sinneswahrnehmung ihren Ursprung hat. Dies veranlasst ihn, die

Wahrnehmungen der fünf bekannten Sinne zu untersuchen: Riechen, Schmecken, Hören, Tasten und Sehen, die er in dieser Reihenfolge bespricht. In die andere Richtung wird er – und hier treffen wir auf ein besonderes Merkmal von Reids gesamter philosophischer Sichtweise – in den Bereich der menschlichen Sprache geführt. Denn die Sprache beruht auf einer inneren, intelligenten menschlichen Tätigkeit, die, einmal erlernt, zu einem bleibenden Teil des menschlichen Wesens wird, ganz außerhalb des Bereichs seines philosophierenden Bewusstseins und dennoch ein unverzichtbares Instrument für dieses Bewusstsein bildet.

Sowohl die einfachsten menschlichen Überlegungen, die nur dem gesunden Menschenverstand zugrunde liegen, als auch die subtilsten philosophischen Gedanken benötigen für ihren Ausdruck die Sprache. Durch seine Fähigkeit zu sprechen erhebt sich der Mensch über ein instinktives Tierdasein, und doch entwickelt er diese Fähigkeit in einem infantilen Stadium, in dem er, was die Ebene seines Bewusstseins und seines Verhältnisses zur Welt betrifft, kaum über das hinausragt Niveau des Tieres. Es erfordert eine hochentwickelte Intelligenz, um die Feinheiten der Sprache zu erforschen, doch in der Geschichte der Menschheit wurden komplizierte Sprachen gesprochen, lange bevor der Mensch zu seiner eigenen individuellen Intelligenz erwachte. So wie jeder Mensch lernt, durch Sprechen zu denken, so lernte auch die Menschheit als Ganzes. So kann Sprache zu einem Mittel werden, Einsicht in die ursprüngliche Form der menschlichen Intelligenz zu erlangen. Denn in der Sprache trifft der unbewusst in ihm wirkende gesunde Menschenverstand des Menschen auf das völlig erwachte philosophische Bewusstsein. [3]

Die Art und Weise, wie die beiden Beobachtungswege hier dargelegt wurden, darf nicht die Erwartung wecken, dass sie von Reid in ähnlich systematischer Form diskutiert werden. Dafür fehlte Reid die ausreichende Distanz zu seinen eigenen Gedanken. So wie er seine Beobachtungen in der *Untersuchung darlegt*, scheinen sie nichts anderes als eine systematische Beschreibung der fünf Sinne zu sein, die kontinuierlich durch sprachliche Überlegungen der oben genannten Art unterbrochen wird. So finden sich beispielsweise viele seiner wichtigeren Aussagen zur Sprache in seinem Kapitel „Hören".

Unsere Aufgabe wird es sein, Reids Werk zusammenzufassen und aus seiner Beschreibung, die so oft voller tiefgründiger Beobachtungen ist, nur das Wesentliche zu entnehmen, um seine entscheidenden Entdeckungen zu veranschaulichen. Dies erfordert, dass wir (im Sinne von Herrn Erasers Bild) die beiden Säulen, die das Dach des Tempelvorplatzes tragen, getrennt betrachten: Sprache und Sinneseindrücke. Wir beginnen mit der Rede.

*

Als grundlegendes Merkmal der menschlichen Sprache stellt Reid fest, dass sie zwei unterschiedliche Elemente umfasst: erstens das rein akustische Element, dargestellt durch die bloße Abfolge von Lauten, und zweitens die Vielfalt der Bedeutungen, die durch verschiedene Lautgruppen dargestellt werden, Bedeutungen, die scheinbar nichts zu haben scheinen mit den Geräuschen als solchen zu tun. Dieser Zustand der Sprache, in dem der Klangwert des Wortes und sein Wert als *Zeichen* zur Bezeichnung einer *durch es bezeichneten Sache* wenig oder gar nichts miteinander zu tun haben, ist sicherlich nicht der ursprüngliche. Im gegenwärtigen Zustand der Sprache, den Reid *künstliche Sprache nennt,* müssen wir eine Entwicklung ausgehend von einem früheren Zustand sehen, den Reid *natürliche Sprache nennt.* Solange dieser letztere Zustand gegeben war, drückte der Mensch im Klang selbst aus, was er seinen Mitmenschen mitteilen wollte. Klang war damals nicht nur ein abstraktes Zeichen, sondern eine Geste, die zudem von den Gesten der Gliedmaßen begleitet und unterstützt wurde.

Auch heute noch steht der Mensch am Anfang seines Lebens in jenem Verhältnis zur Sprache, das früher für alle Menschen selbstverständlich war. Das kleine Kind erwirbt die Fähigkeit zum Sprechen durch die Nachahmung von Lauten und wird sich ihrer bewusst, lange bevor es die Bedeutung versteht, die den verschiedenen Lautgruppen im künstlichen Zustand der zeitgenössischen Erwachsenensprache zukommt. Dass die Aufmerksamkeit des Kindes ausschließlich auf den Klang und nicht auf die abstrakte Bedeutung der einzelnen Wörter gerichtet ist, ist in der Tat Voraussetzung für das Erlernen des Sprechens. Wenn das Kind, sagt Reid, den konzeptuellen Inhalt der Wörter, die es hört, sofort verstehen würde, würde es nie lernen, überhaupt zu sprechen .

Wenn der Erwachsene von heute die Sprache in ihrem künstlichen Zustand verwendet, sind Wörter nur Zeichen für Dinge, die sie bezeichnen. Während er spricht, ist seine Aufmerksamkeit ausschließlich auf diese Seite der Sprache gerichtet; Der reine Klang der Worte, die er verwendet, bleibt außerhalb seines Bewusstseins. Das kleine Kind hingegen hat kein Verständnis für die Bedeutung von Wörtern und lebt daher ganz im Erleben des reinen Klangs. Vor diesem Hintergrund kommt Reid zu dem für das Folgende so wichtigen Schluss, dass mit der Entstehung einer bestimmten Form des Bewusstseins, in diesem Fall der des intellektuellen Inhalts von Wörtern, eine andere Form untergeht, eine Form, in der die Erfahrung des reinen Klangs der Worte vorherrscht. Obwohl der Erwachsene in einer Hinsicht dem Kind voraus ist, ist er in anderer Hinsicht minderwertig, denn die Folge dieser Veränderung ist eine eindeutige Verarmung der Seelenerfahrung. Reid drückt dies wie folgt aus:

„Vor allem durch natürliche Zeichen verleihen wir der Sprache Kraft und Energie; und je weniger die Sprache davon hat, desto weniger ausdrucksstark und überzeugend. ... Künstliche Zeichen bedeuten, aber sie drücken nicht aus; Sie sprechen zum Verstand, wie es algebraische Zeichen tun können, aber die Leidenschaften, die Zuneigungen und der Wille hören sie nicht: Diese bleiben ruhend und untätig, bis wir in der Sprache der Natur zu ihnen sprechen, der sie alle Aufmerksamkeit und Gehorsam schenken .'

Wir sind Reid bisher in seinem Studium der Sprache gefolgt, weil er auf diesem Weg zu den Konzepten gelangte, die ihm als Schlüssel für seine überaus wichtigen Erkenntnisse im Bereich der Sinneserfahrung dienen sollten. Dies sind die Begriffe, die sich auf die Verbindung zwischen dem Zeichen und der bezeichneten Sache beziehen; die Unterscheidung zwischen dem künstlichen und dem natürlichen Zustand der Sprache; und das Verschwinden bestimmter urmenschlicher Erfahrungsfähigkeiten, von denen Reid sagt, dass sie vom Kind in die Welt gebracht werden, aber mit der Entwicklung seiner intellektuellen Fähigkeiten schwinden.

*

Sobald man anfängt, Reids Beobachtungen im Bereich der Sinneserfahrung zu studieren, stößt man auf eine gewisse Schwierigkeit, die schon früher auffällt, aber nicht so auffällig ist. Der Grund dafür ist, dass Reid gezwungen war, die Ergebnisse seiner Beobachtungen nur auf die fünf zu seiner Zeit bekannten Sinne zu beziehen, während seine Beobachtungen tatsächlich ein weitaus größeres Feld der menschlichen Sinneswahrnehmung umfassten. Dadurch schleicht sich eine gewisse Disharmonie in seine Beschreibungen ein und macht seine Aussagen weniger überzeugend, insbesondere für jemanden, der nicht zu deren eigentlichen Ursachen vordringt.

Wie dem auch sei, es muss uns hier nicht interessieren; Was für uns zählt, sind Reids tatsächliche Beobachtungen. Denn diese führten ihn zu der wichtigen Unterscheidung zwischen zwei Faktoren in unserem Akt des Erwerbs von Wissen über die Außenwelt, von denen jeder einen völlig anderen Platz im gewöhnlichen Bewusstsein einnimmt. Reid unterscheidet sie als „Empfindung" und „Wahrnehmung". Durch Letzteres wird uns das Objekt als solches bewusst. Aber wir irren uns, wenn wir den Inhalt dieser Wahrnehmung als identisch mit der Gesamtsumme der Empfindungen betrachten, die der jeweilige Gegenstand in unserem Bewusstsein hervorruft. Denn diese Empfindungen sind qualitativ etwas ganz anderes, und obwohl ohne sie keine Wahrnehmung des Gegenstandes möglich ist, vermitteln sie für sich genommen noch keine Erkenntnis des Wahrgenommenen. Nur weil unsere Aufmerksamkeit so überwiegend auf das wahrgenommene Objekt gerichtet ist, achten wir nicht auf den Inhalt unserer Empfindung.

Um ein Beispiel zu nennen: Die Eindrücke von Rundheit, Winkligkeit, Glätte, Rauheit, Farbe usw. eines Tisches enthalten insgesamt nichts, was uns von der Existenz des Objekts „Tisch" als wirklichem Inhalt eines Äußeren überzeugen könnte Welt. Wie erhalten wir dann die Überzeugung von der Existenz des letzteren? Reids Antwort ist, *indem er eine unmittelbare intuitive Beziehung damit eingeht.* Es ist wahr, dass wir zum Aufbau dieser Beziehung die Reize benötigen, die von den Eindrücken ausgehen, die unser Geist über die verschiedenen Sinne aufnimmt. Dies darf uns jedoch nicht dazu verleiten, beides zu verwechseln.

Wenn die Natur durch seine Sinne zum Menschen spricht, geschieht etwas, was genau dem Vorgang entspricht, wenn der Mensch mit dem Menschen durch das gesprochene Wort kommuniziert. In beiden Fällen ist die Wahrnehmung, also das Ergebnis des Wahrnehmungsprozesses, etwas ganz anderes als die Summe der ihr zugrunde liegenden Empfindungen. Die Wahrnehmung mittels der Sinne ist nichts anderes als das Empfangen der Sprache der Natur; und diese Sprache trägt, genau wie die menschliche Sprache, zwei völlig unterschiedliche Elemente in sich. Je nachdem das eine oder andere Element im Umgang des Menschen mit der Natur vorherrscht, wird dieser Verkehr entweder „natürlich" oder „künstlich" sein – um die Begriffe zu verwenden, mit denen Reid die beiden Stufen der menschlichen Sprache unterschied.

So wie jeder Mensch einmal nur dem reinen Klang des gesprochenen Wortes auf einer völlig empfindungsfähigen Ebene zugehört haben muss, um die Fähigkeit zum Sprechen zu erlangen, so muss auch die Seele, um die Sprache der Natur zu erlernen, einmal völlig hingegeben worden sein zu den reinen Sinneseindrücken. Und wie mit der Zeit das gesprochene Wort zum Symbol für das wird, was es bedeutet, das Bewusstsein sich diesem zuwendet und den eigentlichen Klanggehalt des Wortes vernachlässigt, so auch in seinem Umgang mit der Natur die Seele mit ihrem wachsenden Interesse im Bezeichneten seine Aufmerksamkeit mehr und mehr von den eigentlichen Sinneserlebnissen abwendet.

Daraus folgt, dass sich eine Philosophie, die der Gesamtheit des Menschen gerecht werden will, nicht damit begnügen darf, den gegebenen Inhalt des menschlichen Bewusstseins zu untersuchen, sondern dass sie danach streben muss, den tatsächlichen Prozess zu beobachten, dem dieser Inhalt seine Entstehung verdankt. In der Praxis bedeutet dies, dass ein Philosoph, der seine Aufgabe richtig versteht, danach streben muss, in sich selbst eine Erfahrungsweise wiederzuerwecken, die dem Menschen von Natur aus in seiner frühen Kindheit gegeben ist. Reid drückt dies in der *Untersuchung* folgendermaßen aus:

„Wenn jemand eine Sprache lernt, achtet er auf die Laute, aber wenn er sie beherrscht, achtet er nur auf den Sinn dessen, was er ausdrücken möchte." Wenn das der Fall ist, müssen wir wieder wie kleine Kinder werden, wenn wir Philosophen sein wollen: Wir müssen Gewohnheiten überwinden, die seit Beginn unseres Denkens an Stärke gewonnen haben; Gewohnheiten, deren Nützlichkeit die Schwierigkeiten ausgleicht, die sie dem Philosophen bei der Entdeckung der ersten Prinzipien des menschlichen Geistes bereiten.

„Wir müssen wieder wie kleine Kinder werden, wenn wir Philosophen sein wollen!" Der Satz taucht hier fast nebenbei auf und Reid kam nie wieder darauf zurück. Und doch ist darin der *offene Sesam enthalten* , der den Zugang zu den verborgenen spirituellen Schätzen der Welt ermöglicht. In dieser Unkenntnis Reids über die Bedeutung dessen, was er so herausgefunden hatte, müssen wir den Grund für seine Unfähigkeit sehen, seine Philosophie über ihre ersten Anfänge hinaus weiterzuentwickeln. Diese Behinderung ergab sich daraus, dass er sich in seinem gesamten Denken von einem Bild vom Wesen des Menschen leiten ließ, das er als Kind seiner Zeit, dominiert von der zeitgenössischen religiösen Weltanschauung, nie klar erkennen konnte. Doch ohne eine klare Vorstellung dieses Bildes kann Reids Konzept des gesunden Menschenverstandes nicht gerecht werden. Unsere nächste Aufgabe muss es daher sein, dieses Bild so klar wie möglich hervorzurufen

Die folgende Passage in Reids *Untersuchung* liefert einen Schlüssel zum Verständnis seiner Schwierigkeiten, sich ein angemessenes Bild vom Wesen des Menschen zu machen. In dieser Passage behauptet Reid, dass alle Kunst auf der Erfahrung des Menschen mit der natürlichen Sprache der Dinge basiert und dass in jedem Menschen ein angeborener Künstler lebt, der durch die zunehmende Gewöhnung des Menschen an den Zustand der künstlichen Sprache im Verkehr mehr oder weniger gelähmt ist mit der Welt. In Fortsetzung der auf Seite 99 zitierten Passage sagt Reid:

„Es war leicht zu zeigen, dass die schönen Künste des Musikers, des Malers, des Schauspielers und des Redners, soweit sie ausdrucksstark sind; obwohl ihre Kenntnis von uns einen feinen Geschmack, ein gutes Urteilsvermögen und viel Studium und Übung erfordert; Dennoch sind sie nichts anderes als die Sprache der Natur, die wir mit in die Welt gebracht haben, die wir aber durch Nichtbenutzung verlernt haben und die daher nur schwer wiederzuerlangen ist.

„Werden die Verwendung artikulierter Laute und der Schrift in der Menschheit für ein Jahrhundert abgeschafft, und jeder Mensch wäre ein Maler, ein Schauspieler und ein Redner." Wir wollen nicht behaupten, dass ein solches Mittel praktikabel ist; oder wenn es so wäre, würde der Vorteil den Verlust ausgleichen; aber dass die Menschen, da sie von der Natur und der Notwendigkeit geleitet werden, sich miteinander zu unterhalten, jedes ihnen zur Verfügung stehende Mittel nutzen werden, um sich verständlich zu machen; und wo sie dies nicht durch künstliche Zeichen tun können, werden sie es so weit wie möglich durch natürliche Zeichen tun: und wer den

Gebrauch natürlicher Zeichen vollkommen versteht, muss der beste Richter in allen Ausdruckskünsten sein.

Wenn Reid sagt, dass es bestimmte Eigenschaften gibt – und zwar gerade solche, deren Entwicklung das menschliche Leben wirklich veredelt –, *die die Seele mit in die Welt bringt*, wird in uns ein Bild des Menschen hervorgerufen, in dem der übersinnliche Teil seines Wesens als solche erscheint ein Wesen, dessen Existenz weiter zurückreicht als der Moment der Geburt und sogar die ersten Anfänge des Körpers. Nun ist ein solches Menschenbild der Menschheit keineswegs fremd, es war in älteren Zeiten allgemein verbreitet und lebt auch heute noch, wenn auch nur traditionell, im östlichen Teil der Welt weiter. Nur im Westen wurde es ab einer gewissen Zeit nicht mehr durchgeführt. Dies war das Ergebnis einer Veränderung, die in historischen Zeiten in das menschliche Gedächtnis eindrang, so wie das Wiederaufleben des alten Wissens über die Präexistenz des Menschen, für das Reid ein Symptom ist, das Ergebnis einer anderen entsprechenden Veränderung im Gedächtnis ist. Kräfte des Menschen in der Neuzeit.

Für die Menschen der alten Zeit war es charakteristisch, dass sie neben den Eindrücken, die sie im irdischen Leben durch die Sinne empfingen (die ohnehin weitaus weniger intensiv waren als heute), sich an Erlebnisse rein übersinnlicher Art erinnerten, die ihnen die Sicherheit gaben Bevor die Seele mit einem physischen Körper verbunden wurde, existierte sie in einem kosmischen Zustand, der rein spiritueller Natur war. Der Moment in der Geschichte, in dem diese Art von Erinnerung verschwand, ist der Übergang von der Philosophie Platons zur Philosophie des Aristoteles. Während Platon durch klare Erkenntnisse davon überzeugt war, dass die Seele bereits vor der Empfängnis eingepflanzte Eigenschaften besitzt, erkannte Aristoteles einen körperlosen Zustand der Seele erst im Leben nach dem Tod. Für ihn war der Beginn der Existenz der Seele identisch mit dem des Körpers.

Das von Aristoteles erstmals gelehrte Menschenbild benötigte noch etwa zweimal vierhundert Jahre – vom vierten vorchristlichen bis zum vierten nachchristlichen Jahrhundert –, bis es so weit zum Allgemeingut der Menschen gelangte, wie der Kirchenvater Augustinus (354-430) konnte darauf seine Lehre gründen, die das Selbstbild des Menschen für die kommenden Jahrhunderte bis in unsere Zeit prägte .

Die folgende Passage aus Augustins *Bekenntnissen* zeigt deutlich, wie er gezwungen war, über die Natur des kleinen Kindes nachzudenken:

„Dieses Alter, an das ich mich nicht erinnern kann, das ich auf die Worte anderer übernehme und anhand anderer Kleinkinder schätze, die ich hinter mir gelassen habe, so wahr die Vermutung auch sein mag, ich schätze es dennoch nicht, in diesem Leben zu zählen, in dem ich lebe." Welt. Denn nichts Geringeres als das, was ich im Mutterleib erlebt habe, ist mir im

Schatten des Vergessens verborgen. Wenn ich aber in Ungerechtigkeit und Sünde geboren war, empfing mich meine Mutter, wo, ich flehe dich, o mein Gott, wo, Herr, oder wann war ich deine Dienerin ohne Schuld? Aber siehe da! diese Zeit vergehe ich; und was habe ich mit dem zu tun, von dem ich mich an keine Spur erinnern kann?' [4]

Aufgrund dieser Erfahrung war Augustinus nicht in der Lage, sich das Wesen des Menschen anders vorzustellen, als ihn vom ersten Augenblick seines Lebens an als dem Zustand der Menschheit unterworfen zu sehen, der sich aus dem Sündenfall ergab. So ruft er in seinen *Bekenntnissen aus:* „Vor Dir, o Gott, ist niemand frei von Sünde, nicht einmal das Kind, das nur einen einzigen Tag auf der Erde gelebt hat." Soweit es darum ging, dass die Seele aus diesem gefallenen Zustand herauskommen könne, wurde davon ausgegangen, dass sie dies nicht durch eigene Anstrengung erreichen könne, sondern dass sie auf die Gnadengaben angewiesen sei, die die Kirche durch die Sakramente spenden könne.

Vergleichen Sie damit die heutige wissenschaftliche Auffassung der menschlichen Natur, wie sie das Denken von Fachleuten und Laien gleichermaßen dominiert. Hier erscheint der Mensch sowohl körperlich als auch seelisch als eine Summe ererbter Eigenschaften, d. Abgesehen von dieser ererbten Prädestination soll sich die Seele, um es mit Lockes klassischem Ausdruck auszudrücken, als eine *tabula rasa präsentieren,* auf der alle möglichen äußeren Eindrücke eingeprägt sind.

Die Ähnlichkeit dieses modernen Menschenbildes mit dem früheren theologischen ist frappierend. In beiden Fällen besteht die zentrale Annahme darin, dass die menschliche Entwicklung vom Kind zum Mann in der Entfaltung bestimmter ererbter Merkmale besteht, die durch äußere Einflüsse zu einer weiteren spezifischen Veränderung fähig sind. Der einzige Unterschied zwischen den beiden Bildern besteht darin, dass im modernen Bild die Konzepte von Vererbung und Anpassung ohne besondere Anwendung auf die ethischen Eigenschaften der Seele gebildet wurden.

Es ist klar, dass es sowohl aus Augustinus' Sicht als auch aus der modernen wissenschaftlichen Sicht keinen Sinn macht, – wie Reid es tat – von denen, die die Wahrheit über sich selbst und die Welt suchen, zu verlangen, dass sie einen Zustand wiederherstellen, in dem sie als Kinder lebten. Unter diesem Gesichtspunkt gibt es auch keine Rechtfertigung, den dem Menschen angeborenen gesunden Menschenverstand heranzuziehen, um über die philosophischen Bemühungen der erwachsenen Vernunft zu urteilen.

*

Dass auch in den Tagen Augustins das ursprüngliche Menschenbild nicht völlig verschwunden war, zeigt das Erscheinen von Augustins Gegner

Pelagius, dem sogenannten „Erzketzer". Ihn an diesem Punkt unserer Diskussion zu berücksichtigen, wird sich für unser Verständnis von Reids historischer Position in der Moderne als hilfreich erweisen.

Was uns hier an der Lehre des Pelagius interessiert (abgesehen von allen Fragen nach der Bedeutung der Sakramente usw.), ist das Bild des Menschen, das in ihm gelebt haben muss, damit er so lehren konnte, wie er es tat.

Als Pelagius seine irisch-schottische Heimat verließ und um das Jahr 400 in Rom ankam, wo er aufgrund der ungewöhnlichen Reinheit seines Wesens bald höchstes Ansehen genoss, sah sich Pelagius gezwungen, öffentlich gegen Augustinus vorzugehen, weil er fühlte dass die Lehren des Augustinus dem Menschen jeden freien Willen verweigerten. In der rein passiven Hingabe des Menschen an den Willen Gottes, wie Augustinus es lehrte, sah er eine Gefahr für die zukünftige Entwicklung der christlichen Menschheit. Wie radikal er in seiner Sicht auf den Menschen von Augustinus abwich, können wir an folgenden Leitgedanken erkennen:

„Jeder Mensch beginnt sein Leben in der gleichen Verfassung wie Adam." „Alles Gute oder Böse, für das wir im Leben Lob oder Tadel verdienen, tun wir selbst und werden nicht mit uns geboren." Bevor der persönliche Wille des Menschen in die Tat umgesetzt wird, gibt es in ihm nichts außer dem, was Gott dort platziert hat. „Es bleibt also dem freien Willen des Menschen überlassen, ob er in die Sünde fällt und ob er sich durch die Nachfolge Christi wieder daraus erhebt."

Pelagius konnte so denken, weil er aus einem Teil Europas stammte, wo die ältere Form des menschlichen Gedächtnisses, die damals im Süden bereits fast ausgestorben war, einigermaßen noch aktiv war. Für ihn war es daher eine unmittelbare Erfahrung, dass die Entwicklung des Menschen von Kindheit an mit einem Nachlassen bestimmter ursprünglicher Seelenfähigkeiten verbunden war. Dennoch war er so weit ein Kind seines Alters, dass er nicht mehr erkennen konnte, woher diese Fähigkeiten stammten.

Um Augustins Vererbungslehre das notwendige Korrektiv zu geben, hätte Pelagius in den ersten Lebensjahren sowohl einen Beginn des irdischen als auch ein Ende des vorirdischen Daseins der Seele erkennen können. Die Unvollkommenheiten seines Menschenbildes führten jedoch dazu, dass er die Bedeutung der Vererbung und damit der Erbsünde im menschlichen Leben unterschätzte oder sogar leugnete. Für eine Zeit, in der es keine direkte Erfahrung mehr mit dem vorgeburtlichen Leben der Seele gab, waren die Lehren des Augustinus zweifellos angemessener als die des Pelagius; Augustinus war tatsächlich der modernere von beiden.

Und wenn wir nun ein Dutzend Jahrhunderte weitergehen und Thomas Reid und Immanuel Kant aus derselben Sicht vergleichen, stellen wir fest, dass dieselbe Vorstellung vom Menschen erneut triumphiert. Aber es gibt einen wesentlichen Unterschied: Kant hatte alles vor sich, weil er sich auf eine uralte Sicht der menschlichen Natur stützte, während Reid, der bis heute unverständlich war, auf ein Bild des Menschen verwies, das gerade erst am Horizont aufdämmerte die Zukunft. So wie durch Pelagius so etwas wie ein letzter Aufruf an die europäische Menschheit erklang, die kosmische Natur der Seele nicht zu vergessen, so kündigte durch Reid die Erinnerung an diese Natur ihre erste leise Erneuerung an. Beiden ist gemeinsam, dass ihren Stimmen die Klarheit fehlte, um sich unter den anderen Stimmen ihrer Zeit Gehör zu verschaffen; und bei beiden war der Grund derselbe: Keiner von ihnen konnte das Bild des Menschen, das ihre Vorstellungen beseelte, vollständig wahrnehmen – der eine nicht mehr, der andere noch nicht.

Die Gewissheit von Reids philosophischem Instinkt, wenn ein solcher Ausdruck zulässig ist, und gleichzeitig seine tragischen Einschränkungen aufgrund der Unfähigkeit, den Ursprung dieses Instinkts vollständig zu verstehen, kommen in dem Kampf, den er gegen die „Idee" führte, deutlich zum Ausdruck seine unmittelbaren Vorgänger verstanden es. Wir wissen, dass Platon dieses Wort in die philosophische Sprache der Menschheit eingeführt hat. Im Griechischen bedeutet Î'Î Î± (von Î'Î Î¼áĺÎ½ , sehen) etwas, von dem man weiß, dass es existiert, weil man es sieht. Es war daher möglich, das Wort „sehen" wie Platon zu verwenden, da es zu seiner Zeit sowohl die sinnliche als auch die übersinnliche Wahrnehmung umfasste. Für Platon bestand das Erkennen darin, dass sich die Seele dazu erhob, die objektiven, weltbildenden IDEEN wahrzunehmen, und diese Handlung beinhaltete gleichzeitig eine Erinnerung an das, was die Seele gesehen hatte, während sie lebte, als Idee unter Ideen, bevor sie auftauchte Erde.

Solange Platons Philosophie ihr Denken prägte, sprachen die Menschen mehr oder weniger traditionell von Ideen als wirklichen übersinnlichen Wesen. Als jedoch die aristotelische Denkweise die platonische ablöste, wurde der Begriff „Idee" nicht mehr in seinem ursprünglichen Sinn verwendet; So sehr, dass Locke und andere moderne Philosophen, als sie darauf zurückgriffen, um den Inhalt des Geistes zu beschreiben, dies in völliger Unkenntnis seiner ursprünglichen Bedeutung taten.

Auf diese Weise wurde „Idee" in der modernen Philosophie und schließlich im allgemeinen modernen Sprachgebrauch zu einem Wort mit vielen Bedeutungen. Manchmal bedeutet es einen Sinneseindruck, manchmal eine mentale Darstellung, manchmal den Gedanken, das Konzept oder die wesentliche Natur einer Sache. Das Einzige, was diesen verschiedenen Bedeutungen gemeinsam ist, ist die zugrunde liegende Implikation, dass eine

Idee ein rein subjektives Element im menschlichen Bewusstsein ist, ohne gesicherte Entsprechung zu etwas Außenstehendem.

Gegen diese Sichtweise der Idee wandte sich Reid dagegen und ging sogar so weit, die dahinterstehende Philosophie als „ideales System" zu bezeichnen. Er erkannte jedoch nicht, dass er durch den Angriff auf die abstrakte Verwendung des Begriffs tatsächlich in der Lage war, ihm seine ursprüngliche, echte Bedeutung wiederherzustellen. Hätte er das Wort nicht einfach über Bord werfen, sondern es in seiner wahren Bedeutung verwenden können, hätte er sich viel präziser und konsequenter ausgedrückt. [5] Er wurde daran gehindert, weil er die früheren griechischen Philosophen, darunter auch Platon, offensichtlich nicht kannte. Alles, was er offenbar über ihre Lehren wusste, stammte aus minderwertigen, gebrauchten Berichten aus einer späteren und bereits dekadenten Zeit.

* *

*

Es gibt zwei historische Persönlichkeiten, beide in England, die bezeugen, dass das Erscheinen von Reids Philosophie auf der Bühne der Geschichte keineswegs ein zufälliges Ereignis war, sondern ein Symptom für ein allgemeines Wiederauftauchen des längst vergessenen Bildes von Mensch, in dem die Geburt genauso wenig wie der Tod eine absolute Grenze für die menschliche Existenz setzt. Es handelt sich um Thomas Traherne (1638–74) und William Wordsworth (1770–1850).

Wordsworths Werk und Charakter sind so bekannt, dass es nicht nötig ist, hier im Detail darüber zu sprechen. [6] Für unseren Zweck werden wir nur seiner *Ode über Andeutungen der Unsterblichkeit aus Erinnerungen an die frühe Kindheit besondere Aufmerksamkeit schenken*, in der er zeigt, dass er (zumindest zu der Zeit, als er das Gedicht schrieb) im Besitz einer Erinnerung an die vorgeburtliche Zeit war Ursprung der Seele und der Fähigkeit, in bestimmten Momenten die Grenze zu erleben, die die Seele bei der Geburt überschreitet.

Wenn wir hier trotz der weit verbreiteten Vertrautheit der Ode einzelne Passagen daraus zitieren, tun wir dies, weil sie, wie viele ähnliche Dinge, dem Intellektualismus unserer Zeit zum Opfer gefallen ist und lediglich als ein Stück poetischer Fantasie betrachtet wird. Wir werden die Worte des Dichters so wörtlich nehmen, wie er sie selbst ausgesprochen hat. Wir lesen:

„Unsere Geburt ist nur ein Schlaf und ein Vergessen:
Die Seele, die mit uns aufsteigt, der Stern unseres Lebens,
hat woanders ihren Untergang gehabt
und kommt aus der Ferne:
Nicht in völliger Vergessenheit
und nicht in völliger Nacktheit,

*sondern in ziehenden Wolken der Herrlichkeit Wir kommen
von Gott, der unsere Heimat ist:
Der Himmel umgibt uns in unserer Kindheit!*

*Die Schatten des Gefängnishauses beginnen sich
vor dem heranwachsenden Jungen zu schließen.
Aber er sieht das Licht, und woher es fließt,
sieht er es in seiner Freude;
Der Jüngling, der täglich weiter aus dem Osten
reisen muss, ist immer noch der Priester der Natur
und wird von der herrlichen Vision
auf seinem Weg begleitet.*

Und später:

*„In einer Zeit ruhigen Wetters können unsere Seelen
, obwohl wir weit im Landesinneren sind,
das unsterbliche Meer sehen
, das uns hierher gebracht hat
. Sie können in einem Augenblick dorthin reisen
und die Kinder am Ufer spielen sehen und die mächtigen Wasser immer wieder rollen
hören ."*

Die Tatsache, dass Wordsworth in seinen späteren Jahren keine weiteren Hinweise auf solche Erfahrungen gab, muss uns nicht davon abhalten, das, was er hier sagt, ganz wörtlich zu nehmen. Die Wahrheit ist, dass eine ursprüngliche Fähigkeit mit zunehmendem Alter verblasste, ähnlich wie es bei Reid der Fall war, als er seine philosophische Arbeit nicht mehr in der ursprünglichen Richtung fortsetzen konnte. Wordsworths Ode ist das Zeugnis der Kindheitskräfte, die in ihm noch bestehen, aber bereits im Niedergang begriffen sind; Es ist bezeichnend, dass er es in etwa demselben Lebensjahr niederschrieb (seinem sechsunddreißigsten), in dem Traherne starb und in dem Goethe auf der Suche nach einer Erneuerung seines Wesens nach Italien floh. [7]

*

Auch von Traherne wollen wir hier nur so viel sagen, wie unsere jetzige Betrachtung und die weiteren Ziele dieses Buches erfordern. Wir können uns nicht mit den bemerkenswerten Ereignissen befassen, die vor einem halben Jahrhundert zur Entdeckung und Identifizierung seiner lange verschollenen Schriften durch Bertram Dobell führten. Wir können uns auch nicht mit den Einzelheiten des ereignisreichen Lebens und der bemerkenswerten spirituellen Entwicklung dieses Zeitgenossen des Bürgerkriegs befassen. Diese Themen werden in Dobells Einleitung zu seiner Ausgabe von Trahernes Gedichten sowie auch von Gladys I. Wade in ihrem Werk *Thomas*

Traherne behandelt. Unsere Dankbarkeit für die Arbeit dieser beiden Schriftsteller, durch die sie der Menschheit das Wissen über den Charakter und das Werk dieser einzigartigen Persönlichkeit vermittelt haben, kann uns jedoch nicht daran hindern, festzustellen, dass beide durch die Prämissen ihrer eigenen Weltanschauung daran gehindert wurden von der richtigen Einschätzung jener Seite von Traherne ab, die für uns in diesem Buch wichtig ist und mit der wir uns auf den folgenden Seiten besonders befassen werden.

Später in diesem Kapitel werden wir Dobells philosophische Fehlinterpretation von Traherne besprechen, der er zum Opfer fiel, weil er seinen gewohnten Zuschauerstandpunkt in Bezug auf sein Untersuchungsobjekt beibehielt. Fräulein Wade war in der Tat in der Lage, Traherne, dem Mystiker, den gebührenden Tribut zu zollen, dessen innere (und auch äußere) Biographie sie erkennen konnte, indem sie Trahernes Hinweise auf seine mystische Entwicklung ernst nahm. Ihr Geist war jedoch zu starr auf diese Seite von Trahernes Leben konzentriert – seine Selbstschulung durch eine eiserne innere Disziplin und seinen mühsamen Aufstieg aus der Erfahrung des Nichts zu einem Zustand seliger Vision. Diese Tatsache, gepaart mit ihrer Abneigung, das augustinische Menschenbild in sich selbst zu überwinden, hinderte sie daran, Traherne ebenso ernst zu nehmen, wenn er als jemand spricht, der mit einer nie unterbrochenen Erinnerung an sein urzeitliches kosmisches Bewusstsein ausgestattet ist – ungeachtet der Tatsache, dass Traherne selbst über eine solche verfügt wies darauf hin, dass diese Seite seiner Natur für seine Mitmenschen am bedeutsamsten sei.

Von den beiden Werken Trahernes, die Dobell vor der Vergessenheit gerettet hat und die wir beide für unsere Darstellung heranziehen werden, enthält eines seine Gedichte, das andere seine Prosaschriften. Letzteres trägt den Titel *„Centuries of Meditations"*. Auf der Titelseite eines der beiden Manuskripte, die die Sammlung poetischer Schriften enthalten, werden diese als *Gedichte der Glückseligkeit vorgestellt, die göttliche Reflexionen über die einheimischen Objekte eines Säuglingsauges enthalten.* Was den Titel „Jahrhunderte der Meditationen" betrifft, wissen wir nicht, welche Bedeutung Traherne ihm gegeben haben könnte und was er meinte, als er die vier Teile des Buches „Erstes", „Zweites" usw. Jahrhundert nannte. Das Buch selbst stellt für den Leser ein Handbuch der Hingabe zum meditativen Studium dar.

Unser erstes Zitat sei eines aus dem ersten Absatz des dritten „Jahrhunderts", in dem Traherne sich selbst als Träger bestimmter ungewöhnlicher Gedächtniskräfte und einer aus diesen Kräften erwachsenden besonderen Mission als Lehrer vorstellt:

„Diese reinen und jungfräulichen Ängste, die ich vom Mutterleib an hatte, und das göttliche Licht, mit dem ich geboren wurde, sind bis heute die besten, von denen ich das Universum sehen kann." Durch die Gabe Gottes begleiteten sie mich in die Welt, und durch seine besondere Gunst erinnere ich mich bis heute an sie. Wahrlich, sie scheinen die größten Gaben zu sein, die Seine Weisheit verleihen konnte, denn ohne sie wären alle anderen Gaben tot und vergeblich gewesen. Sie sind durch Bücher unerreichbar, und deshalb werde ich sie durch Erfahrung lehren.' (III, 1.)

Das ihm so erhaltene Bild seiner Seelennatur in seinen frühesten Erdenjahren beschreibt er wie folgt:

„ Sicherlich hatte Adam im Paradies keine süßeren und seltsameren Vorstellungen von der Welt als ich, als ich ein Kind war. Alles erschien zunächst neu und seltsam, unbeschreiblich selten und entzückend und schön. Ich war ein kleiner Fremder, der bei meinem Eintritt in die Welt begrüßt und mit unzähligen Freuden umgeben wurde. Mein Wissen war göttlich. Ich wusste aus Intuition, was ich seit meinem Abfall vom Glauben aus höchster Vernunft wieder gesammelt hatte. Ich wurde wie ein Engel von den Werken Gottes in ihrer Pracht und Herrlichkeit bewirtet, ich sah alles im Frieden von Eden; Himmel und Erde sangen das Lob meines Schöpfers und konnten Adam nicht mehr Melodien erklingen lassen als mir. Alle Zeit war Ewigkeit und ein ewiger Sabbath. Ist es nicht seltsam, dass ein Kleinkind der Erbe der ganzen Welt ist und jene Geheimnisse sieht, die die Bücher der Gelehrten niemals enthüllen? (Abb. 1, 2.)

In einer anderen Form kommt dieselbe Erfahrung in den ersten Zeilen von Trahernes Gedicht *„ Wonder" zum Ausdruck:*

„Wie wie ein Engel kam ich herunter!"
Wie hell sind alle Dinge hier, als ich zum ersten Mal unter seinen Werken erschien,
O wie krönte mich ihre HERRLICHKEIT!
Die Welt glich seiner EWIGKEIT,
in der meine Seele wandelte;
Und alles , was ich sah,
redete mit mir .' [8]

Das von Traherne so skizzierte Menschenbild kommt dem von Reid ebenso nahe wie von dem von Augustine entfernt. Diese Abgeschiedenheit kommt deutlich darin zum Ausdruck, wie Traherne und Augustinus die Aufforderung Christi an seine Jünger, wie kleine Kinder zu werden, betrachten, eine Aufforderung, zu der Reid, wie wir gesehen haben, aus rein philosophischen Gründen geführt wurde. Erinnern wir uns zunächst an die Worte Christi, wie sie Matthäus im 18. und 19. Kapitel aufzeichnet:

„Und Jesus rief ein kleines Kind zu sich, stellte es in ihre Mitte und sagte: Wahrlich, ich sage euch: Wenn ihr euch nicht bekehrt und wie kleine Kinder werdet, werdet ihr nicht in das Himmelreich eingehen." Wer sich also wie dieses kleine Kind demütigt, der ist der Größte im Himmelreich. (xviii , 2-4.)

„Lasst die kleinen Kinder leiden und verbietet ihnen, nicht zu mir zu kommen; denn von solchen gehört das Himmelreich." (xix , 14.)

Auf diese Worte bezieht sich Augustinus, als er die Untersuchung seiner Kindheitserinnerungen abschließt, die er unternommen hat, um die Verderbtheit der Seele vom ersten Tag auf Erden an zu beweisen. Er sagt: „Als du noch klein warst, hast du, unser König, uns ein Symbol der Demut gegeben, als du sagtest: „Das ist das Himmelreich."

Wenn wir von dem, was Augustinus hier sagt, auf die gerade zitierten Originalstellen des Evangeliums zurückblicken, sehen wir, was für eine bemerkenswerte Änderung er vornimmt. Von der ersten Passage wird nur der letzte Satz übernommen, und dieser verschmilzt in Augustins Gedanken mit der zweiten Passage. Dadurch verschwindet die Ermahnung Christi durch das eigene Bemühen, *so zu werden* , wie man es einmal als Kind war, völlig. Der gesamte Abschnitt erhält somit eine Bedeutung, die der von Augustinus eingeschärften und von Pelagius bekämpften passiven Haltung gegenüber dem göttlichen Willen entspricht, und in diesem Sinne sind die Worte Christi in das Bewusstsein des westlichen Christentums eingedrungen und werden üblicherweise als Tag.

Wie unterschiedlich dieser Befehl Christi in Trahernes Bewusstsein gelebt hat, können wir anhand der folgenden Passage aus seinen „ *Centuries* " *erkennen:*

„Die Bedeutung unseres Erlösers , als er sagte: „ *Ihr müsst wiedergeboren werden und ein kleines Kind werden, das in das Himmelreich eingehen wird* ", geht tiefer, als allgemein angenommen wird. Nicht nur durch ein sorgloses Vertrauen auf die göttliche Vorsehung können wir zu kleinen Kindern werden, oder durch die Schwäche und Kürze unseres Zorns und die Einfachheit unserer Leidenschaften, sondern auch durch den Frieden und die Reinheit unserer ganzen Seele. Diese Reinheit ist auch eine tiefere Sache, als allgemein angenommen wird.' (Abb. 5.)

Bei Traherne wurde die betreffende Passage auch mit einer anderen Äußerung Christi aus dem Bericht des Johannes über das Gespräch Christi mit Nikodemus verschmolzen:

„Wahrlich, wahrlich, ich sage euch: Wenn ein Mensch nicht wiedergeboren wird, kann er das Reich Gottes nicht sehen." (Johannes III, 3.)

Welche Vorstellung vom Säuglingszustand des Menschen muss in einer Seele vorhanden gewesen sein, um diese beiden Passagen aus den Evangelien auf diese Weise zu vereinen? Während für Augustinus das Kind aufgrund seiner

Kleinheit und Hilflosigkeit zum Symbol für die geistige Kleinheit und Hilflosigkeit des Menschen als solchen gegenüber der überwältigenden Macht des göttlichen Königs wird, ist es für Traherne die Nähe des Kindes zu Gott Das, was ihm am gegenwärtigsten ist und das der Mensch, der nach innerer Vollkommenheit strebt, wiedererlangen muss.

Traherne konnte ein solches Bild der Kindheit des Menschen in sich tragen, weil er, wie er selbst betont, über eine ungebrochene Erinnerung an die Erfahrungen verfügte, die die Seele genießt, bevor sie zur irdischen Sinneswahrnehmung erwacht. Die folgende Passage aus dem Gedicht „ *Mein Geist*" gibt ein detailliertes Bild des frühen Zustands, in dem die Seele ganz andere Erfahrungen und Wahrnehmungen hat als in ihrem späteren Leben. (Wir erinnern uns vielleicht an Reids Hinweis darauf, wie das Kind die natürliche Sprache der Dinge aufnimmt.)

„Ein Gegenstand, wenn er vor
meinem Auge lag, war durch das Gesetz der Dame
in meiner Seele: Ihr Vorrat
war auf einmal in mir; Alle ihre Schätze waren meine unmittelbaren und inneren
Freuden;
Erhebliche Freuden, die meinen Geist prägten.

„... Ich konnte nicht sagen
, ob die Dinge dort
selbst erschienen sind,
die wirklich in meinem Geist *zu wohnen*
schienen , oder ob mein sich anpassender Geist
nicht einmal alles darin schien ."

Weitere Details werden diesem Bild durch die Beschreibung im Gedicht *„The Praeparative" hinzugefügt, in der beschrieben wird ,* dass die Seele in diesem frühen Stadium keine Erfahrung mit dem Körper hatte. Die Beschreibung ist unverkennbar eine Erfahrung in der Zeit zwischen Empfängnis und Geburt.

„Mein Körper ist tot, meine Gliedmaßen unbekannt;
Bevor ich es schaffte , diese lebenden Sterne zu schätzen
, meine Augen; bevor ich Zunge oder Wangen mein Eigen
nannte , bevor ich wusste, dass diese Hände mir gehörten,
oder dass meine Sehnen meine Mitglieder vereinten;
Als weder Nasenloch noch Fuß noch Ohr
zu erkennen waren oder erschienen;
Ich befand mich in
einem Haus, das ich nicht kannte; neu mit Haut bekleidet .

Dann war meine Seele mein einziges Alles für mich,
ein lebendiges, endloses Auge, knapp begrenzt durch den Himmel, dessen Kraft, Tat und
Essenz zu sehen war;
„Ich war eine innere Sphäre des Lichts
oder eine endlose Kugel des Sehens, die
über das hinausging, was die Tage ausmacht,
eine lebendige Sonne, die ihre Strahlen ausstrahlte:
alles Leben, alle Sinne,
eine nackte, einfache, reine Intelligenz.“

In der darauf folgenden Strophe macht Traherne eine Aussage, die im Kontext unserer gegenwärtigen Diskussion von besonderer Bedeutung ist. Nach einer zusätzlichen Beschreibung des Fehlens aller körperlichen Bedürfnisse sagt er:

„ Ohne Störung empfing ich dann
die wahren Ideen aller Dinge.“

Das Manuskript dieses Gedichts zeigt in der zweiten dieser beiden Zeilen eine kleine Änderung durch Trahernes Hand. Wo wir heute „wahre Ideen“ lesen, standen ursprünglich „gerechte Ideen“. „Fair“ beschrieb Trahernes Erlebnis so, wie er es sofort in Erinnerung hatte; Die spätere Änderung in „wahr“ zeigt, wie sehr er sich darüber im Klaren war, dass seine Zeitgenossen möglicherweise verfehlten, was er mit „Idee“ meinte, wenn sie sie in dem zu seiner Zeit bereits üblichen Sinne auffassten, nämlich als bloßes Produkt des Menschen geistige Aktivität.

Diese Vorsichtsmaßnahme hat Traherne jedoch nicht davor bewahrt, in unserer Zeit genau in der von ihm befürchteten Weise falsch interpretiert zu werden – und zwar von niemand Geringerem als seinem eigenen Entdecker Dobell. Es ist der symptomatische Charakter dieser Fehlinterpretation, der uns dazu veranlasst, uns hier damit auseinanderzusetzen.

*

Bei seinem Versuch, die philosophische Denkweise hinter Trahernes Schriften einzuordnen, kommt Dobell zu seiner eigenen Verwunderung zu dem Schluss, dass Traherne Bischof Berkeley (1684-1753) vorweggenommen hatte. Sie schienen ihm so ähnlich zu sein, dass er nicht zögert, Traherne einen „Berkeleyaner, bevor Berkeley geboren wurde“ zu nennen. Als Beweis dafür verweist er auf die Gedichte „ *The Praeparative* “ und „*My Spirit*“, wobei er aus letzterem die oben angegebene Passage (Seite 112) zitiert und besondere Aufmerksamkeit auf die beiden Schlusszeilen lenkt. Hierzu sagt er: „Ich irre mich sehr, wenn die Theorie der Nichtexistenz unabhängiger Materie, die den Kern von Berkeleys System darstellt, in diesem Gedicht nicht zu finden ist.“ Der Gedanke, dass das gesamte äußere Universum nicht wirklich etwas ist, das vom Bewusstsein des Menschen davon getrennt und unabhängig davon ist, sondern etwas, das nur so existiert, wie es wahrgenommen wird, ist unbestreitbar in *Meinem Geist zu finden:*

Der Leser, der unsere Darstellung in den früheren Teilen dieses Kapitels verfolgt hat, kann keinen Zweifel daran haben, dass er, um eine Philosophie zu finden, die der von Traherne ähnelt, bei Reid und nicht in Berkeley suchen muss. Reid selbst zählte Berkeley zu Recht zu den Vertretern des „idealen Denksystems". Denn Berkeleys Philosophie stellt eine Anstrengung des Betrachterbewusstseins dar, das nicht in der Lage war, Gewissheit über die objektive Existenz einer materiellen Welt außerhalb seiner selbst zu erlangen, um die Anerkennung eines objektiven Selbst hinter dem Fluss mentaler Phänomene sicherzustellen. Berkeley hoffte, dies zu erreichen, indem er annahm, dass die Welt, einschließlich Gott, nur aus Geistern bestehe, die „Ideen" erschaffen und wie der menschliche Geist funktionieren, wie der Mensch ihn selbst wahrnimmt. Sein Weltbild, das bekanntlich ausschließlich auf optischen Erfahrungen basiert, ist das perfekte Beispiel einer Philosophie des einäugigen, farbenblinden Weltbeobachters.

Verbindung der Seele mit dem Körper in einer Zeit berücksichtigen, in der sie sich laut Traherne noch der ungestörten Wahrnehmung der wahren, lichterfüllten Ideen erfreut von Sachen.

In diesem Zustand hat die Seele nur ein schwaches und undifferenziertes Bewusstsein für ihre Verbindung mit einem räumlich begrenzten Körper („Ich war in einem Haus, das ich nicht kannte, frisch mit Haut bekleidet"), und sie weiß mit Sicherheit überhaupt nichts vom Körper als Instrument , durch die der Wille auf irdisch-räumliche Weise ausgeübt werden kann („Mein Körper ist tot, meine Glieder unbekannt"). Statt dessen erfährt sich die Seele einfach als übersinnliches Sinnesorgan und als solches mit den Weiten des Weltalls verbunden ('Bevor ich diese lebenden Sterne, meine Augen, zu schätzen wusste. ... Da war meine Seele mein einziges Alles.' für mich ein lebendes endloses Auge, kaum vom Himmel begrenzt).

Wenn die Seele Erfahrungen der von Traherne beschriebenen Art macht, befindet sie sich in einem Zustand, in dem noch kein aktiver Kontakt zwischen ihr und der physischen Materie des Körpers und damit mit der Schwerkraft hergestellt ist. Daher ist das Bild, das Traherne so aus der tatsächlichen Erinnerung entwirft, wahr. Dasselbe kann man von Berkeleys Weltbild nicht sagen. Die Tatsache, dass beide einander in bestimmten Merkmalen ähneln, muss uns nicht überraschen, da Berkeleys Bild auf seine Art ein reines „Augenbild" der Welt ist. Als solches ist es jedoch eine Illusion – denn es ist für einen Zustand des Menschen gedacht, für den es nicht geeignet ist, nämlich für den erwachsenen Menschen, der aufrecht auf der

Erde steht, seine Taten in deren materiellem Bereich lenkt und auf diese Weise seine eigenen gestaltet eigenes Schicksal.

Tatsächlich ist das von Reid im Vergleich zu Berkeleys Augenbild der Welt in jeder Hinsicht ein „Gliedmaßenbild". Denn wo er nach dem Ursprung unserer naiven Gewissheit sucht, dass eine reale materielle Welt existiert, greift er – geleitet von seinem gesunden Menschenverstand – auf die Erfahrungen zurück, die der Seele dadurch zugänglich sind, dass die Gliedmaßen des Körpers auf das Widerstandsfähige treffen Angelegenheit der Welt. Und wann immer er sich bei seiner Suche den verschiedenen Sinnen zuwendet, ist es immer die Willenstätigkeit der Seele innerhalb des von ihm untersuchten Sinnes – und damit die Gliedmaßennatur in ihr –, auf die er seine Aufmerksamkeit zuerst richtet. Da er im Gegensatz zu Berkeley die Erfahrungen berücksichtigt, die die Seele macht, wenn sie ihren ursprünglichen Zustand hinter sich lässt, verfällt Reid nicht in Illusionen, sondern entdeckt eine grundlegende Wahrheit über die Natur des Weltbildes, das der Mensch im Erwachsenenalter erlebt . Dies wiederum ermöglicht es ihm, die Natur des Weltbildes des Menschen bereits in der frühen Kindheit zu entdecken und zu erkennen, wie wichtig es ist, es im späteren Leben als Grundlage für eine wahre Philosophie wiederzugewinnen.

Sicherlich ist der Philosoph, der entdeckt hat, dass wir wieder wie kleine Kinder werden müssen, wenn wir Philosophen sein wollen, derjenige, mit dem wir Traherne in Verbindung bringen können, nicht aber Berkeley. Und wenn wir von Traherne sprechen wollen, wie Dobell es zu tun versuchte, dann sprechen wir nur richtig, wenn wir ihn einen „ Reideaner vor Reids Geburt" nennen .

* *

*

Etwas mehr als hundert Jahre nachdem Thomas Traherne seine Mitmenschen „aus Erfahrung" lehrte, dass es einen ursprünglichen Zustand der menschlichen Seele gibt, bevor sie noch in der Lage ist, „diese lebenden Sterne, meine Augen", mit denen sie ausgestattet ist, zu schätzen Mit der Fähigkeit, „die wahren (fairen) Ideen aller Dinge" zu sehen, wurde Goethe zu der Erkenntnis geführt, dass er die Möglichkeit erlangt hatte, „Ideen mit den Augen zu sehen". Obwohl er sich dessen selbst nicht bewusst war, erlangte die Idee der Idee in diesem Moment durch ihn ihre wahre und ursprüngliche platonische Bedeutung zurück.

Das vorliegende Kapitel hat uns gezeigt, wie diese Konzeption der Idee mit der Sichtweise über die Beziehung zwischen der menschlichen Natur in der frühen Kindheit und der menschlichen Natur im späteren Leben zusammenhängt. Wir haben gesehen, dass, als Platon den Begriff „Idee" als

Ausdruck für eine reale und unabhängige Existenz geistiger Wesenheiten einführte, die Menschen noch im Besitz einer gewissen Erinnerung an ihre eigene vorirdische Existenz waren. Dann fanden wir Traherne, der aus seinen Erinnerungen sagte, dass seine Seele in der ursprünglichen Form des menschlichen Bewusstseins mit der Fähigkeit ausgestattet sei, „wahre" Ideen zu sehen, und wir fanden Reid, der aus ähnlichen Gründen die Bedeutung bekämpfte, die der Begriff „Idee" unter ihm angenommen hatte Vorgänger. An ihrer Seite sehen wir Goethe als jemanden, bei dem die Fähigkeit, Ideen zu sehen, zum ersten Mal im erwachsenen Menschen als Ergebnis einer systematischen Schulung der Beobachtung und des Denkens zum Vorschein kommt.

Wenn unsere Auffassung von der Interdependenz der platonischen Vorstellung von der Idee und dem Bild, das der Mensch von sich selbst hat, richtig gesehen wird, dann muss Goethe der Träger eines solchen Bildes gewesen sein. Die Richtigkeit unserer Erwartung wird durch die folgenden zwei Passagen aus Goethes Autobiographie „ *Wahrheit und Fiktion* " gezeigt.

In dem Teil seiner Lebensgeschichte, in dem Goethe den Bericht über die erste Zeit seiner Kindheit abschließt (Buch II), schreibt er:

„Wer kann würdig von der Fülle der Kindheit sprechen?" Wir können die kleinen Geschöpfe, die vor uns umherhuschen, nur mit Freude, ja, mit Bewunderung betrachten; denn sie versprechen im Allgemeinen mehr, als sie halten, und es scheint, dass die Natur neben den anderen schelmischen Streichen, die sie uns spielt, auch hier vor allem darauf aus ist, sich über uns lustig zu machen. Die ersten Organe, die sie Kindern schenkt, die auf die Welt kommen, sind an den unmittelbaren Zustand des Geschöpfes angepasst, das sie, bescheiden und schlicht, auf die beste Weise für seine gegenwärtigen Zwecke nutzt. Das Kind erscheint, für sich betrachtet, mit seinesgleichen und in seinen Kräften angemessenen Beziehungen, so intelligent und vernünftig und zugleich so leicht, heiter und klug, dass man ihm kaum eine weitere Erziehung wünschen kann. Wenn Kinder nach den ersten Anzeichen aufwuchsen, gäbe es bei uns nichts als Genies.' [9]

Einen weiteren Beweis finden wir in Goethes Bericht über ein Ereignis in seinem siebten Lebensjahr, das zeigt, wie tief seine Seele damals von dem Wissen um ihre Verwandtschaft mit dem Bereich erfüllt war, aus dem die Natur selbst ihre Existenz bezieht. Dieses Wissen veranlasste ihn, sich dem „großen Gott der Natur" durch einen von ihm selbst erdachten Ritualakt zu nähern. Der Junge nahm einen vierteiligen Notenständer und arrangierte darauf allerlei Naturobjekte, Mineralien und dergleichen, bis das Ganze eine Art Pyramidenaltar bildete. Auf der Spitze dieser Pyramide stellte er einige Räucherkerzen auf, deren Abbrennen die „aufwärts gerichtete Sehnsucht der Seele nach ihrem Gott" darstellen sollte. Um die Natur selbst aktiv in das

Ritual einzubeziehen, gelang es ihm, die Kerzen anzuzünden, indem er das Licht der aufgehenden Sonne durch eine Lupe auf sie fokussierte. Vor diesem Symbol der Einheit der Seele mit der göttlichen Natur hielt der Junge dann seine Andacht ab.

„Einheit der Seele mit dem Göttlichen in der Natur" – das war es, was als Überzeugung in dem siebenjährigen Jungen lebendig lebte und ihn dazu trieb, als „Priester der Natur" (Wordsworth) zu agieren. Derselbe Impuls, in einer verwandelten Form, trieb den Erwachsenen dazu, sich auf die Suche nach einem Verständnis der Natur zu begeben, das, wie Traherne es ausdrückte, darin bestand, durch höchste Vernunft das zurückzubringen, was ihm einst durch die ursprüngliche Intuition gehört hatte .

1 Das Interesse des Autors an Reid wurde erstmals durch eine Bemerkung von Rudolf Steiner in seinem Buch „ *Eine Theorie der Erkenntnis nach Goethes Weltanschauung"* geweckt.

2 In einem Kommentar zu einem Brief, den Carlyle an ihn geschrieben hatte, und in einer Notiz über die zeitgenössische Philosophie in Deutschland.

3 Diese Beobachtung von Reid zeigt, dass der Ursprung der Sprache ganz anders ist als das, was sich die Evolutionisten seit Darwin vorgestellt haben.

4 *Geständnisse,* **Buch I,** Kapitel 8.

5 Wie wir gesehen haben, hatte das Wort bei Goethe mehr Glück.

6 Wordsworth hatte trotz all seiner Einschränkungen eine echte Affinität zu Goethe in seiner Sicht der Natur. Norman Lacey gibt in seinem kürzlich erschienenen Buch „Wordsworth's View of Nature" einige Hinweise darauf .

„Die Geschichte meines Lebens" hervorgeht .

8 Der Unterschied in der Schreibweise zwischen den Prosa- und Gedichtauszügen ergibt sich aus der Tatsache, dass wir zwar auf Miss Wades Neuausgabe der Gedichte für Trahernes ursprüngliche Schreibweise zurückgreifen können, uns aber bisher nur Dobells Ausgabe der Jahrhunderte vorliegt, in der die Schreibweise *modernisiert* wurde .

⁹ Oxenfords Übersetzung.

Kapitel VII

„Immer zur Form stehen"

Die Unmittelbarkeit der Annäherung an bestimmte Wesensmerkmale der Natur als Ergebnis ihrer religiösen oder künstlerischen Erfahrung mit der Sinneswelt ist das Merkmal zweier weiterer Vertreter des britischen Kulturlebens. Es handelt sich um Luke Howard (1772–1864) und John Ruskin (1819–1900), beide wahre Leser des Buches der Natur. Wie die im vorherigen Kapitel besprochenen können sie uns besonders bei unserem Versuch helfen, eine zeitgemäße Methode zum Erfassen von Naturphänomenen durch deren *Lektüre zu etablieren* .

Gleichzeitig werden wir in einen anderen Bereich von Goethes wissenschaftlichem Schaffen geführt. Denn wir können Howard nicht richtig diskutieren, ohne die Bedeutung seiner Erkenntnisse für Goethes meteorologische Studien anzuerkennen oder ohne auf die persönliche Verbindung zwischen den beiden Männern hinzuweisen, die sich aus ihrem gemeinsamen Interesse und ihrer ähnlichen Herangehensweise an die Natur ergibt. Wir werden daher ganz selbstverständlich über Goethes Gedanken zur Meteorologie sprechen, und dies wird wiederum Gelegenheit bieten, zusätzlich zu den bereits vorgebrachten Konzepten ein führendes Konzept der Goetheschen Wissenschaft vorzustellen.

Von Ruskin wird in diesem Kapitel nur so viel erwähnt, wie nötig ist, um ihn als beispielhaften Leser des Buches der Natur zu zeigen. Er wird dann ein mehr oder weniger ständiger Begleiter unserer Ermittlungen sein.

Die folgenden Worte von Ruskin aus „ *Die Königin der Lüfte* " offenbaren ihn sofort als wahren Leser im Buch der Natur:

„Auf der gesamten Erdoberfläche und ihren Gewässern entwickelt sich, beeinflusst durch die Kraft der Luft unter Sonnenlicht, eine Reihe sich verändernder Formen in Wolken, Pflanzen und Tieren, die alle in ihrer Wirkung einen Bezug haben, oder." Natur, an die menschliche Intelligenz, die sie wahrnimmt.' (II, 89.)

Hier weist Ruskin in völlig Goetheanischer Weise *auf die Form* in der Natur als das Element in ihr hin, das zur menschlichen Intelligenz spricht – und meint mit der Form, wie andere Äußerungen von ihm zeigen, all jene Eigenschaften, durch die sich das beobachtete natürliche Objekt unseren Sinnen offenbart ein ganzes.

Durch seine bilddynamische Art, die Natur zu betrachten, machte Ruskin deutlich, dass die einseitige Suche der Wissenschaftler nach äußeren Kräften und deren mathematisch berechenbares Zusammenspiel niemals zu einem

Verständnis des Lebens in der Natur führen kann. Denn bei einer solchen Suche verliert der Mensch die eigentliche Signatur des *Lebens aus den Augen:* die Form als dynamisches Element. Dementsprechend beantwortet Ruskin in seiner *Ethik des Staubs* nicht die Frage: „Was ist Leben?" mit einer wissenschaftlichen Erklärung, aber mit der lakonischen Aufforderung: „Steht stets zu Form gegen Gewalt." Dies erweitert er später bildlich mit den Worten: „Erkenne die Leiste. " Die Hand des Töpfers befehligt den Ton mit dem bloß schlagenden Fuß, während er das Rad dreht. (Vorlesung X.)

Indem Ruskin Form und Kraft einander gegenüberstellt, bezieht er sich tatsächlich auf zwei Arten von Kräften. Es gibt jene Kräfte, die dem Töpferfuß ähneln, indem sie bloß numerisch geregelte Bewegungen hervorbringen (so dass dieser Teil der Töpfertätigkeit durch eine Kraftmaschine ersetzt werden kann), und andere, die wie die Töpferhand ein bestimmtes Ziel anstreben und so weiter dabei entstehen bestimmte Formen. Ruskin geht in „*The Queen of the Air*" noch einen Schritt weiter , wo er von selektiver Ordnung als Zeichen des Geistes spricht:

„Es kristallisiert nicht nur unbestimmte Massen, sondern es verleiht begrenzten Teilen der Materie die Fähigkeit, selektiv andere ihnen eigene Elemente zu sammeln und diese Elemente in ihre eigene, besondere und angenommene Form zu binden." ...

„Denn die bloße Kraft der Verbindung ist nicht Geist, sondern die Kraft, die aus dem Chaos Holzkohle, Wasser, Kalk und was auch immer herausholt und sie in eine gegebene Form bringt, wird eigentlich „Geist" genannt; und wir werden unsere Wahrnehmung dieser schöpferischen Energie nicht schwächen, sondern stärken, indem wir ihre Präsenz in niedrigeren Zuständen der Materie als unserem eigenen erkennen." (II, 59.) [1]

Als Ruskin diese Passage schrieb, konnte er mit einer gewissen Zustimmung seiner Zeitgenossen rechnen, dass das Wesen des Menschen selbst Geist ist, allerdings ohne dass damit eine sehr genaue Vorstellung impliziert wurde. Dies überzeugte ihn, für den Geist zu kämpfen, damit seine Aktivität auf den unteren Ebenen der Natur nicht gebührend anerkannt würde. Heute, wo die rein physische Naturauffassung den gesamten Menschen erfasst hat, hätte Ruskin seinen Gedanken vielleicht die folgende Wendung geben können: „... und wir werden sicherlich keine wirkliche Einsicht in diese schöpferische Kraft (des Geistes) erlangen) auf der Ebene des Menschen, es sei denn, wir erlangen die Fähigkeit, seine Aktivität in niedrigeren Zuständen der Materie zu erkennen."

Worauf Ruskin wirklich hinweist, ist genau das, wofür Goethe den Begriff „Typ" geschaffen hat. Und so wie Ruskin wie Goethe die Signatur des Geistes in den materiellen Prozessen erkannte, die auf ein Ziel hinarbeiten, so zählte er zu einer weiteren solchen Signatur, was Goethe *Steigerung* nannte, allerdings ohne sich eine so allgemeingültige Vorstellung davon zu *bilden* :

„Der Geist in der Pflanze – das heißt ihre Fähigkeit, tote Materie aus dem Wrack um sie herum zu sammeln und sie in die von ihnen gewählte Form zu bringen – ist natürlich im Moment der Blüte am stärksten, denn dann sammelt sie sich nicht nur.", aber Formen, mit der größten Energie.' Es ist charakteristisch für Ruskins Konzeption der Beziehung zwischen dem Geist und der Natur des Menschen, dass er hinzufügte: „Und wo dieses Leben in ihm in voller Kraft ist, wird seine Form mit Aspekten ausgestattet, die vor allem für unsere eigenen Sinne erfreulich sind." (II, 60.)

Offensichtlich könnte ein Geist, der in der Lage wäre, die Natur auf diese Weise zu betrachten, ein solches Bild der Evolution, wie es von Ruskins Zeitgenossen Darwin vertreten wurde, nicht akzeptieren. So widersetzt sich Ruskin in „ *Die Königin der Luft*" der darwinistischen Auffassung, dass die Erhaltung der Arten der treibende Faktor im Leben der Natur sei:

„In Bezug auf Pflanzen als Tiere ist es falsch, wenn wir sagen, dass der Zweck des Lebens nur darin besteht, sich selbst zu hinterlassen." Die Blume ist das Ende und eigentliche Objekt der Samen, nicht der Samen der Blume. Der Grund für den Samen ist, dass Blumen sein können, nicht der Grund für Blumen, dass Samen sein können. Die Blume selbst ist das Geschöpf, das der Geist erschafft; nur im Zusammenhang mit seiner Vollkommenheit steht die Geburt seines Nachfolgers." (II, 60.)

Für Ruskin lag der wahre Sinn des Lebens in all seinen Phasen nicht in der Aufrechterhaltung der physischen Kontinuität von Generation zu Generation, sondern in der immer wieder erneuerten, immer stärkeren Offenbarung des Geistes.

Er zweifelte keinen Augenblick an der unvermeidlichen Auswirkung einer solchen Evolutionstheorie wie Darwins auf die allgemeine soziale Einstellung der Menschheit. Er erkannte, dass die Menschen dazu gebracht werden würden, sich selbst als zufällige Produkte einer tierischen Natur zu betrachten, die auf dem Kampf ums Dasein und der Erhaltung der Art basiert. Es wurde genug gesagt, um Ruskin als einen Leser im Buch der Natur zu bezeichnen, der in der Lage ist, die Signatur des Geistes in den Phänomenen der Sinneswelt zu entschlüsseln.

*

Äußerlich anders als Ruskins und dennoch spirituell vergleichbar ist der Beitrag seines älteren Zeitgenossen Luke Howard zur Begründung einer auf Intuition basierenden Naturwissenschaft. Während Ruskin eine Vielzahl aphoristischer Äußerungen über viele verschiedene Aspekte der Natur vorbringt, die uns weitere Ausgangspunkte für unsere eigene Beobachtung und unser Denken liefern, beschäftigt sich Howard mit einem einzigen Phänomenbereich, dem der Wolkenbildung. Andererseits besteht sein Beitrag in einer eindeutigen Entdeckung, die er selbst methodisch und bewusst gemacht hat, und es ist der Inhalt dieser Entdeckung zusammen mit der Forschungsmethode, die zu ihr führt, die uns immer wieder ein Modell dafür liefern wird unser eigenes Verfahren. Gleichzeitig wird er uns, wie bereits angedeutet, dabei helfen, eine andere Seite Goethes kennenzulernen und unser Wissen über die von ihm entwickelten grundlegenden wissenschaftlichen Konzepte zu erweitern.

Jeder, der sich heute für Wetterphänomene interessiert, ist mit den Begriffen zur Wolkenklassifizierung vertraut: Cirrus, Cumulus, Stratus und Nimbus. Diese sind so weit verbreitet, dass es nicht leicht zu erkennen ist, dass bis zum Erscheinen von Howards Aufsatz „ *On the Modification of Clouds* "im Jahr 1803 keine Namen zur Klassifizierung von Wolken verfügbar waren. Oberflächlich betrachtet mag es so aussehen, als hätte Howard nichts weiter getan, als die Wissenschaft es so oft getan hat, indem er die Inhalte der Natur gruppierte, klassifizierte und benannte. Tatsächlich hat er jedoch etwas wesentlich anderes gemacht.

In der Einleitung seines Aufsatzes beschreibt Howard die Beweggründe, die ihn dazu veranlassten, sich der Erforschung meteorologischer Phänomene zu widmen:

„Es ist die häufige Beobachtung des Himmelsbildes und seines Zusammenhangs mit den gegenwärtigen und folgenden Phänomenen, die die alte und populäre Meteorologie ausmacht." Der Mangel an diesem Wissenszweig führt dazu, dass die Vorhersagen des Philosophen (von dem man sagen kann, dass er bei der Bedienung seiner Instrumente den Puls der Atmosphäre untersucht) im Allgemeinen weniger erfolgreich sind als die Vorhersagen der wetterkundigen Seeleute und Landwirte.

Wenn er also davon spricht, „das Antlitz des Himmels" zu studieren, verwendet Howard keine bloße Ausdrucksweise; Er beschreibt genau sein eigenes Verfahren, wie er zeigt, wenn er es als Mittel zur wissenschaftlichen Erkenntnis rechtfertigt. Die Wolken mit ihren sich ständig bewegenden, sich ständig verändernden Formen seien nicht, sagt er, als bloßer „Sport der Winde" zu betrachten, noch sei ihre Existenz „das bloße Ergebnis der Kondensation von Dampf in den Massen der Atmosphäre " . die sie besetzen'. Was in ihnen zum Vorschein kommt, ist in seinem eigenen Bereich identisch mit dem, was der wechselnde Ausdruck des menschlichen Gesichts über „den Geistes- oder Körperzustand einer Person" verrät. Deutlicher als mit solchen Worten kann man sich kaum als echter Leser des Buches der Natur darstellen. Was ist es anderes als Ruskins „Stand by Form against Force", das Howard hier auf seine eigene Weise sagt?

*

Bevor wir auf eine weitere Beschreibung von Howards System eingehen, müssen wir klarstellen, warum wir die Tatsache außer Acht lassen, dass die moderne Meteorologie die Skala der Wolkenbildung weit über Howard hinaus entwickelt hat, und warum wir bei seiner eigenen vierfachen Skala bleiben werden.

Es ist charakteristisch für Goethe, dass er, als er Howards Werk kennenlernte, sofort davor warnte, seine Skala grenzenlos zu unterteilen. Goethe sah voraus, dass der Versuch, zu viele Übergangsformen zwischen Howards Haupttypen einzufügen, nur dazu führen würde, den Blick auf das Wesentliche zu verschleiern, den Howards ursprüngliche Klassifizierung eröffnet hatte. Offensichtlich hat eine Wissenschaft, die auf bloßer Betrachtung beruht, nichts dagegen einzuwenden, ein etabliertes System in immer mehr Unterteilungen zu zerlegen, um es mit einer immer detaillierteren äußeren Beobachtung in Einklang zu bringen. Dies hat die moderne Meteorologie tatsächlich mit Howards System getan, mit dem Ergebnis, dass die Gesamtskala heute aus zehn verschiedenen Stadien der Wolkenbildung besteht.

So wertvoll diese zehnfache Skala für bestimmte praktische Zwecke auch sein mag, sie muss von jemandem ignoriert werden, der erkennt, dass durch Howards vierfache Skala die Natur selbst zum intuitiven Urteilsvermögen des Menschen spricht. Wenden wir uns daher Howards Entdeckung zu, ungestört von der Erweiterung, der die moderne Meteorologie sie unterzogen hat.

Luke Howard, von Beruf Chemiker, verstand es sehr gut, die Ergebnisse wissenschaftlicher Erkenntnisse über traditionelles Volkswissen zu stellen. Die Überlegenheit wissenschaftlich erworbener Erkenntnisse sah er darin, dass sie allgemein kommunizierbar seien, während Volksweisheiten an die Persönlichkeit ihres Trägers, seine individuellen Beobachtungen und dessen Erinnerung daran gebunden seien. Dennoch bereitete ihm die zunehmende Mathematisierung der Wissenschaft, einschließlich seines eigenen Zweigs, große Sorgen, da er sie nicht als hilfreich für den wahren Fortschritt des menschlichen Verständnisses der *Natur* betrachten konnte. Dementsprechend suchte er nach einer Beobachtungsmethode, mit der die Praxis des „wetterkundigen Seemanns und Landwirts" auf die Ebene eines wissenschaftlichen Verfahrens gehoben werden konnte. Zu diesem Zweck studierte er viele Jahre lang die sich verändernden Phänomene des Himmels, bis er in der Lage war, das Spiel seiner Merkmale so zu deuten, dass es ihm die archetypischen Formen der Wolkenbildung offenbarte, die allen Veränderungen zugrunde liegen. Diesen gab er die heute bekannten Namen (in lateinischer Sprache, damit sie international verständlich sind):

Zirrus: Parallele, flexible oder divergierende Fasern , die in alle Richtungen dehnbar sind.

Cumulus: Konvexe oder konische Haufen, die von einer horizontalen Basis nach oben wachsen.

Stratus: Eine weit ausgedehnte, durchgehende, horizontale Schicht, die von unten ansteigt.

Nimbus: Die Regenwolke.

Versuchen wir, uns vor dem Hintergrund von Howards kurzen Definitionen ein genaueres Bild der atmosphärischen Dynamik zu machen, die in jeder der von ihm beschriebenen Phasen am Werk ist. [2]

Unter den drei Formationen Cirrus, Cumulus und Stratus nimmt der Cumulus eine Sonderstellung ein, da er im wahrsten Sinne des Wortes repräsentiert, was mit dem Begriff „Wolke" gemeint ist. Der Grund dafür ist, dass sowohl Cirrus als auch Stratus Eigenschaften aufweisen, die in die eine oder andere Richtung vom reinen Bereich der atmosphärischen Wolkenbildung abweichen. Im Stratus sammelt sich der atmosphärische Dampf in einer horizontalen, relativ gewölbten Schicht um die Erde und nimmt so die eigentliche Wasserbedeckung darunter vor, die sich kugelförmig um den Erdmittelpunkt erstreckt . Dadurch ordnet sich der Stratus in eine Richtung, die bereits durch das Schwerkraftfeld der Erde bedingt ist. In der Sprache der Physik bildet der Stratus eine Äquipotentialfläche im Schwerefeld, das die Erdatmosphäre durchdringt.

Als genaues Gegenteil davon haben wir die Zirrus. Wenn im Stratus die Form aufhört, aus einzelnen Einzelheiten zu bestehen, weil die gesamte Wolkenmasse zu einer einzigen Schicht zusammenläuft, beginnt im Cirrus die Form vor unseren Augen zu verschwinden, weil sie sich in den umgebenden atmosphärischen Raum auflöst. Im Zirrus besteht eine Tendenz zur Ausdehnung; im Stratus, um sich zusammenzuziehen.

Zwischen beiden stellt der Cumulus, selbst wenn er nur als Formtyp betrachtet wird, einen genauen Mittelwert dar. Wie dicht aufgeschüttet erscheint der majestätisch aufragende Cumulus vor uns, und doch wie schwebend schwebt er in der Höhe! Wenn man in den Bergen jemals mitten in eine Kumuluswolke gerät, sieht man, wie sich ihre unzähligen einzelnen Teilchen in unaufhörlicher Bewegung befinden. Und doch bleibt das Ganze stationär und behält an windstillen Tagen stundenlang seine Form unverändert. Neuere meteorologische Forschungen haben ergeben, dass sich bei vielen Kumulusformen die gesamte Masse in ständiger Rotation befindet, von außen betrachtet jedoch als stabile, unveränderliche Form erscheint. Nirgendwo in der Natur lässt sich die Vorherrschaft der Form über die Materie so deutlich beobachten wie in der Kumuluswolke. Und die Formen der Cumuli selbst verraten uns in vielfältigen Metamorphosen einen Gleichgewichtszustand zwischen expansiven und kontrahierenden Tendenzen innerhalb der Atmosphäre.

Unsere Beschreibung der drei Wolkentypen Cirrus, Cumulus und Stratus macht deutlich, dass es sich um ein in sich geschlossenes symmetrisches Formensystem handelt, innerhalb dessen die beiden äußeren, dynamisch betrachtet, die extremen Tendenzen der Expansion und Kontraktion darstellen , während diese bei den Mittelformen mehr oder weniger im Gleichgewicht gehalten werden. Indem wir Howards Nimbus-Formation zu diesem System hinzufügen, zerstören wir seine Symmetrie. Tatsächlich haben wir im Nimbus eine Wolke in einem solchen Zustand, dass sie im wahrsten Sinne des Wortes kein atmosphärisches Phänomen mehr ist; Denn es zerfällt nun in einzelne Wassertropfen, von denen jeder unter der Anziehungskraft der Schwerkraft seinen eigenen, unabhängigen Weg zur Erde findet. (Die Symmetrie wird wiederhergestellt, sobald wir erkennen, dass der Nimbus als Grenzstadium unterhalb des Stratus ein Gegenstück in einem entsprechenden Grenzstadium oberhalb des Cirrus hat. Um Einblick in dieses obere Grenzstadium zu geben, zu dem weder Howard noch Goethe gehörten Zu diesem Zeitpunkt in der Lage zu sein, eine ausreichend klare Konzeption zu entwickeln, um sich wissenschaftlich damit auseinanderzusetzen, ist eines der Ziele dieses Buches.)

*

Um zu verstehen, was Goethe dazu veranlasste, Howards Klassifikation und Terminologie auf den ersten Blick zu akzeptieren, und was ihn dazu bewog, sich zu ihrem beredten Herold zu machen, müssen wir beachten, von wo aus Goethes Bemühungen um ein natürliches Verständnis der Natur ihren Ursprung hatten .

In seiner *Geschichte meiner botanischen Studien* erwähnt Goethe neben Shakespeare und Spinoza Linné als denjenigen, der seine eigene Entwicklung am meisten beeinflusst hat. In Bezug auf Linnaeus ist dies jedoch im negativen Sinne zu verstehen. Denn als Goethe, der selbst nach einer Möglichkeit suchte, die verwirrende Vielfalt der Pflanzenphänomene in ein umfassendes System zu bringen, auf das Linné-System stieß, war er trotz seiner Bewunderung für die Gründlichkeit und den Einfallsreichtum von Linnés Werk von seiner Methode abgestoßen. So wurde sein Denken durch eine Reaktion in seine eigene kreative Bewegung gebracht: „Als ich versuchte, seine scharfsinnige, geniale Analyse, seine treffenden, angemessenen, wenn auch oft willkürlichen Gesetze aufzunehmen, entstand eine Kluft in meiner inneren Natur: Was?" Er versuchte, mich gewaltsam auseinanderzuhalten, und konnte nicht anders, als nach einer Vereinigung zu streben, die dem innersten Bedürfnis meines eigenen Wesens entsprach.

Linnés System quälte Goethe, weil es von ihm verlangte, „sich eine vorgefertigte Terminologie einzuprägen, eine bestimmte Anzahl von Substantiven und Adjektiven bereitzuhalten, um sie, wann immer irgendeine Form in Frage kam, treffend und geschickt anwenden zu können. " Auswahl treffen und ihm so seine charakteristische Bezeichnung und angemessene Position geben.' Ein solches Verfahren erschien Goethe als eine Art Mosaik, bei dem ein fertiges Stück an das andere gesetzt wird, um aus tausend Details den Anschein eines Bildes zu erzeugen; und das war ihm „in gewisser Weise zuwider". Als Goethe auf Linnés Versuch aufmerksam wurde, das Pflanzenreich zu systematisieren, wurde ihm die alte Frage bewusst, ob das Studium der Natur von den Teilen zum Ganzen oder vom Ganzen zu den Teilen übergehen sollte.

Wenn wir also sehen, wie es für Goethe gleich zu Beginn seiner wissenschaftlichen Studien zur Frage wurde, ob eine *natürliche* Klassifizierung der Naturphänomene erreicht werden könnte, können wir verstehen, warum er so überglücklich war, als er gegen Ende seines Lebens in einem Beobachtungsgebiet, das inzwischen großes Interesse geweckt hatte, stieß er auf eine Klassifizierung, die bis in die einzelnen verwendeten Namen zeigte, dass sie aus der Realität abgelesen worden war.

*

Im Folgenden finden Sie eine umfassende Beschreibung von Goethes meteorologischen Ansichten, die er einige Jahre vor seinem Tod in einem seiner Gespräche mit seinem Sekretär Eckermann gab:

„Ich vergleiche die Erde und ihre Hygrosphäre [3] mit einem großen Lebewesen, das ständig ein- und ausatmet. Wenn sie einatmet, zieht sie die Hygrosphäre an sich, so dass sie sich, wenn sie sich ihrer Oberfläche nähert, zu Wolken und Regen verdichtet. Diesen Zustand nenne *ich Wasserbejahung*. Sollte es auf unbestimmte Zeit so weitergehen, würde die Erde untergehen. Dies lässt die Erde nicht zu, sondern atmet wieder aus und schickt die Wasserdämpfe nach oben, wo sie durch den gesamten Raum der höheren Atmosphäre zerstreut werden. Diese werden so dünn, dass nicht nur die Sonne sie mit ihrem Glanz durchdringt, sondern auch die ewige Dunkelheit des unendlichen Raums als frisches Blau durch sie hindurch sichtbar wird. Diesen Zustand der Atmosphäre nenne ich *WasserVerneinung*. Denn so wie unter umgekehrtem Einfluss nicht nur reichlich Wasser von oben kommt, sondern auch die Feuchtigkeit der Erde nicht getrocknet und abgeführt werden kann – so kommt im Gegenteil in diesem Zustand nicht nur keine Feuchtigkeit von oben, sondern die Feuchtigkeit der Erde selbst fliegt nach oben; Wenn dies also auf unbestimmte Zeit so weitergehen sollte, bestünde die Gefahr, dass die Erde austrocknet, selbst wenn die Sonne nicht scheint.' (11. April 1827.)

Goethes Notizen zu den Ergebnissen seiner meteorologischen Beobachtungen zeigen, wie er auch darin seinem Prinzip der strengen Beobachtung des Phänomens folgte. Sein erstes Anliegen ist es, die aufgezeichneten Messungen von Wetterphänomenen in die richtige Reihenfolge ihrer Bedeutung zu bringen. Zu diesem Zweck vergleicht er Messungen der atmosphärischen Temperatur und der lokalen Dichte mit barometrischen Messungen. Er stellt fest, dass die ersten beiden, da sie eher lokaler und zufälliger Natur sind, den Wert von „abgeleiteten" Phänomenen haben, während die vom Barometer angezeigten Schwankungen in der Atmosphäre über weite Bereiche gleich sind und daher auf grundlegende Veränderungen im Allgemeinen hinweisen Bedingungen der Erde. Regelmäßige Messungen über längere Zeiträume führten ihn schließlich dazu, in den barometrischen Schwankungen des Luftdrucks das grundlegende meteorologische Phänomen zu erkennen.

Bei alledem sehen wir, dass Goethe sich sorgfältig davor hütet, diese atmosphärischen Veränderungen durch die Annahme einer rein mechanischen Ursache zu „erklären", etwa durch die Ansammlung von Luftmassen über einem bestimmten Gebiet oder dergleichen. Ebenso wenig würde er sich leichtfertig erlauben, Einflüsse außerirdischer Natur, wie etwa die des Mondes, anzunehmen. Nicht, dass er etwas gegen solche Dinge gehabt hätte, wenn sie auf echter Beobachtung beruht hätten. Aber seine eigenen Beobachtungen, soweit er sie tragen konnte, sagten ihm einfach, dass die Atmosphäre in mehr oder weniger regelmäßigen Rhythmen mehr oder weniger stark auf die Erde drückt. Er gab die phänomenale Sphäre jedoch nicht auf, als er sagte, dass diese Veränderungen Ergebnisse der Aktivität der irdischen Schwerkraft seien, oder als er daraus schloss, dass barometrische Schwankungen durch Schwankungen in der Intensität des Feldes der irdischen Schwerkraft verursacht würden, wodurch die Die Erde zog die Atmosphäre manchmal stärker, manchmal schwächer an.

Er verließ den Bereich des Phänomenalen wiederum nicht, als er sich in der Natur nach anderen Anzeichen für einen solchen Wechsel des Einsaugens und Auslassens von Luft umsah und sie in den Atmungsprozessen belebter Wesen fand. (Die Erde nur als ein bloß physikalisches Gebilde zu betrachten, war für Goethe unmöglich, denn er hätte dies nur tun können, indem er das mit ihr sichtbar verbundene Leben außer Acht gelassen hätte.) Dementsprechend wurden barometrische Messungen für ihn zum Zeichen eines durchgeführten Atmungsprozesses draußen bei der Erde.

Den abwechselnden Phasen der Kontraktion und Expansion innerhalb der Atmosphäre stellte Goethe die Tatsache gegenüber, dass die atmosphärische Dichte mit der Höhe abnimmt. Die Beobachtung der Unterschiede in der Wolkenbildung auf verschiedenen Ebenen, der Grenzen der Schneebildung usw. führten ihn dazu, von verschiedenen „Atmosphären" oder von atmosphärischen Kreisen oder Sphären zu sprechen, die, wenn sie ungestört sind, konzentrisch um die Erde angeordnet sind. Auch hier sah er im Raum Phasen der Kontraktion, die sich mit Phasen der Expansion abwechselten.

*

An dieser Stelle unserer Diskussion ist es notwendig, einen weiteren Leitbegriff der Goetheschen Naturbeobachtung einzuführen, der für ihn – wie auch für uns – von besonderer Bedeutung für die Übertragung der Goetheschen Forschungsmethode vom Organischen in den Anorganischen Bereich war von Natur. *Dies ist der* Begriff des Urphänomens . In diesem letzteren Bereich bringt die Natur verwandte Phänomene nicht mehr in der ihnen eigenen Reihenfolge hervor; Daher müssen wir uns die Fähigkeit aneignen, durch unsere eigene realistisch geschulte Beobachtung und unser Denken in diese Ordnung einzudringen.

Aus den verschiedenen Äußerungen Goethes zu seiner allgemeinen Auffassung des Ur -Phänomens wählen wir hier eine Passage aus dem Teil des historischen Teils seiner *Farbentheorie aus, in der er die von Bacon in die* Wissenschaft eingeführte Untersuchungsmethode diskutiert. Er sagt:

„Im Bereich der Phänomene hatten in Bacons Augen alle den gleichen Wert." Denn obwohl er selbst immer darauf hinweist, dass man die Einzelheiten nur sammeln soll, um daraus auszuwählen und sie zu ordnen, um schließlich zu Universalien zu gelangen, wird doch den einzelnen Tatsachen zu viel Vorzug eingeräumt; und bevor es möglich wird, mittels Induktion (wie er es empfiehlt) zur Vereinfachung und Schlussfolgerung zu gelangen, verschwindet das Leben und die Kräfte erschöpfen sich. Wer nicht erkennen kann, dass eine Instanz oft tausend wert ist und alles in sich trägt; Wer sich als unfähig erweist, das zu begreifen und zu schätzen, was wir Ur - Phänomene nannten, wird nie in der Lage sein, irgendetwas voranzubringen, weder zu seiner eigenen noch zur Freude und zum Nutzen anderer."

Was Goethe hier sagt, erfordert den folgenden Vergleich. Wir können sagen, dass die Natur, durch Bacons Augen gesehen, wie auf einer zweidimensionalen Oberfläche gemalt erscheint, so dass alle ihre Fakten in genau der gleichen Entfernung vom Betrachter nebeneinander gesehen werden. Goethe hingegen schrieb dem menschlichen Geist die Fähigkeit zu, die Erscheinungswelt in ihrer ganzen dreidimensionalen Vielfältigkeit zu sehen; das heißt, es perspektivisch zu sehen und zwischen Vordergrund und Hintergrund zu unterscheiden. [4] Dinge im Vordergrund nannte er Ur - Phänomene. Hier kommt die Idee, das relevante Sachgebiet schöpferisch zu bestimmen, in ihrer reinsten Form zum Ausdruck. Die einzige Aufgabe des Naturforschers bestand seiner Ansicht nach darin, nach den Ur - Phänomenen zu suchen und alle anderen Phänomene mit ihnen in Beziehung zu setzen; und in der Erfüllung dieser Aufgabe sah er die Möglichkeit, das theoretisierende Bedürfnis des menschlichen Geistes vollständig zu befriedigen. Er drückte dies mit den Worten aus: „Jede Tatsache ist selbst bereits Theorie." In Goethes meteorologischen Studien haben wir ein anschauliches Beispiel dafür, wie er das entsprechende Urphänomen suchte und fand . Es ist der Atmungsprozess der Erde, wie er sich in den Schwankungen des Luftdrucks zeigt.

*

Wieder einmal stellen wir fest, dass Thomas Reid mit seiner Linie der intuitiv geführten Beobachtung Goethe recht nahe kommt, wo er sich mit der Frage der Wahrnehmung des Naturgesetzes durch den menschlichen Geist befasst. Auch er war ein Gegner der Methode, Phänomene durch abstrakte, aus reinem Denken gesponnene Theorien zu „erklären", und mehr als einmal in seinen Schriften wettert er in seiner geradezu humorvollen Art dagegen. [5]

Seine Überzeugung, dass das menschliche Denken im Bereich der direkt erlebten Beobachtung bleiben sollte, kommt in den folgenden Worten zum Ausdruck: „Bei der Lösung natürlicher Phänomene ist der gesamte Weg, den die menschlichen Fähigkeiten uns tragen können, nur dies, dass wir von bestimmten Phänomenen ausgehen." kann durch Induktion allgemeine Phänomene aufspüren, von denen alle besonderen notwendige Konsequenzen sind. [6] Als Beispiel hierfür nennt er die Schwerkraft, die den Leser von einem Phänomen zum nächsten führt, ohne sie jemals aufzugeben, und die Reise mit den Worten abschließt: „Die allgemeinsten Phänomene, die wir erreichen können, sind das, was wir Naturgesetze nennen." Daher sind die Naturgesetze nichts anderes als die allgemeinsten Tatsachen im Zusammenhang mit den Vorgängen in der Natur, zu denen eine Vielzahl besonderer Tatsachen gehören."

*

Während er mit dem Großherzog von Weimar unterwegs war, um ein neu errichtetes meteorologisches Observatorium zu besuchen, hörte Goethe, während er seinen Begleiter über seine eigenen meteorologischen Ideen informierte, zum ersten Mal von Howards Schriften über die Wolkenbildung. Der Herzog hatte einen Bericht darüber in einer deutschen wissenschaftlichen Zeitschrift gelesen und es schien ihm, dass Howards Wolkensystem mit dem übereinstimmte, was er jetzt über Goethes Gedanken über die Kräfteverhältnisse in den verschiedenen atmosphärischen Ebenen hörte. Er hatte keinen Fehler gemacht. Goethe, der Howards Aufsatz sofort erhielt, erkannte in Howards Wolkenskala auf den ersten Blick das von ihm selbst entdeckte Gesetz der atmosphärischen Veränderungen. Hier fand er, was er bei der üblichen Praxis, die Ergebnisse wissenschaftlicher Messungen lediglich tabellarisch darzustellen, immer vermisst hatte. Und so griff er mit

Freude zum Howard-System, denn es „lieferte ihm einen Faden, der ihm bisher gefehlt hatte".

Darüber hinaus sah Goethe in den Namen, die Howard zur Bezeichnung der grundlegenden Wolkenformen gewählt hatte, das dynamische Element in jeder von ihnen, das in der menschlichen Sprache unmittelbar zum Ausdruck kam. [7] Er sprach daher immer von Howards System als einer „willkommenen Terminologie".

All dies inspirierte Goethe dazu, Howards Persönlichkeit und sein Werk in mehreren Versen zu würdigen, in denen er diese dynamischen Elemente beschrieb und die Namen paraphrasierte und sie so zu einer künstlerischen Einheit zusammenfügte . In einigen begleitenden Versen würdigte er Howard als den ersten, der die Wolken „unterscheidete und angemessen benannte". [8]

Der Grund, warum Goethe so viel Wert auf Howards Terminologie legte, lag darin, dass er sich der Macht von Namen bewusst war, Menschen bei ihrer Suche nach Wissen zu helfen oder zu behindern. Er selbst hat meist lange gewartet, bevor er sich für einen Namen für ein Naturphänomen oder einen Zusammenhang zwischen Phänomenen entschieden hat, die er entdeckt hatte. Die Idee, die sein geistiges Auge beobachtet hatte, musste ihm zunächst so klar erscheinen, dass er sie in eine ihr eigene Gedankenform kleiden konnte. Goethe sah im Namensakt eine wesentliche Funktion des Menschen (wir werden daran erinnert, was in dieser Hinsicht die biblische Schöpfungsgeschichte von Adam sagt)9 und nannte den Menschen „ das erste Gespräch, das die Natur mit Gott führt".

Charakteristisch für Goethe ist, dass er sich nicht damit begnügte, die Wahrheit zu kennen, die jemand auf einem Wissensgebiet hervorgebracht hatte, an dem er selbst interessiert war, sondern dass er seine Kenntnis dieser Wahrheit erst dann als vollständig empfand, wenn er auch etwas wusste über die Persönlichkeit des Mannes selbst. Deshalb leitet er seinen Bericht über seine Bemühungen , mehr über den Mann Howard zu erfahren, mit den folgenden Worten ein: „Er ist zunehmend davon überzeugt, dass alles, was durch den Menschen geschieht, in einem ethischen Sinne betrachtet werden sollte und dass der moralische Wert nur anhand des Wertes eines Menschen beurteilt werden kann." Ich habe einen Freund in London gebeten, möglichst etwas über Howards Leben herauszufinden, wenn auch nur die einfachsten Fakten.' Goethe war sich nicht sicher, ob der Engländer noch lebte, und so waren seine Freude und sein Erstaunen groß, als er von Howard selbst eine Antwort in Form einer kurzen autobiografischen Skizze erhielt, die seine Erwartungen an Howards ethische Persönlichkeit voll und ganz bestätigte.

Howards Bericht über sich selbst ist uns bekannt, da Goethe eine Übersetzung davon in die Sammlung seiner eigenen meteorologischen Studien aufgenommen hat. Howard beschreibt auf bescheidene, aber würdevolle Weise seinen christlichen Glauben, der ihn durch alle seine Beziehungen führt, sei es zu anderen Menschen oder zur Natur. [10] Vor uns steht ein Mann, der, unbeeindruckt von der vorherrschenden Philosophie seiner Zeit, zur Erkenntnis einer objektiven Wahrheit in der Natur vordringen konnte, weil er die Fähigkeit hatte, religiöse Erfahrungen sogar in seine Beobachtung der Sinneswelt hineinzutragen.

*

Angesichts all dessen ist es vielleicht nicht übertrieben zu sagen, dass bei der Begegnung zwischen Howard und Goethe über die spirituelle Brücke der Wolken etwas geschah, das mehr war als ein bloßes Ereignis in der persönlichen Geschichte dieser beiden Männer.

1 Diese Worte sollten unter Berücksichtigung der Tatsache abgewogen werden, dass sie zu der Zeit geschrieben wurden, als Crookes die Absicht hatte, das unbekannte Land des Geistes mithilfe einer solchen „bloßen Verbindungskraft" zu finden.

2 Siehe auch Goethes Skizze der grundlegenden Wolkenformen auf Tafel IV.

3 Goethes *Dunstkreis* – gemeint ist die in der Luft enthaltene Luftfeuchtigkeit, die als solche die Erde kugelförmig umgibt. Ich musste das Wort „Hygrosphäre" (nach Hygrometer usw.) erfinden, um die Unterscheidung zwischen Atmosphäre und Hydrosphäre klar zu halten. Mit Ausnahme dieses Begriffs in den ersten beiden Sätzen folgt das Obige der Übersetzung von Oxenford (der, den Wörterbüchern folgend, Goethes Begriff unzulänglich mit „Atmosphäre" wiedergegeben hat).

4 Wir erinnern uns hier an Eddingtons Aussage zur Beschränkung der wissenschaftlichen Beobachtung auf „nicht-stereoskopisches Sehen".

5 Ein Beispiel hierfür ist Reids Kommentar zu bestehenden Theorien über das Sehen als bloße Aktivität des Sehnervs. (*Inq* ., VI, 19.)

6 Siehe *Inq.*, VI, 13. Genau das hatte Kant für außerhalb der menschlichen Möglichkeiten stehend erklärt.

7 Stratus bedeutet Schicht, Cumulus – Haufen, Cirrus – Locke.

8 Es gibt keine angemessene Übersetzung dieser Verse.

9 Genesis II, 19, 20.

10 Eine Tatsache, die Howard nicht erwähnte und die Goethe vermutlich unbekannt blieb, war die Arbeit, die er als Vorsitzender eines Hilfskomitees für die durch die Napoleonischen Kriege verwüsteten Teile Deutschlands geleistet hatte. Für diese Arbeit erhielt Howard eine Reihe öffentlicher Auszeichnungen .

KAPITEL VIII

Dynamik *versus* Kinetik

Gegenwärtig besteht für den menschlichen Geist die Gefahr, den Bereich dynamischer Ereignisse, in den die moderne Atomforschung vorgedrungen ist, mit der Welt des Geistes zu verwechseln; Das heißt, die Welt, in der die Natur mit intelligentem Design ausgestattet ist und in der das menschliche Denken einen Ausdruck im Bewusstsein darstellt. Wenn eine Sicht auf die Natur als eine Manifestation des Geistes, wie Goethe und Gleichgesinnte sie konzipiert haben, in unserer Zeit von Bedeutung sein soll, muss sie eine Auffassung von Materie beinhalten, die als eines ihrer Attribute ihre Fähigkeit zeigt, der Form zu dienen (in dem Sinne, in dem Ruskin davon sprach, im Gegensatz zur bloßen Kraft) als Mittel der Manifestation.

Der vorliegende Teil dieses Buches, bestehend aus den Kapiteln VIII–XI, wird der Ausarbeitung einer solchen Konzeption der Materie gewidmet sein. Dadurch wird ein Beispiel dafür gegeben, wie Goethes Methode, durch das Lesen der Phänomene selbst ein Verständnis für Naturphänomene zu erlangen, über sein eigenes Beobachtungsfeld hinaus getragen werden kann. Es gibt jedoch bestimmte theoretische Hindernisse, die vom Beobachterbewusstsein errichtet werden und die beseitigt werden müssen, bevor wir tatsächlich den neuen Weg betreten können. Diesem Zweck soll insbesondere das vorliegende Kapitel dienen.

*

Die Wissenschaft wurzelt seit Galileo in der Überzeugung, dass die Logik der Mathematik ein Mittel ist, das Verhalten natürlicher Ereignisse auszudrücken. Das Material für die mathematische Behandlung von Sinnesdaten wird durch Messung gewonnen. Das eigentliche, was den wissenschaftlichen Beobachter jeweils interessiert, ist also die Position einer Art Zeiger. Tatsächlich ist die Naturwissenschaft im Wesentlichen, wie Professor Eddington es ausdrückte, eine „Wissenschaft, die Zeiger liest". Wenn wir diese Tatsache auf unsere Weise betrachten, können wir sagen, dass alle Zeigerinstrumente, die der Mensch seit Beginn der Wissenschaft konstruiert hat, den Menschen selbst als Vorbild haben, beschränkt auf farblose, nicht stereoskopische Beobachtung. Denn in diesem Zustand bleibt ihm nur noch, Punkte im Raum zu fokussieren und Veränderungen ihrer Position zu registrieren. Tatsächlich ist der perfekte wissenschaftliche Beobachter selbst das Zeigeinstrument.

Die Geburtsstunde der Methode des Zeigerablesens wird durch Galileis Konstruktion des ersten Thermometers (eigentlich eines Thermoskops) markiert. Die Überzeugung von der Anwendbarkeit mathematischer

Konzepte zur Beschreibung natürlicher Ereignisse gründet auf seiner Entdeckung des sogenannten Parallelogramms der Kräfte. Mit diesen beiden Innovationen werden wir uns in diesem Kapitel befassen.

Es sei gleich gesagt, dass unsere Untersuchungen zur Enthüllung gewisser Illusionen führen werden, die das Zuschauerbewusstsein um diese beiden Gaben Galileis gesponnen hat. Dies bedeutet nicht, dass ihre Bedeutung als Grundlagen der Wissenschaft in Frage gestellt wird. Auch die praktischen Anwendungen, die sie mit so großem Erfolg umgesetzt haben, werden in keiner Weise kritisiert. Aber es gibt gewisse trügerische Vorstellungen, die damit verbunden sind, und das Ergebnis ist, dass der Mensch heute, wenn er neue erkenntnistheoretische Grundlagen finden muss, in ein Netzwerk konzeptioneller Illusionen verstrickt ist, die ihn daran hindern, die eigenen zu nutzen Vernunft mit der nötigen Freiheit.

An dieser Stelle ist ein besonderes Wort zum Begriff Illusion nötig, wie er hier und anderswo verwendet wird. In diesem Zusammenhang ist es gut, sich an das zu erinnern, was zuvor im Zusammenhang mit dem Begriff „Tragödie" (Kapitel II) hervorgehoben wurde . Wenn wir von „Illusion" sprechen, wollen wir weder die Schuld auf die eine oder andere Person schieben, die an der Entstehung der Illusion beteiligt war, noch wollen wir vorschlagen, dass ihr Auftreten als vermeidbares Unglück angesehen werden sollte. Vielmehr sollte die Illusion als etwas betrachtet werden, das der Mensch weben durfte, weil er nur durch seine eigene aktive Überwindung dieser Illusion seine Bestimmung als Träger der Wahrheit in Freiheit erfüllen kann. Illusion in dem hier verwendeten Sinne gehört zu den Dingen im menschlichen Dasein, die wahrlich als tragisch zu bezeichnen sind. Sie verliert diese Qualität und nimmt nur dann eine ganz andere an, wenn der Mensch, sobald die Zeit gekommen ist, eine Illusion zu überwinden, darauf besteht, an ihr festzuhalten.

Wie unsere weiteren Untersuchungen zeigen werden, lässt die hier anzuwendende Kritik nicht nur die Gültigkeit der Messung und der mathematischen Behandlung der so gewonnenen Daten völlig unberührt, sondern ebnet ihnen auch den Weg, indem sie ihnen ihren angemessenen Platz in einer umfassenderen Naturauffassung einräumt zu einer immer gefestigteren und gleichzeitig gesteigerten Bedeutung

Anwendung von beidem.

*

Unser primäres Wissen über die Existenz von etwas, das wir „Wärme" oder „Hitze" nennen, beruht auf einem bestimmten Wärmegefühl, das die moderne Forschung als klar definierbaren Sinn erkannt hat. Natürlich scheinen die Erfahrungen dieses Sinnes vom Standpunkt des Betrachters aus rein subjektiven Wert zu haben und daher für eine objektive Einsicht in die Natur der Wärme und ihre Auswirkungen in der physischen Welt unbrauchbar zu sein. Um dies herauszufinden, greift man auf bestimmte Instrumente zurück, die es dem Betrachter durch die Änderung der räumlichen Position eines Punktes ermöglichen, Änderungen im thermischen Zustand eines physischen Objekts zu registrieren. Ein solches Instrument ist das Thermometer. Auf folgende Weise scheint ein unzweifelhafter Beweis für die Richtigkeit der Ansicht über die Subjektivität der durch den Wärmesinn gewonnenen Eindrücke und über die Objektivität der thermometrischen Messung gegeben zu sein. Eine Beschreibung davon wird in physikalischen Lehrbüchern häufig als Einleitung zum Kapitel über Wärme gegeben.

Zunächst wird die bekannte Tatsache angeführt, dass es sich kalt anfühlen wird, wenn man seine Hände zuerst in zwei verschiedene Schüsseln taucht, von denen eine mit heißem und die andere mit kaltem Wasser gefüllt ist, und sie dann beide zusammen in eine Schüssel mit lauwarmem Wasser taucht an die Hand, die aus dem heißen Wasser kommt, und warm an die Hand, die aus dem kalten Wasser kommt. Als nächstes wird darauf hingewiesen, dass zwei Thermometer, die dem gleichen Verfahren unterzogen werden, die gleiche Temperatur für das lauwarme Wasser anzeigen. Auf diese Weise wird dem Schüler ein bleibender Eindruck von der Überlegenheit der „objektiven" Aufnahme des Instruments gegenüber dem „subjektiven" Charakter der durch sein Wärmegefühl vermittelten Erfahrungen vermittelt.

Testen wir nun dieses Verfahren, indem wir das gleiche Experiment mit Hilfe thermometrischer Instrumente in ihrer ursprünglichen Form durchführen, also in der Form, in der Galilei sie erstmals anwendete. Dabei gehen wir wahrhaft goetheanisch vor, weil wir das Experiment von allen Beiwerken befreien, die verhindern, dass das Phänomen in seiner ursprünglichen Form auftritt.

Um ein modernes Thermometer in ein Thermoskop zu verwandeln, müssen wir nur die Ziffern von der Skala entfernen. Wenn wir das Experiment mit zwei solchen Thermoskopen machen, werden wir sofort auf etwas aufmerksam, das uns normalerweise entgeht, da unsere Aufmerksamkeit auf die von den beiden Instrumenten aufgezeichneten Zahlen gerichtet ist. Denn wir bemerken nun, dass sich die beiden Instrumente, wenn sie vom heißen und kalten Wasser in das lauwarme Wasser überführt werden, ganz unterschiedlich verhalten. In einem Fall wird die Säule fallen, im anderen wird sie steigen.

Es ist wichtig zu beachten, dass wir durch diese Behandlung der beiden Instrumente die Art und Weise, wie sie normalerweise die Temperatur anzeigen, nicht verändert haben. Denn die thermometrische Messung ist eigentlich nie etwas anderes als die Aufzeichnung der Bewegung des Indikators von einer Ebene zur anderen. Wir entscheiden uns lediglich dafür, ein bestimmtes Temperaturniveau – das des schmelzenden Eises oder etwas anderes – als festen Bezugspunkt zu nehmen und es ein für alle Mal auf dem Instrument zu markieren. Da wir diese Markierung deutlich auf unseren Thermometern erkennen und die Skalen entsprechend nummeriert sind, erkennen wir nicht, was sich idealerweise hinter dieser Verwendung derselben Null für jede neue Operation verbirgt.

Was die Null bedeutet, wird sofort klar, wenn wir mit Thermometern ohne Skala arbeiten. Denn um in dieser Form als echte Thermometer verwendet zu werden, müssen sie jedes Mal zunächst einem Temperaturnullpunkt ausgesetzt werden, etwa dem des schmelzenden Eises. Wenn wir sie dann in den Temperaturbereich bringen, den wir messen wollen, werden wir den Niveauunterschied durch die entsprechende Bewegung der Säule erkennen. Die endgültige Position der Spalte sagt uns an sich nichts. Es ist immer der *Wechsel* von einem Niveau zum anderen, das das Thermometer registriert – genauso wie das Wärmegefühl in unseren Händen im gerade beschriebenen Experiment.

also , dass wir bei der gewöhnlichen Bedienung des Thermometers und wenn wir unsere Hände in der vorgeschriebenen Weise benutzen, den Nullpunkt auf zwei ganz unterschiedliche Arten behandeln. Während bei beiden Instrumenten der Nullpunkt derselbe ist, treffen wir im Einklang mit der gesamten Idee der thermometrischen Messung eine besondere Vorkehrung, um unsere Hände zwei unterschiedlichen Werten auszusetzen. Wir müssen uns also nicht wundern, wenn diese beiden Methoden zu unterschiedlichen Ergebnissen führen. Wenn wir, nachdem wir zwei Thermometer ohne Skalen in heißes und kaltes Wasser gelegt haben, jedem seinen eigenen Nullpunkt entsprechend der jeweiligen Höhe seiner Säule zuweisen und sie dann von diesem Bezugspunkt aus graduieren würden, würden sie notwendigerweise unterschiedliche Werte anzeigen, wenn sie ausgesetzt werden zum lauwarmen Wasser, genauso wie die Hände es tun. Darüber hinaus werden unsere beiden Hände den gleichen Sinneseindruck vom lauwarmen Wasser erhalten, wenn wir sie lange genug darin belassen.

So gesehen erweist sich das ursprüngliche Experiment, das den subjektiven Charakter der durch das Wärmeempfinden gewonnenen Eindrücke zeigen sollte, als ein Stück Selbsttäuschung des Betrachterbewusstseins. Die Wahrheit ist, dass, sofern es ein subjektives Element bei der Erfahrung und Messung von Wärme gibt, dieses nicht auf der Seite unseres Wärmeempfindens liegt, sondern in unserem Urteil über die Bedeutung thermometrischer Messwerte. Tatsächlich liefert uns unser Test des angeblichen Beweises für die absolute Überlegenheit der Zeigerablesung gegenüber den durch unsere Sinne gewonnenen Eindrücken den Beweis für die Richtigkeit von Goethes bereits zitierter Aussage, dass die Sinne nicht täuschen, das Urteil aber täuscht.

An dieser Stelle sei noch einmal gesagt, dass das, was wir auf diese Weise herausgefunden haben, nicht zu einer Abwertung der Methode des Zeigerlesens führt. Denn die direkten Sinneswahrnehmungen sind nicht quantitativ vergleichbar. Der Punkt ist, dass die Idee der absoluten Überlegenheit der physikalischen Messung als Mittel zur wissenschaftlichen Erkenntnis unter allen Umständen als falsch aufgegeben werden muss.

*

Wir wenden uns nun Galileos Entdeckung zu, die als Satz des Kräfteparallelogramms bekannt ist. Die Illusion, die um diesen Satz gesponnen wurde, drückt sich in der Art und Weise aus, wie er als ideal mit einem anderen Satz von äußerlich ähnlichem Charakter verbunden beschrieben wird, der als Satz des Parallelogramms der Bewegungen (oder Geschwindigkeiten) bekannt ist, indem es besagt, dass ersterer folgt logischerweise aus Letzterem. Diese Aussage steht in jedem Lehrbuch der Physik am Anfang des Kapitels über Dynamik (Kinetik) und dient dort der Begründung des Rechts, die dynamischen Vorgänge in der Natur rein kinematisch, getreu den Bedürfnissen des Betrachters, zu behandeln - Bewusstsein. [1]

Die folgende Beschreibung wird zeigen, dass, sobald wir uns von den Beobachterbeschränkungen unseres Bewusstseins befreien, wie es Goethe – und im Hinblick auf das vorliegende Problem insbesondere auch Reid gezeigt hat – der ideale Zusammenhang zwischen den beiden Theoremen erkennbar ist genau das Gegenteil von dem sein, was in der obigen Aussage zum Ausdruck kommt. Der Grund, warum wir uns die Mühe machen, dies an diesem Punkt unserer Diskussion aufzuzeigen, liegt darin, dass wir nur durch das Ersetzen der falschen Vorstellung durch die richtige den Weg für die Bildung eines konkreten Konzepts der Kraft und damit für die Etablierung einer wirklich dynamischen Vorstellung von Kraft ebnen Natur.

*

Beginnen wir mit einer kurzen Beschreibung des Inhalts der beiden betreffenden Sätze. In Abb. 1 ist das Bewegungsparallelogramm schematisch dargestellt. Es soll gezeigt werden, dass sich ein Punkt mit einer bestimmten Geschwindigkeit in die durch den Pfeil *a angegebene Richtung bewegt,* so dass er in einer bestimmten Zeit von P nach A gelangt, und wenn er sich gleichzeitig mit einer zweiten Geschwindigkeit in die durch den Pfeil angezeigte Richtung bewegt

b, durch den es allein in derselben Zeit nach B gelangen würde, seine tatsächliche Bewegung wird durch *c angezeigt,* die Diagonale im

Parallelogramm, das von *a* und *b gebildet wird*. Ein Beispiel dafür, wie das funktioniert

Die praktische Anwendung des Satzes ist der bekannte Fall eines Ruderers, der von P aus aufbricht, um einen Fluss, der durch die parallelen Linien markiert ist, im rechten Winkel zu überqueren. Er muss die Geschwindigkeit *a* des nach rechts fließenden Wassers des Flusses überwinden, indem er schräg nach links in Richtung B steuert, um schließlich zu C zu gelangen.

Es ist wichtig zu beachten, dass der Inhalt dieses Theorems nicht der Bestätigung einer äußeren Erfahrung bedarf, um entdeckt zu werden oder seine Wahrheit zu beweisen. Auch wenn die Erkenntnis der darin zum Ausdruck gebrachten Tatsache den Menschen zunächst durch praktische Beobachtung zugänglich gemacht wurde, kann der Inhalt dieses Theorems doch mit rein logischen Mitteln entdeckt und bewiesen werden. In dieser Hinsicht ähnelt es jeder rein geometrischen Aussage, etwa dass die Summe der Winkel eines Dreiecks zwei rechte Winkel (180°) beträgt. Auch wenn auch dies zunächst durch äußere Beobachtung gelernt wurde, so bleibt es doch so, dass für die Entdeckung der darin ausgedrückten Tatsache – die für alle ebenen Dreiecke gilt – keine äußere Erfahrung erforderlich ist. In beiden Fällen befinden wir uns im Bereich rein geometrischer Vorstellungen (Länge und Richtung von Geraden, Bewegung eines Punktes entlang dieser), deren Wechselbeziehungen durch die Gesetze der reinen geometrischen Logik geordnet sind. Mit dem Satz des Parallelogramms der Geschwindigkeiten haben wir also einen streng geometrischen Satz, dessen Inhalt im engsten Sinne kinematisch ist. Tatsächlich handelt es sich um den Grundsatz der Kinematik.

Wir wenden uns nun dem zweiten Satz zu, der von einer äußerlich ähnlichen Beziehung zwischen Kräften spricht. Dies steht bekanntlich darin

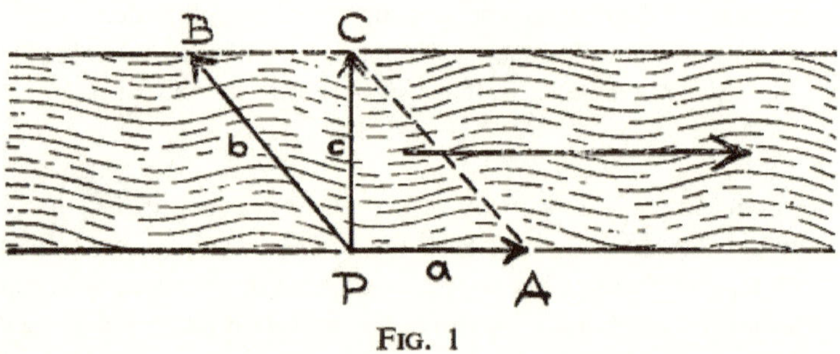

Fig. 1

Wenn zwei Kräfte unterschiedlicher Größe und Richtung am selben Punkt wirken, wirken sie zusammen wie eine einzige Kraft, deren Größe und Richtung durch die Diagonale eines Parallelogramms dargestellt werden kann, dessen Seiten in Ausdehnung und Richtung die ersten beiden Kräfte darstellen. Somit übt R in Abb. 2 auf P die gleiche Wirkung aus wie F_1 und F_2 zusammen.

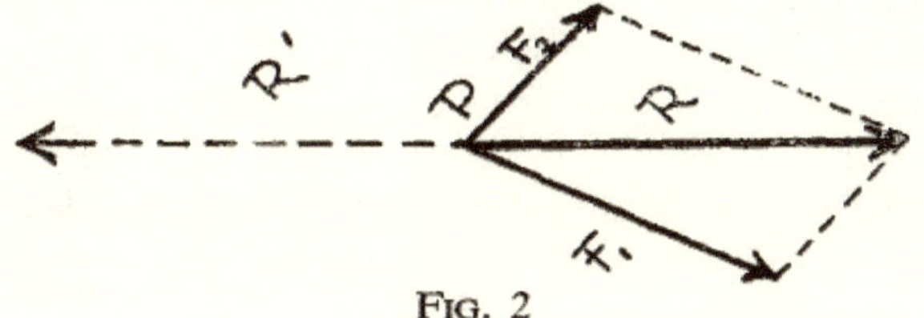

FIG. 2

Anders ausgedrückt: Eine Kraft dieser Größe, die in die entgegengesetzte Richtung (R') wirkt, stellt ein Gleichgewicht mit den beiden anderen Kräften her. In der technischen Praxis wird dieser Satz bekanntlich für unzählige Berechnungen sowohl in der Statik als auch in der Dynamik verwendet, und zwar häufiger nicht in der hier angegebenen Form, sondern in umgekehrter Weise, wenn eine einzelne bekannte Kraft in zwei Teilkräfte zerlegt wird . (Verteilung eines Drucks entlang von Fachwerken, eines Luftdrucks entlang bewegter Flächen usw.)

Es wird nun unsere Aufgabe sein, die logische Verbindung zu untersuchen, von der angenommen wird, dass sie einen Satz mit dem anderen verbindet. Dieser Zusammenhang findet sich in der bekannten Definition der physikalischen Kraft als Produkt aus „Masse" und „Beschleunigung" – in algebraischen Symbolen $F = ma$. Wir werden die Implikationen dieser Definition später ausführlicher besprechen. Sehen wir uns zunächst an, wie es als Grundlage für die obige Behauptung verwendet wird.

Die Vorstellung von „Kraft" als Produkt von „Masse" und „Beschleunigung" basiert auf der Tatsache, die jeder, der auf einer ebenen Straße radelt, leicht nachvollziehen kann, dass nicht die Geschwindigkeit selbst, sondern die Veränderung die Kraftaufwendung erfordert der Geschwindigkeit – das heißt Beschleunigung oder Verzögerung („negative Beschleunigung" im Sinne der mathematischen Physik); auch , dass bei gleichen Beschleunigungen die Kraft von der Masse des beschleunigten Objekts abhängt. Je massereicher das Objekt ist, desto größer ist die Kraft, die zu seiner Beschleunigung erforderlich ist. Diese Masse wiederum zeigt sich im Widerstand, den ein bestimmtes Objekt jeder Änderung seines Bewegungszustands entgegensetzt. Bei unterschiedlichen Beschleunigungen und gleicher Masse bleibt der Faktor m in obiger Formel konstant und Kraft und Beschleunigung sind direkt proportional zueinander. Somit wird in der Beschleunigung ein Maß für die Größe der dabei wirkenden Kraft entdeckt.

Nun ist logisch ersichtlich, dass der Satz des Parallelogramms der Geschwindigkeiten gleichermaßen für Bewegungen mit konstanter oder variabler Geschwindigkeit gilt. Auch wenn es etwas schwieriger ist, die

Bewegung eines Punktes in zwei verschiedene Richtungen mit zwei unterschiedlich beschleunigten Bewegungen gedanklich wahrzunehmen und sich eine innere Vorstellung von der resultierenden Bewegung zu machen, so befinden wir uns dennoch in einem Bereich, der vom Denken vollständig erfasst werden kann . So können beschleunigte Bewegungen und Bewegungen mit konstanter Geschwindigkeit nach dem Gesetz des Bewegungsparallelogramms aufgelöst und kombiniert werden, ein Gesetz, das durch logisches Denken vollständig erreichbar ist.

Mit Hilfe der Definition der Kraft als Produkt von Masse und Beschleunigung scheint es tatsächlich möglich, das Parallelogramm der Kräfte aus dem der Beschleunigungen auf rein logische Weise abzuleiten. Denn es ist lediglich notwendig, alle Seiten eines a- Parallelogramms um denselben Faktor m zu verlängern, um daraus ein **F**- Parallelogramm zu machen. Eine einzige geometrische Figur auf dem Papier kann beide Fälle darstellen, da nur der Maßstab geändert werden muss, damit dieselbe geometrische Länge einmal die Größe a und ein anderes Mal *ma darstellt*. Auf diese Weise hält sich das heutige wissenschaftliche Denken davon überzeugt, dass das Parallelogramm der Kräfte mit logischen Beweisen aus dem Parallelogramm der Beschleunigungen folgt und dass die Entdeckung des ersteren daher auf einen rein mentalen Prozess zurückzuführen ist.

Da das Kräfteparallelogramm der Prototyp jeder weiteren mathematischen Darstellung physikalischer Kraftverhältnisse in der Natur ist, hat die so geknüpfte konzeptionelle Verbindung zwischen ihm und dem Grundsatz der Kinematik zu der Überzeugung geführt, dass Naturereignisse in Begriffen ausgedrückt werden können Die Theorie der Mathematik konnte und wurde tatsächlich durch reines logisches Denken und somit durch das gehirngebundene, tagwache Bewusstsein des Weltbeobachters entdeckt. Damit schien die Konstruktion eines gültigen wissenschaftlichen Weltbildes rein kinematischer Natur gerechtfertigt zu sein.

*

Die Überlegungen, die wir nun anstellen müssen, um unsere eigene Untersuchung dessen durchzuführen, was als Zusammenhang zwischen den beiden Theoremen angesehen wird, mögen dem wissenschaftlich geschulten Leser im Vergleich zu der Komplexität des Denkens allzu elementar erscheinen in dem er sich zu engagieren pflegt, um ein wissenschaftliches Problem zu lösen. Daher muss an dieser Stelle festgehalten werden, dass jeder, der dazu beitragen möchte, das Wirrwarr der modernen theoretischen Wissenschaft zu überwinden, sich nicht scheuen darf, scheinbar so einfache Gedanken und Beobachtungen anzuwenden, wie sie hier und bei anderen Gelegenheiten verwendet wurden. Tatsächlich ist eine gewisse Bereitschaft erforderlich, um bei Bedarf die Rolle des Kindes in Hans Andersens Märchen

„Des *Kaisers neue Kleider*" *zu spielen, wo das ganze Volk lautstark die prächtigen Gewänder des* Kaisers lobt , der tatsächlich durchzieht Sie gehen völlig unbekleidet durch die Straßen, und eine einzige Kinderstimme verkündet die Wahrheit: „Der Kaiser hat nichts an." Im Laufe unseres eigenen Studiums wird es immer wieder Gelegenheit geben, die Rolle dieses Kindes zu übernehmen.

*

In der oben gegebenen wissenschaftlichen Definition von Kraft erscheint Kraft als Ergebnis einer Multiplikation zweier anderer Größen. Nun ist es für die Operation der Multiplikation bekanntlich wesentlich, dass von den beiden Faktoren, die das Produkt bilden, mindestens einer die Eigenschaften einer reinen Zahl aufweist. Denn zwei reine Zahlen können miteinander multipliziert werden – z. B. 2 und 4 – und eine Reihe konkreter Dinge können mit einer reinen Zahl multipliziert werden – z. B. 3 Äpfel und die Zahl 4 –, aber der Multiplikation von 3 Äpfeln mit 4 kann kein Sinn beigemessen werden Äpfel, geschweige denn 4 Birnen! Das Ergebnis der Multiplikation ist also immer entweder selbst eine reine Zahl, wenn beide Faktoren diese Eigenschaft haben; oder wenn einer der beiden Faktoren die Natur eines konkreten Objekts hat, ist das Ergebnis von derselben Qualität wie dieses. Ein Apfel bleibt nach der Multiplikation immer ein Apfel, und was das Endprodukt (Äpfel) vom ursprünglichen Faktor (Äpfel) unterscheidet, ist nur eine reine Zahl.

Wenn wir ernst nehmen, was uns diese einfache Überlegung über die Natur der Multiplikation sagt, und wenn wir uns nicht erlauben, davon abzuweichen, für welchen Zweck auch immer wir diese algebraische Operation verwenden, dann werden die verschiedenen Konzepte, die wir mit den grundlegenden Messungen in der Physik verbinden einen erheblichen Bedeutungswandel erfahren.

Testen wir in dieser Hinsicht die bekannte Formel, die in der Begriffssprache der Physik „Entfernung" (s), „Zeit" (t) und „Geschwindigkeit" (c) *verbindet.* Es wird geschrieben $c = s / t$, oder $s = ct$.

In dieser Formel hat s durchaus die Bedeutung eines „Dings", denn es stellt die gemessene räumliche Entfernung dar. Von den beiden Faktoren auf der anderen Seite der zweiten Gleichung muss einer unbedingt die gleiche Qualität wie s *haben:* Dies ist c. Somit bleibt für den anderen Faktor t die Eigenschaft einer reinen Zahl bestehen. Wir geraten daher in eine Illusion, wenn wir annehmen, dass der Faktor c irgendetwas von dem darstellt, was *Geschwindigkeit* in der äußeren kosmischen Realität bedeutet. Die Wahrheit ist, dass c genau wie s *einen räumlichen Abstand darstellt* , mit dem einzigen Unterschied, dass es sich um einen bestimmten Einheitsabstand handelt.

Genauso wenig geht die Echtzeit *in* diese Formel ein – und auch in keine andere Formel der mathematischen Physik. „Zeit" ist in der Physik immer eine reine Zahl ohne kosmische Qualität. Wie könnte es bei einer rein kinematischen Weltbeobachtung anders sein?

Wir unterziehen nun die Formel $\mathbf{F} = ma$ derselben Prüfung. Wenn wir dem Faktor a auf der rechten Seite der Gleichung eine bestimmte Qualität zuordnen, nämlich eine beobachtbare Beschleunigung, darf der andere Faktor im Produkt nur die Eigenschaften einer reinen Zahl haben; F kann daher nur von der gleichen Natur sein wie a und muss selbst eine Beschleunigung sein. Wäre es anders, dann könnte die Gleichung $\mathbf{F} = ma$ sicherlich nicht als logische Verbindung zwischen den Geschwindigkeits- und Kraftparallelogrammen dienen.

Unsere vorliegende Untersuchung hat uns lediglich einen Einblick in den Denkprozess gewährt, bei dem das auf eine rein kinematische Erfahrung beschränkte Bewusstsein dem Kraftbegriff jeden realen Inhalt entzogen hat. Betrachten wir die Gleichung $\mathbf{F} = ma$ als Mittel zur Aufteilung der Größe F in zwei Komponenten m und a. Die Gleichung sagt uns dann, dass F auf die Natur der reinen Beschleunigung reduziert wird, denn das, was in der Kraft als Faktor liegt, der durch kinematische Sicht nicht beobachtbar ist, wurde von ihr als Faktor m abgespalten. Für diesen Faktor bleibt aber, wie wir gesehen haben, nichts anderes übrig als die Eigenschaft einer reinen Zahl.

Beachten wir hier, dass der erste Denker, der sich mit einem umfassenden Weltbild beschäftigte, in dem die Nichtexistenz eines realen Kraftbegriffs ernst genommen wird – nämlich Albert Einstein –, auch der erste war, der Masse als eine Form von Kraft betrachtete Energie und sogar, wie sich später herausstellte, die durch die Masseneinheit repräsentierte Energiemenge korrekt vorherzusagen und damit den neuen Zweig der experimentellen Forschung, der zur Freisetzung der sogenannten Atomenergie geführt hat, entscheidend zu fördern. Ist es dann möglich, dass reine Zahlen Einfluss auf das haben, was über und in Nagasaki, Hiroshima usw. geschah? Hier stehen wir wieder einmal vor einem der Paradoxe der modernen Wissenschaft, von dem wir festgestellt haben, dass es bei seiner Entwicklung eine so große Rolle spielt.

illusionsfreie Interpretation der Formel $\mathbf{F} = ma$ *zu finden, müssen wir unsere Aufmerksamkeit zunächst auf die* Begriffe „Kraft" und „Masse" selbst richten. Die Tatsache, dass die Menschen diese beiden Wörter in ihren Sprachen haben, zeigt, dass die von ihnen ausgedrückten Konzepte auf einer Erfahrung basieren müssen, die der Mensch gemacht hat, lange bevor er zu irgendeiner wissenschaftlichen Reflexion fähig war . Fragen wir uns, was für eine Erfahrung das ist und durch welchen Teil seines Wesens er sie sammelt.

Die Antwort ist, wie eine einfache Selbstbeobachtung zeigen wird, dass wir von der Existenz von Kraft dadurch wissen, dass wir sie selbst ausüben müssen, um unseren eigenen Körper zu bewegen. Es ist also der Widerstand unseres Körpers gegen jede Änderung seines Bewegungszustandes, der aus seiner Beschaffenheit aus träger Materie resultiert und der uns die Erfahrung der Kraft sowohl als einen Besitz unserer eigenen als auch als eine Eigenschaft der Außenwelt beschert . Alle anderen Verweise auf Kraft an Orten, an denen sie nicht unmittelbar erfahrbar ist, entstehen durch Analogien, die auf der Ähnlichkeit des Inhalts unserer Beobachtung mit dem basieren, was der Kraftausübung in unserem eigenen Körper entspringt.

Wie wir sehen, ist in dieser Erfahrung der Kraft auch die der Masse enthalten. Dennoch können wir Letzteres stärken, indem wir mit einem äußeren physischen Objekt experimentieren. Nehmen Sie einen ziemlich schweren Gegenstand in die Hand, strecken Sie Ihren Arm leicht aus und bewegen Sie ihn langsam auf und ab. Beobachten Sie dabei aufmerksam, welche Empfindung diese Operation in Ihnen hervorruft. [2] Offensichtlich kommt uns die Erfahrung der Masse außerhalb von uns, wie die unseres eigenen Körpers, durch die Erfahrung der Kraft zu, die wir selbst aufbringen müssen, um eine von der Masse ausgehende Widerstandskraft zu überwinden. Schon diese einfache Beobachtung – als solche mit Hilfe des Bewegungssinns und daher außerhalb der Grenzen des Betrachterbewusstseins gemacht – sagt uns, dass Masse nichts anderes als eine besondere Manifestation von Kraft ist.

Im Lichte dieser Erfahrung muss die Gleichung $\mathbf{F} = ma$ ganz anders interpretiert werden als die wissenschaftliche Logik, der sie unterworfen wurde. Denn wenn wir F und *m die gleiche Qualität* zuschreiben müssen , dann erlaubt uns die Multiplikationsregel, einem *Nichts* anderen als den Charakter einer reinen Zahl zuzuschreiben. Dies impliziert, dass es keine Beschleunigung als eigenständige Einheit gibt, die lediglich auf äußere Weise mit der Masse verbunden ist.

Was wir als Beschleunigung bezeichnen und als solche messen, ist nichts anderes als ein numerischer Faktor, der zwei verschiedene Kraftzustände innerhalb der physisch-materiellen Welt vergleicht.

Erst wenn wir den drei Faktoren in unserer Gleichung diese Bedeutung geben, drückt sie eine konkrete äußere Realität aus. Gleichzeitig verbietet es die Verwendung dieser Gleichung für eine logische Ableitung des Parallelogramms der Kräfte aus dem der reinen Geschwindigkeiten .

*

Die gleiche Methode, die es uns ermöglicht hat, der Formel, die Masse und Kraft verbindet, ihre wahre Bedeutung zurückzugeben, wird dazu dienen, die wahre Quelle des menschlichen Wissens über das Parallelogramm der Kräfte zu finden. Dementsprechend wird unser Verfahren wie folgt aussehen.

Wir werden zwei weitere Personen engagieren, mit denen wir gemeinsam versuchen werden, anhand unserer jeweiligen Krafterfahrungen das Gesetz herauszufinden, nach dem sich drei an einem gemeinsamen Punkt wirkende Kräfte im Gleichgewicht halten können. Unser erster Schritt wird darin bestehen, einander an der Hand zu fassen und verschiedene Willensanstrengungen zu unternehmen, um einander in verschiedene Richtungen zu ziehen, wobei wir darauf achten, dass wir dies so tun, dass die drei verbundenen Hände ungestört an derselben Stelle bleiben . Auf diese Weise können wir sogar feststellen , dass, wenn zwei Personen eine gleichbleibende Richtung und Zugstärke beibehalten, der Dritte bei jeder Änderung seiner eigenen Richtung seine ausgeübte Kraft ändern muss, um die beiden anderen im Gleichgewicht zu halten. Er wird feststellen, dass er in einigen Fällen seine Zugkraft erhöhen und in anderen Fällen verringern muss.

Das ist jedoch alles, was man auf diese Weise lernen kann. Zum jetzigen Zeitpunkt unserer Untersuchung besteht keine Möglichkeit, einen genauen quantitativen Vergleich herzustellen. Denn die Kräfte, die wir hervorgebracht haben (und das gilt für Kräfte im Allgemeinen, egal welcher Art sie sind), stellen reine Intensitäten dar, die äußerlich weder sichtbar noch direkt messbar sind. Wir können durchaus erkennen, ob wir die Anwendung unseres Willens intensivieren oder verringern, ein zahlenmäßiger Vergleich verschiedener Willensanstrengungen ist jedoch nicht möglich.

Um einen solchen Vergleich durchführen zu können, ist ein weiterer Schritt notwendig. Wir müssen unsere Anstrengung auf ein Zeigerinstrument übertragen – zum Beispiel auf eine Spiralfeder, die auf ausgeübten Druck oder Zug durch eine Änderung ihrer räumlichen Ausdehnung reagiert. (Prinzip der Federwaage.) Auf diese Weise werden durch Ausnutzung einer bestimmten Eigenschaft der Materie – der Elastizität – die rein intensiven Größen der Kräfte, die wir ausüben, umfassend sichtbar und können geometrisch dargestellt werden. Wir werden unsere Untersuchung daher mit Hilfe von drei Federwaagen fortsetzen, die wir an einem Ende zusammenhaken und am anderen Ende den drei Zugkräften aussetzen.

Um die Ergebnisse unserer wiederholten Züge unterschiedlicher Intensität und Richtung zu kennzeichnen, zeichnen wir auf dem Boden, auf dem wir stehen, drei Kreidelinien nach außen vom Punkt unterhalb des gemeinsamen Punktes der drei Instrumente, jeweils in der Richtung, die von einem der drei Instrumente eingeschlagen wird Personen. Entlang dieser Linien markieren wir die Verlängerungen, die denen der Federn der Instrumente entsprechen.

Durch dieses Vorgehen gelangen wir zu einer Figurenfolge, wie sie in Abb. 3 dargestellt ist.

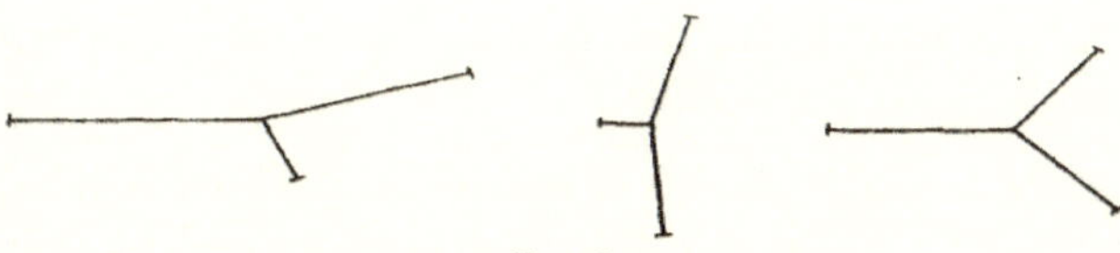

Fig. 3

Das ist alles, was wir empirisch über die gegenseitigen Beziehungen dreier an einem Punkt wirkender Kräfte herausfinden können.

Beachten wir nun die Tatsache, dass nichts in dieser Figurengruppe darauf schließen lässt, dass in jedem dieser Linientrios eine bestimmte und identische geometrische Ordnung existiert; Sie vermitteln auch nichts, was unsere Gedanken auf das Parallelogramm der Geschwindigkeiten lenken würde, was dazu führen würde, dass wir analog eine ähnliche Reihenfolge in diesen Figuren erwarten würden. Und dieses Ergebnis ist, wie wir bemerken, völlig unabhängig von unserer jeweiligen Vorgehensweise, ob wir von Anfang an ein Messgerät verwenden oder ob wir wie oben beschrieben vorgehen.

*

Nachdem wir auf diese Weise die trügerische Vorstellung beseitigt haben, dass das Parallelogramm der Kräfte durch logische Ableitung aus dem Parallelogramm der Geschwindigkeiten erdacht werden kann und daher jemals gedacht wurde, müssen wir uns fragen, was es war, wenn nicht irgendein Akt der logischen Vernunft. Das brachte Galileo dazu, es zu entdecken.

Die Geschichte erzählt, dass er bei seiner Entdeckung ausrief: „La *natura è scritta in lingua matematica !*" („Die Natur wird in der Sprache der Mathematik aufgezeichnet.") Diese Worte offenbaren seine Überraschung, als ihm die Tragweite seiner Entdeckung klar wurde. Dennoch muss er intuitiv gewusst haben, dass die Verwendung geometrischer Längen zur Symbolisierung der gemessenen Kräftegrößen zu einem gültigen Ergebnis führen würde. Woher kam diese Intuition und die andere, die ihn dazu brachte, aus den so erhaltenen Zahlen zu erkennen, dass in einem Parallelogramm, das aus zwei beliebigen der drei Linien besteht, die verbleibende Linie als Diagonale fungiert? Und wie können wir, ganz abgesehen von dem besonderen Ereignis der Entdeckung, die Tatsache erklären, dass die Natur – zumindest auf einer bestimmten Ebene ihrer Existenz – Handlungsregeln aufweist, die sich in Form logischer Prinzipien ausdrücken lassen, die dem menschlichen Geist innewohnen?

*

Um die Antwort auf diese Fragen zu finden, müssen wir auf bestimmte Tatsachen im Zusammenhang mit der psychophysischen Beschaffenheit des

Menschen zurückgreifen, die uns bereits durch die Betrachtungen von Kapitel II bewusst gemacht wurden.

Versetzen wir uns also noch einmal in den Zustand des Kindes, das noch völlig willensstark ist und sich so als eins mit der Welt erlebt. Betrachten wir unter dem Gesichtspunkt dieses Zustands den Vorgang des Anhebens des Körpers in die vertikale Position und den Erwerb der Fähigkeit, ihn in dieser Position zu halten. und fragen wir uns, was die Seele, obwohl sie sich ihrer selbst nicht bewusst ist, dabei alles erlebt. Es ist der Wille des Kindes, der in diesem Akt mit der dynamischen Struktur des Außenraums ringt, und was sein Wille erlebt, wird von entsprechenden Wahrnehmungen durch den Bewegungssinn und andere damit verbundene Körpersinne begleitet. Auf diese Weise wird das Parallelogramm der Kräfte zu einem inneren Erlebnis unseres Organismus zu Beginn unseres Erdenlebens. Was wir so in der Willensregion des Körpers in Form *erfahrener Geometrie* tragen, verwandelt sich zusammen mit der Freisetzung und Kristallisierung eines Teils unserer Willenssubstanz in unsere Vorstellungsfähigkeit in unsere Fähigkeit, geometrische Vorstellungen zu bilden, und darunter das Konzept des Bewegungsparallelogramms.

So gesehen ist die wahre Beziehung zwischen den beiden Parallelogramm-Theoremen genau das Gegenteil von derjenigen, die das wissenschaftliche Denken bisher mit Überzeugung vertreten hat. Anstelle des Parallelogramms der Kräfte, das sich aus dem Parallelogramm der Bewegungen ergibt, und der gesamten Wissenschaft der Dynamik aus der der Kinematik ist unsere Fähigkeit, in kinematischen Konzepten zu denken, das evolutionäre Produkt unserer zuvor erworbenen intuitiven Erfahrung der dynamischen Ordnung der Welt.

Wenn dies einerseits die Wahrheit über den Ursprung unseres Wissens über Kraft und ihr Verhalten und andererseits unsere Fähigkeit ist, mathematische Konzepte auf rein ideale Weise zu erfassen, was veranlasst den Menschen dann dazu, in einer solchen Illusion zu verweilen? Was ist die Beziehung zwischen den beiden? Aus unserer Darstellung folgt, dass keine Illusion dieser Art entstehen könnte, wenn wir uns ein Leben lang an unsere Erfahrungen in der frühen Kindheit erinnern könnten. Nun wissen wir aus unseren Überlegungen im Kapitel VI, dass der Mensch früher über ein solches Gedächtnis verfügte. Daher machte er sich damals keine Illusionen über die Realität der Gewalt in der Welt. Er sah im Wirken äußerer Kräfte eine Manifestation geistiger Wesenheiten, so wie er in sich selbst die Kraft als Manifestation seines eigenen geistigen Wesens erlebte. Wir haben auch gesehen, dass diese Form der Erinnerung verblassen musste, um es dem Menschen zu ermöglichen, sich zwischen Geburt und Tod als selbstbewusste Persönlichkeit wiederzufinden. Als eine solche Persönlichkeit war Galilei in der Lage, das Parallelogramm der Kräfte zu denken, aber er war nicht in der

Lage, den Ursprung seiner Fähigkeit zum mathematischen Denken oder seiner intuitiven Kenntnis des mathematischen Verhaltens der Natur in ihrem Bereich zu begreifen, in dem sie physischen Ursprung hat zwingt zum Handeln.

Tief unten in Galileis Seele lebte, wie bei jedem Menschen, das in der frühen Kindheit erworbene intuitive Wissen, dass ein Teil der Naturordnung in der Begriffssprache der Mathematik festgehalten werden kann. Damit diese Intuition weit genug in sein Bewusstsein vordringen konnte, um ihn zu leiten, wie es bei seinen Beobachtungen der Fall war, musste der Schleier des Vergessens, der sonst unser Wachbewusstsein von den Erfahrungen der frühesten Kindheit trennt, für einen Moment aufgehellt werden. Ohne sich dessen bewusst zu sein, war Galilei entsprechend überrascht, als im Betrachterteil seines Wesens die Wahrheit seiner Intuition auf eine für ihn zugängliche Weise bestätigt wurde, nämlich durch äußere Experimente. Doch als sich der Schleier sofort wieder verdunkelte, wurde der Betrachter bald der Illusion unterworfen, dass er für seine Anerkennung der Mathematik als Mittel zur Beschreibung der Natur nichts anderes brauchte als das, was ihm auf der anderen Seite des Schleiers zugänglich war.

So wurde es zum Schicksal des Menschen in der ersten Phase der Wissenschaft, die die Zeit von Galilei und seinen Zeitgenossen bis zur Gegenwart ausfüllt, dass die Fähigkeit, die der Mensch zur Schaffung dieser Wissenschaft brauchte, ihn daran hinderte, ihre wahren Grundlagen zu erkennen. Da er sich auf die Konstruktion eines rein kinematischen Weltbildes beschränkte, musste er sich davon überzeugen, dass die Reihenfolge der gegenseitigen Abhängigkeit der beiden Parallelogrammsätze das Gegenteil von dem war, was sie wirklich ist.

*

Das Ergebnis der Überlegungen dieses Kapitels ist für unsere weiteren Untersuchungen von doppelter Bedeutung. Einerseits haben wir gesehen, dass es einen Ausweg aus der Sackgasse gibt, in die die moderne wissenschaftliche Theorie aufgrund des Fehlens eines begründbaren Kraftbegriffs geraten ist, und dass dieser Weg der von Reid aufgezeigte und beschrittene ist von Goethe. „Wir müssen wieder wie kleine Kinder werden, wenn wir Philosophen sein wollen", gilt für die Wissenschaft ebenso wie für die Philosophie. Andererseits hat uns unsere Untersuchung des Ereignisses, das Galilei zu der Entdeckung führte, dass die Natur in der Sprache der Mathematik aufgezeichnet wird, gezeigt, dass diese Entdeckung nicht möglich gewesen wäre, wenn Galilei nicht in gewisser Weise, wenn auch unbewusst, etwas geworden wäre Kind wieder. Das Ereignis, das der Wissenschaft ihre ersten Grundlagen gab, ist also ein Ereignis im Menschen selbst, das genau den gleichen Charakter hat wie das, was wir für den Aufbau der neuen Grundlagen der Wissenschaft als notwendig erachten gelernt haben. Der einzige Unterschied besteht darin, dass wir versuchen, etwas, das einem Menschen in der Vergangenheit einmal passiert ist, ohne dass er es bemerkt hat, in eine bewusste und bewusste Methode *umzuwandeln* .

Müssen wir uns wundern, dass wir in unserer Zeit, in der die Menschheit mehrere Jahrhunderte älter ist als zur Zeit Galileis, dazu herausgefordert wird?

1 Zu den Begriffen „kinetisch" und „kinematisch" siehe Kapitel II, Seite 30, Fußnote.

2 Für unsere späteren Studien ist es wichtig, dass der Leser sich nicht damit zufrieden gibt, der obigen Beschreibung nur gedanklich zu folgen, sondern dass er das Experiment selbst durchführt.

KAPITEL IX

Pro Levitate

(a) Wachsamkeit *versus* Trägheit

Im vorangegangenen Kapitel haben wir einen neuen Einblick in den Zusammenhang zwischen Masse und Kraft gewonnen. Wir sind zu der Erkenntnis gekommen, dass unser Konzept der Kraft in nicht geringerem Maße auf empirischer Beobachtung beruht, als man üblicherweise für unser Konzept der Zahl, der Größe oder der Position annimmt, vorausgesetzt, wir beschränken uns nicht auf eine nicht-stereoskopische, farblose Vision Sie sind nicht an der Gestaltung unseres wissenschaftlichen Weltbildes beteiligt, sondern lassen auch andere Sinne daran mitwirken. Was den Begriff Masse anbelangt, so hat unsere Diskussion der Formel $F = ma$ gezeigt, dass Kraft und Masse, wie sie in ihr vorkommen, von identischer Natur sind und beide die Qualität von Kraft haben. Die Faktoren F und m bedeuten Kraft in einem anderen Verhältnis zum Raum (dargestellt durch den Faktor a). Diese letztgenannte Tatsache bedarf nun einer weiteren Erläuterung.

In einer Wissenschaft, die auf der Goetheschen Methode der Betrachtung der Sinneswelt basiert, entbehren Begriffe wie „Masse in Ruhe" und „Masse in Bewegung" jeder wissenschaftlichen Bedeutung (allerdings aus einem anderen Grund als in der Relativitätstheorie). Denn in einer Wissenschaft dieser Art erscheint das Universum – in dem Sinne, den Professor Whitehead und andere kürzlich vertreten haben – als ein integriertes Ganzes, dessen Teile niemals als unabhängige Einheiten betrachtet werden dürfen, die nichts mit dem Ganzen zu tun haben. So gesehen gibt es im Universum keine Masse, von der man mit Wahrheit sagen könnte, dass sie sich jemals in einem Ruhezustand befindet. Es gibt auch keinen Bewegungszustand, der durch die Attribute „gleichförmig" und „geradlinig" im Sinne des ersten Newtonschen Gesetzes richtig charakterisiert werden könnte. Dies bedeutet nicht, dass solche Bedingungen in unserem Beobachtungsbereich niemals auftreten. Als solche haben sie jedoch nur in Bezug auf unsere unmittelbare Umgebung als Bezugssystem Bedeutung. Selbst innerhalb dieser Grenzen sind diese Bedingungen nicht von der Art, dass wir sie als Grundlage eines wissenschaftlichen Weltbildes betrachten könnten. Denn als solche treten sie natürlicherweise nur als letzte, niemals als ursprüngliche Bedingungen auf. Alle Massen befinden sich ursprünglich in einem Zustand krummliniger Bewegung, deren Geschwindigkeit sich kontinuierlich ändert. Stellen Sie sich vor, dass sich eine Masse in einem Ruhezustand oder in einer gleichmäßigen Bewegung in einer geraden Linie befindet, weil keine Kraft auf sie einwirkt, und dass sie als Folge davon eine Änderung in der Geschwindigkeit und Richtung ihrer Bewegung erfährt dass eine äußere Kraft darauf einwirkt, ist eine reine Abstraktion. Soweit Masse in unserem Beobachtungsfeld als in relativer Ruhe oder Bewegung der beschriebenen Art befindlich erscheint, ist dies immer die Wirkung einer sekundären dynamischen Ursache.

mit dem Lauf des Universums und nicht *gegen ihn* denken wollen , dürfen wir unsere Überlegungen nicht vom Zustand der (relativen) Ruhe oder gleichförmigen Bewegung in einer geraden Linie beginnen und unsere Definition von Kraft aus der Annahme ableiten, dass es eine gibt primärer „kraftfreier" Zustand, der unter der Einwirkung einer Kraft verändert wird, aber wir müssen unsere Definitionen so anordnen, dass sie am Ende zu diesem Zustand führen. So müsste beispielsweise Newtons erstes Gesetz etwa wie folgt umformuliert werden: *Kein physischer Körper befindet sich jemals in einem Zustand der Ruhe oder einer gleichmäßigen geradlinigen Bewegung, es sei denn, sein natürlicher Zustand wird durch die besondere Einwirkung einer Kraft gestört.*

Dynamisch und vom Aspekt des Universums als zusammenhängendes Ganzes aus betrachtet, sind alle Massenansammlungen die Manifestation bestimmter dynamischer Bedingungen innerhalb des Universums, und was uns als Änderung des Bewegungszustands einer solchen Masse erscheint, ist nichts anderes eine Veränderung der dynamischen Beziehung zwischen dieser bestimmten Ansammlung und dem Rest der Welt. Sehen wir uns nun an, welche Ursachen für eine solche Veränderung im Bereich unserer Beobachtung auftreten.

*

In modernen Lehrbüchern wird die Art der Ursache physikalischer Bewegung üblicherweise wie folgt definiert: „Jede Änderung des Bewegungszustands eines Teils der Materie ist das Ergebnis der Einwirkung eines anderen Teils der Materie darauf." Dies stellt eine Wahrheit dar, wenn es zur Beschreibung einer bestimmten Art von Kausalität verwendet wird. In der axiomatischen Form, in der es gegeben wird, ist es ein Trugschluss. Die darin beschriebene Art der Kausalität ist tatsächlich die einzige, die vom wissenschaftlichen Verstand des Menschen berücksichtigt wurde. Wir nennen es gewöhnlich „mechanische" Kausalität. Offensichtlich ist das menschliche Beobachterbewusstsein nicht in der Lage, sich eine andere Art von Kausalität vorzustellen. Denn dieses Bewusstsein ist seiner Natur nach auf die Betrachtung räumlich scheinbarer Entitäten beschränkt, die aus diesem Grund nur als räumlich nebeneinander existierend betrachtet werden können. Für den einäugigen, farbenblinden Betrachter könnte daher jede Änderung im Bewegungszustand eines räumlich begrenzten Wesens nur auf die Aktion eines anderen solchen Wesens außerhalb seiner selbst zurückgeführt werden. Eine solche Weltanschauung musste zwangsläufig eine mechanistische sein.

Wir können uns mit diesem Zustand nicht zufrieden geben, wenn wir aufrichtig nach einem Verständnis dafür suchen, wie der *Geist* Materie bewegt, formt und umwandelt. Wir müssen lernen, nichtmechanische Ursachen für physikalische Wirkungen zuzulassen, wenn solche Ursachen unserer Beobachtung tatsächlich in den Sinn kommen. Auch in dieser Hinsicht ist unser eigener Körper ein besonders lehrreiches Untersuchungsobjekt. Denn hier können mechanische und nichtmechanische Ursachen in engster Verbindung nebeneinander wirken. Fragen wir uns daher, was passiert, wenn wir beispielsweise eines unserer Gliedmaßen oder einen Teil davon bewegen.

Die Bewegung eines beliebigen Teils unseres Körpers wird immer in irgendeiner Weise durch die Bewegung des entsprechenden Teils des Skeletts beeinflusst . Dies wiederum wird durch bestimmte Dehnungen und Kontraktionen des entsprechenden Teils der Muskulatur in Gang gesetzt. Nun fällt die Art und Weise, wie die Muskeln die Knochen bewegen, eindeutig in die Kategorie der mechanischen Verursachung. Bestimmte Teile der Materie werden durch die Bewegung benachbarter Teile der Materie in Bewegung gebracht. Das Bild ändert sich, wenn wir nach der Ursache suchen, der die Muskeln ihre Bewegungen verdanken. Denn die Bewegung der Muskeln ist nicht die Wirkung einer äußeren Ursache, sondern wird durch die rein spirituelle Energie unseres Willens bewirkt , die direkt in die physische Substanz der Muskeln einwirkt. Was wissenschaftliche Messgeräte in Form von physikalischen, chemischen, elektrischen usw. Veränderungen der Muskelsubstanz registrieren konnten, ist selbst ein Effekt dieser Wechselwirkung.

Um die Tatsache zu verdeutlichen, dass sich diese Art der Kausalität klar von der sogenannten mechanischen Art unterscheidet, wäre es gut, ihr einen eigenen Namen zu geben. Wenn wir nach einem passenden Begriff suchen, bietet sich das Wort „magisch" an. Die Tatsache, dass dieses Wort allerlei zweifelhafte Assoziationen hervorgerufen hat, darf uns nicht daran hindern, es in die Terminologie einer Wissenschaft zu übernehmen, die danach strebt, die Wirkungsweise des Übersinnlichen in der Sinneswelt zu verstehen. Der Verruf dieses Wortes ist charakteristisch für das Zuschaueralter. Die von uns vorgeschlagene Verwendung steht im Einklang mit seiner wahren und ursprünglichen Bedeutung: Die Silbe „mag" bedeutet Macht oder Macht (Sanskrit *maha* , griechisch *megas* , lateinisch *magnus*, englisch *might, much,* auch *master*). Im Folgenden werden wir zwischen „mechanischer" und „magischer" Kausalität unterscheiden, wobei letztere ein Merkmal der meisten Vorgänge im menschlichen, tierischen und pflanzlichen Organismus ist. [1]

*

Unser nächster Schritt beim Aufbau eines wirklich dynamischen Bildes der Materie muss darin bestehen, zu versuchen, den Zustand der Materie direkt zu erfahren, wenn sie unter dem Einfluss magischer Kausalität steht.

Erinnern wir uns zunächst daran, was die herausragende Eigenschaft ist, mit der Materie auf mechanische Kausalität reagiert. Dies ist bekanntlich *Trägheit*. Mit diesem Begriff bezeichnen wir die Tendenz der physischen Materie, sich jeder äußerlich eingeprägten Änderung ihres bestehenden Bewegungszustandes zu widersetzen. Diese Eigenschaft ist eng mit einer anderen Eigenschaft verknüpft, *dem Gewicht*. Das Zusammentreffen der beiden ist in letzter Zeit zu einem Rätsel für die Wissenschaft geworden, und es war Albert Einstein, der versuchte, es zu lösen, indem er seine Allgemeine Relativitätstheorie aufstellte. Die Notwendigkeit, nach solchen Lösungen zu suchen, entfällt in einer Wissenschaft, die das wissenschaftliche Verständnis auf Materiezustände ausdehnt, in denen Gewicht und Trägheit keine vorherrschenden Merkmale mehr sind. Was aus der Trägheit wird, wenn Materie einer magischen Kausalität unterliegt, kann auf folgende Weise in unsere unmittelbare Erfahrung gebracht werden. (Der Leser, auch wenn er mit diesem Experiment bereits vertraut ist, wird erneut gebeten, es selbst durchzuführen.)

Nehmen Sie eine Position nahe einer glatten Wand ein, so dass ein Arm und eine Hand, die neben dem Körper herunterhängen, auf ihrer gesamten Länge zwischen Körper und Wand gedrückt werden. Versuchen Sie nun, den Arm nach oben zu bewegen und ihn dabei gegen die Wand zu drücken, als ob Sie diese verschieben wollten. Wenden Sie bei diesem Versuch alle erdenkliche Anstrengung an und halten Sie die Anstrengung etwa eine Minute lang aufrecht. Treten Sie dann schnell um mehr als die Armlänge von der Wand weg, während Sie den Arm in völliger Entspannung seitlich am Körper herabhängen lassen. Vorausgesetzt, dass alle Bedingungen ordnungsgemäß erfüllt sind, hebt sich der Arm entsprechend dem Ziel der vorherigen Anstrengung *von selbst , bis er die Horizontale erreicht*. Wird der Arm dann wieder abgesenkt und sich selbst überlassen, hebt er sich sofort wieder, wenn auch nicht ganz so hoch wie zuvor. Dies kann mehrmals wiederholt werden, bis der letzte Rest des Automatikwerks verschwunden ist.

Nachdem wir durch direkte Erfahrung festgestellt haben, dass es einen Zustand der Materie gibt, in dem die Trägheit, gelinde gesagt, stark verringert ist, müssen wir diesen Zustand herbeiführen (der in der gesamten Natur überall dort vorhanden ist, wo materielle Veränderungen auf magische Weise ins Leben gerufen werden). ein eigener Name, wie wir es bei den beiden Arten der Kausalität getan haben. Es bietet sich ein Wort an, das nicht nur die eigentümliche Selbstmobilität, die wir gerade in unsere Erfahrung gebracht haben, angemessen zum Ausdruck bringt, sondern auch gut zum Wort „träge" passt, indem es eine Art Reim mit ihm bildet. Dies ist der

Begriff „*Alarm*". Mit seiner Hilfe werden wir künftig zwischen Materie im trägen und wachen Zustand unterscheiden. Wir werden den letzteren Zustand „Wachsamkeit" nennen, und um auf der anderen Seite ein Wort zu haben, das in der äußeren Form der Wachsamkeit möglichst ähnlich ist, schlagen wir vor, den üblichen Begriff „Trägheit" durch „Trägheit" zu ersetzen. Daher werden wir von Materie sprechen, die das Attribut „Trägheit" aufweist, wenn sie einer mechanischen Kausalität unterliegt, und von „Wachsamkeit", wenn sie einer magischen Kausalität unterliegt.

Wer im obigen Experiment aufmerksam die Empfindung beobachtet, die der sich hebende Arm hervorruft, wird von der Erfahrung der durch den magischen Eingriff des Willens im Arm vorherrschenden Wachheit beeindruckt sein.

*

Bei unserem Bemühen , einen modernen Weg zur Überwindung der von der Wissenschaft im Zeitalter des Betrachterbewusstseins entwickelten und vertretenen Vorstellung von Materie zu finden, wird es uns helfen, zu beachten, wie diese Vorstellung erstmals historisch entstand. Von bedeutsamer Bedeutung ist in diesem Zusammenhang die Entdeckung des gasförmigen Zustands der Materie durch den flämischen Arzt und Experimentator Joh. Baptist van Helmont (1577-1644). Die Tatsache, dass die Existenz dieses Zustands der Ponderable-Materie bis zu diesem relativ jungen Zeitpunkt völlig unbekannt war, ist heute völlig in Vergessenheit geraten. Darüber hinaus ist es so weit von aktuellen Vorstellungen entfernt, dass jeder, der jetzt auf van Helmonts Entdeckung aufmerksam macht, mit großer Wahrscheinlichkeit auf Ungläubigkeit stoßen wird. Daher gibt es keinen Bericht über das Ereignis, der es in seinen wahren Kontext bringt. Im Folgenden wird darauf geachtet, die Fakten in der Form darzustellen, wie man sie durch van Helmonts eigenen Bericht in seinem *Ortus erfahren kann Medicinae* .

Aus Gründen, die hier nicht beschrieben werden müssen, untersuchte van Helmont mit besonderem Interesse die verschiedenen Modifikationen, in denen Kohlenstoff in der Natur vorkommen kann – darunter das Verbrennungsprodukt des Kohlenstoffs, Kohlendioxid. Es waren seine Beobachtungen von Kohlendioxid, die ihn auf einen Zustand der Materie aufmerksam machten, dessen Eigenschaften ihn am meisten überraschten. Denn er fand, dass es gleichzeitig „viel feiner als Dampf und viel dichter als Luft" sei. Es erschien ihm als ein völliges „Paradoxon", weil es zwei widersprüchliche Eigenschaften in sich zu vereinen schien, von denen die eine dem Bereich der „ungeschaffenen Dinge" und die andere dem Bereich der „geschaffenen Dinge" zuzuordnen war. Da er ihn weder mit „ Dampf " noch mit „Luft" gleichsetzen konnte (wir werden gleich sehen, was diese

Begriffe in van Helmonts Terminologie bedeuteten), brauchte er ein spezielles Wort, um diesen neuen Zustand von den anderen bekannten Zuständen (die beiden unten aufgeführten) zu unterscheiden und darüber. Da er von keiner existierenden Sprache erwarten konnte, dass sie über ein passendes Wort verfügte, hatte er das Gefühl, dass er eines schaffen musste. Deshalb nahm er ein Wort, das einen bestimmten kosmischen Zustand bezeichnete, der sich in dem neuen Zustand, den er gerade entdeckt hatte, abzubilden schien, und änderte es leicht. Das Wort war CHAOS. Indem er es ein wenig verkürzte, leitete er daraus das neue Wort GAS ab. Seine eigenen Worte, die seine Wahl erklären, sind: „Halitum ilium GAS vocavi non longe a Chaos veterum Secretum." („Ich habe diesen Nebel Gas genannt, weil er dem Chaos der Alten ähnelt.") [2]

Van Helmonts Bericht stellt uns vor eine Reihe von Rätseln. Sicherlich ist es für uns nichts Seltsames, wenn er Kohlendioxidgas als „feiner als Dampf und dichter als Luft" beschreibt; aber warum nannte er das ein „Paradoxon"? Was hinderte ihn daran, es neben der Luft einzuordnen? Warum sollte er die Luft selbst als zum Bereich der „ungeschaffenen Dinge" gehörend bezeichnen? Welchen Grund gab es, „Dampf" den Rang eines bestimmten Zustands der Materie zuzuordnen? Und zu guter Letzt: Was war die alte Vorstellung von Chaos, die van Helmont dazu veranlasste, diesen Namen als Archetyp für das neue Wort zu wählen, das er brauchte?

Um van Helmonts Erstaunen und sein weiteres Vorgehen zu würdigen, müssen wir uns zunächst die Bedeutung vergegenwärtigen, die er gemäß der vorherrschenden Tradition dem Begriff „Luft" beimisst. Für van Helmont war Luft eines der vier „Elemente", ERDE, WASSER, LUFT und FEUER. Von diesen stellten die ersten beiden den Bereich der „geschaffenen Dinge" dar, die anderen beiden den Bereich der „ungeschaffenen Dinge". An dieser Stelle ist ein kurzes Studium der alten Lehre von den Vier Elementen notwendig, um die Bedeutung dieser Konzepte zu verstehen.

*

Die erste systematische Lehre über die vier elementaren Bestandteile der Natur, wie sie der Mensch in alter Zeit erlebte, stammt von Empedokles im fünften Jahrhundert v. Chr. Sie wurde von Aristoteles ausgearbeitet. In dieser Form wurde es überliefert und diente über mehr als tausend Jahre hinweg bis zur Zeit van Helmonts als Leitfaden für die Naturbeobachtung. Aus unseren früheren Beschreibungen der Veränderungen im menschlichen Bewusstsein geht hervor, dass die vier Begriffe „Erde", „Wasser", „Luft", „Feuer" früher etwas anderes bedeutet haben müssen. „Wasser" bedeutete also nicht nur die physikalische Substanz, die die moderne Chemie durch die Formel H_2O definiert; Auch war „Luft" nicht das für die Erdatmosphäre charakteristische Gasgemisch. Der damalige Mensch war aufgrund seines besonderen

Verhältnisses zur Natur in erster Linie von den verschiedenen dynamischen Bedingungen beeindruckt, von denen es vier an der Zahl gab, die er sowohl in seiner natürlichen Umgebung als auch in seinem eigenen Organismus vorfand. Mit seinen Elementarbegriffen versuchte er daher, die vier Grundbedingungen, die er so erlebte, auszudrücken. Er betrachtete physische Substanzen als einen Auf- und Abtransport zwischen diesen Zuständen.

Auf den ersten Blick scheint eine gewisse Beziehung zwischen dem Begriff „Element" in diesem älteren Sinne und der modernen Sicht auf die verschiedenen Zustände materieller Aggregation, fest, flüssig, luftförmig, zu bestehen. In dieser modernen Sichtweise gibt es jedoch nichts, was dem Element Feuer entsprechen würde. Denn Wärme im Sinne der Naturwissenschaft ist eine immaterielle Energie, die bestimmte Bedingungen in den drei materiellen Zuständen schafft, aber von diesen drei zur Wärme gibt es keinen Übergang, der den Übergängen untereinander entspricht. Wärme steht daher nicht als vierte Bedingung neben den festen, flüssigen und luftförmigen Zuständen, wie Feuer in der älteren Auffassung neben Erde, Wasser und Luft.

Wenn wir die alten Begriffe zur Bezeichnung der drei Aggregatzustände plus Wärme, wie wir sie heute kennen, verwenden würden, würden wir sagen, dass es eine Grenzlinie gibt, die das Feuer von den drei unteren Elementen trennt. Auch in der älteren Elementarauffassung gab es eine solche Grenzlinie. Lediglich seine Position wurde woanders gesehen – zwischen Erde und Wasser einerseits, Luft und Feuer andererseits. Dies wurde dadurch zum Ausdruck gebracht, dass die Elemente unterhalb dieser Linie den Bereich der „geschaffenen Dinge" bildeten, die darüber liegenden Elemente den Bereich der „ungeschaffenen Dinge". Eine andere Möglichkeit, dies auszudrücken, bestand darin, Erde und Wasser mit der Qualität Kälte zu charakterisieren; Luft und Feuer mit der Qualität Warm. Die beiden Elementpaare wurden somit als polare Gegensätze zueinander angesehen.

Die Begriffe „kalt" und „warm" müssen auch so verstanden werden, dass sie bestimmte qualitative Erfahrungen zum Ausdruck brachten, bei denen es noch keinen Unterschied zwischen rein Physischem und Rein Geistigem gab. Ausdrücke wie „ein kaltes Herz", „ein warmes Herz", „jemandem die kalte Schulter zeigen" usw. zeugen immer noch von dieser Art, die beiden polaren Qualitäten kalt und warm zu erleben. Ganz allgemein kann man sagen, dass der Mensch überall dort, wo er einen Prozess der Kontraktion erlebte, ob körperlich oder nichtkörperlich, ihn mit „kalt" bezeichnete, und wo er eine Ausdehnung erlebte, „warm" nannte. In diesem Sinne empfand er die Kontraktion als das vorherrschende Merkmal von Erde und Wasser, Ausdehnung als das von Luft und Feuer.

Mit Hilfe dieser qualitativen Begriffe sind wir nun in der Lage, den Unterschied zwischen den älteren und den modernen Vorstellungen noch klarer zu bestimmen: insbesondere den Unterschied zwischen dem luftförmigen Zustand der Materie, wie wir ihn heute verstehen, und dem Element Luft. Kontraktion manifestiert sich als Materialdichte oder als spezifisches Gewicht einer bestimmten Substanz. Wir wissen, dass diese Eigenschaft der Materie mit dem Übergang vom festen in den flüssigen und luftförmigen Zustand allmählich abnimmt. Wir wissen auch, dass dieser letzte Zustand durch ein hohes Maß an Ausdehnung gekennzeichnet ist, was auch die herausragende Eigenschaft der Wärme ist. Daher gibt es Grund, auch aus moderner Sicht die festen und flüssigen Zustände als im Wesentlichen „kalt" und den luftförmigen Zustand als „warm" zu beschreiben. Aber luftförmige Materie hat immer noch Dichte und Gewicht, und das bedeutet, dass Materie in diesem Zustand die beiden gegensätzlichen Eigenschaften vereint. Im Gegensatz dazu zeichnet sich Luft als zweithöchstes Element im alten Sinne durch die reine Qualität, die Wärme, aus. Wenn also der Mensch früher von „Luft" sprach, meinte er etwas, das völlig frei von materieller Dichte und Gewicht ist. [3]

Indem wir auf diese Weise die älteren und neueren Vorstellungen von „Luft" vergleichen, kommen wir zu der Erkenntnis, dass der Mensch der Antike eine Vorstellung von der Schwerkraft gehabt haben muss, die sich wesentlich von der unseren unterschied. Wenn wir die Schwerkraft im Sinne des modernen Wissenschaftlers als „beschreibendes Verhaltensgesetz" verstehen, dann wird dieses Verhalten in der älteren Lehre mit der Qualität „Kälte" bezeichnet. Wenn wir jedoch im System der modernen Wissenschaft nach einem Verhaltensgesetz suchen, das der Qualität „warm" entsprechen würde, tun wir dies vergebens. Polaritätskonzepte sind dem wissenschaftlichen Denken sicherlich nicht fremd, wie die Physik von Elektrizität und Magnetismus zeigt. Dennoch gibt es keinen Gegenpol zur Schwerkraft, da es ein negatives Gegenteil zur positiven Elektrizität usw. gibt. [4]

In der älteren Vorstellung wurde jedoch gesehen, dass dem Gravitationsverhalten „kalt" ein autonomes Antigravitationsverhalten „warm" entgegenwirkt. Die Erfahrung stützte immer noch die Überzeugung, dass es im Gegensatz zur Welt, die der Schwerkraft unterworfen war, eine andere Welt gab, die der Leichtigkeit unterworfen war.

Wir verzichten an dieser Stelle darauf, darüber zu diskutieren, inwieweit eine Wissenschaft, die ein spirituelles Verständnis der Natur, einschließlich materieller Prozesse, anstrebt, einer Wiederbelebung – in moderner Form – der alten Konzeption der Leichtigkeit bedarf. In unserem gegenwärtigen Kontext genügt es zu erkennen, dass wir die frühere Sicht des Menschen auf die Natur und damit auch die von van Helmont immer noch vertretene Sicht nur dann verstehen, wenn wir Leichtigkeit und Schwerkraft gleichermaßen in sein Weltbild einbeziehen. Insbesondere für die vier Elemente bedeutete dies, dass die beiden oberen als Repräsentanten der Levitation und die beiden unteren als Repräsentanten der Schwerkraft angesehen wurden.

In engem Zusammenhang mit dieser polaren Auffassung der beiden Elementpaare steht ihre Differenzierung in einen Bereich geschaffener und einen anderen Bereich ungeschaffener Dinge. Um zu verstehen, was diese Begriffe bedeuten, müssen wir uns dem alten Konzept „Chaos" zuwenden, das von van Helmont übernommen wurde .

Heute verstehen wir unter dem Wort Chaos einen Zustand bloßer Abwesenheit von Ordnung, der meist auf die Zerstörung bestehender Formen zurückzuführen ist, sei es durch die Natur oder durch menschliches Handeln. Im ursprünglichen Sinne bedeutete das Wort genau das Gegenteil. Wenn man in der Antike vom Chaos sprach, meinte man damit den Schoß allen Seins, das erhabene Reich der ungeschaffenen Dinge, in dem zwar Formen, wie sie in der geschaffenen Welt für das Auge sichtbar sind, nicht zu finden sind, sondern an deren Stelle sie treten die Archetypen aller sichtbaren Formen, als ob sie in einem spirituellen Samenzustand genährt würden. Es ist der Zustand, der in der biblischen Erzählung von der Erschaffung der Welt als „formlos und leer" beschrieben wird.

Aus diesem Chaos werden nacheinander alle vier Elemente geboren, wobei die beiden oberen die wesentliche Eigenschaft des Chaos behalten, nämlich dass sie „formlos" sind und dazu tendieren, allgegenwärtig zu sein, während die beiden unteren einen Bereich bilden, in dem die Dinge erscheinen mehr oder weniger klar umrissene raumgebundene Formen. Das ist es, was die Begriffe „ungeschaffen" und „erschaffen" implizieren.

Wie streng diese beiden Bereiche unterschieden wurden, zeigt das Auftreten des Begriffs „ Dampf ". Als mit dem zunehmenden Interesse am Bereich der geschaffenen Dinge – charakteristisch für das Betrachterbewusstsein, das wir im Hinblick auf unsere frühere Beschreibung als selbst ein „geschaffenes Ding" erkennen – die Notwendigkeit einer fortschreitenden Differenzierung innerhalb dieses Bereichs entstand, die einfache Aufteilung in „Erde" und „Wasser" wurde nicht mehr als zufriedenstellend empfunden. Schließlich gab es über dem flüssigen Zustand der Materie einen anderen Zustand, der weniger dicht als Wasser war und sich dennoch durch mehr oder weniger klar unterscheidbare raumgebundene Objekte präsentierte, wie etwa die Nebel, die aus Teichen und Wiesen aufstiegen und sich darüber ausbreiteten, und die schwebenden Wolken im Himmel. Für diesen Zustand der Materie hatte sich der Begriff „ Dampf " eingebürgert, der auch von van Helmont in diesem Sinne verwendet wurde. Aufgrund seiner Eigenschaften gehörte Dampf zum Bereich der erschaffenen Dinge, Luft hingegen nicht. Es war die Zwischenstellung des neu entdeckten Materiezustandes zwischen Dampf und Luft, also zwischen der geschaffenen und der ungeschaffenen Welt, die van Helmont dazu veranlasste, ihn als Paradoxon zu bezeichnen; und es war seine seltsame Ähnlichkeit mit Chaos, trotz seiner schwerfälligen Natur, die ihn dazu veranlasste, es zu nennen – Gas.

*

Helmont entdeckten Form handeln konnte, auf welchen besonderen Naturzustand wiesen die Alten hin, als sie den Begriff Luft verwendeten? Sehen wir uns an, wie die Schriften vergangener menschlicher Kulturen von Luft sprechen.

In allen älteren Sprachen dienten die Wörter, die zur Bezeichnung des mit der Atmung verbundenen Elements oder des Atmens verwendet wurden, gleichzeitig dazu, die Beziehung des Menschen zum Göttlichen oder sogar zum Göttlichen selbst auszudrücken. Man denke nur an die Worte *Brahma* und *Atma* der alten Inder, an das *Pneuma* der Griechen, an den *Spiritus* der Römer. Die Hebräer brachten die gleiche Idee zum Ausdruck, als sie sagten, dass Jehova dem Menschen den Atem des Lebens eingehaucht habe und dass der Mensch auf diese Weise eine lebendige Seele geworden sei.

Hinter all diesen Worten verbirgt sich das dem damaligen Menschen vertraute Gefühl, dass die Atmung nicht nur ein Mittel war, den Körper am Leben zu erhalten, sondern dass mit dem Atem eine geistige Essenz einströmte. Solange dieser Zustand vorherrschte, konnten die Menschen erwarten, dass sie durch die Änderung ihrer Atemweise ein Mittel hätten, die Seele in eine stärkere Beziehung zu spirituellen Kräften zu bringen, wie es im östlichen Yoga versucht wird.

Wenn wir uns an das Bild der geistig-physischen Entwicklung des Menschen erinnern, das wir aus früheren Kapiteln gewonnen haben, sind wir nicht erstaunt darüber, wie unterschiedlich diese frühe Erfahrung des Atemvorgangs von unserer eigenen war. Doch zusammen mit der Anerkennung dieses Unterschieds stellt sich eine weitere Frage. Auch wenn wir zugeben, dass der Mensch der alten Zeit so organisiert war, dass die Erfahrung seines eigenen Atemvorgangs eine überwiegend spirituelle Erfahrung war, war es doch die gasförmige Substanz der Erdatmosphäre, die er in einem verwandelten Zustand einatmete und wieder ausatmete. Was hinderte die Menschen – offenbar bis zur Zeit van Helmonts – daran, auch nur die geringste Ahnung von der Materialität dieser Substanz zu bekommen? Um eine Antwort auf diese Frage zu finden, greifen wir noch einmal auf unsere Methode der genetischen Beobachtung der Dinge zurück, verbunden mit dem Prinzip, Teile nicht zu betrachten, ohne das Ganze zu berücksichtigen, zu dem sie organisch gehören.

In der modernen Wissenschaft wird die Erde als mineralischer Körper betrachtet, auf dem die vielfältigen Formen der Natur als bloße Zusätze erscheinen, die mehr oder weniger zufällig entstehen; man kann sich ihre Abwesenheit durchaus vorstellen, ohne dass dies einen wesentlichen Einfluss auf den Status der Erde im Universum hätte. Die Wahrheit ist ganz anders. Denn die Erde bildet mit allem, was auf ihr existiert, ein einziges Ganzes, so wie jeder einzelne Organismus auf seine Weise ein Ganzes ist.

Dies zeigt, dass wir kein Recht haben, uns die Erde ohne Menschen vorzustellen und anzunehmen, dass ihre kosmischen Seinsbedingungen dann unverändert bleiben würden – ebenso wenig wie wir uns einen Menschen vorstellen können, der eines lebenswichtigen Organs beraubt ist und menschlich bleibt. Der Mensch und alle anderen Naturreiche sind seit Beginn ihrer Existenz organisch mit der Erde verbunden. Darüber hinaus sehen wir, wie die höchsten Pflanzen, mit Goethes Augen gesehen, die geistigen Urheber des gesamten Pflanzenreichs sind – die schöpferische Idee, die ihre Entwicklung bestimmt –, so sehen wir den Menschen, das höchste Produkt der Erdenentwickelung, als ihre Idee hinter dieser Entwicklung stehen von Anfang an und bestimmt seinen Verlauf. Die evolutionären Veränderungen, die wir auf der Erde und beim Menschen beobachten, sind in Wirklichkeit ein *einziger* Prozess, der sich durch eine Vielzahl manifestierter Formen auswirkt.

Helmonts Entdeckung darstellt . Es ist nicht nur ein Symptom einer Revolution in der Art und Weise, wie der Mensch die Atmosphäre *wahrnimmt* , sondern weist auch auf eine entsprechende Veränderung im geistig-physischen Zustand der Atmosphäre selbst hin. Damals begannen die Menschen nicht nur, anders über Luft zu denken, sondern sie atmeten auch eine Luft ein und aus, die tatsächlich anders war. Um herauszufinden, was für eine Veränderung das war, wenden wir uns noch einmal dem Organismus des Menschen zu und schauen, was er über die Bedingungen aussagt, unter denen Materie im bereits beschriebenen Sinne durch mechanische bzw. magische Kausalität beeinflusst werden kann.

Was ist es in der Natur der Knochen, das sie nur mechanischer Wirkung zugänglich macht, und was ist es in den Muskeln, das es unserem Willen ermöglicht, sie auf magische Weise zu wecken? Knochen und Muskeln stehen in einer bestimmten genetischen Beziehung zueinander, wobei die Knochen im Verhältnis zu den Muskeln ein Spätprodukt der organischen Entwicklung sind. Dies gilt gleichermaßen für alles, was im Körper der belebten Natur als mineralisierte Ablagerungen oder Beläge vorliegt. Jede Art von Organismus besteht in seinen frühen Stadien vollständig aus lebender Substanz; Im Laufe der Zeit spaltet sich ein Teil des Organismus ab und geht in einen mehr oder weniger mineralisierten Zustand über. Der Unterschied zwischen Knochen und Muskeln besteht in diesem Licht darin, dass sich die

Knochen aus einem Zustand heraus entwickelt haben, in dem die Muskeln bestehen bleiben , wenn auch in allmählich abnehmendem Ausmaß, im Laufe der Lebenszeit des Körpers. Die Muskelsubstanz, die mehr oder weniger „jung" bleibt, steht im Gegenpol zur „gealterten" Substanz der Knochen. Daher kommt es darauf an das „Alter" eines Stücks Materie, unabhängig davon, ob es auf magische oder mechanische Ursachen reagiert.

Stellen wir hier gleich fest, dass diese zeitliche Unterscheidung einen wesentlichen Einfluss auf unser Verständnis evolutionärer Prozesse im Allgemeinen hat. Denn wenn mineralische Materie ein Spätprodukt der Evolution ist – und nichts in der Natur deutet auf das Gegenteil hin –, dann ist es notwendig, die Ursprünge der Welt (wie es wissenschaftliche Theorien immer getan haben) mit Hilfe von Ereignissen zu erklären, die denen ähneln, die jetzt in der Welt stattfinden Mineralreich bedeutet, sie anhand der eigenen Beweise der Natur zu erklären. Um in der heutigen Natur Bilder vergangener Zustände der Erde zu finden, müssen wir in die Regionen schauen, in denen die Materie, weil sie noch „jugendlich" ist, von der magischen Wirkung gezielt wirkender geistiger Kräfte durchwirkt wird. Anstatt also in ihnen die zufälligen Ergebnisse blinder vulkanischer und ähnlicher Kräfte zu sehen, müssen wir in der Bildung und Anordnung von Land und Meer ein Ergebnis von Ereignissen erkennen, die denen ähneln, die während der Embryonalentwicklung eines lebenden Organismus auftreten.

Was sagt uns dann van Helmonts Entdeckung des gasförmigen Zustands der Materie, wenn wir sie im Lichte unserer neu gewonnenen Erkenntnisse über den Trend der Evolution sowohl innerhalb als auch außerhalb des Menschen betrachten? Als die Menschheit im Laufe ihres Älterwerdens das Stadium erreicht hatte, das sich in der Entstehung des Zuschauer-Bewusstseins ausdrückt, also auf einem von den Lebenskräften des Menschen mehr oder weniger unabhängig gewordenen Nervensystem beruht Organismus - die äußeren Elemente waren auf ihre Weise so weit gekommen, dass der Mensch begann, eine Luft einzuatmen, deren geistig-physische Beschaffenheit genau der seines Nervensystems entsprach: auf beiden Seiten Geist und Materie, je nach den Notwendigkeiten der kosmischen Evolution hatten ihre ursprüngliche Verbindung verloren.

*

Unsere Ausweitung des Konzepts der Evolution auf die Elemente der Natur selbst, seien sie materieller oder immaterieller Art, und unsere Erkenntnis, dass diese Evolution im Allgemeinen von einem wacheren zu einem trägeren Zustand führt, eröffnet sofort die Möglichkeit der Einbeziehung bestimmter Tatsachen in unser wissenschaftliches Weltbild, die sich bisher jeder Einbeziehung widersetzten. Wir meinen jene vielfältigen Ereignisse „wundersamer" Natur, von denen die heiligen Schriften und mündlichen

Überlieferungen der alten Zeit voll sind. Was soll der moderne Mensch daraus machen?

Die Zweifel, die an Ereignissen dieser Art entstanden sind, haben ihre Wurzeln einerseits in der scheinbaren Abwesenheit solcher Ereignisse in unserer Zeit, andererseits in der Tatsache, dass die Naturgesetze, die die Wissenschaft aus dem gegenwärtigen Zustand der Welt abgeleitet hat, offensichtlich sind um sie auszuschließen. [5] Im Lichte des Konzepts der „Alterung der Welt", das wir hier zu entwickeln versucht haben, werden nicht nur die entsprechenden Berichte plausibel, sondern es wird auch verständlich, warum sie, wenn solche Ereignisse in der Vergangenheit stattgefunden haben, dies nicht tun Tun Sie dies in unserer eigenen Zeit.

Um dies zu veranschaulichen, nehmen wir einige Beispiele, die symptomatisch für die höhere Jugendlichkeit sind, die in früheren Zeiten insbesondere für das Element Feuer charakteristisch war.

Die Rolle, die Feuer im Leben des Menschen zu einer Zeit spielen konnte, als selbst dieses Element, das an sich das jüngste von allen war, anfälliger für magische Eingriffe war als in letzter Zeit, wird durch die vielfältigen Feuerriten der alten Zeit gezeigt. In jenen Tagen, als es keine einfachen Mittel zum Feueranzünden gab, war es für die Bedürfnisse des täglichen Lebens üblich, ständig ein Feuer am Brennen zu halten und daraus andere Feuer zu entfachen. Nur in Notfällen wurde ein neues Feuer angezündet, und dann ging es nur durch das mühsame Aneinanderreiben zweier trockener Holzstücke.

Sowohl die Aufrechterhaltung von Feuern als auch das bewusste Anzünden eines neuen Feuers spielten damals eine ganz besondere Rolle in der zeremoniellen Ordnung der menschlichen Gesellschaft. Historisch gesehen ist der römische Gebrauch im Tempel der Vesta am bekanntesten . Einerseits wurde das unbeabsichtigte Löschen des Feuers als nationales Unglück und als schwerwiegendste Übertretung seitens der mit der Aufrechterhaltung des Feuers beauftragten geweihten Priesterin angesehen. Andererseits hielt man es für unerlässlich, dass dieses „ewige" Feuer einmal im Jahr neu entfacht wird. Dies geschah mit einem besonderen Ritual zu Beginn des römischen Jahres (1. März).

Die Konzeption, die einem solchen Ritual des Feueranzündens zugrunde liegt, wird klar, wenn wir bestimmte andere Feuerriten damit vergleichen, die in den nördlichen Teilen Europas, insbesondere auf den britischen Inseln, bis weit in die christliche Ära hinein praktiziert wurden. Wenn beispielsweise beim Vieh eine Krankheit ausbrach, war es eine weit verbreitete Praxis, alle Herdfeuer im Bezirk zu löschen und dann mit bestimmten Ritualen ein neues Feuer anzuzünden, an dem alle Einheimischen erneut ihre eigenen Feuer entzündeten. Wer es versäumte, sein eigenes Feuer zu löschen, wurde mit hohen Strafen belegt – ein Versäumnis, das sich meist daran erkennen ließ, dass die erwartete heilende Wirkung nicht eintrat. Im angelsächsischen Sprachraum wurden Brände dieser Art als „Needfires" bezeichnet.

Die spirituelle Bedeutung dieser Feuer kann nicht besser ausgedrückt werden als durch die Bedeutung des Begriffs „Bedürfnisfeuer". Dieses Wort leitet sich nicht, wie früher angenommen wurde, vom Wort „need" ab, was „in einem Zustand der Not entzündetes Feuer" bedeutet, sondern, wie neuere etymologische Forschungen gezeigt haben, von einer Wurzel, die im deutschen Wort „nieten" *vorkommt* – zum Klammern oder Nieten. „Needfire" bedeutet also nichts weniger als ein Feuer, das entfacht wurde, um die Verbindung zwischen dem irdischen Leben und der spirituellen Urordnung zu Zeiten neu zu „festigen", in denen es aus dem einen oder anderen Grund dazu aufgerufen war.

Diese Erklärung des „Bedürfnisfeuers" wirft auch Licht auf den römischen Brauch, jährlich das heilige Feuer im Tempel der Vesta neu zu entfachen. Für die Römer war dies ein Mittel, Jahr für Jahr die Verbindung der Nation mit ihrer geistlichen Führung zu bekräftigen; Dementsprechend wählten sie die Zeit, in der die Sonne in ihrem jährlichen Lauf die Vereinigung des Weltgeistes mit der irdischen Natur wiederherstellt – „wieder festigt" – für die Wiedergeburt des Feuers, das während des restlichen Jahres sorgfältig vor dem Aussterben bewahrt wurde .

So wie die Menschen in dieser Feuerentfachung eine Möglichkeit sahen, die Menschheit mit geistigen Mächten in aktive Beziehung zu bringen, so waren andererseits diese Mächte dazu angehalten, das Feuerelement in der äußeren Natur zu nutzen, um sich der Menschheit aktiv bekannt zu machen. Daher finden wir in den Aufzeichnungen aller alten Völker eine einstimmige Anerkennung von Blitz und Donner einerseits und vulkanischen Phänomenen andererseits als Mittel, auf die die Gottheit zurückgreift, um in das menschliche Schicksal einzugreifen. Ein bekanntes Beispiel ist der Bericht in der Bibel über die Begegnung Moses mit Gott auf dem Berg Sinai. Als Ereignis in der frühen Geschichte der Hebräer beweist es, dass das Feuerelement der Erde schon in historischen Zeiten ausreichend „jung" war, um den höheren spirituellen Mächten als Instrument zur direkten Willensäußerung zu dienen.

(b) LEICHTIGKEIT *versus* SCHWERKRAFT

Wir haben weiter oben in diesem Kapitel gesagt, dass eine Wissenschaft, die ein spirituelles Verständnis der physikalischen Ereignisse in der Natur anstrebt, die Vorstellung aufgeben muss, dass Trägheit und Gewicht absolute Eigenschaften der Materie seien. Wir waren in der Lage, die Frage der Trägheit sofort anzugehen, indem wir die Materie in den Zustand verminderter Trägheit oder, wie wir sagen wollten, der Wachsamkeit zu unserer unmittelbaren Beobachtung brachten. Wir sind nun in der Lage, uns mit der anderen Frage zu befassen, der Frage nach Gewicht oder Schwerkraft. So wie wir festgestellt haben, dass die Trägheit ihr Gegenstück in der Wachheit hat, beides existierende Zustände der Materie, so werden wir nun zusätzlich zur Schwerkraft eine andere Kraft finden, die genau das Gegenteil davon ist und zu der wir daher nichts Besseres sagen können Namen als „Leichtigkeit".

*

Tatsächlich hat uns das Bild der Natur, das wir durch die Verfolgung von Goethes Studien sowohl der Pflanzen als auch der meteorologischen Ereignisse gewonnen haben, mit gewissen Aspekten der Leichtigkeit konfrontiert. Denn wenn Goethe von Systole und Diastole spricht, wie die Pflanze ihn zunächst das Sehen lehrte und wie er später herausfand, dass sie die Grundfaktoren der Wetterbildung bilden, dann spricht er in Wirklichkeit von den antiken Begriffen „kalt" und „warm". Goethes Art, die Natur zu beobachten, ist in der Tat ein erster Schritt über die Grenzen einer Wissenschaft hinaus, die die Leichtigkeit als kosmisches Gegenstück zur irdischen Schwerkraft ignorierte. Um die historische Bedeutung dieses Schritts zu erkennen, richten wir unseren Blick auf den Moment, als dem menschlichen Geist bewusst wurde, dass er, um eine ordnungsgemäße Grundlage für die Wissenschaft zu schaffen, die er aufbauen wollte, jede Vorstellung von Leichtfertigkeit als etwas mit etwas ausschließen musste reale Existenz.

Manche Vorstellungen, die vom modernen Menschen als selbstverständlich angesehen werden und von denen daher angenommen wird, dass sie schon immer offensichtlich waren, wurden in Wirklichkeit ganz bewusst zu einem bestimmten historischen Zeitpunkt aufgestellt. Wir haben gesehen, wie sich dies auf unser Wissen über den gasförmigen Zustand der Materie auswirkt; es gilt auch für die Idee der Einzigartigkeit der Schwerkraft. Etwa ein halbes Jahrhundert nach van Helmonts Entdeckung wurde in Florenz von der *Accademia del Cimento* eine Abhandlung mit dem Titel *Contra Levitatem veröffentlicht* . Es erklärt, dass eine Wissenschaft, die fest auf Beobachtung basiert, kein Recht hat, von der Levitation als etwas zu sprechen, das den gleichen Rang wie die Schwerkraft und ihr Gegenteil davon beansprucht.

Diese Haltung entsprach dem Zustand, in den sich das menschliche Bewusstsein zu dieser Zeit begeben hatte. Denn ein Bewusstsein, das selbst von der Qualität „kalt" ist, weil es auf den Kontraktionskräften des Körpers beruht, ist naturgemäß nicht in der Lage, sein genaues Gegenteil zu berücksichtigen. Deshalb war es in der Tat sinnlos, von einer Kraft der Leichtigkeit zu sprechen, wie man von der Schwerkraft sprechen konnte.

Genauso wie die Verbannung des Leichtsinns aus der Wissenschaft zu Beginn des Zeitalters des Zuschauerbewusstseins eine historische Notwendigkeit darstellte, so bestand auch eine historische Notwendigkeit darin, dass sich dieser Leichtsinn erneut bewusst wurde, als es für den Menschen an der Zeit war, die Beschränkungen seines Zuschauers zu überwinden - Beziehung zur Welt. Wir finden dies in Goethes Impuls, nach der Wirkung von Polaritäten in der Natur zu suchen. Wie wir später sehen werden, kommt es in Goethes optischen Vorstellungen am deutlichsten zum Ausdruck.

Ein weiterer Zeuge dieser Tatsache ist Ruskin mit einer Bemerkung, die sich in mehr als einer Hinsicht auf unser gegenwärtiges Thema bezieht. Es kommt in seinem Aufsatz „ *Die Sturmwolke des neunzehnten Jahrhunderts* " vor. In diesem Zusammenhang soll es den Leser davor warnen, die Wissenschaft, die Ruskin als Instrument zur Tatsachenermittlung lobt, als Interpretation natürlicher Tatsachen zu betrachten. Ruskin nimmt Newtons Konzept der Schwerkraft als die alles bewegende Ursache des Universums und wendet sich mit folgenden Worten dagegen:

„Nehmen Sie die Spitze und das Zentrum der wissenschaftlichen Interpretation durch die größten ihrer Meister: Newton hat Ihnen erklärt – oder sollte es zumindest einmal erklären –, warum ein Apfel fiel; Aber er kam nie auf die Idee, die genau entsprechende, aber viel schwierigere Frage zu erklären: Wie der Apfel dorthin gelangte.'

Diese Bemerkung zeigt Ruskin einmal mehr als wahren Leser im Buch der Natur. Mit kindlicher Offenheit und intensiver Teilhabe blickt er auf die Welt der Sinne und lässt die Naturphänomene auf sich wirken, ohne vorgefasst der einen oder anderen Art den Vorzug zu geben. Dies ermöglicht es ihm, sich nicht durch das Phänomen fallender Körper verleiten zu lassen, das polar entgegengesetzte Phänomen der Aufwärtsbewegung der physischen Materie in der lebenden Pflanze zu übersehen . Ruskins Bemerkung weist direkt auf die neue Weltanschauung hin, die heute angestrebt werden muss – die Vorstellung, in der der Tod als eine sekundäre Existenzform anerkannt wird, der das Leben vorausgeht; in dem der Leichtigkeit als polarer Kraft zur Schwerkraft ihr rechtmäßiger Platz eingeräumt wird; und in der, weil das Leben mit der Leichtigkeit verbunden ist, wie der Tod mit der Schwerkraft, die Leichtfertigkeit als älter angesehen wird als die Schwerkraft.

*

Wenn wir nun mit dem Studium der Leichtigkeit fortfahren, beginnen wir nicht, wie zu erwarten wäre, mit Pflanzen oder anderen Lebewesen. Wir sind noch nicht in der Lage, die Rolle zu verstehen, die der Leichtsinn bei der Verwirklichung der Lebensprozesse spielt; dazu kommen wir später. Für unseren vorliegenden Zweck werden wir bestimmte makrotellurische

Ereignisse betrachten – Ereignisse, an denen weite Teile der Erde beteiligt sind – und dabei einerseits Beispiele aus der Meteorologie und andererseits seismische (vulkanische) Prozesse heranziehen.

Bei der Verfolgung dieses Kurses folgen wir einer Methode, die zu den Grundlagen einer Goetheanistischen Wissenschaft gehört. Ein paar Worte zu dieser Methode sind vielleicht nicht unangebracht.

Wenn wir uns bemühen, das Buch der Natur als ein Drehbuch des Geistes zu lesen , fühlen wir uns immer wieder zu zwei Bereichen natürlicher Phänomene hingezogen. Sie sind in ihrem Charakter sehr unterschiedlich, aber wenn man sie zusammen betrachtet, machen sie vieles lesbar, was sich in keinem der beiden Bereiche allein entziffern lässt. Diese Bereiche sind einerseits das innere Wesen des Menschen und andererseits die Phänomene makrotellurischen und kosmischen Charakters. Wie fruchtbar es ist, diese beiden miteinander zu verbinden, wird deutlich, wenn wir über Folgendes nachdenken.

Das Feld des Innenlebens des Menschen ermöglicht es uns wie nichts anderes, es mit unserer eigenen intuitiven Erfahrung zu durchdringen. Denn immer sind wir selbst in gewisser Weise die Ursache der dort stattfindenden Ereignisse. Um in diesem Bereich Beobachtungen machen zu können, müssen wir jedoch ein gewisses Erwachen in einem Teil unseres Wesens herbeiführen, der – solange wir uns auf die rein natürlichen Kräfte unseres Körpers verlassen – in mehr oder weniger tiefer Unbewusstheit versunken bleibt.

Obwohl dieser Bereich der Ereignisse inniger als jeder andere mit unserer intuitiven Erfahrung verbunden ist, hat er auch die Eigenschaft, dass er jeder Forschung mit externen Mitteln verschlossen bleibt. Vieles, was außerhalb der äußeren Beobachtung liegt, offenbart sich jedoch umso deutlicher in den Bereichen, in denen die Natur im weitesten Sinne tätig ist. Natürlich müssen wir uns darin üben, die Phänomene, die in diesen Bereichen ans Licht kommen, richtig zu deuten. Und noch einmal müssen wir auf den bereits erwähnten Weg der Selbstbeobachtung zurückgreifen, um unserem Blick die nötige intuitive Kraft zu verleihen. Wenn uns dies gelingt, werden die Himmel für uns zu einem Text, in dem Geheimnisse der menschlichen Natur gelesen werden können, die der bloßen Selbstbeobachtung verborgen bleiben; Gleichzeitig ermöglicht uns die introspektive Art, Dinge zu erleben, die wir durch die bloße Beobachtung des äußeren Universums nicht entdecken können.

Neben diesen methodischen Überlegungen gibt es noch einen weiteren Grund für unsere Wahl. Zu den Beispielen, die früher in diesem Kapitel als Symptome einer größeren „Jugendlichkeit" erwähnt wurden, die in der Natur und insbesondere im Element Feuer zu einem vergleichsweise jungen

Zeitpunkt vorherrschte, gehörten die Manifestationen der göttlich-geistigen Welt für den Menschen, von denen in der Bibel berichtet wird Veranstaltung auf dem Berg Sinai. Dort bilden Donner und Blitz von oben und vulkanische Aktivität von unten den Rahmen für den Verkehr zwischen Jehova und Moses. Heute ist die Funktion dieser Art von Phänomenen, obwohl sie durch die veränderten Bedingungen der Erde verändert wurde, nicht wesentlich anders. Hier offenbart die Natur mehr als in jedem anderen Bereich ihres Wirkens jene Seite von ihr, die wir verständnisvoll zu durchdringen suchen.

*

Beginnen wir mit einer Beobachtung, die dem Autor dieses Buches von einem Besuch in der *Solfatara,* einer Vulkanregion in der Nähe von Neapel, bekannt war.

Die *Solfatara* selbst ist eine Mulde, die von hügeligen Hügeln umgeben ist; Sein glatter, topfartiger Boden, bedeckt mit weißlichem Bimssand, ist mit Kratern übersät, die heftig kochenden und rauchenden Schlamm enthalten — den sogenannten *Fango* , der für seine heilenden Eigenschaften bekannt ist. Rundherum strömen schwefelhaltige Dämpfe aus Felsspalten, und an einer besonderen Stelle offenbart die *Solfatara* ihre unterirdische Aktivität durch das Auftauchen von feinem, vielfarbigem Sand , der wie kochende Flüssigkeit aus den Tiefen darunter hervorquillt. Die gesamte Region erweckt den Eindruck, sich in einem labilen Gleichgewicht zu befinden. Wie wahr das ist, wird deutlich, wenn man hier und dort brennende Papierstücke auf den Boden fallen lässt: Sofort steigt eine Rauch- und Dampfwolke auf. Der Effekt ist noch intensiver, wenn eine brennende Fackel über einem der kochenden *Fangolöcher bewegt wird* . Dann antwortet die Tiefe sofort mit einer außerordentlichen Intensivierung des Siedevorgangs. Der heiße Schlamm scheint in heftige Turbulenzen geraten zu sein und stößt dicke Dampfwolken aus, die den Betrachter am Rande bald vollständig einhüllen.

Der wissenschaftliche Geist ist zunächst geneigt, in diesem Phänomen den mechanischen Effekt eines verringerten Luftdrucks zu sehen, der auf die höheren Temperaturen über der Oberfläche des siedenden Schlamms zurückzuführen ist, obwohl Zweifel aufgrund der ungewöhnlichen Intensität der Reaktion aufkommen. Das Gefühl, dass die physikalische Erklärung unzureichend ist, verstärkt sich, wenn die Dämpfe dünner geworden sind und man überrascht ist, dass jeder Riss und jede Ritze in der *Solfatara,* bis hinauf zum oberen Rand der Wanne, Anzeichen erhöhter Aktivität aufweist. Sicherlich kann dies nicht durch einen Ursache-Wirkungs-Zusammenhang erklärt werden, wie er im Bereich der mechanischen Kausalität zu finden ist, wo sich eine Wirkung von Punkt zu Punkt ausbreitet und die Gesamtwirkung die Summe einer Anzahl von Teilwirkungen ist. Es sieht eher so aus, als hätte der an einer Stelle ausgeübte Impuls einen großen Impuls ausgelöst, der nun auf die gesamte *Solfatara einwirkte.*

Als Beobachter, die versuchen, Naturphänomene zu verstehen, indem sie ihre Bedeutung als Buchstaben in der Naturschrift erkennen, müssen wir jetzt nach anderen Phänomenen suchen, die mit diesem Phänomen verbunden werden können, um das relevante „Wort" zu bilden, das wir entschlüsseln wollten.

Alle wissenschaftlichen Theorien über die Ursachen vulkanischer und tektonischer seismischer Ereignisse wurden so konzipiert, dass die räumliche Bewegung mineralischer Materie das einzige Ereignis wäre, das erklärt werden müsste. Kein Wunder, dass sich keine dieser Theorien selbst für mechanistisch orientiertes Denken als wirklich befriedigend erwiesen hat. Tatsächlich gibt es im Zusammenhang mit den seismischen Aktivitäten der Erde Phänomene ganz anderer Art, die gleichermaßen berücksichtigt werden müssen.

Da ist zum Beispiel die Tatsache, dass Tiere oft eine Vorahnung von vulkanischen oder tektonischen Störungen zeigen. Sie werden unruhig und verstecken sich oder suchen, wenn es sich um häusliche Tiere handelt, den Schutz des Menschen. Offenbar reagieren sie auf diese Weise auf Veränderungen in der Natur, die den mechanischen Ereignissen vorausgehen, durch die der Mensch das seismische Ereignis registriert.

Ein weiteres derartiges Phänomen ist der sogenannte Erdbebenhimmel, dessen Zeuge der Autor dieses Artikels mehrfach war. Es besteht aus einer eigentümlichen, fast erschreckenden, intensiven Verfärbung des Himmels und ist für diejenigen, die damit vertraut sind, ein sicheres Zeichen für ein bevorstehendes oder tatsächliches Erdbeben irgendwo in der entsprechenden Region der Erde. Dieses Phänomen lehrt uns, dass die Veränderung im Zustand der Erde, die zu einer heftigen Bewegung ihrer Kruste führt, einen Bereich ihres Organismus betrifft, der weitaus größer ist als die unterirdischen Schichten, in denen man üblicherweise annimmt, dass die Ursache der rein mechanischen Ereignisse liegt. [6]

Dass der Mensch selbst nicht davon ausgeschlossen ist, die überräumliche Natur seismischer Störungen direkt zu erleben, zeigt ein Ereignis in Goethes Leben, über das sein Sekretär Eckermann berichtete, der die Geschichte selbst von einem alten Mann erfuhr, der damals Goethes Kammerdiener gewesen war. [7]

So erzählte ihm der alte Mann, den Eckermann eines Tages in der Nähe von Weimar zufällig traf: „Einmal klingelte Goethe mitten in der Nacht und als ich sein Zimmer betrat, fand ich, dass er sein Eisenbett ans Fenster gerollt hatte und lag . " dort und blickte in den Himmel. „Hast du nichts am Himmel gesehen?" fragte er, und als ich mit „Nein" antwortete, bat er mich, zum Wachposten zu laufen und den Wachhabenden zu fragen, ob er nichts gesehen habe. Er hatte nichts bemerkt und als ich zurückkam , fand ich den Meister immer noch in derselben Position und blickte in den Himmel. „Hören Sie", sagte er, „das ist ein wichtiger Moment; es gibt jetzt ein Erdbeben oder eines wird gerade stattfinden." Dann ließ er mich auf dem Bett sitzen und zeigte mir, an welchen Zeichen er das wusste.' Auf die Frage nach den Wetterbedingungen antwortete der alte Mann: „Es war sehr bewölkt, sehr still und schwül." Der uneingeschränkte Glaube an Goethe war für ihn eine Selbstverständlichkeit, „denn es kam immer so, wie er es versprochen hatte". Als Goethe am nächsten Tag seine Beobachtungen bei Hofe erzählte, kicherten die Frauen: „Goethe träumt" („ *Goethe schwärmt* "), doch der Herzog und die anderen anwesenden Männer glaubten ihm. Wenige Wochen später erreichte Weimar die Nachricht, dass in dieser Nacht (5. April 1783) ein Teil von Messina durch ein Erdbeben zerstört worden war.

Von Goethe selbst gibt es keine Aufzeichnungen über die Natur des von ihm in dieser Nacht wahrgenommenen Phänomens, außer einer kurzen Bemerkung in einem Brief an Frau de Stein, den er am folgenden Tag schrieb und in dem er behauptet, ein „nördliches Licht" gesehen zu haben der Südosten", dessen außergewöhnlicher Charakter ihn befürchten ließ, dass irgendwo ein Erdbeben stattgefunden habe. Der Bericht des Kammerdieners lässt vermuten, dass es überhaupt kein äußerlich wahrnehmbares Phänomen gegeben habe, sondern dass das, was Goethe mit seinen körperlichen Augen zu sehen glaubte, die Projektion eines rein übersinnlichen, aber darum nicht weniger objektiven Erlebnisses sei.

In einem Bild der seismischen Aktivitäten der Erde, das Phänomene dieser Art umfassen soll, können die vulkanischen oder tektonischen Wirkungen nicht auf rein lokale Ursachen zurückgeführt werden. Warum sollte dann der gesamte meteorologische Bereich einbezogen werden und warum sollten Lebewesen in der beschriebenen Weise reagieren? Natürlich müssen wir den Ursprung der totalen Störung nicht im Erdinneren suchen, sondern in der Ausdehnung des umgebenden Weltraums. Tatsächlich kann uns das Phänomen der Solfatara, wenn man es in diesem Licht betrachtet, offenbaren, dass zumindest die vulkanischen Bewegungen der Erdkruste nicht durch Druck von innen, sondern durch Sog von außen – also durch eine außergewöhnliche Aktion – verursacht *werden* der Leichtigkeit.

Wir erinnern uns daran, dass das gesamte *Solfatara- Phänomen seinen Ursprung in einer Flamme hatte, die über einem der Fangolöcher* schwankte . Obwohl es wahr bleibt, dass der Sog, der durch den verringerten Luftdruck über dem Loch entsteht, nicht für die starke Zunahme der Aufwallungen im Loch selbst verantwortlich sein kann, ganz zu schweigen von der Beteiligung der gesamten Region an dieser Zunahme, gibt es doch die Tatsache, dass das

Ganze Das Ereignis beginnt mit einer Sogwirkung. Wie wir im nächsten Kapitel sehen werden, stört jede lokale Wärmeproduktion die Schwerkraftbedingungen an diesem Ort, indem sie das Gleichgewicht auf die Seite der Schwerkraft verschiebt. Dass die Reaktion an einem Ort wie der *Solfatara* so ist, wie wir sie gesehen haben, ist das Ergebnis einer außergewöhnlichen Labilität des Gleichgewichts zwischen Schwerkraft und Leichtigkeit, eine Eigenschaft, die dem Vulkanismus der Erde im Allgemeinen zu eigen ist.

Für die Menschen, die in der Nähe der *Solfatara leben* , ist es in der Tat allgemein bekannt, dass es Zeiten gibt, in denen diese Labilität so groß ist, dass die geringste lokale Störung der von uns beschriebenen Art zerstörerische Eruptionen großer Massen unterirdischen Schlamms hervorrufen kann. (Zu solchen Zeiten ist der Zugang zur *Solfatara* verboten.) Wir werden einen solchen Ausbruch richtig verstehen, wenn wir ihn uns als Gegenpol einer Lawine vorstellen. Letzteres kann dadurch verursacht werden, dass sich ein Materiefragment auf einem schneebedeckten Berg, vielleicht ein kleiner Stein, löst und bei seinem Abstieg immer größer werdende Schneemassen mit sich bringt. Der zu dieser Demonstration der Schwerkraft polare Levitationsprozess ist die Erzeugung einer mächtig wachsenden „negativen Lawine" durch vergleichsweise schwache lokale Sogwirkung, verursacht durch eine kleine Flamme.

*

Zu Beginn dieses Kapitels (Seite 150) haben wir gesagt, dass wir, wenn wir verstehen wollen, wie der Geist Materie bewegt, formt und umwandelt, die Existenz nichtmechanischer (magischer) Ursachen für physikalische Wirkungen erkennen müssen. Wir haben nun herausgefunden, dass das Auftreten solcher Effekte in der Natur auf das Wirken einer bestimmten Kraft, der Leichtigkeit, zurückzuführen ist, die polar zur Schwerkraft ist. Die Beobachtung einer Reihe von Naturereignissen hat uns geholfen, uns mit dem Charakter dieser Kraft vorab vertraut zu machen . Obwohl diese Ereignisse alle physischer Natur waren, zeigten sie bestimmte, definitiv nicht-physische Merkmale, insbesondere durch ihre besondere Beziehung zum dreidimensionalen Raum. Weitere Merkmale dieser Art werden auf den folgenden Seiten aufgeführt.

Auf diese Weise wird immer klarer, dass es sich bei der Leichtigkeit um etwas handelt, das sich trotz seiner manifesten Eigenschaften einer „Kraft", die der Schwerkraft nicht unähnlich ist und dieser dadurch ähnelt, wesentlich von allem rein Physischen unterscheidet. Nur durch ihre Wechselwirkung mit der Schwerkraft bewirkt die Leichtigkeit Ereignisse in der physischen Welt, Ereignisse jedoch, die selbst teils physischer, teils überphysischer Art sind. Wenn wir die Dinge unter diesem Aspekt betrachten, werden wir natürlich dazu veranlasst, uns zu fragen, welche Ursachen es in der Welt gibt, die dazu führen, dass Schwerkraft und Leichtigkeit überhaupt interagieren. Diese Frage wird zu gegebener Zeit eine Antwort finden. Zunächst müssen wir uns mit den verschiedenen Erscheinungsformen des Zusammenspiels von Schwerkraft und Leichtigkeit in der Natur besser vertraut machen.

1 In diesem Sinne weist Ruskins Beschreibung des Wirkens des Geistes in der Pflanze als etwas, das „Wasser aus dem Chaos usw. usw. auffängt und es in eine bestimmte Form bringt", auf eine magische Wirkung hin.

2 Für Van Helmont klangen die beiden Wörter aufgrund der flämischen Aussprache des Buchstabens G ähnlicher, als ihre Schreibweise vermuten lässt.

3 In einem späteren Kapitel werden wir Gelegenheit haben zu bestimmen, was Luft einerseits von Feuer und andererseits Wasser von Erde unterscheidet.

4 Es ist diese scheinbare Unipolarität der Schwerkraft, die Professor Einstein bei seinem Versuch, ein rein gravitatives Weltbild mit mathematisch passender bipolarer Elektrizität und Magnetismus zu schaffen, so große Schwierigkeiten bereitet hat .

5 Siehe die jüngste Kontroverse um „Bishop Barnes".

6 Zur gleichen Kategorie gehören die heftigen Gewitter, die in einigen Teilen der Welt bekanntermaßen in Verbindung mit Erdbeben auftreten.

7 Siehe *Goethes Gespräche mit Eckermann* (übersetzt von J. Oxenford), 13. November 1823.

KAPITEL X

Der vierte Zustand der Materie

Als William Crookes als einen der Titel seiner Arbeit über die neu entdeckten Eigenschaften der Elektrizität „Der vierte Zustand der Materie" wählte, wollte er damit seine Überzeugung zum Ausdruck bringen, dass er zusätzlich zu den drei bekannten einen weiteren Zustand der Materie gefunden hatte: Dies stellte „das Grenzland dar, in dem Materie und Kraft ineinander zu verschmelzen scheinen, das Schattenreich zwischen Bekanntem und Unbekanntem", nach dem sich seine Seele seit dem Tod seines geliebten Bruders gesehnt hatte. [1] Alles, was von seiner Entdeckung bis hin zur Umwandlung der Materie selbst in frei wirkende Energie folgte, zeigt, dass er Recht hatte, als er dachte, er sei an einem Grenzgebiet der Natur angelangt. Aber der Charakter der so befreiten Kräfte macht ebenso deutlich, dass dies nicht das Grenzgebiet ist, das er suchte. Die Natur – womit wir *die physische* Natur meinen – hat tatsächlich zwei Grenzen: Die eine berührt den Bereich der intramateriellen Energien, die durch die Zerstörung der Struktur der Atomkerne freigesetzt werden, die andere führt hinüber zum kreativen Chaos, der Quelle alles Erscheinenden in der Natur als intelligentes Design.

Es war Crookes' Schicksal, den Weg zu eröffnen, der den Menschen an die untere Grenze der Natur und sogar über sie hinweg führte, obwohl er selbst auf der Suche nach ihrer oberen Grenze war. Was ihm verweigert wurde, sind wir heute in der Lage, zu erreichen, vorausgesetzt, wir erwarten keinen Erfolg mit Methoden, die denen der Atomphysik ähneln, und suchen nicht nach ähnlichen Ergebnissen.

Der Zweck dieses Kapitels besteht darin, zu zeigen, dass es einen zu Recht so genannten vierten Zustand der Materie gibt, der in Wirklichkeit die Obergrenze der Natur darstellt, und den Weg aufzuzeigen, der dorthin und darüber hinaus führt.

*

Aus unserem früheren Vergleich der älteren Vorstellung der vier elementaren Naturzustände mit der heutigen Vorstellung der drei Zustände der wägbaren Materie können wir erwarten, dass der vierte Zustand etwas mit der Wärme gemeinsam hat. Wärme ist in der Tat die Energie, die Materie umwandelt, indem sie sie vom festen in den flüssigen und gasförmigen Zustand überführt. Nicht so offensichtlich ist die Tatsache, dass Wärme, abgesehen davon, dass sie ein Mittel ist, das auf diese Weise auf Materie einwirkt, die eigentliche Essenz ist, die allen materiellen Existenzen zugrunde liegt, aus der Materie in ihren drei wägbaren Zuständen entsteht und in die sie zurückkehren *kann* wieder. Eine solche Vorstellung von Materie fehlte natürlicherweise im Zeitalter der kontralevitatistischen Ausrichtung des menschlichen Geistes. Um diese Vorstellung zu schaffen, ist eine neue Pro-Levitate-Ausrichtung erforderlich.

Neben der Verflüssigung und Verdampfung hat Wärme auch die Eigenschaft, auf physikalische Materie einzuwirken und deren Volumen zu vergrößern. Beide Tatsachen werden von der Wissenschaft durch die thermodynamische Vorstellung von Wärme miteinander verknüpft. Da diese Vorstellung der Erkenntnis der Rolle der Wärme als viertem Zustand der Materie den Weg versperrt, wird unsere erste Aufgabe darin bestehen, unseren eigenen Standpunkt dazu zu bestimmen. Weitere Hindernisse auf unserem Weg sind die sogenannten Erhaltungssätze, die besagen, dass keine Materie und keine Energie, die für die heutige Wissenschaft ein und dasselbe geworden sind, jemals im „Nichts" verschwinden oder daraus entstehen können 'Nichts'. Daher wird auch dieser Gedanke unsere frühzeitige Aufmerksamkeit erfordern. [2]

*

Im Lichte unserer bisherigen Studien wird es uns nicht schwer fallen, den Realitätswert der thermodynamischen Vorstellung von Wärme zu überprüfen.

So wie wir die Masse durch eine bestimmte Sinneswahrnehmung kennen, so kennen wir auch die Wärme. Im letzteren Fall verlassen wir uns auf den Wärmesinn. In Kapitel VIII nutzten wir die Gelegenheit, die Objektivität der über diesen Sinn erhaltenen Informationen zu testen. Dennoch ist die einäugige, farbenblinde Beobachtung natürlich nicht in der Lage, diese Sinnesbotschaften zu berücksichtigen. Für diese Art der Beobachtung ist, wie wir wissen, nichts zugänglich als räumliche Verschiebungen einzelner punktförmiger Einheiten. Daher führen Bacon und Hooke das Wärmeempfinden bereits auf winzige, sich schnell bewegende Materieteilchen zurück, die auf die Haut auftreffen. Einige Zeit später sehen wir, wie Locke das gleiche Bild aufnimmt. Daraus sehen wir, wie wenig die mechanische Theorie der Wärme empirischen Tatsachen verdankt. Denn selbst zu Lockes Zeiten war der Zusammenhang zwischen Wärme und mechanischer Wirkung, wie er heute erkannt wird, völlig unbekannt.

Da diese Idee fest in seinem Kopf verankert war, hatte der moderne Mensch keine Schwierigkeiten, damit sowohl die Wärmeausdehnung als auch die Wirkung von Wärme auf die verschiedenen Zustände der Materie und damit letztlich auch diese Zustände selbst zu erklären. Die Wärmeausdehnung wurde somit auf eine Vergrößerung des durchschnittlichen Abstands zwischen den angenommenen winzigen Partikeln zurückgeführt, die durch eine Erhöhung ihrer Bewegungsgeschwindigkeit verursacht wurde; Der flüssige Zustand unterschied sich vom festen Zustand und ebenso der gasförmige vom flüssigen Zustand dadurch, dass die Zwischenräume zwischen den Teilchen relativ groß wurden, so dass die Anziehungskraft zwischen ihnen zu schwach wurde, um sie zusammenzuhalten.

Von einem Standpunkt außerhalb des Betrachterbewusstseins aus getestet, scheint dieses Gesamtbild der Wechselwirkung zwischen Materie und Wärme der kosmischen Ordnung der Dinge in einer für andere Betrachtertheorien typischen Weise zu widersprechen. Wenn der alte Mensch mit diesem Bild konfrontiert wurde, hätte er gesagt, dass es bedeutet, das Element Feuer durch die Qualität Kälte zu erklären. Denn jedes dieser winzigen Teilchen stellt in seiner Festigkeit und räumlichen Trennung von den anderen ein Abbild der Erde und damit des Elements Erde selbst dar. Er wäre nicht in der Lage zu verstehen, warum Phänomene des „warmen" Elements Feuer durch sein genaues Gegenteil erklärt werden sollten. Darüber hinaus ist Feuer Teil des immer „jugendlichen" Bereichs der Welt, während alles, was als räumlich erkennbare Einheit existiert und mechanisch bewegt werden kann, kosmisch „alt" geworden sein muss.

Dass Ruskin im Hinblick auf diese Theorie ebenso auf der Hut war wie im Hinblick auf Newtons Gravitationstheorie, zeigt die folgende Äußerung aus seinem Werk „ *Die Königin der Lüfte* ". Offensichtlich angeregt durch Tyndalls neu veröffentlichte Abhandlung „ *Wärme als Bewegungsart* " verspürte Ruskin das Bedürfnis, das Bestreben der zeitgenössischen Wissenschaft zu kritisieren, „die verschiedenen Energieformen immer mehr in Formen einer einzigen Kraft oder schließlich in bloße, übertragbare Bewegung zu vereinfachen". in verschiedenen Zuständen, aber nicht zerstörbar", indem er erklärte, dass er selbst „in der Reihenfolge seines Denkens lieber die Bewegung als eine Art der Wärme betrachten würde als die Wärme als eine Art der Bewegung".

Diese Worte von Ruskin berühren auch das Gesetz der Energieerhaltung, von dem wir sagten, dass es ebenfalls eine vorläufige Prüfung erfordert. Was wir nun herausfinden müssen, ist die faktische Grundlage, auf der dieses Gesetz beruht.

*

Die Konzeption des Energieerhaltungssatzes entstand aus der Entdeckung der konstanten numerischen Beziehung zwischen Wärme und mechanischer Arbeit, die als mechanisches Wärmeäquivalent bekannt ist. Diese Entdeckung wurde etwa zur gleichen Zeit von Joule in England und JR Mayer in Deutschland gemacht, wenn auch auf völlig unterschiedlichen Wegen. Joule, ein Brauer, war ein Mann mit praktischer Veranlagung. Von Dalton, dem Begründer der Atomtheorie, in experimenteller Forschung geschult, setzte er die Forschungen von Rumford und Davy fort, die sie unternommen hatten, um zu beweisen, dass Wärme nicht, wie eine Zeit lang angenommen wurde, eine wägbare Substanz, sondern ein unwägbarer Wirkstoff ist . Als Ausgangspunkt nahm er die Heizwirkung elektrischer Ströme. Die Tatsache, dass diese durch Drehen einer Maschine, also durch Aufwendung mechanischer Energie, erzeugt werden konnten, brachte ihn auf die Idee, die von der Maschine geleistete Arbeit zu bestimmen und diese dann mit der durch den Strom erzeugten Wärmemenge zu vergleichen. Durch eine Reihe raffinierter Experimente gelang es ihm, das numerische Verhältnis zwischen Arbeit und Wärme immer genauer zu bestimmen und die absolute Konstanz des Verhältnisses festzustellen.

Dies betrachtete er als Beweis für die mechanische Theorie der Wärme, die er von Rumford und Davy übernommen hatte. Welche einfachere Erklärung könnte es für die konstante numerische Beziehung zwischen Arbeit und Wärme geben als die Vorstellung, dass die Umwandlung einer Energieform in eine andere einfach eine Übertragung der Bewegung von einem Objekt auf ein anderes sei? War es nicht selbstverständlich, aus der quantitativen Gleichheit von verbrauchter und erzeugter Energie die qualitative Ähnlichkeit der beiden Energieformen zu argumentieren, die nur äußerlich unterschiedlich wirkten?

Auf einem ganz anderen Weg gelangte der Heilbronner Arzt Mayer zu seinen Ergebnissen. Um der Enge seiner süddeutschen Heimatstadt zu entfliehen, ging er schon als Jugendlicher als Arzt auf ein niederländisches Schiff, das nach Java fuhr. Als er in den Tropen eine Reihe von Seeleuten durch Aderlass behandelte, stellte er fest, dass das venöse Blut in der Farbe dem helleren arteriellen Blut viel näher kam, als es zu Hause üblich war. Diese Farbveränderung führte er auf die verminderte Intensität der körperlichen Verbrennung zurück, die, wie er glaubte, auf die höhere Temperatur in den Tropen zurückzuführen sei .

Kaum war ihm dieser Gedanke durch den Kopf gegangen, löste er einen anderen aus – den einer universellen Wechselbeziehung zwischen allen möglichen Energieformen. Dieser letzte Gedanke nahm ihn so sehr in Besitz, dass ihm während der Rückreise, wie er selbst erzählte, kaum etwas anderes einfiel, als die Richtigkeit seines Gedankens zu beweisen und welche Konsequenzen dies für das Gesamtbild der Natur haben würde. Seit seiner Rückkehr widmete er sein Leben der praktischen Erforschung der Zusammenhänge zwischen den verschiedenen Erscheinungsformen der Energie. Auf diese Weise gelangte er zur Bestimmung des sogenannten mechanischen Wärmeäquivalents, kurz bevor Joule dieselbe Entdeckung auf ganz andere Weise machte.

Wenn man bedenkt, wie schwach der Zusammenhang zwischen Mayers Beobachtung der Seeleute auf Java und der Idee des quantitativen Gleichgewichts aller physikalischen Naturkräfte war, und wenn man dies mit dem Fanatismus vergleicht , den er im Laufe seines Lebens dagegen an den Tag legte Obwohl alle Hindernisse die Richtigkeit seiner Idee behindern, muss man das Gefühl haben, dass der Ursprung des Gedankens in Mayers Geist woanders lag als in bloßen physikalischen Beobachtungen und logischen Schlussfolgerungen. Eine Bestätigung hierfür findet sich in dem, was Mayer selbst als seine Ansicht über die tatsächlichen Gründe für die Existenz einer konstanten zahlenmäßigen Verbindung zwischen den verschiedenen Erscheinungsformen der natürlichen Energie bezeichnete.

Soweit die Wissenschaft Mayer seine Arbeit würdigte, beruhte dies auf der Meinung, dass er mit seiner Entdeckung die endgültige Bestätigung der mechanischen Wärmetheorie geliefert hatte. Dieses Urteil häufte jedoch nur ein Unrecht auf das andere an. Mayers Schicksal war wirklich tragisch. Als er begann, seine Überzeugung vom zahlenmäßigen Gleichgewicht zwischen verbrauchter und erzeugter Energie öffentlich bekannt zu machen, stieß er auf so viel Skepsis , ja sogar Spott, dass sein Verstand zeitweise vor reiner Verzweiflung getrübt wurde. Als er gegen Ende seines Lebens endlich die Anerkennung erhielt, die seine Entdeckung verdiente (nicht bevor er durch einen schmerzhaften Prioritätsstreit gezerrt wurde, den Joule ihm aufzwang und den er verlor), hatten die Wissenschaftler begonnen, seine Idee zur Untermauerung einer direkt entgegengesetzten Hypothese zu nutzen zu der Idee, die ihn zu seiner Entdeckung geführt hatte und für die er so viel Leid auf sich genommen hatte.

Mayers spirituelle Verwandte sind nicht unter den Hitzetheoretikern seiner Zeit wie Helmholtz und anderen zu finden, sondern unter Denkern vom Schlage Goethes, Howards und Ruskins. Seine Grundidee vom inneren Zusammenhang aller Energieformen in der Natur entspricht völlig Goethes Metamorphosevorstellung. So wie Goethe in der Urpflanze die allen Pflanzenformen gemeinsame Idee oder in den verschiedenen Pflanzenorganen die Metamorphose ein und desselben Urorgans sah , so war Mayer von der Existenz einer Urkraft überzeugt , die drückte sich in unterschiedlicher Gestalt in den einzelnen Energieformen der Natur aus. In dem Bild des physischen Universums, das vor ihm schwebte, ähnelte die Umwandlung einer Energieform in eine andere – etwa mechanische Energie in elektrische, diese in chemische usw. – in gewisser Weise Goethes Bild vom organischen Leben der Erde. in dem ständig die Metamorphose einer lebenden Form in eine andere stattfand. „Es gibt in der Natur", sagte Mayer, „eine spezifische Dimension der immateriellen Beschaffenheit, die ihren Wert bei allen zwischen den beobachteten Objekten stattfindenden Veränderungen behält, während sich ihre Erscheinungsform auf vielfältigste Weise verändert."

Für den Physiker, der an eine rein quantitative Naturbeobachtung gewöhnt ist, ist es schwer zu verstehen, dass Mayer zu dem Gedanken einer konstanten quantitativen Beziehung zwischen den verschiedenen Erscheinungsformen natürlicher Energie hätte gelangen können, ohne daraus die Überzeugung von ihrer qualitativen Identität abzuleiten – also ohne aus der Existenz der mechanischen Wärme zu schließen – gleichbedeutend damit, dass Wärme selbst nichts anderes als eine bestimmte Form räumlicher Bewegung ist. Mayer hatte tatsächlich ein Bild, das der mechanistischen Auffassung direkt widersprach. Für ihn bedeutete die Entstehung von Wärme ein *Verschwinden* mechanischer Energie.

Wenn dies also Mayers Glaube war, was überzeugte ihn dann von der Existenz eines numerischen Gleichgewichts zwischen auftretender und verschwindender Energie, noch bevor er irgendwelche experimentellen Beweise hatte?

Später in diesem Buch wird es Gelegenheit geben, ein Konzept der Zahl einzuführen, das im Einklang mit unserer qualitativen Weltanschauung steht. Was Mayer dazu veranlasste, die Zahl als Ausdruck vorhandener spiritueller Zusammenhänge in der Natur zu betrachten, wird dann klar werden. So viel sei hier gesagt, dass die Zahl im Universum ganz andere Funktionen hat, als nur als Ausdruck für eine Gesamtheit berechenbarer Größen zu dienen oder als Mittel zum Vergleich räumlicher Entfernungen. Es liegt in der Natur des Betrachterbewusstseins, dass es die zahlenmäßige Gleichheit zwischen Naturphänomenen nur als Hinweis auf das Vorhandensein einer gleichen Anzahl berechenbarer Objekte oder gleichgroßer räumlicher Bewegungen interpretieren kann. Für ein solches Bewusstsein war es daher konsequent, die Entdeckung des mechanischen Wärmeäquivalents durch Mayer als Bestätigung der bestehenden mechanischen Vorstellung von Wärme zu betrachten.

Für Mayer war eine solche Interpretation nicht notwendig. Seine Überzeugung von der Existenz einer Urkraft , die sich durch Metamorphose in allen Naturkräften manifestiert, ließ ihn eine konstante zahlenmäßige Beziehung zwischen diesen erwarten, ohne dass er die objektive Existenz qualitativer Unterschiede leugnen müsste, wie sie sich auf dem Gebiet der Naturkräfte zeigten Phänomene. Er war Goethe geistig auch dadurch verwandt, dass er sich strikt davor hütete, die von der Natur vermittelten Inhalte unserer Wahrnehmung durch rein hypothetische Wesenheiten zu ersetzen, die zwar der Sinneswelt nachempfunden, aber im Prinzip nicht wahrnehmbar sind. Mayer suchte nach einem wirklich empirisch fundierten Konzept der Kraft, und seine Methode bestand darin, aus all den verschiedenen Erscheinungsformen der Kraft zu lesen, die der Sinnesbeobachtung zugänglich waren. Eine solche empirisch bestimmbare Manifestation war das Gleichgewicht zwischen erscheinender und verschwindender Energie.

Die Wissenschaft behandelte Mayer genauso wie Howard. Sie nahm von ihm, was sie für ihren Zweck wollte, ohne sich mit dem erkenntnistheoretischen Prinzip zu befassen, das ihn zu seiner Entdeckung geführt hatte. So führte Mayers Entdeckung zu den wichtigsten Konsequenzen für die Entwicklung moderner technischer Geräte, während seine Leitidee zunächst verspottet, dann missverstanden und schließlich vergessen wurde. Die Folge war, dass das Wissen um das zahlenmäßige Gleichgewicht zwischen erzeugter und verbrauchter Energie in der Naturökonomie die Kluft, die Geist und Materie im menschlichen Leben trennt, immer weiter vergrößerte, anstatt, wie es tatsächlich hätte geschehen können, zu einer Überbrückung der Kräfte zu führen der Abgrund. Der Gedanke über das Erscheinen und Verschwinden messbarer kosmischer Substanz, zu dem wir geführt werden, wenn wir Goethes Methode der Naturbeobachtung folgen, steht daher in keinem Widerspruch zu dem, was Mayer selbst als das Verhältnis der verschiedenen Energieformen zueinander aufgefasst hat eine andere und die Aufrechterhaltung des zahlenmäßigen Gleichgewichts zwischen ihnen.

*

Nachdem wir auf diese Weise unseren Standpunkt in Bezug auf die thermodynamische Wärmetheorie und das Erhaltungsgesetz festgelegt haben, können wir mit der Untersuchung zunächst des Phänomens der Wärmeausdehnung und dann der Wirkung von Wärme auf die verschiedenen Zustände der physikalischen Materie fortfahren auf sie anzuwenden, ungehindert durch vorgefasste mechanistische Vorstellungen, was wir durch unsere früheren Studien gelernt haben. Wir müssen damit beginnen, ein angemessenes Bild des dynamischen Zustands der Materie im Festkörper zu entwickeln.

konzentriert sich die materielle Substanz auf einen inneren Punkt, den sogenannten Schwerpunkt – eine Eigenschaft, die ein solcher Körper mit der Erde als Ganzes teilt. Ebenso üben zwei solcher Körper aufeinander den gleichen Einfluss aus, den die Erde auf jeden von ihnen ausübt: Sie versuchen, den kürzestmöglichen Abstand voneinander einzunehmen. Seit den Tagen der Faradayschen Wissenschaft ist man es gewohnt, diese Phänomene auf die Existenz *bestimmter Kraftfelder zurückzuführen, die* mit jedem Körper verbunden sind und über den Zwischenraum auf einander einwirken. Diesem Konzept des Kraftfeldes müssen wir nun besondere Aufmerksamkeit widmen. Denn der Feldbegriff in der von Faraday in das wissenschaftliche Denken eingeführten Form ist einer der wenigen wissenschaftlichen Begriffe, die durch „Lesen" aus den entsprechenden Phänomenen selbst gewonnen wurden und daher in einer fundierten Wissenschaft ihre Gültigkeit behalten über die Methode des Lesens.

Nach dem Feldkonzept sind terrestrische Manifestationen der Schwerkraft darauf zurückzuführen, dass die Erde Träger eines Gravitationsfeldes ist, dessen Mittelpunkt der Globus ist und der sich von dort in alle Richtungen durch den Raum, über den Erdkörper und darüber hinaus erstreckt. Jeder Punkt im Raum, sowohl innerhalb als auch außerhalb der Erde, ist durch eine bestimmte Intensität dieses Feldes, das sogenannte Gravitationspotential, gekennzeichnet. Dies unterliegt Schwankungen aufgrund der Anwesenheit anderer physikalischer Massen, die ihre eigenen Schwerkraftfelder tragen. Was zwischen solchen Massen und der Erde sowie auch zwischen solchen Massen untereinander geschieht, wird durch die besonderen Verhältnisse im Raum bewirkt, die sich aus der gegenseitigen Durchdringung der verschiedenen Felder ergeben.

Es ist wichtig zu erkennen, dass alle Felder, mit denen sich die Physik befasst, die Gravitation, die Elektrizität und die Magnetik – so sehr sie sich auch sonst unterscheiden – eine gemeinsame Eigenschaft haben: Sie haben ein Zentrum, in dem das Feld seine höchste Intensität hat und mit zunehmender Intensität abnimmt der Abstand vom Zentrum nimmt zu. Die Bewegung in einem solchen Feld erfolgt natürlicherweise von Regionen geringerer zu solchen höherer Intensität – mit anderen Worten, sie folgt dem steigenden Potenzial des Feldes. Dies erklärt die Tendenz physikalischer Massen, den kürzestmöglichen Abstand zwischen ihnen einzuhalten.

modernen Geist war es selbstverständlich, sich einen dynamischen Zustand der gerade beschriebenen Art vorzustellen, d Der Punkt wächst. Denn das ist der Zustand des kopfgebundenen Bewusstseins des Menschen. Der Ort, von dem aus der moderne Mensch die Welt beobachtet, ist ein Punkt innerhalb des Feldes dieses Bewusstseins, und die Intensität, mit der die Welt auf ihn einwirkt, nimmt mit zunehmender räumlicher Entfernung von diesem Punkt ab. Dies ist der Grund, warum die Leichtfertigkeit aus der wissenschaftlichen Forschung verbannt wurde und warum, als der Feldbegriff durch das Genie Faraday geschaffen wurde, niemandem in den Sinn kam, dass damit der Weg geebnet wurde, andere Feldtypen als den zentrischen zu verstehen ein Merkmal der Schwerkraft und verwandter Kräfte. Den Feldbegriff auf diese andere Weise zu nutzen, ist eine der Aufgaben, die wir uns stellen müssen, wenn wir die Sackgasse überwinden wollen, in der sich die heutige wissenschaftliche Erkenntnis befindet.

Um ein Bild von der Art des Feldes zu entwickeln, das durch die Leichtigkeit repräsentiert wird, erinnern wir uns an bestimmte Ergebnisse aus den Beobachtungen des letzten Kapitels.

Dort machte uns das vulkanische Phänomen, wenn man es in seinen weiteren Auswirkungen betrachtete, klar, dass die Aufwärtsbewegung physischer Massen, die an sich Teil des Gesamtphänomens ist, auf einer dynamischen

Ursache beruht, die wir im Gegensatz zum zentripetal wirkenden Druck beschreiben mussten. als peripher arbeitende Absaugung. Zu diesem Begriff des Sogs müssen wir nun bemerken, dass wir ihn nur dann mit Recht anwenden können, wenn wir uns darüber im Klaren sind, dass Sog auf zwei verschiedene Arten verursacht werden kann. In dem Sinne, in dem wir den Begriff üblicherweise verwenden, ist Sog das Ergebnis eines Druckunterschieds in benachbarten Teilen des Raums, wobei die Wirkung in Richtung des geringeren Drucks erfolgt. Abgesehen davon kann es aber auch durch die nach außen gerichtete Erhöhung der Stärke eines Levitationsfeldes zu einem Sog kommen.

In diesem Sinne können wir davon sprechen, dass die seismischen Bewegungen der Erde durch von außen wirkenden Sog verursacht werden. Im gleichen Sinne können wir sagen, dass die Aufwärtsbewegung der Säfte in der Pflanze (auf die Ruskin als Ursache für das Erscheinen des Apfels an der Spitze des Baumes hinwies) und damit das gesamte Wachstumsphänomen in der Pflanzenwelt durch periphere Absaugung.

Überlegungen dieser Art führen zu einem Bild, in dem die Erde von einem Kraftfeld umgeben und durchdrungen wird, das in jeder Hinsicht das genaue Gegenteil des Schwerefeldes der Erde ist. So wie dieses seine größte Intensität in seinem Zentrum hat, das mit dem Mittelpunkt der Erdkugel identisch ist , so hat das Levitationsfeld seine größte Intensität an seinem Umfang, der irgendwo in der Breite des Universums liegt. (Spätere Überlegungen werden es uns ermöglichen, seine Position genauer zu lokalisieren.)

Da die Stärke des Schwerkraftfeldes mit zunehmender Entfernung vom Zentrum des Feldes, also in Richtung nach außen, abnimmt, nimmt auch die Stärke des Schwerefeldes mit zunehmender Entfernung von seiner Peripherie, also in Richtung nach innen, ab. In beiden Feldern verläuft die Bewegungsrichtung von Regionen mit geringerer zu Regionen mit höherer Intensität. Deshalb „fallen" Dinge unter dem Einfluss der Schwerkraft und „heben" sich unter dem Einfluss der Leichtigkeit. [4]

*

Wie liest sich die Wärmeausdehnung als Buchstabe in der Naturschrift, wenn man sie im Lichte der beiden gegensätzlichen Feldkonzepte betrachtet?

Stellen wir uns der Einfachheit halber einen kugelförmigen metallischen Körper vor, etwa eine Kugel aus Kupfer, die wir der Einwirkung von Hitze aussetzen. Wie wir gesehen haben, ist es das zentrisch ausgerichtete Schwerkraftfeld, das der Kugel ihre Formbeständigkeit verleiht. Folglich ist die dynamische Ausrichtung des Materials, aus dem sein Körper besteht, auf das Innere des Körpers selbst gerichtet.

In dem Moment, in dem wir Wärme auf den Körper einwirken lassen, stellen wir fest, dass sich seine Oberfläche nach außen bewegt. Die gesamte Masse steht offensichtlich unter dem Einfluss eines Sogs, der von außen auf den Körper wirkt. Genauso wie die Pflanzen infolge der Sogwirkung der Levitation in die Antigravitationsrichtung wachsen (andere Faktoren, die für ihr Wachstum in eine bestimmte Form usw. verantwortlich sind, werden außer Acht gelassen), so wächst auch unser Kupferball an Volumen indem es von seinem Schwerpunkt weggesaugt wird . Es ist die Einwirkung von Wärme, die das Verhältnis zwischen Schwerkraft und Leichtigkeit an dieser Stelle so verändert hat, dass die Leichtigkeit diese Wirkung hervorrufen kann. 5

Was wir so als die wahre Natur des Ereignisses herausgefunden haben, das als Volumenzunahme eines Körpers unter dem Einfluss von Wärme wahrgenommen wird, hat einen deutlichen Einfluss auf unsere Vorstellung von räumlich ausgedehnter Materie als solcher. Denn ein physischer Körper befindet sich immer in einem thermischen Zustand, der als höher als ein anderer angesehen werden kann, und daher kann davon ausgegangen werden, dass er sich jederzeit in einem gewissen Ausmaß thermisch ausdehnt. Daher steht es ständig unter dem Einfluss sowohl des Gravitationsdrucks als auch des Anti-Gravitations-Sogs. Tatsächlich können wir im Idealfall sagen, dass, wenn es kein Feld gäbe, das von der kosmischen Peripherie nach innen wirkt, der gesamte materielle Inhalt des irdischen Bereichs durch die Gravitation auf einen raumlosen Punkt reduziert würde; so wie es sich unter dem alleinigen Einfluss des peripheren Feldes der Leichtigkeit im Universum auflösen würde.

Für das gewöhnliche wissenschaftliche Denken mag dies paradox klingen, ist es aber in Wirklichkeit nicht. Die Beobachtung der Natur fester Materie hat dazu geführt, dass das atomistische Denken einen physischen Körper als einen Haufen von Molekülen betrachtet, die so weit voneinander entfernt sind, dass der weitaus größte Teil des vom Körper eingenommenen Volumens nur „leerer" Raum ist. Im wissenschaftlichen Bild von Molekülen, die einen physischen Körper bilden, von Atomen, die die Moleküle bilden, von Elektronen, Protonen usw., die die Atome bilden, die alle durch Räume getrennt sind, die weit über die Größe der Elementarteilchen selbst hinausgehen, finden wir uns in einer Form widergespiegelt Für das Betrachterbewusstsein nachvollziehbar ist die Tatsache, dass Materie, selbst im festen Zustand, durch ein Kraftfeld in räumlicher Ausdehnung gehalten wird, das sie mit der kosmischen Peripherie in Beziehung setzt.

*

Mit diesem Bild fester Materie, die durch ihre Unterwerfung unter Schwerkraft und Leichtigkeit in räumlicher Ausdehnung gehalten wird, gehen wir zu einer Untersuchung der flüssigen und gasförmigen Zustände der Materie über und berücksichtigen dabei die Rolle der Wärme bei der Entstehung dieser Zustände.

In Anlehnung an unsere Methode, Wissen über ein Phänomen dadurch zu gewinnen, dass man es als Teil eines größeren Ganzen betrachtet, wollen wir uns fragen, welche Art von Veränderung ein Teil der physischen Substanz in seinem Verhältnis zur Erde als Ganzes erfährt, wenn er beispielsweise durch ... Durch den Einfluss von Wärme geht es vom festen in den flüssigen Zustand über. Dabei ist zu bedenken, dass es zur Natur einer Flüssigkeit gehört, dass sie keine eigene Form hat. Die einzige natürliche Grenze einer flüssigen Substanz ist ihre Oberfläche. Da diese Fläche immer parallel zur Erdoberfläche liegt, ist sie Teil einer Kugel, deren Mittelpunkt mit dem Schwerpunkt der Erde identisch ist . Der Übergang eines Teils der Materie vom festen in den flüssigen Zustand bedeutet also, dass er keinen eigenen Schwerpunkt mehr besitzt und nur noch dem allgemeinen Schwerkraftfeld der Erde gehorcht. Wir können also von einem Übergang der Materie vom individuellen zum planetarischen Zustand sprechen. Dies geschieht durch Wärme, wenn ein fester Körper schmilzt.

Es ist bekannt, dass ein großer Teil der beim Schmelzen verbrauchten Wärme während des Schmelzvorgangs von der Substanz absorbiert wird. Dies wird dadurch angezeigt, dass das Thermometer bei der Temperatur des Schmelzpunktes verharrt, sobald dieser erreicht ist, bis die gesamte schmelzende Substanz verflüssigt ist. Die Physik spricht hier davon, dass „freie" Wärme „latent" wird. Aus Goetheanischer Sicht sehen wir, wie die Wärme eine Metamorphose durchläuft. Während früher Wärme für unseren Wärmesinn wahrnehmbar war, manifestiert sie sich heute als eine der Schwerkraft leugnende Eigenschaft der Materie.

Um eine der Realität entsprechende Vorstellung vom flüssigen Zustand der Materie zu erhalten, müssen wir noch eine weitere seiner Eigenschaften berücksichtigen. Wenn die Wärme latent wird, widerspricht sie der Schwerkraft noch mehr, als der Materie ihren eigenen Schwerpunkt zu entziehen und sie mit dem Schwerpunkt der Erde in Beziehung zu setzen . Dieser Effekt zeigt sich im bekannten Drang aller Flüssigkeiten, zu verdunsten. Daher müssen wir sagen, dass auch dort, wo Materie im flüssigen Zustand ihre eigene Oberfläche behält, dies keineswegs eine absolute Grenze darstellt. Oberhalb der Oberfläche findet durch Verdunstung ein kontinuierlicher Übergang der Substanz in den nächsthöheren Zustand statt. Wir sehen hier, wie die Aktivität der Wärme über die bloße Leugnung der Schwerkraft hinausgeht und zu einer positiven Bestätigung der Leichtigkeit führt.

Mit Hilfe dieser Vorstellung von der Integration des flüssigen Zustands innerhalb der Polarität von Schwerkraft und Leichtigkeit ist es uns nun möglich, ein Bild der Erde zu zeichnen, das, einmal gewonnen, viele Fragen beantwortet, die unter anderem auch die aktuellen wissenschaftlichen Vorstellungen unbeantwortet lassen die Frage, warum die vulkanische Aktivität der Erde auf Meeresregionen beschränkt ist.

Bezüglich der Verteilung von Land und Wasser auf der Erdoberfläche können wir sagen, dass die Erde für einen Beobachter im kosmischen Raum überhaupt nicht wie ein fester Körper aussehen würde. Vielmehr würde es wie ein riesiger „Wassertropfen" erscheinen, dessen Oberfläche mit festen Formationen, den Kontinenten und anderen Landmassen durchsetzt ist. Darüber hinaus deuten die seit den ersten Forschungen von Professor A. Wegener gesammelten Beweise darauf hin, dass es sich bei den Kontinenten um klumpenartige Gebilde handelt, die auf einer darunter liegenden viskosen Substanz „schweben" und sich (sehr langsam) sowohl in vertikaler als auch in horizontaler Richtung bewegen können. Tatsächlich ist das Meereswasser vom zähflüssigen Untergrund nur durch eine dünne Schicht fester Erde getrennt, eine bloße Haut im Vergleich zur Größe des Planeten. Darüber hinaus steht dieser „Tropfen" der Flüssigkeit, der die Erde darstellt, durch die ständige Verdunstung aus dem Ozean und allen anderen Gewässern in ständiger Verbindung mit seiner Umgebung.

Dieses Bild der Erde zeigt, wie sie unter dem doppelten Einfluss der Druckkraft der Schwerkraft und der Saugkraft der Leichtigkeit liegt. Überall dort, wo Land auf Meer trifft, herrscht die Leichtigkeit über die Schwerkraft. Dementsprechend erliegen die inneren Schichten der Erde in Meeresregionen am leichtesten jenen plötzlichen Veränderungen in der Schwerkraft-Schwerkraft-Spannung, in denen wir den Ursprung seismischer Ereignisse erkannt haben.

*

Wenn wir uns dem gasförmigen Zustand zuwenden, erkennen wir, dass, obwohl die Materie auch hier Spuren eines Zusammenhangs mit der irdischen Schwerkraft aufweist, die Leichtigkeit jetzt der dominierende Faktor ist. Es gibt drei Merkmale des gasförmigen Zustands, die dies verdeutlichen. Einer davon ist die extreme Neigung von Gasen, sich bei Erwärmung auszudehnen. Wir sehen hier, wie viel leichter als bei festen Stoffen es der Wärme gelingt, den Einfluss der Schwerkraft zu überwinden. Das zweite Merkmal ist die ihnen eigentümliche Eigenschaft von Gasen, sich spontan auszudehnen, auch wenn sie nicht erhitzt werden. Hier finden wir gasförmige Materie, die ein dynamisches Verhalten zeigt , das in niedrigeren Stufen nur unter Wärmereiz auftritt. Das dritte Merkmal zeigt sich darin, dass alle Gase im Gegensatz zu Feststoffen oder Flüssigkeiten mit der gleichen

Volumenzunahme auf einen gegebenen Temperaturanstieg reagieren, so unterschiedlich ihre anderen Eigenschaften auch sein mögen. Sobald Gase vermischt sind, können sie daher nicht einfach durch Erhöhen oder Erniedrigen der Temperatur getrennt werden. Hier überwiegt die vereinende Wirkung der kosmischen Peripherie die differenzierende Wirkung der irdischen Schwerkraft.

An dieser Stelle erinnern wir uns an Goethes Antwort an den Botaniker Wolff, der die Metamorphose der Pflanzenorgane von der Wurzel zur Blüte auf eine allmähliche Verkümmerung oder Atrophie ihrer vegetativen Kraft zurückgeführt hatte, während Goethe klar war, dass dies gleichzeitig mit einem physischen Rückschritt einherging , es gibt einen spirituellen Fortschritt in der Entwicklung der Pflanze. Die Tatsache, dass alle Bemühungen Wolffs, klar zu sehen, ihn nicht davon abhielten, „über die Sache hinauszusehen", schien Goethe eine unvermeidliche Folge von Wolffs Versäumnis zu sein, die Augen des Körpers mit denen des Geistes in Verbindung zu bringen.

Genau das Gleiche gilt auch für die Abfolge der physikalischen Zustände der Materie, die wir hier betrachten. Die bloße Beobachtung dieser Abfolge mit dem körperlichen Auge wird lediglich eine Verringerung des spezifischen Gewichts des betreffenden Materials zeigen. Wer jedoch bemüht ist, auch mit dem Auge des Geistes zu beobachten, wird sich bewusst sein, dass eine positive Zunahme der Leichtigkeit mit einer Abnahme der Schwere einhergeht. So gesehen bilden die drei wägbaren Zustände das, was Goethe eine „spirituelle Leiter" genannt hätte. Als „Sprossen" einer solchen Leiter weisen sie eindeutig auf eine vierte Sprosse hin – also einen vierten Zustand, in dem die Leichtigkeit die Schwerkraft so weit überwiegt, dass die Substanz überhaupt kein Gewicht mehr hat. Dieses Bild der vierfachen Transformation der Materie erfordert eine Untersuchung des Übergangs zwischen dem dritten und dem vierten Zustand, der den bekannten Übergängen zwischen den Zuständen entspricht

drei wägbare Zustände.

*

Unsere Beobachtungen haben uns zu einem Wärmekonzept geführt, das sich grundlegend von dem der modernen Wissenschaft unterscheidet. Die Wissenschaft betrachtet die Wärme einfach als einen Zustand der Ponderable-Materie. Im Gegensatz dazu werden wir dazu gebracht, in der Hitze einen vierten Zustand zu erkennen, in den die Materie übergehen kann, wenn sie die drei wägbaren Zustände verlässt, und aus dem sie auf dem Weg zur wägbaren Materie hervorgehen kann .

Bevor wir zeigen, dass solche Übergänge in der Natur tatsächlich bekannt sind, wäre es vielleicht angebracht, hier einen Einwand zu diskutieren, den die übliche Denkweise plausibel gegen unsere gesamte Methode vorbringen könnte. Man könnte sagen, dass die Annahme einer Fortsetzung der Abfolge der drei Ponderable-Zustände in der vorgeschlagenen Weise nur dann gerechtfertigt ist, wenn, wie Feststoffe in Flüssigkeiten und diese in Gase umgewandelt werden können, auch Gase in einen vierten Zustand überführt werden könnten und umgekehrt , daraus hergestellt werden.

Dem kann man entgegnen, dass die Tatsache, dass wir derzeit nicht in der Lage sind, Gase künstlich in reine Wärme umzuwandeln, nicht den Schluss rechtfertigt, dass dies prinzipiell unmöglich sei. Aus früheren Überlegungen wissen wir, dass die Erde ein Evolutionsstadium erreicht hat, in dem alle Elemente, einschließlich des Feuers, in gewissem Maße „alt" geworden sind. Dies gilt in ganz besonderem Maße für die Manipulationen, denen der Mensch, geleitet von seinem todgebundenen Bewusstsein, in seinen Laboratorien die Materie zu unterwerfen gelernt hat. Die Entscheidung darüber, was in der Natur möglich und was nicht möglich ist, kann daher keineswegs dem Urteil der Laborforschung überlassen werden. Wie das folgende Beispiel aus dem Bereich des pflanzlichen Lebens zeigt, ist der Biologie bereits ein Fall der Erschaffung von Materie „aus dem Nichts" bekannt – obwohl die Biologie, die in ihren Konzepten an das Gesetz der Erhaltung gebunden ist, einiges Natürliche zeigt Unwilligkeit, die wahre Bedeutung des Phänomens zu erkennen.

Die Pflanze, die diese seltsame Leistung vollbringt, ist die im tropischen Amerika beheimatete *Tillandsia usneoides , die allgemein als „Spanisches Moos" bekannt ist.* Seine Besonderheit besteht darin, dass es wächst und gedeiht, ohne dass es von seinem Träger irgendwelche Materialien für den Aufbau seiner Substanz nimmt. Sein natürlicher Lebensraum ist die trockene Rinde von Urwaldbäumen. Seitdem die Zivilisation in ihre Heimat eingedrungen ist, hat sie sich angewöhnt, sogar auf Telegrafendrähten zu wachsen, was ihr im Volksmund den Namen „Telegrafenlocken" eingebracht hat. Die chemische Analyse dieser Pflanze zeigt das Vorhandensein von durchschnittlich 17 Prozent Eisen, 36 Prozent Kieselsäure und 1·65 Prozent Phosphorsäure. Dies gilt für Proben aus Bezirken, in denen das Regenwasser – die einzige Quelle, aus der die Pflanze diese Stoffe in physikalischer Form gewinnen konnte – höchstens 1·65 Prozent Eisen, 0·01 Prozent Kieselsäure und *überhaupt keine Phosphorsäure enthält.*

Das Tillandsia-Phänomen erinnert gewissermaßen an eine andere bekannte Pflanzenaktivität. Dies ist der Prozess der Aufnahme von Kohlenstoff aus dem Kohlendioxid der Luft. Wenn wir von der Veränderung der chemischen Verbindung, die der Kohlenstoff erfährt, absehen, bleibt das Bild, dass die Pflanze diese Materie aus ihrer Umgebung an sich zieht und sie gleichzeitig einer räumlichen Verdichtung unterzieht. Einen ähnlichen, aber noch weitreichenderen Vorgang zeigt die Tillandsie hinsichtlich der drei oben genannten Stoffe. Aus den gegebenen Bedingungen folgt, dass die Pflanze diese Stoffe unmöglich anderswo als aus der umgebenden Atmosphäre beziehen kann und dass sie sie durch die Aufnahme derselben einem hohen Grad der Kondensation aussetzt. Eine besondere Rolle spielt jedoch der Phosphor, der zeigt, dass die Assimilationskraft der Pflanze ausreicht, um Phosphor aus einem physikalisch nicht nachweisbaren Zustand in einen räumlich begrenzten Stofflichkeitszustand zu überführen. In Anlehnung an Goethe, der das Konzept der „spirituellen Anastomose" für den Bestäubungsprozess von Pflanzen prägte, können wir hier von „spirtiueller Assimilation" sprechen.

In dieser Hinsicht ist Tillandsia ein tausendwertiges Beispiel, das alles in sich trägt. Denn was die Natur hier unmissverständlich zeigt, dient als Augenöffner für eine universelle Tatsache des Pflanzenreichs und der Natur im Allgemeinen. Das Problem der sogenannten *Spurenelemente* mag hierfür als Beispiel dienen.

Die moderne Agrarchemie hat bei einer Reihe chemischer Elemente herausgefunden, dass deren Anwesenheit im Boden in kaum nachweisbaren Mengen notwendig ist, damit die Pflanze ihre latenten Eigenschaften gesund entfalten kann. Alle Arten von Mängeln bei Kulturpflanzen haben zu der Erkenntnis geführt, dass der Boden durch die intensive moderne Bewirtschaftung an bestimmten Elementen verarmt und dass die Mängel auf das Fehlen dieser Elemente zurückzuführen sind. Mittlerweile wurde viel daran gearbeitet, die verschiedenen Mängel zu klassifizieren und Wege zu finden, den Boden mit chemischen Ersatzstoffen für die Mängel zu versorgen.

Ein großer Teil der hier anfallenden Arbeit könnte eingespart werden, wenn man nur anerkennen würde, dass der Boden das natürliche Vorkommen der richtigen Elemente einem Prozess verdankt, den die Pflanzen selbst im Boden hervorrufen, wenn der Mensch es unterlassen würde, ihn durch kluges Denken zu behindern -Out-Anbaumethoden, die die Natur eines lebenden Organismus nicht berücksichtigen.

Lassen Sie uns klarstellen, was passiert, wenn eine Pflanze eine der beobachteten Anomalien aufweist. Goetheanisch ausgedrückt sind diese die Folge einer unzureichenden Lenkung der organischen Vorgänge im Pflanzenkörper durch den ihm zugrunde liegenden geistigen Pflanzentypus. Das, was Ruskin den „Geist" der Pflanze nannte und worauf er in seinem Aphorismus „Stand by Form against Force" aufmerksam machte (unter „Form" sind alle *besonderen* Eigenschaften der Pflanze zu verstehen), kann nicht ausgedrückt werden sich selbst in vollem Umfang. Jetzt wissen wir, dass der Geist, um seine Aktivitäten auf der physischen Ebene entfalten zu können, „junge" Materie benötigt – also Materie, die sich entweder in einem rein dynamischen Zustand befindet oder diesen gerade verlassen hat. Normalerweise koordiniert ein bestimmter spiritueller Typ die dynamischen Funktionen, die in der überphysischen Sphäre der Natur vorhanden sind, auf die Art und Weise, die erforderlich ist, um dem Pflanzenorganismus seine angemessene Form zu geben. Indem diese Funktionen durch die Wirkung des Typus aus der Sphäre der Leichtigkeit in die der Schwerkraft herabgeführt werden, verdichten sie sich zu den entsprechenden materiellen Elementen und gelangen so über den physischen Organismus der Pflanze in materieller Form in den Boden.

Das übliche Muster ist nun umgekehrt; Das Vorhandensein der verschiedenen Elemente im Boden erscheint nicht mehr als Ursprung der einen oder anderen Funktion beim Aufbau des Pflanzenkörpers, sondern ganz im Gegenteil. Als Ursache erscheinen nun die Funktionen und als Wirkung die Bodenelemente. Wir können daher den Wert letzterer als *Symptome erkennen* , aus denen wir die Existenz einer gesunden Verbindung zwischen der Pflanze und den entsprechenden formbildenden Funktionen, die von ihrer Umgebung auf sie wirken, ablesen können.

Mit dieser Umkehrung des Verhältnisses von Ursache und Wirkung soll jedoch nicht die allgemein akzeptierte Ordnung der Dinge als völlig falsch dargestellt werden. Im Bereich des Lebens sind Ursache und Wirkung nicht so einseitig festgelegt wie im Bereich der mechanischen Kräfte. Wir können daher zugeben, dass eine umgekehrte Wirkung der Bodenelemente auf die Pflanze stattfindet. Dies ist am Beispiel des Phosphors deutlich nachweisbar, der jedoch aufgrund seines Vorkommens im Boden in Mengen, die man kaum als bloße „Spur" bezeichnen kann, einen Grenzfall darstellt. Für die Spurenelemente gilt durchaus, was in gewissem Umfang für Phosphor gilt, nämlich dass sie ihre wesentliche Rolle spielen, während sie selbst im Begriff sind, eine wägbare Form anzunehmen.

Damit wird deutlich, wie falsch es ist, Mangelerscheinungen bei Pflanzen dadurch beheben zu wollen, dass man dem Boden chemische Ersatzstoffe für die Spurenelemente hinzufügt. In dem Zustand, in dem dieses Material der Pflanze angeboten wird, handelt es sich tatsächlich um „altes" Material. Um es funktionell nutzen zu können, muss die Pflanze es zunächst in den „jungen" Zustand überführen. Dies geschieht tatsächlich, während das Material in der Pflanze zusammen mit den Säften, die die Pflanze unter dem Einfluss der Levitationskraft aus dem Boden zieht, aufsteigt. Erst wenn dies geschehen ist, sind die chemischen Elemente in der Lage, der Pflanze funktionsfähig zu dienen. Wenn wir also versuchen, der Pflanze auf diese Weise zu helfen, schaden wir ihr gleichzeitig. Denn indem es gezwungen wird, die beschriebene Operation auszuführen, werden seine allgemeinen

Lebenskräfte verringert. Ein auf diese Weise herbeigeführter scheinbarer Erfolg wird daher nicht lange anhalten. [6]

Dennoch gibt es eine Möglichkeit, der Pflanze zu helfen, indem man dem Boden bestimmte stoffliche Stoffe zuführt, sofern diese zunächst in einen rein dynamischen Zustand gebracht werden. Dass dies möglich ist, ist längst bekannt, wenn auch nicht in seiner wahren Bedeutung erkannt. Soweit es dem Zweck dieses Buches dient, werden wir uns hier damit befassen.

*

Die fragliche Methode ist mit der medizinischen Schule der Homöopathie verbunden, die vom deutschen Arzt Hahnemann gegründet wurde. Das Wort „Homöopathie" bedeutet „Heilung durch Gleiches"; Das Grundprinzip besteht darin, Krankheitssymptome mit stark verdünnten Substanzen zu behandeln, die bei normaler Einnahme ähnliche Symptome hervorrufen. Die Erfahrung hat nämlich gezeigt, dass sich die physiologische Wirkung einer Substanz aus der äußeren Natur umkehrt, wenn die Substanz stark verdünnt wird.

Die Verdünnungs- oder Potenzierungsmethode ist wie folgt: Ein bestimmtes Volumen des zu verdünnenden Materials wird in dem Neunfachen seines Volumens an destilliertem Wasser gelöst. Der so ermittelte Verdünnungsgrad beträgt 1:10, üblicherweise symbolisiert als Ix. Ein Zehntel dieser Lösung wird wiederum mit der neunfachen Menge Wasser vermischt. Der Verdünnungsgrad beträgt nun 1:100, also 2x. Dieser Prozess wird so weit fortgeführt, wie es für den jeweiligen Zweck als notwendig erachtet wird. Unlösliche Substanzen können auf die gleiche Weise behandelt werden, indem man sie zunächst zusammen mit entsprechenden Mengen eines neutralen Pulvers, im Allgemeinen Milchzucker, vermahlt. Nach einer bestimmten Anzahl von Schritten kann das Pulver in Wasser gelöst werden; Anschließend kann die Lösung auf die beschriebene Weise weiter verdünnt werden. Hier handelt es sich um die Übertragung der Eigenschaft eines Stoffes, der selbst unlöslich ist, auf das auflösende Medium und dann um die weitere Behandlung dieses letzteren, als ob es der ursprüngliche Träger der betreffenden Eigenschaft wäre.

Allein diese Tatsache zeigt, dass Potenzierung in einen Bereich materieller Wirkungen führt, der im Widerspruch zur gewöhnlichen wissenschaftlichen Vorstellung von Materie steht. Darüber hinaus können wir die Verdünnungen beliebig weit führen, ohne die Fähigkeit der Substanz, physiologische Reaktionen hervorzurufen, zu zerstören. Im Gegenteil, sobald seine ursprüngliche Kapazität durch Verdünnung auf ein Minimum reduziert wird, verleiht ihm eine weitere Verdünnung die Kraft, tatsächlich stärkere Reaktionen anderer und meist entgegengesetzter Art hervorzurufen.

Diese zweite Kapazität steigt mit fortschreitender Verdünnung stufenweise bis zu einem variablen Maximum an.

Eine einfache Rechnung zeigt – wenn wir die gewöhnliche wissenschaftliche Sicht auf die Größe eines Moleküls akzeptieren –, dass kein einziges Molekül der ursprünglichen Substanz in der Lösung verbleibt, nachdem ein bestimmter Verdünnungsgrad erreicht wurde. Doch die biologischen und anderen Reaktionen dauern noch lange danach an und werden sogar noch verstärkt.

Dieser Potenzierungsprozess zeigt, dass eine Substanz durch wiederholte Ausdehnung im Raum über die wägbaren Bedingungen der Materie hinaus in den Bereich der rein funktionalen Wirkung gebracht werden kann. Die Potenzierung physikalischer Substanzen erlangt damit eine weit über die medizinische Anwendung hinausgehende Bedeutung. [7] Es eröffnet sich beispielsweise die Möglichkeit, Fehlfunktionen der Pflanze anzuregen, indem ihr die entsprechenden Elemente in homöopathischen Dosen verabreicht werden. Auf diese Weise wird die Pflanze in direkte Verbindung mit der entsprechenden spirituellen Energie gebracht und dann dem notwendigen Prozess der Materialisierung überlassen, anstatt durch bloße chemische Zusätze zum Boden zunächst gezwungen zu werden, die Substanz selbst zu potenzieren. [8]

Dasselbe Prinzip gilt für Mensch und Tier. Sie benötigen auch „junges Material" für ihre Ernährung, damit der in ihnen wirkende Typus, der beim Tier die Gruppenseele der Art und beim Menschen das einzelne Individuum ist, seine wahre Form und seinen wahren Charakter zum Ausdruck bringen kann. (Wir haben früher gesehen, dass der Wille „junges" Material benötigt, um in die materiellen Schichten der Muskeln einzudringen, wie es bei der Bewegung der Gliedmaßen der Fall ist.) Insofern besteht der Unterschied zwischen beseelten Lebewesen und Pflanzen darin, dass das, was den Pflanzen schadet, für Mensch und Tier selbstverständlich ist: Letztere können bei der Nahrungsaufnahme schnell und gezielt eine Umwandlung der Materie in den rein dynamischen Zustand herbeiführen. Ihr Stoffwechselsystem ist darauf ausgelegt, es ihnen zu ermöglichen, fremdes Material aus der äußeren Natur aufzunehmen und es durch die Kräfte der verschiedenen Verdauungsenzyme umzuwandeln; Dabei durchläuft das Material einen Zustand völligen „Chaos".

*

Nachdem wir auf diese Weise die Existenz bestimmter Prozesse der Materialisierung und Dematerialisierung in einzelnen Organismen innerhalb des Pflanzenreiches und anderer Reiche der Erde festgestellt haben, wenden wir uns nun der Erde als Ganzes zu, um herauszufinden, wo sie – als organisches Wesen, das sie selbst ist – entsprechende Manipulationen durchführt Prozesse auf makrotellurischer Skala.

In einer Zeit nach van Helmonts Entdeckung des gasförmigen Zustands der Materie und der Aufstellung der *Contra- Levitatem-* Maxime mussten die Menschen annehmen, dass die Zirkulation der atmosphärischen Feuchtigkeit auf die drei Stufen flüssig, dampfförmig (typisch für die Wolken usw.) beschränkt sei .) und der unsichtbare Luftzustand. Doch die Rolle, die Wolken in den Mythen der frühen Völker spielten, zeigt, dass ihnen einst ein ganz anderer Status zuerkannt wurde, nämlich zwischen der „erschaffenen" und der „ungeschaffenen" Welt. Unsere Beobachtungen führen zu einer entsprechenden Vorstellung, jedoch auf dem Weg der Erkenntnis, geleitet von der Sinneswahrnehmung, wie es sich für unsere Zeit gehört.

Bei der Erörterung von Howards Entdeckung der Stadien der Wolkenbildung stellten wir fest, dass etwas fehlte, denn es war klar, dass die drei Stadien der eigentlichen Wolke – Stratus, Cumulus und Cirrus – eine Symmetrie aufweisen, die durch die Hinzufügung einer vierten Stufe, dargestellt durch, gestört wird der Nimbus. Dies zeigte, dass am Ende der Serie eine fünfte Stufe erforderlich war, um eine ausgewogene Polarität herzustellen. Diese Frage einer fünften Stufe können wir nun wie folgt klären.

In den drei tatsächlichen Wolkenformen sind Schwerkraft und Leichtigkeit mehr oder weniger im Gleichgewicht, aber im Nimbus überwiegt die Schwerkraft, und der atmosphärische Dampf kondensiert entsprechend zu separaten flüssigen Körpern, den Regentropfen. Das genaue Gegenteil dieses Prozesses muss daher darin bestehen, dass Wolkendampf unter dem vorherrschenden Einfluss der Leichtigkeit durch einen Übergangszustand in einen Zustand reiner Wärme übergeht.

Eine solche Auffassung widerspricht keineswegs den Erkenntnissen externer Forschung. Denn die Meteorologie hat von einem die Erdatmosphäre umgebenden Wärmemantel erfahren, für den verschiedene hypothetische Erklärungen vorgeschlagen wurden. Natürlich sieht keiner von ihnen die Möglichkeit vor, dass die atmosphärische Substanz in den Wärmezustand und wieder zurück übergeht. Aber wenn wir lernen, die Kette der Wolkenformen als eine „spirituelle Leiter" zu betrachten, müssen wir damit rechnen, dass die Kette mit einer Stufe reiner Hitze endet, die über der Zirrussphäre liegt. [9]

Die im letzten Teil dieses Kapitels verfolgte Überlegungslinie hat uns von bestimmten Beobachtungen im Pflanzenreich über die Entstehung wägbarer Materie aus dem „Nichts" zu einem entsprechenden Bild der meteorologischen Sphäre der Erde geführt. Als wir die Pflanze in dieser Hinsicht diskutierten, fanden wir ein „tausendwertiges Beispiel", das den Fall Tillandsia und insbesondere das überraschende Auftreten von Phosphor darin in sich trägt. Im meteorologischen Bereich ist es wiederum Phosphor, der uns ein Beispiel dieser Art liefert. Denn es gibt die wohlbekannte Tatsache, dass Phosphor in auffälligen Mengen im Schnee vorhanden ist, ohne dass eine Quelle in der Atmosphäre nachweisbar ist, aus der diese Substanz in fragwürdigem Zustand stammen könnte. Der im Schnee vorkommende Phosphor führt uns daher vor Augen, dass die Höhen der Atmosphäre ein Reich der Zeugung von Materie sind. (In unserem nächsten Kapitel werden wir erfahren, was Phosphor dazu bringt, diese besondere Rolle in beiden Bereichen der Natur zu spielen. Was uns im vorliegenden Kontext interessiert, ist die Tatsache selbst.)

*

Die Erkenntnisse, die wir nun über das Verschwinden und Erscheinen von physischem Wasser in den Höhen der Atmosphäre gewonnen haben, werden uns in die Lage versetzen, einen der charakteristischsten Irrtümer abzuschütteln, denen das Betrachterbewusstsein in seiner Einschätzung der Natur unterlegen ist. Dies ist die Interpretation von Gewittern und insbesondere von Blitzen, die seit den Tagen Benjamin Franklins vorherrscht.

Bevor wir unser eigenes Bild eines Gewitters entwickeln, sollten wir uns darüber im Klaren sein, dass die Wissenschaft es für notwendig erachtet hat, die so lange in der Vogue gehaltene Erklärung umzukehren. Während es früher als selbstverständlich galt – und die Annahme sollte auf experimentellen Beweisen beruhen –, dass die Kondensation von atmosphärischem Dampf , die mit dem Blitz einherging, die Folge einer Freisetzung elektrischer Spannung durch den Blitz war, wird heute die Ansicht vertreten, dass die elektrische Spannung Verantwortlich für die Entstehung von Blitzen ist selbst die Auswirkung eines plötzlichen Kondensationsprozesses der Luftfeuchtigkeit.

Der Grund für diese Unsicherheit liegt darin, dass die physikalischen Bedingungen in der Sphäre, in der Blitze auftreten, nach anderen Erfahrungen mit elektrischen Phänomenen die Bildung so hoher Spannungen, wie sie für das Auftreten von Entladungen in der Größenordnung von Blitzen erforderlich sind, tatsächlich ausschließen. Wenn wir diese Tatsache ohne wissenschaftliche Voreingenommenheit betrachten, werden wir wieder einmal an das Hans-Andersen-Kind erinnert. Wir müssen uns fragen, wie sich dieses Kind im Physikunterricht verhalten würde, wenn der Lehrer, nachdem er vergeblich versucht hatte, mit Hilfe einer elektrischen Maschine einen Blitz im Miniaturformat zu erzeugen, erklären würde, dass die in der Luft vorherrschende Feuchtigkeit für das Versagen verantwortlich sei das Experiment, und dass er es auf einen Tag verschieben müsste, an dem die Luft trockener sei. Es würde dem Hans-

Andersen-Kind kaum entgehen, dass die vom Lehrer als ungünstig für die Erzeugung eines elektrischen Funkens durch die Maschine angekündigten Bedingungen genau dort in viel höherem Maße herrschen, wo tatsächlich der Blitz als vermeintlicher elektrischer Funke auftritt.

Aus dem Vorhandensein elektrischer Spannungen in der Erdatmosphäre als Begleiterscheinung von Blitzen in der von Franklin erstmals beobachteten Weise zu schließen, dass Blitze selbst ein elektrischer Prozess sind, bedeutet, der gleichen Illusion zu unterliegen, die Menschen dazu veranlasste, elektrische Eigenschaften zuzuschreiben für die menschliche Seele, weil festgestellt wurde, dass ihre Aktivität im Körper von elektrischen Vorgängen in diesem begleitet wird. Die Identifizierung des Blitzes mit dem elektrischen Funken ist ein Fall einer Verwechslung der oberen und unteren Grenzen der Natur, die für das Betrachterbewusstsein charakteristisch ist. Als solches stand es einem wirklichen Verständnis sowohl nichtelektrischer Naturphänomene als auch der Elektrizität selbst im Weg.

Was wir an Blitzen beobachten, ist in Wirklichkeit die augenblickliche Ausführung eines Prozesses, der kontinuierlich, still und unbemerkt in der Atmosphäre abläuft. Dabei handelt es sich um den Prozess, durch den Wasser vom unwägbaren in den wägbaren Zustand zurückkehrt, nachdem es durch die von der Sonne in Gang gesetzte Leichtigkeit in den ersteren umgewandelt wurde (wie es normalerweise in hohem Maße kurz vor einem Gewitter geschieht). Wir machen uns ein wahres Bild vom Verlauf eines Sturms, wenn wir sagen, dass die Natur es uns ermöglicht, Zeuge einer erhabenen Darstellung der plötzlichen Geburt von Materie in erdgebundener Form zu werden. Was als Regen (oder Hagel) auf die Erde fällt, ist im Wesentlichen identisch mit dem, was einen Moment zuvor als majestätisches Lichtphänomen für das Auge wahrnehmbar war. Das damit einhergehende elektrische Geschehen ist das entsprechende Gegenereignis an der unteren Grenze der Natur. Da die beiden Teil eines größeren Ganzen sind, treten sie zwangsläufig zusammen auf; aber das elektrische Ereignis darf nicht mit dem Ereignis am Himmel identifiziert werden. Der Grund für ihre Verbindung wird später klar werden, wenn wir zeigen werden, wie aus der Polarität zwischen Schwerkraft und Leichtigkeit elektrische Polarität entsteht.

Wenn man lernt, ein Gewitter auf diese Weise zu betrachten, wird sein geistiger Zusammenhang mit den vulkanischen Prozessen der Erde deutlich; es besteht tatsächlich eine polare Beziehung zwischen ihnen. Denn so wie bei vulkanischer Aktivität schwere Materie unter dem Einfluss der Leichtigkeit plötzlich und schnell in den Himmel getrieben wird, so strömt bei einem Sturm leichte Materie unter dem Einfluss der Schwerkraft zur Erde.

Es ist diese Kombination aus Verwandtschaft und polarem Gegensatz, die die Menschen früher dazu veranlasste, sowohl Blitze in der Höhe als auch seismische Störungen in der Tiefe als Zeichen eines direkten Eingriffs höherer Mächte in die Angelegenheiten der Menschen zu betrachten. Eine Spur dieses alten Gefühls steckt im griechischen Wort θεῖον (theion), göttlich, das sowohl für Blitz als auch für Schwefel verwendet wurde . Beeinflusst von der gleichen Vorstellung betrachteten die Römer einen Ort als heilig, an dem ein Blitz in die Erde eingeschlagen hatte; Sie haben es sogar umzäunt, um es vor menschlichem Kontakt zu schützen. Beachten Sie in diesem Zusammenhang auch den bereits erwähnten biblischen Bericht über das Ereignis auf dem Berg Sinai, der von einem Zusammenspiel vulkanischer und meteorologischer Phänomene als Zeichen des direkten Eingreifens der Gottheit spricht.

1 Siehe Kapitel IV. Der andere Titel der Arbeit, „Radiant Matter", wird in einem späteren Zusammenhang für uns an Bedeutung gewinnen.

2 Seitdem das oben Gesagte geschrieben wurde, haben bestimmte Schlussfolgerungen aus der modernen subatomaren Forschung einige Astrophysiker zu der Idee geführt, dass im Kosmos kontinuierlich Wasserstoff „aus dem Nichts" entsteht. Dies hat keinen Einfluss auf die Überlegungen des vorliegenden Kapitels.

3 Beachten Sie den Ausdruck!

4 Eine anschauliche Beschreibung des Zusammenspiels beider Arten von Kräften in der Natur finden Sie in E. Carpenters Bericht über seine Erfahrung mit einem Baum in seinen *heidnischen und christlichen Glaubensbekenntnissen.*

Solfatara -Phänomens übereinstimmt, wenn wir alles berücksichtigen, was im letzteren enthalten ist.

6 Dies wirft auch Licht auf die Problematik des Einsatzes von Chemikalien als Kunstdünger.

7 Vgl. L. Kolisko : *Wirksamkeit kleinster Entitäten („Wirkungen kleinster Wesenheiten"), Stuttgart, 1922, ein Bericht über eine Reihe von Experimenten, die der Autor* auf Anregung von Rudolf Steiner am Biologischen Institut des Goetheanums durchführte. Ihr Ziel war es, das Verhalten der Materie auf dem Weg zur Grenze ihrer Ponderablen Existenz und darüber hinaus zu untersuchen .

8 Anstatt die Spurenelemente in mineralischer Form zu verwenden, ist es immer noch besser, speziell aufbereitete Teile bestimmter Pflanzen mit einer starken „funktionellen Tendenz" zu verwenden. Dies geschieht nach den Angaben Rudolf Steiners in der sogenannten biodynamischen Methode der Landwirtschaft und des Gartenbaus.

9 Beachten Sie in diesem Zusammenhang das Ende von Goethes Gedicht über die Zirrusbildung und das Gedicht, das von seinem Anblick eines Wasserfalls in den Berner Alpen inspiriert wurde, als Hinweise darauf, dass er sich des Wasserverjüngungsprozesses in den Berner Alpen bewusst war höhere Bereiche der Atmosphäre.

KAPITEL XI

Materie als Teil des Alphabets der Natur

Im vorangehenden Kapitel haben wir darauf aufmerksam gemacht, dass jede räumlich ausgedehnte Masse sowohl der Schwerkraft als auch der Leichtigkeit unterliegt. Wir haben dann gesehen, dass mit dem Übergang der Materie vom festen über den flüssigen in den gasförmigen Zustand nicht nur das spezifische Gewicht der Substanz abnimmt, sondern gleichzeitig auch eine Zunahme dessen stattfindet, was wir „spezifisches Gewicht" nennen könnten. Im gasförmigen Zustand wird die an die Schwerkraft gebundene Materie so weit an die Leichtigkeit gebunden, dass sie die Eigenschaft annimmt, sich aktiv im Raum auszudehnen.

Wenn wir einmal die Goethesche Denkweise in Polaritäten übernommen haben, können wir sicher sein, dass es irgendwo in der Natur ein Phänomen gibt, das das genaue Gegenteil der dem gasförmigen Zustand eigentümlichen Beziehung zwischen Leichtigkeit und Schwerkraft darstellt. In diesem letzteren Zustand finden wir wägbare Materie, die so weit unter den Einfluss der Leichtigkeit geraten ist, dass ihr Verhalten von einer Art ist, die van Helmont , als er es zum ersten Mal beobachtete, nicht umhin konnte, es als „paradox" zu bezeichnen. Wo, so müssen wir uns nun fragen, finden wir das unwägbare Wesen, das so sehr unter dem Einfluss der Schwerkraft steht, dass es die entsprechenden paradoxen Züge zeigt? Mit anderen Worten: Wo zeigt die Natur ihre auf einen begrenzten Teil des Raumes konzentrierte Leichtigkeit – also in einem Zustand, der für die wägbare Materie charakteristisch ist?

Solche Konzentrationen von Leichtigkeit gibt es tatsächlich in vielfältiger Form. Einer davon ist der „Wärmekörper", der durch die Blutwärme der höheren Tiere und des Menschen repräsentiert wird. Es gibt aber auch auf der rein mineralischen Ebene der Natur ein Vorkommnis dieser Art, und gerade dieses ist für unser heutiges Studium der Materie von besonderer Bedeutung. Wir begegnen ihm in allen physikalischen Stoffen, die die Besonderheit haben, brennbar zu sein.

Unsere nächste Aufgabe besteht darin, bestimmte Grundlagen im Hinblick auf die unterschiedliche Art und Weise zu untersuchen, in der Leichtigkeit und Schwerkraft in brennbaren Substanzen miteinander verflochten sind, was sich in der unterschiedlichen Beziehung zwischen ihnen und dem Verbrennungsprozess manifestiert – d. h. dem Prozess, durch den die Leichtigkeit entsteht in den Originalzustand zurückversetzt. Ziel dieses Kapitels ist es zu zeigen, dass durch die Berücksichtigung des Unwägbarkeitsaspekts der Verbrennung der Weg zu einer Sicht auf die

„Elemente" im Sinne der wissenschaftlichen Chemie eröffnet wird, die unserer dynamischen Vorstellung von „Elementen" entspricht Gegenstand.

Es ist nicht verwunderlich, dass aus einem erneuten Studium des Verbrennungsprozesses eine neue Vorstellung vom chemischen Element entstehen kann, wenn wir uns daran erinnern, dass es das für das Betrachterbewusstsein charakteristische Bild der Verbrennung war, das die Vorstellung bestimmte des chemischen Elements, wie es in der modernen Wissenschaft vorherrscht. Schauen wir uns an, wie diese Vorstellung historisch zustande kam, um herauszufinden, wo wir heute stehen.

*

Mit der Etablierung des Wissens über einen Zustand der physischen Materie, der, wie die Definition lautete, „weder aus einer Kombination anderer physischer Substanzen resultiert noch in eine solche auflösbar ist", entstand die Überzeugung, dass der forschende Geist des Menschen „den Tiefpunkt" erreicht hatte. . Diese Überzeugung wurde jedoch erschüttert, als mit der Entdeckung des Radiums ein Element bekannt wurde, dessen Eigenschaft es ist, in zwei andere Elemente, Helium und Blei, zu zerfallen. Obwohl dies die Wissenschaft nicht dazu zwang, den Elementbegriff völlig aufzugeben, wurde es notwendig, eine neue Definition dafür zu finden.

Diese Definition wurde von Professor W. Ostwald zu Beginn dieses Jahrhunderts aufgestellt, als er feststellte, dass das chemische Element einen Zustand der physikalischen Materie darstellt, in dem „jede chemische Veränderung zu einer Gewichtszunahme führt". Auf diese Weise erlangte der chemische Begriff des Elements eine Bedeutung, die ihm von seiner ersten Vorstellung an eigentlich impliziert war. Denn seine Entstehung war das Ergebnis der *Contra- Levitatem-* Maxime. Der folgende Blick auf die Geschichte der Chemie wird dies zeigen.

Die Geburt der Chemie als Wissenschaft im modernen Sinne ist eng mit einem revolutionären Wandel in der Konzeption dessen verbunden, was man den chemischen Bogenprozess Verbrennung oder, um einen wissenschaftlicheren Begriff zu verwenden, Oxidation nennen kann. Diese Veränderung ergab sich aus der *Contra- Levitatem* -Maxime und der neuen Vorstellung von Wärme, die diese Maxime erforderte. In der alten Lehre von den vier Elementen wurde Wärme als eine Manifestation des Elements Feuer und damit zusammen mit der Luft als zum Bereich der „ungeschaffenen Dinge" gehörig aufgefasst. Daher wurde die Freisetzung von Wärme aus der geschaffenen Substanz immer als heiliger Akt empfunden, wie die alten Feuerriten zeigen.

Die Vorstellung des modernen Menschen von demselben Prozess zeigt sich in der Antwort, die man sowohl von Laien als auch von Wissenschaftlern erhält, wenn man sie fragt, was sie unter Verbrennung verstehen. Es wird als ein Prozess beschrieben, bei dem sich Sauerstoff mit der brennbaren Substanz verbindet. Und doch ist diese Seite der Verbrennung, die erstmals von J. Priestley (1771) beobachtet wurde, weder diejenige, um derentwillen der Mensch im Dienste seines Alltagslebens eine Verbrennung erzeugt, noch wird sie überhaupt durch die gewöhnliche Sinneswahrnehmung beobachtet. Dennoch wird es heute kaum noch jemandem in den Sinn kommen, die offensichtliche Tatsache zu beschreiben, dass es sich bei der Verbrennung um die Freisetzung von Wärme aus dem brennbaren Stoff handelt. Dies zeigt, wie sehr sich auch das wissenschaftlich unvorbereitete Bewusstsein unserer Zeit instinktiv der greifbaren oder wägbaren Seite der Natur zuwendet, so dass es einiger Anstrengung bedarf, sich einfach zu dem zu bekennen, was das Auge und die anderen Sinne wahrnehmen.

In den ersten hundert Jahren nach der Aufstellung der *Contra- Levitatem-* Maxime war die Situation des Menschen gewissermaßen das Gegenteil davon. Damals kämpfte man hart darum, von der alten Vorstellung wegzukommen, die in der Verbrennung nichts anderes sah als die Befreiung eines überirdischen Elements von irdischen Fesseln. Dieser Kampf fand seinen Ausdruck in einer Wärmetheorie, die zu dieser Zeit das wissenschaftliche Denken stark beschäftigte. Es handelt sich um die sogenannte Phlogiston-Theorie, die erstmals vom Chemiker Stahl (1660-1734) vorgeschlagen wurde.

Diese Theorie offenbart die große Unsicherheit, in der sich das Denken des Menschen über die Sinneswelt damals befand. Das Bewusstsein des Menschen war, da er an Vorstellungen aus der Antike festhielt, bereits so weit auf die Bildung reiner, an die Materie gebundener Konzepte beschränkt, dass er versucht war, Wärme als ein materielles Element aufzufassen. Diesem Wärmestoff wurde der Name „Phlogiston" gegeben. Gleichzeitig war es nach der *Contra- Levitatem-* Maxime unmöglich, sich Substanz anders vorzustellen als als wägbare Substanz. Dies führte zu der Überzeugung, dass immer dann, wenn infolge irgendeiner Behandlung von Materie (Verbrennung oder Reibung) Wärme entsteht, die materielle Substanz, die dieser Behandlung unterliegt, an Gewicht verlieren muss.

Die Experimente von Lavoisier (1743-94), die er nach Priestleys Entdeckung der Rolle von Sauerstoff bei der Verbrennung durchführte, machten dieser Theorie ein Ende. Diese Experimente gelten zu Recht als der eigentliche Beginn der modernen Chemie. In Lavoisier finden wir einen Naturbeobachter, der sich vor allem dafür interessierte, was die Skalen über Veränderungen in Stoffen aussagen könnten . Unter diesem Aspekt untersuchte er den Prozess der Oxidation. Er fand bestätigt, was bereits von einigen anderen beobachtet worden war, von ihnen jedoch nicht ernst genommen worden war, nämlich dass, entgegen der Phlogiston-Theorie,

Materie durch Oxidation nicht an Gewicht verliert, sondern an Gewicht zunimmt. Weitere Experimente bewiesen zweifelsfrei, dass bei allen chemischen Reaktionen das Gesamtgewicht der Komponenten konstant blieb. So sehr sich der aus der chemischen Reaktion anderer resultierende Stoff auch von diesen unterscheiden mochte, sein Gewicht erwies sich immer als dasselbe wie deren Gesamtgewicht. Was könnte man aus der scheinbaren Unveränderlichkeit des Gewichts bei allen chemischen Vorgängen in der Natur anders schließen, als dass der wägbare Weltinhalt von ewiger Dauer sei? Wir sehen hier, wie sehr die moderne Chemie und ihr Konzept des chemischen Elements von Anfang an von der einseitigen Schwerkraftvorstellung des Betrachterbewusstseins beherrscht wurde.

Zusammen mit der Überwindung des Trugschlusses, dass Wärme eine wägbare Substanz sei (vollständige Gewissheit wurde tatsächlich erst einige Zeit später durch die Untersuchungen von Davy und Rumford über die durch Reibung erzeugte Wärme erlangt), wurde das menschliche Denken zu einer einseitigen Vorstellung von Verbrennung geführt, die war lediglich das Gegenteil von dem, was zuvor vertreten wurde. Während der Geist des Menschen früher vor allem mit der Befreiung des unwägbaren Elements durch Verbrennung beschäftigt war, wandte er sich nun ganz dem zu, was im wägbaren Bereich vor sich geht.

Wie wir gesehen haben, war ein Ergebnis dieser einseitigen Sichtweise der Verbrennung das moderne Konzept des chemischen Elements. Unsere heutige Aufgabe besteht darin, diesen Begriff zu überwinden, indem wir einen Schritt gehen, der dem entspricht, der zu ihm geführt hat, nämlich durch eine Untersuchung der Brennbarkeit, die beiden Seiten des beteiligten Prozesses gerecht wird.

*

Als Objekte unserer Beobachtung wählen wir drei chemische Elemente, die alle die Eigenschaft der Brennbarkeit besitzen: Schwefel, Phosphor und Kohlenstoff. Wie deutlich wird, wird unsere Wahl dieser drei durch die Tatsache bestimmt, dass sie zusammen eine Instanz darstellen, die „tausend wert ist und alles in sich trägt".

Wir beginnen mit dem Vergleich von Schwefel und Phosphor. In ihrem Elementarzustand ist ihnen gemeinsam, dass jede chemische Veränderung mit einer Gewichtszunahme verbunden ist. In diesem Zustand sind beide brennbar. Abgesehen von dieser Ähnlichkeit gibt es einen großen Unterschied zwischen ihnen, wie die Art der Lagerung zeigt. Denn während elementarer Schwefel lediglich einen gewöhnlichen Behälter benötigt, muss Phosphor unter Wasser geschützt aufbewahrt werden, um zu verhindern, dass er mit dem Luftsauerstoff in Berührung kommt. Der Grund dafür ist, dass der brennbare Zustand für Schwefel natürlich ist , nicht jedoch für

Phosphor, da dessen natürlicher Zustand der oxidierte Zustand ist. Dieses unterschiedliche Verhältnis von Schwefel und Phosphor zum oxidierbaren (reduzierten) und zum oxidierten Zustand zeigt sich in allen ihren chemischen Reaktionen.

Hier möchte ich einwenden, dass die unterschiedlichen Reaktionen der beiden Stoffe nur auf den Unterschied ihrer jeweiligen Zündtemperaturen zurückzuführen sind und dass oberhalb dieser Temperaturen der Unterschied mehr

FIG. 4.

oder weniger verschwindet (alle brennbaren Stoffe werden bei ausreichend hoher Temperatur mehr oder weniger ähnlich). zu Phosphor) würde dem Argument nicht genügen. Denn hier kommt es nur darauf an, wie sich der jeweilige Stoff auf dem Temperaturniveau verhält, auf dem die Erde ihre normale planetarische Aktivität entfaltet. Dies zu ignorieren hieße, gegen eines der Prinzipien zu verstoßen, die wir von Goethe übernommen haben, nämlich niemals grundlegende Konzepte der Natur aus Beobachtungen abzuleiten, die unter künstlichen Bedingungen gewonnen wurden.

polar entgegengesetzte Tendenzen im Hinblick auf die Leichtigkeit-Schwerkraft-Kohärenz dar, die bei der Verbrennung aufbricht. Im Fall von Schwefel scheinen die wägbaren und unwägbaren Einheiten aneinanderzuhaften; Im Fall von Phosphor scheinen sie darauf bedacht zu sein, sich zu trennen. Diese beiden unterschiedlichen Tendenzen, die für viele andere Stoffe charakteristisch sind und einen Grundfaktor im chemischen Geschehen auf der Erde darstellen, sind auf ihre Art ein Gegensatzpaar. Da jeder von ihnen für sich eine Beziehung zwischen zwei Polen einer Polarität – Schwerkraft und Leichtigkeit – darstellt, stellen sie in ihrer gegenseitigen Beziehung eine „Polarität der Polaritäten" dar. In Abb. 4 wurde versucht, diesen Sachverhalt durch ein symbolisches Diagramm darzustellen.

In dieser Abbildung stellt der schattierte Teil das Unwägbare dar, der schwarze Teil das wägbare Wesen. Im linken Symbol sind beide in einer Beziehung dargestellt, die der einen Charakteristik des Schwefels entspricht ; in der rechten Abbildung ist der Zusammenhang charakteristisch für Phosphor.

Hier haben wir ein Beispiel für eine Art Polarität, die ebenso zu den Grundlagen der Natur gehört wie die Leichtigkeit-Schwerkraft-Polarität selbst. Überall dort, wo zwei Pole einer Polarität aufeinander treffen, besteht die Möglichkeit, dass sie auf zwei Arten verbunden werden, die in sich wiederum polar entgegengesetzt sind. Unsere weiteren Studien werden verschiedene andere Beispiele dieser Art aufzeigen und uns zeigen, dass ein Teil der erkenntnistheoretischen Probleme, in denen sich die Wissenschaft heute befindet, aus der Tatsache resultiert, dass der wissenschaftliche Geist nicht in der Lage war, zwischen den beiden Arten der Polarität zu unterscheiden - also, wie wir im Folgenden sagen werden, zwischen *Polaritäten erster Ordnung* (Primärpolaritäten) und *Polaritäten zweiter Ordnung* (Sekundärpolaritäten).

Tatsächlich war die Unterscheidung zwischen den beiden Ordnungen der Polarität von Anfang an in den Beschreibungen dieses Buches enthalten. Erinnern Sie sich in diesem Zusammenhang daran, wie das Bild der dreigliedrigen psychophysischen Struktur des Menschen entstand, das sich als Schlüssel zur Lösung der verschiedensten wissenschaftlichen Probleme erwiesen hat. Dort repräsentierten „Körper" und „Seele" eine Polarität, die offensichtlich erster Ordnung ist. Durch unsere Beobachtung des menschlichen Organismus sowohl in Bezug auf die verschiedenen Funktionen der Seele als auch auf die verschiedenen Hauptorgansysteme haben wir außerdem erkannt, dass die Zusammenhänge zwischen Körper und Seele im Bereich des Gehirns polar entgegengesetzt sind und Nerven und im Bereich der Stoffwechselvorgänge, was wiederum zu zwei polar entgegengesetzten Aktivitäten der Seele führt, einerseits zu mentalen und andererseits zu willensmäßigen. In dem, was wir den Pol des Bewusstseins und den Pol des Lebens genannt haben, haben wir also eine klare Polarität zweiter Ordnung, und so in allem, was mit diesen beiden zusammenhängt, wie unsere weiteren Diskussionen zeigen werden.

Wenn wir uns daran erinnern, dass unsere erste Gelegenheit, uns offen mit dem Konzept der Polarität zu beschäftigen, im Zusammenhang mit den vier Elementen stattfand, können wir uns nun fragen, ob die alte Lehre nicht auch eine Vorstellung von sekundärer Polarität und primärer Polarität umfasste, und wenn ja, ob? Dies könnte sich bei der Klärung unserer eigenen Vorstellungen als nicht so hilfreich erweisen wie die primäre Polarität, kalt-warm. Dass dies tatsächlich so ist, wird die folgende Beschreibung zeigen.

Neben den beiden Eigenschaften kalt und warm wies die Vier-Elemente-Lehre auf zwei weitere Eigenschaften hin, die in sich ein Gegensatzpaar bilden, nämlich trocken und feucht. So wie die vier Elemente sich in zwei Paaren gruppierten, Feuer-Luft auf der einen Seite,

Wasser-Erde auf der anderen Seite, wobei die erste durch die Qualität warm, die zweite durch kalt gekennzeichnet ist, so dass sie zwei gegensätzliche Gruppen bildeten, Feuer-Erde und Luft-Wasser, von denen die eine durch die Qualität trocken gekennzeichnet war, die andere durch die Qualität feucht. Abb. 5 zeigt, wie die vier Elemente in ihrer Gesamtheit aus den verschiedenen Kombinationen der vier Qualitäten entstanden sind.

In diesem Diagramm erscheint das Element Erde als Kombination der Eigenschaften Trocken und Kälte; Kaltes und feuchtes Wasser; Feuchte und warme Luft; Feuer aus Wärme und Trockenheit. Daher sind Erde und Feuer nicht nur Gegenpole, sondern auch Nachbarn im Diagramm. Hier stoßen wir auf ein Bild, das für alle früheren Sichtweisen auf die Welt charakteristisch ist: die Glieder eines Systems von Phänomenen, wenn man sie einordnet

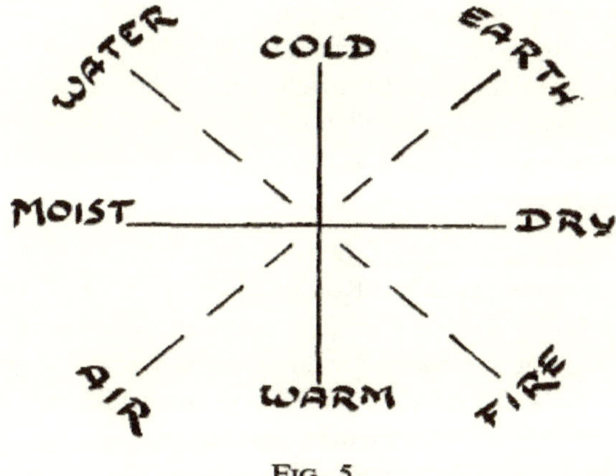

FIG. 5.

Es zeigte sich, dass sich die Reihenfolge der Abfolge kreisförmig – oder genauer gesagt spiralförmig – umkehrte.

Auf welche Weise bilden die Eigenschaften trocken und feucht eine Polarität zweiter Ordnung und wie repräsentieren sie die chemische Polarität, die für Schwefel und Phosphor sowie alle anderen in diesem Buch behandelten sekundären Polaritäten charakteristisch ist? Um dies zu verstehen, müssen wir das Paar trocken-feucht der gleichen Prüfung unterziehen, die wir in unserer früheren Diskussion der vier Elemente für kalt und warm durchgeführt haben.

Es liegt in der Natur der Dinge, dass wir diese Eigenschaften instinktiv mit dem festen bzw. flüssigen Zustand der Materie assoziieren. Dies stimmt sicherlich mit dem oben gegebenen Diagramm überein, in dem die Elemente Erde und Wasser genau durch ihre Verbindung mit diesen beiden Eigenschaften unterschieden werden. Darüber hinaus erweisen sich aber auch die Eigenschaften trocken und feucht als charakteristisch für Feuer bzw. Luft, allerdings mit dem Unterschied, dass sie nicht wie bei den niederen Elementen mit der Eigenschaft Kälte, sondern mit der Eigenschaft Kälte verbunden sind Qualität warm. Wir sehen also , dass die Begriffe „trocken" und „feucht", wie sie in der alten Vorstellung von ihnen gelebt haben, viel mehr bedeuten, als wir heute unter ihnen verstehen.

Dass diese beiden jeweiligen Eigenschaften nicht ausschließlich dem festen und dem flüssigen Aggregatzustand zuzuordnen sind, lässt sich sofort erkennen, wenn man die unterschiedlichen Reaktionen bestimmter Flüssigkeiten auf eine feste Oberfläche beobachtet, die sie berühren. Man muss sich nur an den Unterschied zwischen Wasser und Quecksilber erinnern. Wenn Wasser über eine Oberfläche läuft , hinterlässt es eine Spur; Quicksilver nicht. Wasser haftet an der Seite eines Gefäßes; Quecksilber wiederum nicht. Eine bekannte Folge dieses Unterschieds ist, dass in einem engen Rohr die Oberfläche der Flüssigkeit – der sogenannte Meniskus – am Umfang höher steht als bei Wasser in der Mitte ; Bei Quecksilber ist es genau umgekehrt. Im Sinne der beiden Eigenschaften trocken und feucht ist Wasser eine „feuchte" Flüssigkeit; Quecksilber ein „trockenes". Andererseits spiegelt sich die Qualität der Feuchtigkeit in einer festen Substanz in der Klebekraft des Leims wider.

Sehen wir uns nun an, wie gemäß dem in Abb. 5 dargestellten Schema die vier Qualitäten in ihren jeweiligen Kombinationen die vier Elemente bilden. Aus der Beschreibung, die wir hier geben werden, wird deutlich, wie wenig solche alten Pläne auf abstrakten Gedanken beruhten und wie sehr sie auf den Tatsachen der Welt beruhten. Darüber hinaus würde ein Vergleich mit unserer Beschreibung der vier Stadien der Materie im vorherigen Kapitel zeigen, inwieweit der konzeptionelle Inhalt der alten Lehre die entsprechenden Tatsachen abdeckt, wenn sie vom Auge des modernen Lesers in der Natur gelesen werden, ungeachtet dessen welche Veränderungen die Natur inzwischen erfahren hat.

Das Element Feuer offenbart seine Eigenschaften von warm und trocken in einem Verhalten , das eine Tendenz zur dynamischen Expansion mit einer Abneigung gegen eine dauerhafte Verbindung mit den anderen Elementen verbindet. Dementsprechend vereint das Verhalten des Elements Erde eine Tendenz zur Kontraktion mit einer Neigung, aus der Verbindung mit den anderen Elementen zu fallen. Somit gehört das Attribut „trocken" gleichermaßen zu reiner Flamme und reinem Staub, allerdings aus entgegengesetzten Gründen. Von diesen beiden Elementen unterscheiden sich die mittleren Elemente Wasser und Luft; Bei ihnen kommt die

Eigenschaft „feucht" in ihrer Tendenz zum Ausdruck, sich gegenseitig zu durchdringen und ihre Nachbarn zu absorbieren – das flüssige Element absorbiert feste Materie und das luftförmige Element nimmt Wärme auf. Was sie auszeichnet, ist, dass Wasser einen „kalten" Charakter hat, wodurch es seine Dichte erhält; während Luft eine „warme" Natur hat, der sie ihre Tendenz zur Ausdehnung verdankt.

Im allgemeinsten Sinne gilt die Eigenschaft „feucht" überall dort, wo zwei verschiedene Einheiten in eine Art innige Beziehung zueinander geraten; „trocken" gilt, wenn keine solche Beziehung vorherrscht. So gesehen erweisen sie sich als wahre Polarität zweiter Ordnung, denn sie beschreiben die bereits bestehende Beziehung zwischen zwei Wesenheiten und sind im Falle der vier Elemente selbst eine Polarität. Als solche charakterisieren sie genau jene polaren Beziehungen zweiter Ordnung, auf denen, wie wir fanden, die Dreigliederung des Menschen beruht. Denn sowohl im physischen als auch im überphysischen Aspekt stellt das Nervensystem den „trockenen" Teil und das Stoffwechselsystem den „feuchten" Teil des menschlichen Wesens dar. Dasselbe gilt für die Beziehung zwischen der Seele und der sie umgebenden Welt an beiden Polen. Hier liegt der Gegensatz zwischen dem „trockenen" Betrachterverhältnis des Intellekts zur Welt, gedacht als bloßes Bild, dessen Wesen außerhalb der Grenzen der Seele bleibt, und der „feuchten" Vermischung der Willenskraft mit den tatsächlichen Kräften der Welt.

*

Es bedarf keiner weiteren Erklärung, um zu erkennen, dass Schwefel und Phosphor aufgrund der Art und Weise, wie Leichtigkeit und Schwerkraft in jedem von ihnen miteinander verbunden sind, Vertreter genau dieser Eigenschaften „feucht" und „trocken" sind. Als solche sind sie universell aktive Träger dieser Eigenschaften in allen Bereichen der vielfältigen Aktivitäten der Natur, wie ihre physische Präsenz in solchen Fällen bestätigt. So kommt Schwefel in den Eiweißstoffen des menschlichen Körpers überall dort vor, wo sie Träger von Stoffwechselprozessen sind, während die Anwesenheit von Phosphor für die Nerven und Knochen charakteristisch ist. (Obwohl uns seine volle Bedeutung erst später klar wird, kann hier die Tatsache erwähnt werden, dass die Zusammensetzung des Knochenmaterials in den verschiedenen Teilen des menschlichen Skeletts, wie wissenschaftliche Analysen gezeigt haben, so ist, dass der Gehalt an Phosphat von Calcium (Im Verhältnis zum Kalziumkarbonat ist es in allen kugelförmigen Teilen höher, beispielsweise in den oberen Teilen des Schädels und an den oberen Enden der Gliedmaßenknochen.)

Insbesondere lässt die Pflanze die funktionelle Bedeutung von Phosphor als Träger der Qualität „trocken" deutlich erkennen. Für ihr gesundes Wachstum benötigt die Pflanze die Qualität „trocken" an zwei Stellen: an der Wurzel, wo sie sich mit dem Element Erde verbindet , und in der Blüte, wo sie sich dem Feuerelement öffnet. Wurzel und Blüte sind im Gegensatz zu den mittleren Teilen der Pflanze beide „trockene" Formationen. In noch höherem Maße gilt dies für den Samen, der sich von der Mutterpflanze trennen muss, um einen separaten neuen Organismus hervorzubringen. All dies sind Funktionen in der Pflanze, die, wie im letzten Kapitel erwähnt, für ihre gesunde Leistung Phosphor benötigen.

Unsere Untersuchung von Phosphor und Schwefel aus funktioneller Sicht wirft auch Licht auf ihre Wirkung auf die abwechselnden Wach- und Schlafbedingungen, die für das Leben der höheren Organismen notwendig sind. Bei diesem rhythmischen Wechsel, der insbesondere das Nervensystem betrifft, handelt es sich um einen Wechsel zwischen den Eigenschaften trocken und feucht. Eine Störung dieses Wechsels in die eine oder andere Richtung macht es für den Organismus schwierig, im vollen Wachzustand oder im normalen Schlaf zu reagieren. Daraus folgt, dass eine Behandlung mit Phosphor oder Schwefel in geeigneten Präparaten, je nach Art der Störung, vorteilhaft sein kann.

Wenn wir die funktionellen Eigenschaften solcher Substanzen untersuchen , erkennen wir, dass sie uns ein rationales Verständnis therapeutischer Praktiken vermitteln können, die sonst bloße Ergebnisse von Versuch und Irrtum bleiben müssten. Gleiches gilt für die Phosphor- und Schwefelbehandlung in Fällen, in denen im funktionell „trockenen" Knochensystem oder im funktionell „feuchten" Stoffwechselsystem des Organismus die falsche Qualität vorherrscht. Bleiben die Knochen zu „feucht", besteht die Gefahr von Rachitis; Dagegen sind bestimmte Fischöle aufgrund ihrer stark phosphorhaltigen Natur ein bekanntes Heilmittel. Umgekehrt kann die Anwendung von Schwefel dort helfen, wo eine Schwäche der Stoffwechselkräfte zu rheumatischen oder gichtischen Ablagerungen in Körperteilen führt, deren Aufgabe es ist, durch ihre Beweglichkeit der Willenstätigkeit zu dienen. In diesem Fall kann dem abnormalen Vorherrschen der Qualität „trocken" durch die medizinische Anwendung von Schwefel entgegengewirkt werden .

*

Nachdem wir die Wirkung von Schwefel und Phosphor im Labor und in lebenden Organismen beobachtet haben, wenden wir uns nun Phänomenen makrotellurischer Natur zu, die die Beteiligung von Schwefel und Phosphor offenbaren. Dort weist Schwefel unmissverständlich auf den Vulkanismus der Erde hin. Es ist eine Tatsache, dass es überall dort, wo mineralischer Schwefel auf der Erde vorkommt, einen Ort früherer oder gegenwärtiger vulkanischer Aktivität gibt. Ebenso gibt es keinen solchen Ort auf der Erde, an dem Schwefel nicht in der einen oder anderen Form vorhanden wäre. Daher der Name *Solfatara* für die in Kapitel IX beschriebene Fumarole.

Wieder einmal ist es die *Solfatara*, die uns ein Phänomen bietet, diesmal im Zusammenhang mit der besonderen Rolle des Schwefels in seiner Wirkung, die, mit dem Auge des Geistes betrachtet, die Bedeutung eines „tausendwertigen" Beispiels annimmt.

Trotz der sehr hohen Temperatur der schwefelhaltigen Dämpfe, die aus verschiedenen Spalten am Rande der *Solfatara austreten,* ist es dank der völligen Trockenheit der Dämpfe möglich, ein Stück weit in das Innere dieser Spalten zu kriechen. Nicht weit von der Öffnung der Spalte entfernt, wo die heißen Dämpfe die kühlere Felsoberfläche berühren, bietet sich einem ein sehr schönes Schauspiel – nämlich die fortwährende Bildung glitzernder gelber Schwefelkristalle, die scheinbar aus dem Nichts schweben zarte Ketten von der Decke.

In dieser Umwandlung der schwefelhaltigen Substanz von einem höheren materiellen Zustand, der näher an der Leichtigkeit liegt, in den des festen Kristalls können wir ein Bild der Entstehung von Materie sehen. *Denn jede physikalische Substanz und damit jedes chemische Element existiert ursprünglich als reine Funktion in den dynamischen Prozessen des Universums.* Überall dort, wo durch die Wirkung der Schwerkraft eine solche Funktion stofflich erstarrt, begegnet uns sie in Form einer körperlich-materiellen Substanz. Im gleichen Sinne sind Schwefel und Phosphor in ihrem eigentlichen Wesen reine Funktionen, und wo sie als physikalische Substanzen vorkommen, treffen wir diese Funktionen in ihrem erstarrten Zustand.

Eines der Merkmale der vulkanischen Regionen der Erde ist die heilende Wirkung der dort vorkommenden Substanzen. Fango -Schlamm zum Beispiel, der im letzten Kapitel erwähnt wurde, ist ein viel verwendetes Mittel gegen Rheuma. Dies ist typisch für funktionellen Schwefel . Wir können den Vulkanismus der Erde durchaus als qualitativ schwefelhaltig bezeichnen . Es ist die Schwefelfunktion , die durch einen höheren Grad an „Feuchtigkeit" im Verhältnis zwischen Schwerkraft und Leichtigkeit zum Ausdruck kommt und vulkanische Regionen vom Rest der ansonsten „trockenen" Erdkruste unterscheidet.

*

Um ein entsprechendes Bild der Funktion von Phosphor zu entwickeln, müssen wir versuchen, die makrotellurische Sphäre zu finden, in der diese Funktion ähnlich wie die von Schwefel im Vulkanismus funktioniert. Aus dem, was im letzten Kapitel gesagt wurde, wird deutlich, dass wir die Atmosphäre als Ort der Schneebildung betrachten müssen. Es ist dieser Prozess, den wir nun genauer untersuchen müssen.

In der Atmosphäre finden wir zunächst Wasser im Dampfzustand , in dem der Einfluss des Erdschwerefeldes verhältnismäßig schwach ist. In diesem Zustand schwebend, kondensiert der Dampf und die Kristallisation schreitet voran. Der Anziehungskraft der Schwerkraft gehorchend, vereinigen sich bei ihrem Abstieg immer mehr Kristalle und bilden nach und nach Flocken unterschiedlicher Größe. Je näher sie der Erde kommen, desto näher fallen sie, bis sie schließlich auf dem Boden eine ununterbrochene, mehr oder weniger kugelförmige Hülle bilden.

Stellen Sie sich ein schneebedecktes Feld vor, das an einem klaren, ruhigen Wintertag in der Sonne glitzert. Soweit wir sehen können, gibt es kein Lebenszeichen, keine Bewegung. Hier bedeckt Wasser, das normalerweise flüssig ist und in seinem flüssigen Zustand den sich ständig verändernden Lebensvorgängen dient, die Erde in Form von Millionen einzelner, mit mathematischer Genauigkeit geformter Kristalle, von denen jeder in einer Million Strahlen bricht und reflektiert Licht der Sonne (Tafel V). In der Tat ein Kontrast zwischen diesem stillen Auftauchen der Formen aus dem Leichtsinn in die Schwerkraft und dem formverleugnenden Vulkanismus, der aus der Schwerkraft in den Leichtsinn aufsteigt, wie die immer ruhelose Aktivität der Solfatara zeigt . So wie wir festgestellt haben, dass Vulkanismus eine makrotellurische Manifestation von funktionellem Schwefel ist , finden wir im Prozess der Schneebildung eine entsprechende Manifestation von funktionellem Phosphor.

In der Schneebildung zeigt uns die Natur *in Statur Agendi ein* Prozess, den wir sonst auf der Erde nur in seinen fertigen Ergebnissen, der Kristallisation, antreffen. Wir können daher mit Recht die Schneebildung als ein Urphänomen in diesem Bereich der Naturaktivitäten betrachten. Als solches ermöglicht es uns, etwas über den Ursprung des kristallinen Bereichs der Erde im Allgemeinen zu erfahren; und umgekehrt wird uns unsere Einsicht in das „Werden" dieses Reiches ermöglichen, die universelle Funktion klarer zu erkennen, deren Hauptvertreter unter den physischen Substanzen der Erde Phosphor ist.

Es hat viele Beobachter verwirrt, dass Kristalle in der Erde vorkommen, deren Hauptachsenrichtung völlig unabhängig von der Richtung der irdischen Schwerkraft ist. Tafel VI zeigt die Fotografie einer Ansammlung von Calcitkristallen als Beispiel für dieses Phänomen. Es sagt uns, dass die Schwerkraft keinen Einfluss auf die Bildung des Kristalls selbst haben kann. Dieses Rätsel löst das Phänomen der Schneebildung, sofern wir es als Urphänomen zu uns sprechen lassen . Denn es sagt uns dann, dass sich die Materie in einem Übergangszustand von der Leichtigkeit zur Schwere befinden muss, damit sie in kristalliner Form erscheinen kann. Die Kristalle in der Erde müssen also zu einer Zeit entstanden sein, als das Verhältnis zwischen Leichtigkeit und Schwerkraft auf der Erde ein anderes war als heute auf *diesem Gebiet*.

Die gleiche Sprache wird von der Eigenschaft der Transparenz gesprochen, die bei Kristallen so vorherrschend ist. Eine der grundlegenden Eigenschaften schwerer Feststoffe besteht darin, lichtbeständig zu sein, also undurchsichtig zu sein. Unter Einwirkung von Hitze verliert die physikalische Substanz diese Eigenschaft jedoch in dem Maße, dass an der Grenze ihrer Ponderabilität alle Materie für Licht durchlässig wird. Nun behält die transparente Kristallmaterie diese Verwandtschaft zum Licht auch im festen Zustand bei.

Eine ähnliche Botschaft ergibt sich aus der oft so geheimnisvollen Farbgebung der Kristalle. Auch hier bietet uns die Natur ein Beispiel, das „tausendwertig" ist und ein Geheimnis offenbart, das sonst verborgen bleiben würde. Wir meinen die rosa Turmalinkristalle, deren Farbe durch eine kleine Beimischung von Lithium entsteht. Dieses zur Gruppe der Alkalimetalle gehörende Element bildet keine farbigen Salze (eine Eigenschaft, die nur die schwereren Metalle aufweisen). Wird es jedoch einer Flamme ausgesetzt, erhält es eine bestimmte Farbe , die mit der des lithiumfarbenen Turmalins übereinstimmt . Als Buchstabe in der Schrift der Natur gelesen, sagt uns diese Tatsache, dass Edelsteine mit ihren flammenähnlichen Farben dadurch gekennzeichnet sind, dass sie etwas von der Natur bewahrt haben, die ihnen gehörte, bevor sie sich zu einer wägbaren Existenz zusammenschlossen. Tatsächlich handelt es sich um „gefrorene Flammen".

Es ist diese aus antiker intuitiver Erfahrung bekannte Tatsache, die den Menschen der Antike dazu veranlasste, den verschiedenen Edelsteinen der Erde eine besondere spirituelle Bedeutung zuzuschreiben und sie entsprechend in seinen Ritualen zu verwenden.

Die Kristallisation, so gesehen in ihrem kosmischen Aspekt, zeigt eine dynamische Ausrichtung, die der der seismischen Aktivitäten der Erde polar entgegengesetzt ist. So wie wir bei letzterem beobachten, wie die Leichtigkeit die wägbare Materie ergreift und sie in eine Richtung bewegt, die der Anziehungskraft der Schwerkraft entgegengesetzt ist, so sehen wir bei der Kristallisation, wie die unwägbare Materie von der Leichtigkeit in die Schwerkraft übergeht. Und so wie wir im Vulkanismus und verwandten Prozessen ein Wirkungsfeld von „funktionellem Schwefel " fanden, so fanden wir in der Schneebildung und verwandten Prozessen ein Wirkungsfeld von „funktionellem Phosphor". Beide Bereiche sind durch eine Wechselwirkung zwischen Schwerkraft und Leichtigkeit gekennzeichnet, wobei diese Wechselwirkung in jedem von ihnen gegensätzlicher Natur ist.

Auch hier erscheinen Schwefel und Phosphor als Träger einer Polarität zweiter Ordnung, die aus den beiden polar entgegengesetzten Wechselwirkungen der Pole der Polarität erster Ordnung hervorgeht

Ordnung: Leichtigkeit-Schwerkraft.

*

Wie es beim Menschen ein drittes System gibt, das zwischen den beiden Polarsystemen seines Organismus vermittelt, so gibt es zwischen Schwefel und Phosphor ein drittes Element, das in all seinen Eigenschaften eine Mittelstellung zwischen ihnen einnimmt und Träger einer entsprechenden Funktion ist. Dieses Element ist Kohlenstoff.

Um dies zu erkennen , müssen wir nur die Beziehung von Kohlenstoff zur Oxidation bzw. Reduktion berücksichtigen. So wie Schwefel natürlicherweise im reduzierten Zustand und Phosphor im oxidierten Zustand vorliegt, liegt es in der Natur des Kohlenstoffs, mit beiden Zuständen in Beziehung zu stehen und daher zwischen ihnen zu oszillieren. Durch seine Bereitschaft, vom oxidierten in den reduzierten Zustand überzugehen, kann es der Pflanze bei der Lichtaufnahme dienen, während es durch seine Bereitschaft, den umgekehrten Zustand zu vollziehen, Mensch und Tier beim Atmungsprozess dient. Wir atmen Sauerstoff aus der Luft ein; Der Sauerstoff zirkuliert durch die Blutbahn und wird beim Ausatmen zusammen mit Kohlenstoff als Kohlendioxid wieder ausgeschieden. Bei dem Prozess, bei dem die Pflanzen das von Mensch und Tier ausgeatmete Kohlendioxid reduzieren, während letztere mit ihrer Nahrung den von der Pflanze in Form organischer Stoffe produzierten Kohlenstoff wieder aufnehmen, sehen wir, wie sich Kohlenstoff zwischen dem oxidierten und dem reduzierten hin und her bewegt Bedingungen.

Auch innerhalb der Pflanze selbst fungiert Kohlenstoff als Funktionär des Wechsels von Oxidation und Reduktion. In der ersten Jahreshälfte, wenn sich die Vegetation entfaltet, kommt es zu einem starken Reduktionsprozess des oxidierten Kohlenstoffs, während in der zweiten Jahreshälfte, wenn der Welkprozess vorherrscht, ein großer Teil des zuvor reduzierten Kohlenstoffs in den oxidierten übergeht Zustand. Da dies mit dem Aus- und Einatmen von Sauerstoff durch Kohlenstoff zusammenhängt, kann man davon ausgehen, dass Kohlenstoff die Funktion des Lungenorgans der Erde hat. Logischerweise spielt Kohlenstoff die gleiche Rolle im mittleren Teil des dreigliedrigen menschlichen Organismus.

Ein weiterer Hinweis auf die mittlere Position von Kohlenstoff ist seine Fähigkeit, sich ebenso leicht mit Wasserstoff wie mit Sauerstoff zu verbinden und in diesen polaren Kombinationen sogar mit sich selbst. In dieser letzteren Form bildet es die Grundlage für die unzähligen organischen

Substanzen in der Natur und dient als „Bausteine" der Körpersubstanzen lebender Organismen. Unter diesen zeigen die von den Pflanzen produzierten Kohlenhydrate deutlich die Doppelfunktion von Kohlenstoff in der Art und Weise, wie er zwischen den Zuständen Stärke und Zucker wechselt.

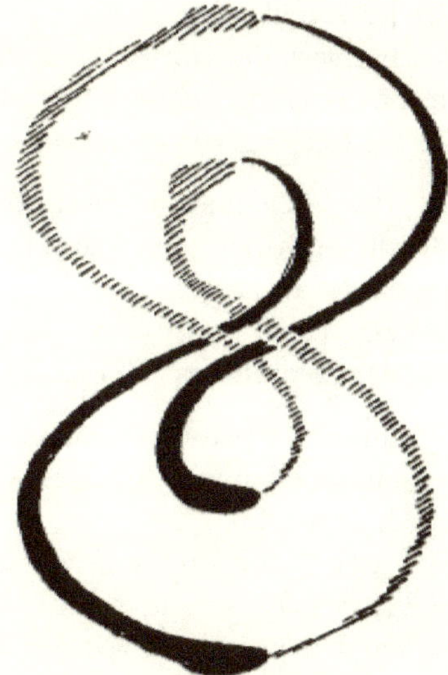

FIG. 6.

Wenn die Pflanze über ihre Blätter Kohlensäure aus der Luft aufnimmt und sie zu mehreren Stärkekörnern mit ihrer für jede Pflanzenart charakteristischen besonderen Struktur kondensiert, liegt ein biologisches Ereignis vor, das der Schneebildung im meteorologischen Bereich entspricht. Hier sehen wir Kohlenstoff auf eine Weise am Werk, die funktionell der von Phosphor ähnelt. Zucker hingegen hat seinen Platz in den Pflanzensäften, die durch die Stängel aufsteigen und die Mineralstoffe der Erde mit sich führen. Hier finden wir Kohlenstoff, der eine ähnliche Funktion wie Schwefel hat .

Diese Doppelnatur des Kohlenstoffs macht sich bis in die mineralische Sphäre der Erde hinein bemerkbar. Dort liegt es darin, dass Kohlenstoff sowohl in Form des Diamanten, dem härtesten aller Mineralstoffe, als auch in Form des weichsten, Graphit, vorkommt. Auch hier, in der brillanten Transparenz des Diamanten und in der dichten Schwärze des Graphits, offenbart Kohlenstoff seine doppelte Beziehung zum Licht.

In Abb. 6 wurde versucht, die Funktion von Kohlenstoff in einer Weise schematisch darzustellen, die der vorherigen Darstellung der Funktionen von Schwefel und Phosphor entspricht.

*

Durch die Hinzufügung von Kohlenstoff zu unseren Beobachtungen zur Polarität von Schwefel und Phosphor sind wir zu einer Trias von Funktionen geführt worden, von denen jede ein spezifisches Zusammenspiel von Leichtigkeit und Schwerkraft zum Ausdruck bringt. Dass wir auf drei solcher Funktionen stoßen, ist weder Zufall noch Willkür. Es beruht vielmehr auf der Tatsache, dass die Wechselwirkung von Kräften, die von einer Polarität erster Ordnung ausgehen, eine Polarität zweiter Ordnung erzeugt, deren Pole zwischen sich eine Sphäre des Gleichgewichts bilden.

Durch unser Studium der Leichtigkeit und Schwerkraft in den Materieprozessen der Erde eröffnet sich somit ein Blick auf ein Strukturprinzip der Natur, das für uns eigentlich nicht neu ist. Wir sind gleich zu Beginn dieses Buches darauf gestoßen, als wir die dreifache psychophysische Ordnung des menschlichen Wesens besprochen haben.

In den Tagen einer älteren intuitiven Naturweisheit kannte der Mensch eine grundlegende Trias von Funktionen sowie die vier elementaren Qualitäten. Ein letztes Echo davon hören wir im Mittelalter, als Menschen, die nach einem tieferen Verständnis der Natur strebten, von der Dreieinigkeit von Salz, Merkur und Schwefel sprachen. Was die wahren Alchemisten, wie sich diese Wissenssucher nannten, damit meinten, war genau das Gleiche wie die Vorstellung, zu der wir hier durch unsere eigene Art, Materie zu studieren („Salz" steht für „funktioneller Phosphor", „Merkur" für „ funktioneller Kohlenstoff'). Nur der Weg des Alchemisten war ein anderer.

Dies ist nicht der Ort, um auf eine umfassende Untersuchung der Bedeutung und des Wertes der Alchemie in ihrem ursprünglichen legitimen Sinn einzugehen (der nicht mit Aktivitäten verwechselt werden darf, die später unter demselben Namen zur Schau gestellt wurden). Wir wollen nur sagen, dass die echte Alchemie ihren Ursprung einem Impuls verdankt, der zu einer Zeit, als das Betrachterbewusstsein zum ersten Mal entstand, zur Gründung einer Schule zur Entwicklung einer intuitiven Beziehung der Seele zur Welt des Geistes führte Sinne. Dies sollte den Menschen in die Lage versetzen, den Auswirkungen der Spaltung zu widerstehen, die die Evolution in seinem Seelenleben hervorrufen sollte – der Spaltung, die ihm einerseits eine abstrakte Erfahrung seines eigenen Selbst geben sollte, losgelöst vom Äußeren Welt, und andererseits eine bloße Zuschauererfahrung dieser Außenwelt . Als Ergebnis dieser Bemühungen entstanden Begriffe, die sich in ihrer wörtlichen Bedeutung lediglich auf äußerlich wahrnehmbare Substanzen zu beziehen schienen, während sie in Wirklichkeit für die spirituellen Funktionen standen, die diese Substanzen sowohl innerhalb als auch außerhalb des menschlichen Organismus repräsentierten.

Daher dachte der Alchemist, der diese Konzepte verwendete, dass sie sich zunächst auf seine eigene Seele und auf die inneren organischen Prozesse bezogen, die den verschiedenen Aktivitäten seiner Seele entsprechen. Wenn er von Salz sprach, meinte er die regulierte Gestaltungstätigkeit seines Denkens, basierend auf dem Salzbildungsprozess in seinem Nervensystem. Als er vom Merkur sprach, meinte er das sich schnell verändernde Gefühlsleben der Seele und die entsprechenden Aktivitäten der rhythmischen Prozesse des Körpers. Schließlich meinte Schwefel die Willenstätigkeit seiner Seele und die entsprechenden Stoffwechselvorgänge des Körpers. Der Alchemist hoffte nur durch das Studium dieser Funktionen in sich selbst und durch die Wiederherstellung der Harmonie zwischen ihnen, die ihnen am Anfang geherrscht hatte und von der der Mensch seiner Meinung nach im Laufe der Zeit abgewichen war, zu einer Einigung zu kommen ihrer Gegenstücke im äußeren Kosmos.

Ältere alchemistische Schriften können daher nur verstanden werden, wenn Vorschriften, die bestimmte chemische Manipulationen zu bedeuten scheinen, als Anweisungen für bestimmte Übungen der Seele oder als Ratschläge für die Neuausrichtung entsprechender Prozesse im Körper gelesen werden. Wenn zum Beispiel ein Alchemist Anweisungen für eine bestimmte Behandlung von Schwefel, Quecksilber und Salz gab und behauptete, dass man durch die richtige Ausführung dieser Anweisungen Aurum (Gold) erhalten würde, sprach er in Wirklichkeit von einer Methode, das Denken und Fühlen zu lenken und willige Aktivitäten der Seele, um wahre Weisheit zu erlangen. [1]

*

Wie im Fall der Konzepte, aus denen sich die Lehre von den vier Elementen zusammensetzt, haben wir hier die alchemistischen Grundkonzepte nicht nur aufgrund ihrer historischen Bedeutung dargestellt, sondern weil sie als Bestandteile einer noch funktionierenden Naturauffassung eine neue Bedeutung erhalten Wissenschaft, die, wenn auch von unterschiedlichen Ausgangspunkten aus, eine ähnliche Konzeption entwickeln will. Wie wir in unseren weiteren Studien sehen werden, stellen diese Konzepte eine willkommene Bereicherung der Sprache dar, in der wir versuchen müssen, unsere Lesarten in der Natur auszudrücken.

1 Roger Bacon im 13. und Berthold Schwartz im 14. Jahrhundert sollen Experimente durchgeführt haben, bei denen sie physikalisches Salz (in Form des chemisch labilen Salpeters) mit physikalischem Schwefel und – nach ersten Versuchen mit verschiedenen Metallen – mit vermischten Holzkohle und anschließendes Aussetzen der Mischung der Hitze physischen Feuers. Das Ergebnis dieser rein materialistischen Interpretation der drei alchemistischen Konzepte war nicht der Erwerb von Weisheit oder, wie Schwartz sicherlich gehofft hatte, von Gold, sondern von ... Schießpulver!

KAPITEL XII

Raum und Gegenraum

Mit der Einführung des peripheren Kraftfeldtyps in Kapitel Denn in einem Raum, wie wir ihn uns normalerweise vorstellen, nämlich dem dreidimensionalen, euklidischen Raum, ist die Existenz eines solchen Feldes mit seiner Eigenschaft, nach außen hin an Stärke zuzunehmen, ein Paradoxon und widerspricht *der* mathematischen *Logik* .

Diese Aufgabe, die wir nun angesichts unserer weiteren Beobachtungen der Wirkungsweise der Leichtkraft-Schwerkraft-Polarität in der Natur angehen müssen, ist jedoch keineswegs unlösbar. Denn in der modernen Mathematik sind bereits Gedankenformen vorhanden, die es ermöglichen, einen der Leichtigkeit angemessenen Raumbegriff zu entwickeln. Wie in Kapitel I erwähnt, war es Rudolf Steiner, der als erster auf die diesbezügliche Bedeutung des als Projektive Geometrie bekannten Zweigs der modernen Mathematik hinwies. Er zeigte, dass die projektive Geometrie, wenn sie richtig eingesetzt wird, den Geist von der üblichen Abstraktion zu einer neuen konkreten Behandlung mathematischer Konzepte führt. Das folgende Beispiel soll zunächst verdeutlichen, was wir darunter verstehen, dass Mathematik bisher abstrakt verwendet wurde.

Einer der Gründe, warum das von Einstein in seiner Relativitätstheorie entwickelte Weltbild im Vergleich zum Bild der klassischen Physik als Fortschritt anerkannt werden muss, liegt darin, dass die alte Vorstellung vom dreidimensionalen Raum als Eine Art „kosmischer Behälter", der sich in alle Richtungen bis ins Unendliche erstreckt und gleichsam mit dem Inhalt des physischen Universums gefüllt ist, wird durch eine Vorstellung ersetzt, in der sich die Struktur des Raums aus den Gesetzmäßigkeiten ergibt, die diesen Inhalt miteinander in Beziehung setzen. Unsere weitere Diskussion wird zeigen, dass dies tatsächlich der Weg ist, auf dem sich das mathematische Denken heute bewegen muss, um mit der universellen Realität zurechtzukommen.

Aus bereits erwähnten Gründen war Einstein jedoch gezwungen, sich alle Ereignisse im Universum nach dem Modell der Schwerkraft als auf der Erde beobachtbar vorzustellen. Auf diese Weise gelangte er zu einer Raumstruktur, die weder die Dreidimensionalität noch den geradlinigen Charakter des sogenannten euklidischen Raums besitzt – ein Raumbild, das zwar mathematisch konsistent, für den menschlichen Geist jedoch unverständlich ist. Denn in unserem Geist existiert nichts, was es uns ermöglichen könnte, ein Raum-Zeit-Kontinuum aus drei Dimensionen, das in eine weitere Dimension gekrümmt ist, als Realität zu erleben.

Dieses Ergebnis von Einsteins Bemühungen resultiert aus der Tatsache, dass er versuchte, mithilfe des an die Schwerkraft gebundenen Denkens universelle Ereignisse zu begreifen, deren wahre Ursachen nicht in der Schwerkraft liegen. Ein Denken, das gelernt hat, die Existenz des Leichtsinns anzuerkennen, muss in der Tat genau die entgegengesetzte Richtung einschlagen. Anstatt die Zeit in der räumlichen Dimension einzufrieren, damit sie in eine Welt passt, die nur von der Schwerkraft beherrscht wird, müssen wir eine Raumvorstellung entwickeln, die ausreichend fließend ist, um der wahren Zeit darin ihren Platz zu geben. Wir werden sehen, wie uns ein solches Vorgehen zu einem Raumkonzept führen wird, das mit dem gesunden Menschenverstand durchaus denkbar ist, vorausgesetzt, wir sind bereit, auch in der Mathematik den Betrachterstandpunkt zu überwinden.

Die Möglichkeit, sein Raumbild zu etablieren, verdankte Einstein einer bestimmten Errungenschaft des mathematischen Denkens der Neuzeit. Wie wir gesehen haben, besteht eine der Besonderheiten des Betrachterbewusstseins darin, dass es keinen Bezug zur Realität hat. Dadurch erlangte der Denkprozess einen Freiheitsgrad, den es in früheren Zeiten nicht gab. Dadurch wurde es den Mathematikern im Laufe des 19. Jahrhunderts ermöglicht, die unterschiedlichsten Raumsysteme zu konzipieren, die alle mathematisch konsistent waren und dennoch jeden Bezug zur äußeren Existenz hatten. Auf diese Weise hat sich eine beträchtliche Anzahl von Raumsystemen etabliert, darunter das System, das Einstein zur Ableitung seines Raum-Zeit-Konzepts diente. Einige von ihnen sind mehr oder weniger vollständig ausgearbeitet, während in einigen Fällen lediglich gezeigt wurde, dass sie mathematisch denkbar sind. Unter diesen gibt es eines, das in all seinen Eigenschaften dem euklidischen System polar entgegengesetzt ist und das aus diesem Grund dazu bestimmt ist, das Raumsystem der Leichtigkeit zu werden. Es ist symptomatisch für die Realitätsferne des mathematischen Denkens im Betrachterzeitalter, dass gerade diesem System bisher keine besondere Aufmerksamkeit geschenkt wurde. [1]

Für den Zweck dieses Buches ist es nicht notwendig, im Detail darzulegen, warum das moderne mathematische Denken dazu gebracht wurde, nach anderen Gedankenformen als denen der klassischen Geometrie zu suchen. Es genügt die Bemerkung, dass es schon seit geraumer Zeit ein Bewusstsein dafür gab, dass die Konsistenz der Definitionen und Beweise Euklids scheitert, sobald man es nicht mehr mit endlichen geometrischen Gebilden zu tun hat, sondern mit Figuren, die sich ins Unendliche erstrecken, etwa wenn die Eigenschaften paralleler Geraden in Frage kommen. Denn der Begriff der Unendlichkeit war dem klassischen geometrischen Denken fremd. Probleme der Art, die das euklidische Denken besiegt hatten, wurden lösbar, sobald das menschliche Denken in der Lage war, mit dem Konzept der Unendlichkeit umzugehen.

Wir werden nun einige der geometrischen Gedankengänge aufzeigen, die sich daraus ergeben.

*

Betrachten wir eine gerade Linie, die sich in beide Richtungen unbegrenzt erstreckt. Die projektive Geometrie kann aussagen, dass ein Punkt, der sich entlang dieser Linie in eine Richtung bewegt, schließlich von der anderen zurückkehrt. Um dies zu sehen, stellen wir uns zwei Geraden a und b vor, die sich bei P schneiden. Eine dieser Geraden ist fest *(a)*; der andere *(b)* dreht sich gleichmäßig um C. Abb. 7 zeigt die Drehung von b, indem sie sie in einer Anzahl von zeigt

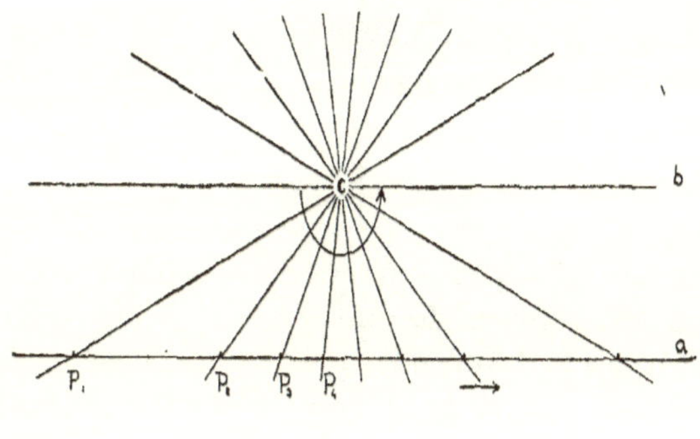

FIG. 7.

Positionen mit den jeweiligen Positionen seines Schnittpunkts mit a (P $_1$, P $_2$ . . .). Wir beobachten, wie sich dieser Punkt aufgrund der Drehung von b *entlang a* bewegt, bis er, wenn beide Linien parallel sind, die Unendlichkeit erreicht. Durch die fortgesetzte Drehung von b bleibt P jedoch nicht im Unendlichen, sondern kehrt entlang a von der anderen Seite zurück. Wir finden hier zwei miteinander verbundene Bewegungsformen – die Rotationsbewegung einer Linie *(b)* auf einem Punkt (C) und die fortschreitende Bewegung eines Punktes (P) entlang einer Linie (a). Die erste Bewegung ist kontinuierlich und überall im endlichen Raum beobachtbar. Daher muss auch der zweite Satz kontinuierlich sein, auch wenn er unserer Beobachtung teilweise entgeht. Wenn also P auf der einen Seite unseres eigenen Beobachtungspunkts im Unendlichen verschwindet, befindet es sich gleichzeitig auf der anderen Seite im Unendlichen. Mit anderen Worten: Eine unbegrenzte gerade Linie hat nur einen Punkt im Unendlichen.

Es ist klar, dass man, um mit diesem Aspekt der Geometrie vertraut zu werden, in innerer Beschäftigung mit dem *Geschehen* , das in der obigen Beschreibung enthalten ist, zusammenwachsen muss. Mit einer solchen

Beschreibung möchten wir daher eine Gelegenheit für eine bestimmte geistige Übung bieten, so wie wir Goethes Botanik durch die Beschreibung einer Reihe aufeinanderfolgender Blattformationen einführten. Hier wie dort kommt es auf den Akt des „Neuerschaffens" an.

Die folgende Übung wird uns zu mehr Klarheit über die Natur der geometrischen Unendlichkeit verhelfen.

Wir wähnen uns im Zentrum einer Kugel, die wir nach allen Seiten gleichmäßig ausdehnen lassen. Während sich die Innenwand dieser Kugel in immer größere Entfernungen von uns zurückzieht, wird sie immer flacher, bis sie bei Erreichen der unendlichen Entfernung zur Ebene wird. Wir sind also überall von einer Fläche umgeben, die im strengen mathematischen Sinne eine Ebene ist und dennoch auf allen Seiten ein und dieselbe Fläche ist. Dies führt uns zu der Vorstellung, dass die Ebene im Unendlichen eine in sich geschlossene Einheit ist, obwohl sie sich unendlich in alle Richtungen ausdehnt.

Diese Eigenschaft einer Ebene im Unendlichen ist jedoch eigentlich eine Eigenschaft jeder Ebene. Um dies zu verwirklichen, müssen wir unsere Vorstellung von der Unendlichkeit erweitern, indem wir sie von einer gewissen Einseitigkeit befreien, die immer noch mit ihr verbunden ist. Dies tun wir, indem wir uns in die unendliche Ebene versetzen und uns nicht die Ebene vom Punkt aus vorstellen, sondern den Punkt von der Ebene. Diese Operation impliziert jedoch etwas, das für einen Geist, der an die gewöhnlichen Methoden des mathematischen Denkens gewöhnt ist, nicht offensichtlich ist. Es bedarf daher einer besonderen Erläuterung.

Im Sinne der euklidischen Geometrie ist eine Ebene die Summe unzähliger Einzelpunkte. Eine Position in einer Ebene einnehmen bedeutet also, sich an einem Punkt der Ebene vorzustellen, der sich in alle Richtungen bis ins Unendliche erstreckt. Daher verläuft die Reise von jedem Punkt im Raum zu einer Ebene entlang einer geraden Linie von einem Punkt zum anderen. Wenn sich die Ebene im Unendlichen befindet, wäre es eine Reise entlang eines Radius der unendlich großen Kugel von ihrem Mittelpunkt zu einem Punkt an ihrem Umfang.

In der projektiven Geometrie hat die Operation einen anderen Charakter. So wie wir zur unendlich großen Kugel gelangten, indem wir eine endliche Kugel wachsen ließen, so müssen wir jede endliche Kugel so betrachten, als sei sie aus einer Kugel mit unendlich kleiner Ausdehnung entstanden; das heißt, von einem Punkt aus. Vom Punkt zur unendlich entfernten Ebene im Sinne der projektiven Geometrie zu reisen bedeutet daher, dass wir uns zunächst mit dem Punkt identifizieren und durch einen Prozess gleichmäßiger Ausdehnung in alle Richtungen zur Ebene „werden".

Dadurch gelangen wir nicht zu einem Punkt der Ebene, die uns von allen Seiten umgibt, sondern wir sind überall in der Ebene als Ganzes präsent. Kein Punkt darin kann als endlich oder unendlich weit von uns entfernt beschrieben werden. Es hat auch keinen Sinn, davon zu sprechen, dass die Ebene selbst im Unendlichen liegt. Denn jede Ebene wird es uns ermöglichen, uns auf diese Weise mit ihr zu identifizieren. Und jeder solchen Ebene kann der Charakter einer Ebene im Unendlichen verliehen werden, indem man sie mit einem Punkt in Beziehung setzt, der unendlich weit von ihr (dh von uns) entfernt ist .

Nachdem wir damit die einseitige Vorstellung von der Unendlichkeit aufgegeben haben, müssen wir nach einer anderen Charakterisierung der Beziehung zwischen einem Punkt und einer Ebene suchen, die unendlich weit voneinander entfernt sind. Dies erfordert zunächst eine ordnungsgemäße Charakterisierung von Punkt und Ebene an sich.

Dynamisch konzipiert, wie es die projektive Geometrie erfordert, stellen Punkt und Ebene ein Gegensatzpaar dar, wobei der Punkt für äußerste Kontraktion und die Ebene für äußerste Ausdehnung steht. Als solche bilden sie eine Polarität erster Ordnung. Beide zusammen bilden den Raum. Um welche Art von Raum es sich handelt, hängt von der Beziehung ab, in der sie gedacht sind. Indem wir den Punkt als Ausgangspunkt setzen und unsere Vorstellung von der Ebene von diesem Punkt ableiten, konstituieren wir den euklidischen Raum. Indem wir in der oben beschriebenen Weise mit der Ebene als Einheit beginnen und daraus den Punkt begreifen, bilden wir den polar-euklidischen Raum.

Die Erkenntnis der Umkehrbarkeit der Beziehung zwischen Punkt und Fläche führt zu einer Vorstellung vom Raum, die noch frei von jeglichem spezifischen Charakter ist. Von G. Adams wurde dieser Raum treffend als archetypischer Raum oder Urraum bezeichnet . Sowohl der euklidische als auch der polar-euklidische Raum sind besondere Manifestationen davon, ihre gegenseitige Beziehung ist eine Metamorphose im Goetheschen Sinne.

Wenn man den euklidischen und polar-euklidischen Raum auf diese Weise begreift, wird deutlich, dass sie nichts anderes sind als der geometrische Ausdruck des Verhältnisses von Schwerkraft und Leichtigkeit. Denn die Schwerkraft stellt durch ihr Feld, das sich von einem inneren Zentrum nach außen ausbreitet , eine Punkt-zu-Punkt-Beziehung zwischen allen Dingen unter ihrem Einfluss her; wohingegen die Leichtigkeit alle Dinge in ihrem Bereich in gemeinsame Ebenenbeziehungen zieht, indem sie Feldbedingungen schafft, in denen die Aktion von der Peripherie zum Zentrum hin stattfindet . Was in beiden Fällen die Ebene im Unendlichen von allen anderen Ebenen unterscheidet, lässt sich am besten dadurch beschreiben, dass man sie die *allumfassende Ebene* nennt ; Dementsprechend kann der Punkt im Unendlichen am besten als der *alles betreffende Punkt beschrieben werden*.

In der äußeren Natur ist die allumfassende Ebene ebenso das „ Zentrum " des Erdenfeldes der Leichtigkeit, wie der alles in Beziehung stehende Punkt das Zentrum ihres Schwerkraftfeldes ist. Alle Aktionen dynamischer Einheiten, wie etwa die der Urpflanze und ihrer untergeordneten Typen, beginnen auf dieser Ebene. Samen, Augenformationen usw. sind nichts anderes als einzelne, alles betreffende Punkte in Bezug auf diese Ebene. Alles, was solchen Punkten entspringt, geschieht aufgrund der Beziehung des Punktes zur allumfassenden Ebene. Dies mag ausreichen, um zu zeigen, wie realistisch die mathematischen Konzepte sind, die wir hier aufzubauen versucht haben.

*

Als wir weiter oben in diesem Buch (Kapitel VIII) damit begannen, die Quelle von Galileis Intuition zu entdecken, die es ihm ermöglichte, den Satz des Parallelogramms der Kräfte zu finden, wurden wir zu bestimmten Erfahrungen geführt, die alle Menschen in der frühen Kindheit machen indem sie ihren Körper aufrichten und laufen lernen. Dadurch wurde uns klar, dass die allgemeine Fähigkeit des Menschen, mathematisch zu denken, das Ergebnis früher Erfahrungen dieser Art ist. Es ist offensichtlich, dass geometrische Konzepte, die auf diese Weise im menschlichen Geist entstehen, diejenigen der euklidischen Geometrie sein müssen. Denn sie werden durch den Kampf des Willens mit der Schwerkraft erworben. Das auf diese Weise von Galilei entdeckte dynamische Gesetz musste daher zwangsläufig auf das Verhalten mechanischer Kräfte, also von nach außen wirkenden Kräften, anwendbar sein .

Auf ähnliche Weise können wir nun versuchen, die Quelle unserer Fähigkeit zur Bildung polareuklidischer Konzepte zu finden. So wie wir früher zu Erfahrungen aus dem frühen Leben des Menschen auf der Erde geführt wurden, so werden wir jetzt zu seiner embryonalen und sogar präembryonalen Existenz geführt.

Bevor der übersinnliche Teil des Menschen in den physischen Körper eintritt, gibt es keine Möglichkeit, ihm andere Erfahrungen als die der Leichtigkeit zu vermitteln, und dieser Zustand bleibt während der gesamten Embryonalentwicklung bestehen. Denn während der Körper in der fötalen Flüssigkeit der Mutter schwimmt, ist er praktisch vom Einfluss des Erdschwerkraftfeldes befreit.

Die Geschichte hat uns eine Informationsquelle aus diesen frühen Perioden der menschlichen Existenz in Trahernes Erinnerungen an die Zeit gegeben, als sich seine Seele noch im Zustand des kosmischen Bewusstseins befand.

Unter seinen Beschreibungen können wir daher erwarten, ein Bild des Raums der Leichtigkeit zu finden, das durch unmittelbare Erfahrung bestätigt, wozu wir auf der Grundlage realistischer mathematischer Überlegungen gelangt sind. Unter den zuvor zitierten Gedichten vermitteln sein Werk „*The Praeparative* and *My Spirit*" dieses Bild tatsächlich auf die klarste Art und Weise. Im Folgenden finden Sie relevante Passagen aus diesen beiden Gedichten.

Im ersten lesen wir:

„Dann war meine Seele mein einziges Alles für mich,
ein lebendiges, endloses Auge, kaum mit dem Himmel verbunden, dessen Kraft, Tat und
Essenz darin bestand, zu sehen: Ich war eine innere Sphäre des Lichts oder eine endlose
Kugel der Sicht, die alles übertraf macht die Tage. . .'

Im zweiten Gedicht wird die gleiche Erfahrung ausführlicher zum Ausdruck gebracht. Da sagt er von seiner eigenen Seele, dass es –

... da es einfach ist, wie die Gottheit,
befindet sich in seinem eigenen Zentrum eine Sphäre, nicht begrenzt, sondern überall.

Es handelt nicht von einem Zentrum aus zu
seinem entfernten Objekt; sondern es ist gegenwärtig, wohin es geht. Um das Wesen zu
betrachten, bemerkt es ...

Eine seltsame ausgedehnte Kugel der Freude
, die von innen kommt und auf allen Seiten ihre Kraft entfaltet ;
Und weil er der Verwandtschaft mit Gott nahe war, dehnte er sich in jeder Hinsicht
augenblicklich aus,
und dennoch blieb ein unteilbarer Mittelpunkt
darin , der die ganze Ewigkeit umgab.
Es war keine Kugel;
Doch es erschien ein Unendliches: „Es war überall etwas. "

Beachten Sie die eindeutige Beschreibung, wie die Beziehung zwischen Umfang und Zentrum umgekehrt wird, indem ersteres selbst zu einem „unteilbaren Zentrum " wird. In einem Raum dieser Art gibt es kein Hier und Dort wie im euklidischen Raum, denn das Bewusstsein ist immer und unmittelbar eins mit dem gesamten Raum. Bewegung ist also ganz anders als im euklidischen Raum. Traherne selbst hat das Wort „augenblicklich" kursiv geschrieben, so wichtig fand er diese Tatsache. (Die Qualität der Augenblicklichkeit – vom physikalischen Standpunkt aus gleich einer Geschwindigkeit vom Wert âž – wird uns als Charakteristikum des Bereichs der Leichtigkeit näher beschäftigen, wenn wir die scheinbare Geschwindigkeit des Lichts im Zusammenhang mit unseren optischen Studien diskutieren .)

Indem wir so die Quelle der polar-euklidischen Gedankenformen im Menschen erkennen, sehen wir die Entdeckung der projektiven Geometrie in einem neuen Licht. Denn es nimmt nun die Bedeutung eines weiteren historischen Symptoms des modernen Wiedererwachens der Fähigkeit des Menschen an, sich an seine vorgeburtliche Existenz zu erinnern.

Aus unseren früheren Studien wissen wir, dass der Begriff der Polarität nicht dadurch erschöpft ist, dass wir uns vorstellen, dass die Welt nur aus Polaritäten einer Ordnung besteht. Neben primären Polaritäten gibt es sekundäre Polaritäten, die das Ergebnis der Interaktion zwischen den primären Polen sind. Nachdem wir Punkt und Fläche als eine geometrische Polarität erster Ordnung verstanden haben, müssen wir uns nun fragen, welche prägenden Elemente es in der Geometrie gibt, die die entsprechende Polarität zweiter Ordnung repräsentieren. Die folgenden Betrachtungen werden zeigen, dass es sich hierbei um den Radius handelt, der durch die Beziehung des Punktes zur Ebene entsteht, und um die sphärisch gebogene Fläche (für die wir keinen anderen Namen haben als wiederum die der Kugel), die durch die Beziehung der Ebene entsteht Der Punkt.

In der euklidischen Geometrie ist die Kugel definiert als „der Ort aller Punkte, die von einem gegebenen Punkt gleich weit entfernt sind". Die Sphäre auf diese Weise zu definieren, entspricht unserem postnatalen, an die Schwerkraft gebundenen Bewusstsein. Denn in diesem Zustand kann unser Geist nichts weiter tun, als sich die Oberfläche der Kugel Punkt für Punkt von ihrem Mittelpunkt aus vorzustellen und den gleichen Abstand all dieser Punkte vom Mittelpunkt zu erkennen . So gesehen entsteht die Kugel als Summe der Endpunkte aller gleichlangen Geraden, die vom Mittelpunkt in alle Richtungen ausgehen. Abb. 8 zeigt dies schematisch. Hier ist eindeutig der Radius, eine Gerade, ausschlaggebend.

Wir gehen nun zum anderen Pol der Primärpolarität, also zur Ebene, und lassen die Kugel entstehen, indem wir uns vorstellen, dass sich die Ebene von allen Seiten gleichmäßig einem unendlich entfernten Punkt nähert. Wir betrachten den Vorgang nur realistisch, indem wir uns in der Ebene vorstellen, so dass wir den Punkt von allen Seiten umgeben, mit der Entfernung zwischen uns und

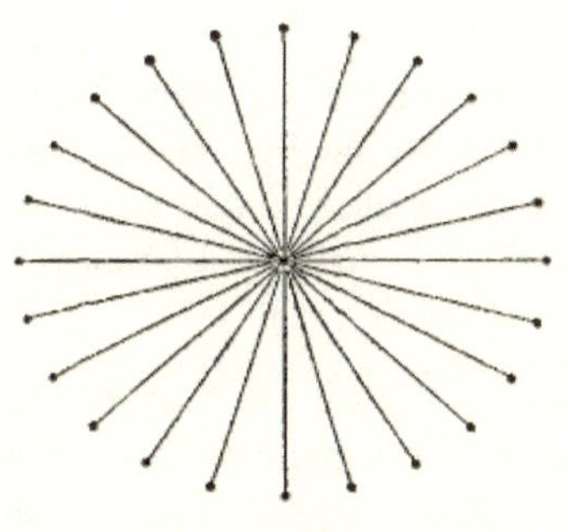 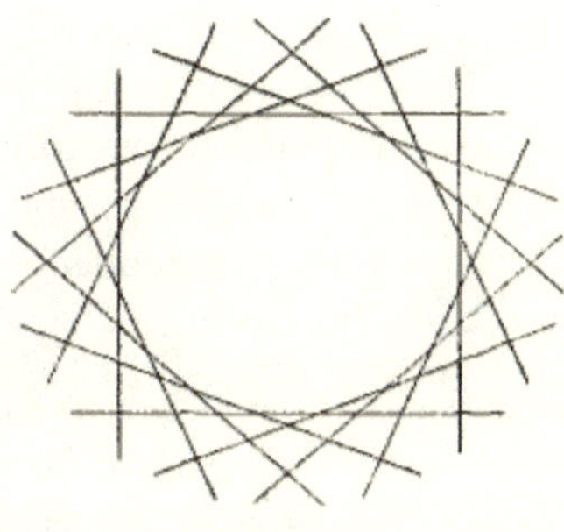

FIG. 8.   **FIG. 9.**

Der Punkt nimmt allmählich ab. Da wir die ganze Zeit an der Oberfläche bleiben, haben wir keinen Grund, an eine Veränderung seiner ursprünglichen Position zu denken; das heißt, wir betrachten es weiterhin als eine allumfassende Ebene in Bezug auf den gewählten Punkt.

Die einzige Möglichkeit, die Kugel schematisch als eine Einheit darzustellen, die in sich den Charakter der Ebene trägt, aus der sie hervorgegangen ist, ist in Abb. 9 dargestellt, wo eine Reihe von Ebenen, die als Tangentialebenen fungieren, so miteinander verbunden sind, dass sie zusammen eine Form bilden eine Fläche, die überall den gleichen Abstand vom alles in Beziehung stehenden Punkt besitzt.

Da Punkt und Ebene im Bereich der geometrischen Konzepte das darstellen, was wir in der äußeren Natur in Form der Schwerkraft-Leichtheits-Polarität finden, können wir erwarten, dass wir Radius und Kugel als tatsächliche Gestaltungselemente in der Natur antreffen, wo immer Schwerkraft und Leichtigkeit auf die eine oder andere Weise interagieren oder ein anderes. Ein paar Beobachtungen mögen genügen, um den nötigen Beweis zu liefern. Weitere Bestätigungen werden die folgenden Kapitel liefern.

Der Gegensatz zwischen Radius und Kugel tritt am deutlichsten im menschlichen Körper zutage, wobei das radiale Element durch die Gliedmaßen und das sphärische durch den Schädel dargestellt wird. Die Gliedmaßen werden so zur Hieroglyphe einer vom Punkt zur Ebene gerichteten Dynamik und zum Schädel des Gegenteils. Dies steht tatsächlich im Einklang mit der Verteilung der Schwefel -Salz-Polarität im Organismus , wie wir aus unseren physiologischen und psychologischen Studien gelernt haben. Innere Prozesse und äußere Form weisen also die gleiche Polverteilung auf.

Bei der Pflanze kommt in Stängel und Blatt die gleiche Polarität vor. Offensichtlich stellt der Stiel den radialen Pol dar. Der Zusammenhang zwischen Blatt und Kugel ist nicht so klar: Um ihn zu erkennen, müssen wir erkennen, dass die einzelne Pflanze nicht im gleichen Maße eine in sich geschlossene Einheit ist wie der Mensch. Das Äquivalent des einzelnen Menschen ist die gesamte pflanzliche Bedeckung der Erde. Beim Menschen gibt es ein individuelles Zentrum , um das die Knochen seines Schädels gekrümmt sind; in der Pflanzenwelt ist das Äquivalent der Mittelpunkt der Erde. In diesem Zusammenhang müssen wir die einzelnen Blätter als Teile einer größeren Sphäre begreifen.

Bei der Pflanze, ebenso wie beim Menschen, stimmt die morphologische Polarität mit der biologischen überein. Da ist zum einen der für das Blatt so charakteristische Prozess der Assimilation (Photosynthese). Durch diesen Prozess geht die Materie vom luftförmigen Zustand in den Zustand zahlreicher einzelner, charakteristisch strukturierter Festkörper – der Stärkekörner – über. Neben dieser Art der Assimilation haben wir gelernt, eine höhere Form zu erkennen, die wir „spirituelle Assimilation" nannten. Hier vollzieht sich ein Übergang der Substanz vom Bereich der Leichtigkeit zum Bereich der Schwerkraft noch deutlicher als bei der gewöhnlichen (physischen) Assimilation (Kapitel X).

Der entsprechende Prozess im linearen Stiel ist einer, den wir „Sublimation" nennen können – wiederum mit seiner Erweiterung zur „spirituellen Sublimierung". Durch diesen Prozess wird die Materie nach oben zu immer weniger wägbaren Zuständen befördert und schließlich in den formlosen Zustand des reinen „Chaos". Auf diese Weise wird der Samen (wie wir gesehen haben) mit Hilfe des feuertragenden Pollens vorbereitet, so dass er, nachdem er auf den Boden gefallen ist, als alles in Beziehung stehender Punkt dienen kann, auf den der Pflanzentyp seine Wirkung richten kann Aktivität aus dem universellen Umfang.

Um die entsprechende morphologische Polarität im Tierreich zu finden, müssen wir uns darüber im Klaren sein, dass das Tier dadurch, dass die Hauptachse seines Körpers in der horizontalen Richtung liegt, eine Beziehung zu den Schwerkraft-Leftigkeits-Feldern der Erde hat, die sich von denen beider unterscheidet Mensch und Pflanze. Dadurch zeigt der einzelne Tierkörper die Kugel-Radius-Polarität viel weniger scharf. Wenn wir jedoch die verschiedenen Gruppen des Tierreichs vergleichen, stellen wir fest, dass auch die Tiere diese Polarität als prägendes Element in sich tragen. Die Vögel stellen den kugelförmigen (trockenen, salzhaltigen) Pol dar; die Wiederkäuer den linearen (feuchten, schwefelhaltigen) Pol. Die fleischfressenden Vierbeiner bilden die mittlere (Quecksilber-)Gruppe. Als ur -phänomenale Arten können wir unter den Vögeln den Adler nennen, der in sein trockenes, kieselhaltiges Gefieder gekleidet ist und mit weit ausgebreiteten Flügeln in den Höhen der Atmosphäre schwebt und durch seinen weitreichenden Blick mit den Weiten des Weltraums verbunden ist; bei den Wiederkäuern die Kuh, die schwer auf dem Boden liegt und sich ganz dem immens aufwändigen Schwefelprozess ihrer eigenen Verdauung hingibt. Dazwischen steht der

Löwe – das charakteristischste Tier für das Überwiegen der Herz-Lungen-Aktivitäten im Körper, mit allen daraus resultierenden Eigenschaften.

Im Rahmen dieses Buches kann nur kurz angedeutet werden, soll aber für den an einer weiteren Verfolgung dieser Gedankengänge Interessierten nicht unerwähnt bleiben, dass das morphologische Mittel zwischen Radius und Kugel (entsprechend Mercurius in der Alchemie) Die Triade wird durch eine geometrische Figur dargestellt, die als „Lemniskate" bekannt ist und eine besondere Modifikation der sogenannten Cassinschen Kurven darstellt. [2]

1 Für weitere Einzelheiten siehe die Schriften von G. Adams und L. Locher-Ernst, die, jeder auf seine Weise, mit der Anwendung der projektiven Geometrie in der von Rudolf Steiner angegebenen Richtung begonnen haben. Professor Locher-Ernst war der erste, der den Begriff „polar-euklidisch" auf das der Levitation entsprechende Raumsystem anwendete.

2 Einzelheiten zur Lemniskate als Bauplan des mittleren Teils des menschlichen Skeletts siehe K. König , MD: *Beiträge zu einer reine Anatomie des Menschen Knochenskeletts* in der Zeitschrift *Natura* (Dornach , 1930-1). Einige projektiv-geometrische Überlegungen zur Lemniskate finden sich in den bereits erwähnten Schriften von G. Adams und L. Locher-Ernst.

KAPITEL XIII

„Strahlende Materie"

Als der Mensch im Zustand des Weltbeobachters sich daran machte, sich ein dynamisches Bild von der Natur der Materie zu machen, war es unvermeidlich, dass er sich von allen Eigenschaften, die zu ihrer Existenz gehören, nur diejenigen vorstellen konnte, die mit der Schwerkraft und der Elektrizität zu tun hatten. Da sein Bewusstsein in diesem Stadium seiner Entwicklung eng mit der dem menschlichen Körper innewohnenden Schwerkraft verbunden war, war er nicht in der Lage, sich eine Vorstellung von der Leichtigkeit als einer der Schwerkraft entgegengesetzten Kraft zu machen. Dennoch ist die Natur bipolar aufgebaut , und Polaritätskonzepte sind daher für die Entwicklung eines wahren Verständnisses ihrer Handlungen unabdingbar. Dies erklärt die Tatsache, dass das unipolare Konzept der Schwerkraft schließlich durch eine Art bipolares Konzept ergänzt werden musste.

Nun war der einzige für das Betrachterbewusstsein zugängliche Bereich von Naturphänomenen mit bipolarem Charakter der der Elektrizität. Daher war der Mensch in diesem Bewusstseinszustand gezwungen, sich vorzustellen, dass die Grundlage des physischen Universums aus Schwerkraft und Elektrizität bestehe, wie wir sie im modernen Bild des Atoms mit seinem schweren elektropositiven Kern und dem finden praktisch schwerelose elektronegative Elektronen, die sich um ihn herum bewegen.

Sobald wissenschaftliche Beobachtung und Denken von den Beschränkungen des Betrachterbewusstseins befreit sind, erscheinen sowohl Schwerkraft als auch Elektrizität in einer neuen Perspektive, obwohl die Veränderung bei beiden unterschiedlich ist. Obwohl die Schwerkraft zu einem Pol einer Polarität wird, mit der Leichtigkeit als Gegenpol, behält sie dennoch ihren Charakter als Grundkraft des physikalischen Universums, wobei die Polarität Schwerkraft-Leibheit eine Polarität erster Ordnung ist. Nicht so Elektrizität. Denn wie die folgende Diskussion zeigen wird, ist die elektrische Polarität eine Polarität zweiter Ordnung; Darüber hinaus stellt sich heraus, dass Elektrizität nicht, wie allgemein angenommen wird, Materie darstellt, sondern in Wirklichkeit ein Produkt der Materie ist.

*

Wir folgen Goethes Linie, wenn wir zur Beantwortung der Frage „Was ist Elektrizität?" Wir fragen zunächst: „Wie entsteht Elektrizität?" Anstatt mit Phänomenen zu beginnen, die die Elektrizität erzeugt, wenn sie bereits in Aktion ist, und daraus ein hypothetisches Bild abzuleiten, beginnen wir mit der Beobachtung der Prozesse, denen die Elektrizität ihre Entstehung verdankt. Da die historische Reihenfolge, in der Tatsachen der Natur in der Vergangenheit zum Wissen der Menschheit gelangten, von Bedeutung ist, wählen wir als Ausgangspunkt unter den verschiedenen Arten der Elektrizitätserzeugung diejenige, durch die die Existenz einer elektrischen Kraft erstmals möglich wurde bekannt. Dabei handelt es sich um das Erwecken des elektrischen Zustands in einem Körper durch Reiben mit einem anderen Körper unterschiedlicher Materialzusammensetzung. Ursprünglich wurde Bernstein mit Wolle oder Fell gerieben.

Wenn wir uns diesen Vorgang vor Augen führen , werden wir uns einer gewissen Verwandtschaft zwischen Elektrizität und Feuer bewusst, da jahrhundertelang die einzige bekannte Möglichkeit, Feuer zu entfachen, die Reibung war. Wir bemerken, dass der Mensch in beiden Fällen auf die in seinen Gliedmaßen angelegte Willenskraft zurückgreifen musste, um zwei Materiestücke in Bewegung zu setzen, so dass er durch Überwindung ihres Widerstands gegen diese Bewegung eine bestimmte Kraft aus ihnen freisetzte, die er nutzen konnte als Ergänzung zu seinem eigenen Willen. Die Ähnlichkeit der beiden Prozesse kann als Zeichen dafür gewertet werden, dass Wärme und Elektrizität in gewisser Weise miteinander in Beziehung stehen, wobei das eine in gewisser Weise eine Metamorphose des anderen darstellt. Unsere erste Aufgabe wird daher darin bestehen, zu verstehen, wie es durch Reibung dazu kommt, dass Wärme in manifester Form auftritt.

Es gibt keine Reibung, es sei denn, die Oberflächen der geriebenen Körper weisen eine Struktur auf, die durch die Reibung in irgendeiner Weise gestört wird, und bieten gleichzeitig der Störung einen gewissen Widerstand. Dieser Widerstand ist auf eine Eigenschaft der Materie zurückzuführen, die allgemein als Kohäsion bezeichnet wird. Jetzt wissen wir, dass der innere Zusammenhang eines physischen Körpers auf seiner Punktbeziehung beruht, also auf der mit ihm verbundenen Gravitationskraft. Tatsächlich nimmt der Zusammenhalt zu, wenn wir vom gasförmigen über den flüssigen in den festen Zustand der Materie übergehen.

Während der Zusammenhalt eines Körpers auf der Schwerkraft beruht, ist seine räumliche Ausdehnung, wie wir gesehen haben, auf die Leichtigkeit zurückzuführen. Wenn wir das Volumen eines Stücks physikalischer Materie durch Druck verkleinern, lösen wir also vorher darin gebundene Leichtigkeitskräfte aus, und diese treten, wie immer in solchen Fällen, in Form freier Wärme in Erscheinung. Im übertragenen Sinne kann man sagen, dass durch die Ausübung von Druck auf die Materie latente Leichtigkeit aus ihr herausgepresst wird, ähnlich wie Wasser aus einem nassen Schwamm.

Die Erzeugung freier Wärme durch Reibung beruht auf ganz ähnlichen Gründen. Offensichtlich erfordert Reibung immer einen gewissen Druck. Dies allein würde jedoch nicht die durch Reibung leicht erzeugte

Wärmemenge erklären. Zu dem Druck kommt in diesem Fall ein gewisser Eingriff in die Einheit der materiellen Substanz hinzu. Bei der Reibung zwischen zwei Festkörpern kann dies so weit gehen, dass sich Materieteilchen vollständig aus dem zusammenhängenden Ganzen lösen. Das Ergebnis ist eine Zunahme der Zahl einzelner Massenzentren auf der Erde im Vergleich zur allumfassenden kosmischen Peripherie. Dies verringert den Einfluss der Leichtsinnigkeit auf die Gesamtmenge der auf der Erde vorhandenen physischen Materie. Wiederum erscheint die so freiwerdende Leichtigkeit als äußere Wärme. (Im umgekehrten Fall, wenn beispielsweise durch Schmelzen mehrere einzelne physikalische Körper zu einem werden, wird freie Wärme latent.)

Sowohl die Verringerung der räumlichen Ausdehnung als auch das Aufbrechen eines Ganzen in Teile führen zu einer Steigerung der Qualität „trocken". Dies gilt nicht nur in dem Sinne, dass die zu unabhängigen Einheiten gewordenen Teile im Verhältnis zueinander „trocken" sind – ehemals zusammenhängende Materie wird zu Staub –, sondern auch in dem anderen, in beiden Fällen gültigen Sinne, dass Leichtigkeit und Die Schwerkraft verliert einen Teil ihrer bisherigen Verbindung . Erreicht dieser zweifache Prozess des „Trockenwerdens" eine gewisse Intensität, beginnen die betreffenden Stoffe, sofern sie brennbar sind, zu brennen, mit der Folge, dass trockene Hitze entweicht und trockene Asche entsteht. Wir stellen fest, dass es sich jeweils um eine Veränderung im Verhältnis der Pole einer Polarität erster Ordnung handelt.

Wir werden dieses Bild des Reibungsprozesses nun auf den Fall anwenden, dass als Ergebnis dieser Aktion Elektrizität entsteht.

Ursprünglich wurde das Hervorrufen des elektrischen Zustands ausschließlich der Natur von Bernstein zugeschrieben, der einzigen Substanz, von der bekannt ist, dass sie diese Eigenschaft besitzt. Heute wissen wir, dass nicht der Bernstein allein, sondern die Verbindung mit einer anderen Substanz anderer Natur, in diesem Fall einer tierischen Substanz in der Art von Haar oder Seide, erforderlich ist. Welche Substanzen wir auch zur Reibung verwenden, sie müssen immer unterschiedlicher Natur sein, damit beide Arten von Elektrizität gleichzeitig auftreten können. Welche der beiden Arten ihre Präsenz dem Beobachter stärker aufdrängt, hängt von rein äußeren Bedingungen ab, die nichts mit dem Prozess selbst zu tun haben.

Wenn wir den qualitativen Unterschied zwischen den beiden Arten von Elektrizität verstehen wollen, müssen wir natürlich den qualitativen Unterschied in den materiellen Substanzen untersuchen, die beim Aneinanderreiben Elektrizität erzeugen. Wir werden erneut der historischen Linie folgen und die beiden Substanzen untersuchen, die den Menschen erstmals die polare Natur der Elektrizität lehrten. Sie bestehen aus Glas und

Harz, nach denen, wie bereits erwähnt, die beiden Elektrizitäten anfangs sogar benannt wurden.

Unsere früher entwickelte funktionelle Vorstellung von Materie (Kapitel XI) ermöglicht es uns, in diesen beiden Substanzen Vertreter der Salz-Schwefel-Polarität zu erkennen. Tatsächlich steht Glas als mineralischer Stoff, der seinen spezifischen Charakter tatsächlich dem Vorhandensein von Silizium verdankt, eindeutig auf der phosphor-kristallinen Seite, während Harz, das selbst eine Art „Gummi" ist, auf der schwefel-vulkanischen Seite steht . Tatsächlich stellte sich bald heraus, dass Schwefel selbst ein besonders geeigneter Stoff zur Erzeugung von „Harz"-Strom ist.

Die übliche Methode zur Erzeugung einer Art von Elektrizität besteht darin, Harz (oder Schwefel oder Ebonit) mit Wolle oder Fell zu reiben, und die andere Art, Glas mit Leder zu reiben. Auf den ersten Blick scheint es nicht so, als ob die beiden Gegenstoffe die notwendigen alchemistischen Gegenpole zu Harz und Glas darstellen würden. Denn sowohl Haare als auch Leder sind tierische Produkte und scheinen daher naturähnlicher Natur zu sein. Bei näherer Betrachtung zeigt sich jedoch, dass sie sich an die Regel halten. Denn Haare sind, wie alle Hornstoffe, ein totes Produkt der äußeren Sekretion des tierischen Organismus. Ein urphänomenales Beispiel dafür, das seine Verwandtschaft mit glasähnlichen Substanzen zeigt, ist die transparente Hornhaut des Auges, nahe der Kristalllinse. Leder hingegen ist ein Produkt des subkutanen Körperteils und gehört als solches zu den Teilen des Organismus, die mit Blut gefüllt und damit von Leben durchdrungen sind. (Beachten Sie, dass es sich bei Leder um eine besondere Behandlung, nämlich Gerbung, handelt, um es so immun gegen Fäulnis zu machen, wie es Haare von Natur aus sind.) Haare und Leder repräsentieren daher an sich eine Salz-Schwefel-Polarität und erfüllen somit die entsprechenden Eigenschaften Funktion, wenn sie mit Harz bzw. Glas zusammengebracht werden.

Was für die einzelnen Substanzen gilt, die den Menschen ursprünglich dazu brachten, die duale Natur der Elektrizität zu entdecken, gilt gleichermaßen für jedes Paar von Substanzen, die in der Lage sind, den elektrischen Zustand anzunehmen, wenn sie aneinander gerieben werden. Wenn wir unter diesem Gesichtspunkt die Reihe solcher Substanzen untersuchen, wie sie üblicherweise in den Lehrbüchern über Elektrizität angegeben werden, werden wir an einem Ende immer eine Substanz mit extremem Salzcharakter und am anderen Ende eine Substanz mit extremem Schwefelcharakter finden . Die Substanzen bilden als Ganzes einen allmählichen Übergang von einem Extrem zum anderen. Welche Art von Elektrizität auf jedem entsteht, wenn es der Reibung ausgesetzt wird, hängt davon ab, ob die Gegensubstanz in der Reihe rechts oder links von ihr steht. Es ist die besondere Beziehung zwischen den beiden, die sie auf die eine oder andere Weise verhalten lässt.

Es gibt Fälle, die sich diesem Gesetz zu entziehen scheinen, und Untersuchungen haben gezeigt, dass andere Eigenschaften der geriebenen Körper, wie beispielsweise die Oberflächenqualität, einen modifizierenden Einfluss haben können. Mangels einer Leitidee werden sie in den Lehrbüchern als „Unregelmäßigkeiten" behandelt. Die von einem echten Polaritätskonzept geleitete Beobachtung zeigt, dass auch in diesen Fällen die Regel nicht verletzt wird. In dieser Hinsicht können interessante Informationen aus den Beobachtungen von JW Ritter (1776-1810) gewonnen werden, einem genialen *Naturphilosophen* aus dem Umkreis Goethes, dem aber auch die Naturwissenschaft die Entdeckung des ultravioletten Anteils zu verdanken hat des Spektrums und der galvanischen Polarisation. Zu seinen Schriften gehört eine Abhandlung über Elektrizität, in der er viele allgemein unbekannte Beispiele von Reibungselektrizität anführt, die gut mit unserem Bild übereinstimmen und eine Untersuchung wert sind. Laut Ritter werden selbst zwei kristalline Substanzen unterschiedlicher Härte, wie Calcit und Quarz, beim Aneinanderreiben elektrisch, wobei der weichere die Rolle des „Harzes" und der härtere die des „Glases" spielt.

Diese wenigen Tatsachen im Zusammenhang mit der Erzeugung von Reibungselektrizität reichen aus, um uns ein Bild von der Natur der Polarität zu machen, die durch die beiden Arten von Elektrizität dargestellt wird.

Wir erinnern uns, dass sich bei der Erzeugung von Wärme durch Reibung infolge eines Eingriffs in den Zusammenhalt des beteiligten materiellen Körpers das Verhältnis von Leichtigkeit und Schwerkraft in ihm von „feucht" zu „trocken" ändert und dass die Wirkung Dazu gehört das Erscheinen von „Feuer" und „Staub" als Pole einer primären Polarität. Dieser Vorgang ändert sich jedoch, wenn die Reibungskörper im Sinne einer Salz- Schwefel- Polarität einander gegenüberstehen. Die Wirkung besteht dann darin, dass die befreite Leichtigkeit unter dem Einfluss der eigentümlichen Spannung zwischen den beiden Körpern im Bereich der Substanz gebunden bleibt und selbst polarisch gespalten wird .

Es ist also klar, dass wir bei der elektrischen Polarität auf eine gewisse Form *der an die Schwerkraft gebundenen Leichtigkeit stoßen,* und zwar in zweifacher Weise. Aufgrund der gegensätzlichen Natur der beiden am Prozess beteiligten Körper ist die Kopplung von Schwerkraft und Leichtigkeit auf beiden Seiten polar. Die elektrische Polarität erweist sich somit selbst als sekundäre Polarität.

Zwei kürzlich entdeckte Möglichkeiten, den elektrischen Zustand in einem Stück Materie hervorzurufen, bestätigen dieses Bild. Es handelt sich um die sogenannte Piezoelektrizität und Pyroelektrizität. Beides bedeutet das Auftreten der elektrischen Polarität an den beiden Enden eines asymmetrisch aufgebauten (halbmorphen) Kristalls als Folge einer Veränderung der räumlichen Beschaffenheit des Kristalls. Bei der Piezoelektrizität besteht die Veränderung in einer Verkleinerung des Kristallvolumens durch Druck; in der Pyroelektrizität in einer Vergrößerung des Kristallvolumens durch Erhöhung seiner Temperatur. Die Asymmetrie des Kristalls aufgrund einer einseitigen Wirkung der Kristallisationskräfte spielt hier die gleiche Rolle wie der alchemistische Gegensatz zwischen den beiden Körpern, die zur Erzeugung von Reibungselektrizität dienen.

*

Es ist typisch für den Wissenschaftler der Vergangenheit, dass er auf Phänomene angewiesen war, die durch eine hochentwickelte experimentelle Technik hervorgerufen wurden, um sich bestimmter Eigenschaften der elektrischen Kraft bewusst zu werden, während für den realistischen Beobachter diese Eigenschaften sofort durch die primitivste elektrische Kraft offenbart werden Phänomene. Wir erinnern uns an Eddingtons Beschreibung des Positrons als „negatives Material" und seine nachfolgenden Bemerkungen, die die paradoxe Natur dieses Konzepts zeigen, wenn es auf das hypothetische Innere des Atoms angewendet wird (Kapitel IV). Das ganz primitive Phänomen der elektrischen Abstoßung und Anziehung zeigt uns dasselbe auf eine Weise, von der es nicht schwer ist, sich eine Vorstellung zu machen.

Die moderne Physik selbst beschreibt diese Phänomene mit Hilfe des Faradayschen Feldkonzepts als durch Druck verursacht – der aus der Begegnung zweier ähnlicher elektrischer Felder im Raum resultiert – und durch Sog – die Folge der Begegnung zweier unterschiedlicher Felder. Im ersten Fall nimmt der Raum zwischen den beiden elektrisch geladenen Körpern eine gewisse Dichte an, als ob er mit elastischem Material gefüllt wäre. Im zweiten Fall ist die Dichte des Raumes, in dem sich die beiden Felder vermischen, geringer als die seiner Umgebung. Hier handelt es sich offensichtlich um einen Zustand negativer Dichte, der auf die elektrisch geladenen Körper genauso einwirkt, wie eine Drucksenkung auf ein Gas wirkt: In beiden Fällen erfolgt die Bewegung in der Richtung, die von der höheren zur niedrigeren Dichte führt. Damit erweist sich Elektrizität als fähig, sowohl Schwerkraft- als auch Leichtigkeitseffekte hervorzurufen, und bestätigt damit einmal mehr unser Bild davon.

*

Unsere nächste Aufgabe wird es sein, die galvanische Form der Stromerzeugung zu untersuchen, um unser Bild der elektrischen Polarität weiter zu klären.

Der Galvanismus, wie er durch Voltas Arbeit etabliert wurde, beruht auf bestimmten Eigenschaften der metallischen Substanzen der Erde. Im

Vergleich zu den Stoffen, die zur Stromerzeugung durch Reibung genutzt werden können, nehmen die Metalle eine Mittelstellung ein. Sie alle sind im Wesentlichen Quecksilbersubstanzen. (Bei Quecksilber, das aus diesem Grund von den Alchemisten den Namen „Quecksilber" erhielt, kommt diese Tatsache in urphänomenaler Erscheinung .) Unter den vielen Tatsachen, die die Quecksilbernatur der Metalle beweisen, gibt es eine, die für uns besonders interessant ist . Dies ist ihre besondere Beziehung zu den Prozessen der Oxidation und Reduktion.

Metalle sind in ihrem metallischen Zustand Träger latenter Leichtigkeit, die entweder durch Verbrennung oder durch Korrosion freigesetzt werden kann. Sie unterscheiden sich voneinander durch ihren relativen Eifer, in den metallischen, d Salze). Es gibt Metalle wie Gold, Silber usw., bei denen der reduzierte Zustand mehr oder weniger natürlich ist; andere, wie Kalium, Natrium usw., finden den oxidierten Zustand natürlich vor und können nur durch künstliche Mittel in den reduzierten Zustand gebracht und dort gehalten werden. Zwischen diesen Extremen gibt es alle möglichen Übergangsgrade, wobei einige Metalle eher den „edlen", andere eher den „ätzenden" Metallen ähneln.

Wir erinnern uns, dass es das unterschiedliche Verhältnis von Schwefel und Phosphor zu Reduktion und Oxidation war, das uns dazu veranlasste, sie als urphänomenale Vertreter der alchemistischen Polarität zu betrachten. Wir können daher sagen, dass es Metalle gibt, die aus alchemistischer Sicht eher Schwefel ähneln , andere eher Phosphor, während andere wiederum eine Zwischenstellung zwischen den Extremen einnehmen. Auf diesen Unterschieden der verschiedenen Metalle beruhen ihre galvanischen Eigenschaften.

Betrachten wir unter diesem Gesichtspunkt die folgende Reihe chemischer Elemente, die eine Darstellung der sogenannten Voltaischen Reihe darstellt:

Graphit, Platin, Gold, Silber, Kupfer, Eisen, Zinn, Blei, Zink, Aluminium , Magnesium, Natrium, Kalium.

Zwei beliebige dieser Metalle bilden eine Voltaikzelle. Seine elektromotorische Kraft wird durch den Abstand in der Reihe zwischen den verwendeten Metallen bestimmt. Wie bei der Reibungselektrizität hängt die Art der Elektrizität, die ein bestimmtes Metall liefert, davon ab, ob das andere Metall, mit dem es gekoppelt ist, in der Reihe rechts oder links davon steht. [1]

Sehen wir uns nun an, was in einer galvanischen Zelle passiert, wenn die beiden verschiedenen Metalle gleichzeitig der chemischen Wirkung der verbindenden Flüssigkeit ausgesetzt werden. Jedes Metall würde für sich mit mehr oder weniger Intensität oxidieren und die darin verborgene kalorische

Energie würde in Form von Wärme freigesetzt. Dieser Prozess erfährt durch die Anwesenheit des zweiten Metalls eine gewisse Veränderung, wodurch eine alchemistische Spannung zwischen beiden entsteht. Statt einer ordnungsgemäßen Trennung der primären Polarität, Hitze-Staub (in diesem Fall Hitze-Oxid), bleibt die Wärme an die Materie gebunden und erscheint auf der Oberfläche der beiden Metalle in sekundär gespaltener Form als positive und negative Elektrizität.

Die Ähnlichkeit zwischen diesem Prozess und der Reibungserzeugung von Elektrizität ist offensichtlich.

*

Unsere Beobachtungen haben gezeigt, dass die Entstehung des elektrischen Zustands, sei es durch Reibung oder galvanisch, davon abhängt, dass die Materie in einen Zustand übergeht, in dem ihr Zusammenhalt gelockert wird – oder, wie wir es auch nennen, in „Staub" verwandelt wird ' – und zwar so, dass die entweichende Leichtigkeit staubgebunden bleibt. Dieses Bild der Elektrizität ermöglicht es uns nun, eine realistische Interpretation bestimmter Phänomene zu geben, die in der Interpretation, die ihnen die Physiker der Vergangenheit geben mussten, viel dazu beigetragen haben, das Netz der wissenschaftlichen Illusion enger zu machen.

Etwa sechzig Jahre nachdem Dalton rein hypothetisch die Theorie der atomistischen Struktur der Materie aufgestellt hatte, führte die wissenschaftliche Forschung zur Beobachtung tatsächlicher atomistischer Phänomene. Crookes fand in seinen Röhren Elektrizität in Form diskreter Teilchen mit Eigenschaften, die bisher nur als massebezogen bekannt waren. Was liegt näher, als dies als Beweis dafür zu werten, dass die im vergangenen Zeitalter der Wissenschaft entwickelte Denkweise auf dem richtigen Weg war?

Dieselben Phänomene erscheinen in einem ganz anderen Licht, wenn wir sie vor dem Hintergrund des Bildes der Elektrizität betrachten, zu dem unsere Beobachtungen geführt haben. Da wir wissen, dass das Auftreten von Elektrizität von einem Atomisierungsprozess irgendeiner Art abhängt, können wir davon ausgehen, dass Elektrizität dort, wo sie frei beobachtbar wird, zu Phänomenen atomarer Art führen wird. Die Beobachtungen der Elektrizität im Vakuum liefern daher keinerlei Bestätigung für die atomistische Sicht der Materie.

Dasselbe gilt für die Phänomene im Zusammenhang mit der Radioaktivität, die in unmittelbarer Folge von Crookes' Arbeit entdeckt wurden. Wir wissen, dass die natürlich radioaktiven Elemente alle zur Gruppe der Elemente mit dem höchsten Atomgewicht gehören. Diese Tatsache, zusammen mit den Eigenschaften der Radioaktivität, zeigt uns, dass in solchen Elementen die

Schwerkraft bisher die Oberhand über die Leichtigkeit gewonnen hat, so dass die physikalische Substanz nicht in der Lage ist, als räumlich ausgedehnte, zusammenhängende Einheit zu bestehen. Es zerfällt daher, und die befreite Leichtigkeit wird in den Prozess der Zerstreuung hineingezogen. So gesehen wird Radioaktivität zum Symptom des Alters der Erde.

*

Bevor wir auf die Diskussion der Frage eingehen, die sich an dieser Stelle natürlich stellt, wie Leichtigkeit und Schwerkraft durch ihre beiden möglichen Wechselwirkungen – „ schwefelhaltig “ oder „salzhaltig“ – die Eigenschaften der sogenannten positiven und negativen Elektrizität bestimmen, Wir werden zunächst die dritte Art der Stromerzeugung untersuchen, nämlich die elektromagnetische Induktion. Auf diesem Weg gelangen wir zu einem Bild der magnetischen Kraft, das dem bereits gewonnenen Bild der Elektrizität entspricht. Dies wird uns dann zu einer gemeinsamen Untersuchung der Natur der elektrischen Polarität und der magnetischen Polarität führen.

Die Entdeckung der Phänomene, die wir elektromagnetische Phänomene nennen, hing von der Möglichkeit ab, kontinuierliche elektrische Prozesse zu erzeugen. Dies geschah mit Voltas Erfindung. Als es notwendig wurde, einen Begriff für den Vorgang zu finden, der in einem elektrischen Leiter zwischen den Polen einer galvanischen Zelle abläuft, bot sich der aus der Hydrodynamik entlehnte Begriff des „Stroms“ an. Seitdem ist es üblich, von der Existenz eines Stroms innerhalb eines Stromkreises zu sprechen; Seine Stärke oder Intensität wird in einer Einheit gemessen, die zu Ehren von Ampere benannt ist.

Dieser Strombegriff hatte ein typisches Schicksal für die gesamte Beziehung des menschlichen Denkens zu den mit der Elektrizität zusammenhängenden Tatsachen. Lange nachdem der Begriff erfunden wurde, um Phänomene abzudecken, die an sich keine Bewegung irgendeiner Art zwischen den elektrischen Polen verraten, wurden durch Crookes‘ Beobachtungen andere Phänomene bekannt, die tatsächlich solche Bewegungen zeigen. Genau wie im Fall des Atomismus schienen sie die Gültigkeit der vorgefassten Vorstellung von der Strömung zu beweisen. Bald jedoch zeigte strahlende Elektrizität Eigenschaften, die dem Bild eines Flusses von einem Pol zum anderen widersprachen. Beispielsweise wurde festgestellt, dass die Kathodenstrahlen unabhängig von der Position der Anode senkrecht von der Oberfläche der Kathode in den Weltraum schossen. Gleichzeitig führte Maxwells hydrodynamische Analogie (wie unser historischer Überblick gezeigt hat) zu einer Sichtweise über die Natur der Elektrizität, durch die genau diese Analogie außer Kraft gesetzt wurde. Indem er bestimmte Eigenschaften der Elektrizität vorhersagte, die bei schnellem Polwechsel zum

Vorschein kommen, schien er die Elektrizität in eine enge Verwandtschaft mit dem Licht zu bringen. Die mathematische Behandlung machte es dann erforderlich, den wesentlichen Energieprozess als nicht von einem Pol zum anderen ablaufend zu betrachten, sondern im rechten Winkel zu einer Linie, die die Pole verbindet (Poynting-Vektor). Obwohl dieses Bild im Bereich der Hochfrequenz zufriedenstellend war, scheiterte es als Mittel zur Beschreibung sogenannter Gleichstromprozesse.

Als Ergebnis all dessen ist die Theorie der Elektrizität in mehrere Begriffsbereiche zerfallen, die sozusagen nebeneinander liegen, jeder in sich konsistent, aber ohne jeden logischen Zusammenhang mit den anderen. Obwohl das alte Konzept des elektrischen Stroms schon lange seine Gültigkeit verloren hat, ist es dem wissenschaftlichen Denken (ganz zu schweigen vom Laiendenken) nicht gelungen, es aufzugeben. Dies zu tun muss daher unsere erste Aufgabe sein, wenn wir zu einem realistischen Bild des Elektromagnetismus gelangen wollen.

*

Unter strenger Beachtung der historischen Ordnung wollen wir zunächst versuchen, uns ein Bild davon zu machen, was passiert, wenn wir zwei elektrisch geladene Körper durch einen Leiter verbinden. Wir wissen, dass wir die Veränderung der dynamischen Eigenschaften des Raumteils, in dem sich die beiden Körper befinden, zu Recht damit beschreiben, dass in ihm ein bestimmtes elektrisches Feld herrscht. Dieses Feld besitzt an seinen verschiedenen Punkten unterschiedliche „Potenziale", sodass zwischen den beiden elektrischen Ladungen eine gewisse Potenzialdifferenz besteht. Was passiert dann, wenn ein sogenannter „Dirigent" in ein solches Feld gebracht wird?

Aus der Sicht des Feldkonzepts besteht die Leitfähigkeit in der Eigenschaft eines Körpers, entlang seiner Oberfläche keine Potentialänderung zuzulassen. Eine solche Fläche ist daher immer ein Äquipotential. In der Sprache der Alchemie ist Leitfähigkeit eine quecksilberne Eigenschaft. In Gegenwart eines solchen Körpers können daher keine Salz-Schwefel-Kontraste auftreten. Angesichts dessen, was wir oben als mittlere Stellung der Metalle in der alchemistischen Triade herausgefunden haben, ist es bezeichnend, dass gerade sie eine so herausragende Rolle als elektrische Leiter spielen.

Wenn wir bei der reinen Beobachtung bleiben, können wir über die Wirkung, die das Einbringen eines solchen Körpers in das elektrische Feld hervorruft, nur sagen, dass dieses Feld plötzlich verschwindet. Wir werden später sehen, in welche Richtung dieses Verschwinden erfolgt. Für den Augenblick genügt es, sich das Bild vom Verschwinden des elektrischen Zustands des Raumes als Folge der Anwesenheit eines Körpers mit bestimmten Quecksilbereigenschaften gemacht zu haben.

Tatsächlich passiert nichts anderes, wenn wir den Prozess mithilfe einer galvanischen Stromquelle kontinuierlich gestalten. Das Einzige, was eine galvanische Zelle von den vor Volta verwendeten Elektrizitätsquellen unterscheidet, ist ihre Fähigkeit, das zwischen ihren Polen vorherrschende Feld sofort wiederherzustellen, wenn dieses Feld durch die Anwesenheit eines Leiters gelöscht wird. Volta selbst hat das völlig richtig gesehen. In seinem ersten Bericht über den neuen Apparat beschreibt er ihn als „Leydener Krüge mit einer ständig wiederhergestellten Ladung". Tatsächlich besteht jeder dauerhafte elektrische Prozess in nichts anderem als einem Verschwinden und Wiederaufbauen des elektrischen Feldes mit einer solchen Geschwindigkeit, dass der gesamte Prozess kontinuierlich erscheint.

Auch hier zeigt uns die bloße Beobachtung der Wirkung eines Leiters in einem elektrischen Feld, dass seine Wirkung in der Vernichtung des Feldes besteht. Es gibt kein Phänomen, das die Aussage erlaubt, dass dieser Prozess entlang der Achse des Leiters stattfindet. Wenn wir uns ein Bild von der wahren Richtung machen wollen, müssen wir den Zustand des Raumes berücksichtigen, der an die Stelle des verschwundenen elektrischen Zustandes tritt.

Mit der Möglichkeit, die Aufhebung des elektrischen Zustands des Raumes in einen kontinuierlichen Prozess umzuwandeln, wurde es möglich zu beobachten, dass die Neutralisierung elektrischer Ladungen das Auftreten von Wärme und Magnetismus mit sich bringt. Wir müssen nun fragen, welche Eigenschaften der Elektrizität einerseits und der Wärme und des Magnetismus andererseits die Tatsache erklären, dass dort, wo Elektrizität verschwindet, zwangsläufig die beiden letztgenannten Kräfte auftreten. Da der Magnetismus das noch unbekannte Wesen unter den dreien ist, müssen wir uns nun mit ihm befassen.

*

Im Gegensatz zur Elektrizität wurde der Magnetismus zunächst in Form seines natürlichen Vorkommens bekannt, nämlich als Eigenschaft bestimmter Mineralien. Wenn wir dem gleichen Weg folgen, der uns dazu veranlasste, unser Studium der Elektrizität mit dem primitiven Prozess ihrer Erzeugung zu beginnen, wenden wir uns nun dem grundlegenden Phänomen zu, das durch ein bereits existierendes Magnetfeld erzeugt wird. (Erst wenn wir daraus alles gelernt haben, was wir können, werden wir uns fragen, wie der Magnetismus entsteht.) Offensichtlich werden wir dieses Grundphänomen in der Wirkung eines Magneten auf einen Haufen Eisenspäne finden.

Vergleichen wir zunächst eine Masse festen Eisens mit der gleichen Menge davon in Pulverform. Der Unterschied besteht darin, dass dem Pulver die Bindungskraft fehlt, die das feste Stück zusammenhält. Nun setzen wir das pulverisierte Eisen dem Einfluss eines Magneten aus. Auf einmal greift ein bestimmtes Ordnungsprinzip in den einzelnen Teilchen ein. Abgesehen von der unauffälligen Gravitationswirkung, die sie aufeinander ausüben, liegen sie nicht mehr zufällig und unzusammenhängend da, sondern werden zu einem kohärenten Ganzen zusammengefügt und erhalten so Eigenschaften, die denen eines gewöhnlichen Stücks fester Materie ähneln.

So gelesen sagt uns das Phänomen, dass ein Teil des Raumes, der von einem Magnetfeld eingenommen wird, Eigenschaften hat, die sonst nur dort zu finden sind, wo eine zusammenhängende feste Masse vorhanden ist. Ein magnetisches Stück massives Eisen unterscheidet sich daher von einem nichtmagnetischen Stück dadurch, dass es in seiner Umgebung dynamische Bedingungen hervorruft, die sonst nur in seinem Inneren herrschen würden. Dieses Bild der Beziehung zwischen Magnetismus und Festigkeit wird durch die Tatsache bestätigt, dass beide durch Hitze aufgehoben und durch Kälte verstärkt werden. [2]

Aufgrund seiner magnetischen Eigenschaften erweist sich Eisen somit als eine Substanz, die in der Lage ist, den Zustand fester Materie in einem Ausmaß anzunehmen, das über die gewöhnliche Festigkeit hinausgeht. Als außergewöhnliche Metallart bildet es den Gegenpol zum Quecksilber, bei dem der für alle metallischen Stoffe charakteristische Fest-Flüssigkeits-Zustand ebenso stark in Richtung des Flüssigen verschoben ist wie beim Eisen in Richtung des Festkörpers. (Beachten Sie in diesem Zusammenhang den besonderen Widerstand von Eisen gegenüber der verflüssigenden Wirkung, die Quecksilber auf die anderen Metalle hat.)

Dieses Bild des Magnetismus ermöglicht uns sofort zu verstehen, warum er zusammen mit Wärme an der Stelle auftreten muss, an der eine elektrische Polarität durch die Anwesenheit eines Leiters aufgehoben wurde. Wir haben gesehen, dass Elektrizität eine auf besondere Weise mit der Schwerkraft gekoppelte Leichtigkeit ist; es ist polarisierte Leichtigkeit (begleitet von einer entsprechenden Polarisation der Schwerkraft). Ein elektrisches Feld hat daher immer beide Eigenschaften, die der Leichtigkeit und die der Schwerkraft. Wir sahen ein Symptom dafür in der sogenannten elektrischen Anziehung und Abstoßung; Wir stellten fest, dass die Anziehungskraft auf die negative Dichte und die Abstoßung auf die positive Dichte zurückzuführen war, die dem Raum durch die dort vorhandenen elektrischen Felder verliehen wurde. Nun sehen wir, dass, wenn durch die Anwesenheit eines Leiters das elektrische Feld um die beiden entgegengesetzten Pole verschwindet, an seiner Stelle zwei andere Felder, ein thermisches und ein magnetisches, erscheinen. Offensichtlich stellt einer von ihnen den

Leichtkraftanteil, der andere den Schwerkraftanteil des verschwundenen elektrischen Feldes dar. Der gesamte Vorgang erinnert an eine Verbrennung, bei der die in der brennbaren Substanz vereinigten wägbaren und unwägbaren Teile auseinanderfallen und einerseits als Wärme, andererseits als oxidierte Substanz („Asche") erscheinen. Dennoch besteht zwischen diesen beiden Erscheinungsformen der Hitze ein wesentlicher qualitativer Unterschied.

Obwohl der Magnetismus aus unserer Sicht nur die eine Hälfte eines Phänomens darstellt, dessen andere Hälfte Wärme ist, dürfen wir nicht vergessen, dass es sich bei ihm selbst um eine bipolare Kraft handelt. Trotz seiner offensichtlichen Beziehung zur Schwerkraft repräsentiert es also nicht, wie die Schwerkraft, einen Pol einer primären Polarität, während Wärme der andere Pol ist. Vielmehr muss es bestimmte Eigenschaften der Leichtigkeit in sich tragen, die zusammen mit denen der Schwerkraft an seinen beiden Polen in polar entgegengesetzter Weise auftreten. (Einzelheiten hierzu werden wir später zeigen, wenn wir die individuellen Eigenschaften der beiden Pole Magnetismus und Elektrizität untersuchen.) Daher kann auch die Wärme, die das Gegenstück zum Magnetismus bildet, keine reine Leichtigkeit sein. Durch eine gewisse Kopplung mit der Schwerkraft ist auch sie irgendwie polarisch gespalten geblieben.

Dies lässt sich leicht erkennen, wenn man Folgendes betrachtet. Anders als bei der Leichtkraft-Schwerkraft-Polarität, bei der ein Pol peripher und der andere punktzentriert ist , sind beide Dolen der elektrischen Polarität punktzentriert ; beide befinden sich im physischen Raum und bestimmen dadurch eine bestimmte Richtung innerhalb dieses Raumes. Es ist diese Richtung, die sowohl für das magnetische als auch für das thermische Feld charakteristisch bleibt. Die Richtung des thermischen Feldes wird ebenso wie die des magnetischen Feldes dadurch bestimmt, dass dessen Achse der Leiter ist, der die Pole des vorangehenden elektrischen Feldes verbindet. Beide Felder ergänzen sich dadurch, dass die Wärmestrahlung die Radien bildet, die zu den kreisförmigen magnetischen Kraftlinien gehören, die den Leiter umgeben. [3]

Unser Bild des Prozesses, der gemeinhin als elektrischer Strom bezeichnet wird, ist nun so vollständig, dass wir eine positive Aussage über die Richtung treffen können, in der er abläuft. Fassen wir noch einmal zusammen: Damit dieser Vorgang stattfinden kann, muss in einem elektrisch erregten Teil des Raumes ein Körper vorhanden sein, der nicht die mit einem solchen Feld verbundene besondere Polarisation des Raumes erleidet. Dadurch verschwindet das elektrische Feld und an seiner Stelle treten ein thermisches Feld und ein magnetisches Feld auf, deren Achse die Verbindungslinie zwischen den beiden Polen ist. Jeder von ihnen breitet sich in einer Richtung aus, die im rechten Winkel zu dieser Geldstrafe steht. Es ist also offensichtlich, dass in dieser radialen Richtung die Umwandlung des elektrischen in den thermomagnetischen Zustand des Raumes stattfinden muss.

Dieses Bild des elektromagnetischen Geschehens stimmt hinsichtlich seiner Richtung vollständig mit dem Ergebnis überein, das (wie bereits angedeutet) durch die mathematische Behandlung hochfrequenter Phänomene erzielt wurde. Wir sehen einmal mehr, dass ganz primitive Beobachtungen, wenn man sie richtig liest, zu Erkenntnissen führen, auf die das wissenschaftliche Denken warten musste, bis es durch den Fortschritt der experimentellen Technik dazu gezwungen wurde – da die Wissenschaft schon damals kein einheitlich gültiges Bild der Dynamik hatte Verhalten der Elektrizität.

Darüber hinaus können wir jetzt erkennen, dass wir, wenn wir Elektrizität für praktische Zwecke einsetzen, tatsächlich selten die Elektrizität selbst nutzen, sondern andere Kräfte (das heißt andere Kombinationen von Schwerkraft und Leichtigkeit), die wir wirksam machen, indem wir Elektrizität verschwinden lassen. Das Gleiche gilt für die meisten Methoden zur Messung von Elektrizität. In der Regel ist die Kraft, die das Instrument in Bewegung setzt, keine Elektrizität, sondern eine andere Kraft (Magnetismus, Wärme usw.), die an die Stelle der verschwindenden Elektrizität tritt. Die sogenannte Intensität eines elektrischen Stroms ist also tatsächlich die Intensität, mit der die betreffende Elektrizität verschwindet! Elektrizität dient uns in unseren Maschinen auf die gleiche Weise, wie Nahrung einem lebenden Organismus dient: Sie wird verdaut, und was zählt, ist das resultierende Sekundärprodukt.

So wie Änderungen im elektrischen Zustand des Raums zur Entstehung eines magnetischen Feldes führen, führt jede Änderung des magnetischen Zustands des Raums zur Entstehung eines elektrischen Feldes. Dieser Vorgang wird elektromagnetische Induktion genannt. Mit seiner Entdeckung wurde die Stromerzeugung durch Reibung und auf galvanischem Weg um einen dritten Weg ergänzt. Dadurch wurde erstmals die praktische Nutzung von Elektrizität im großen Maßstab möglich. Wenn unser Bild der beiden früheren Prozesse der Stromerzeugung richtig ist, dann muss auch dieser dritte Weg ins Bild passen, obwohl es sich in diesem Fall nicht mehr um eine direkte Zerstäubung physikalischer Materie handelt. Unser Bild des Magnetismus wird es uns tatsächlich ermöglichen, in der elektromagnetischen Induktion dasselbe Prinzip zu erkennen, auf dem wir die beiden anderen Prozesse beruhten.

Magnetismus ist polarisierte Schwerkraft. Daher hat es die gleiche Eigenschaft, immer dazu zu neigen, einen bestehenden Zustand aufrechtzuerhalten. Bei Körpern, die der Schwerkraft unterliegen, zeigt sich diese Tendenz in ihrer Trägheit. Es ist die dem Magnetismus innewohnende

Trägheit, die wir nutzen, um daraus Strom zu erzeugen. Das einfachste Beispiel ist, wenn wir durch die Unterbrechung eines „Primärstroms" einen „Sekundärstrom" in einem benachbarten Stromkreis induzieren. Durch die plötzliche Änderung des elektrischen Zustands auf der Primärseite wird der magnetische Zustand des umgebenden Raums einer plötzlichen entsprechenden Änderung ausgesetzt. Demgegenüber „leistet" das Magnetfeld einen Widerstand, indem es auf der Sekundärseite einen elektrischen Prozess mit einer solchen Richtung und Stärke hervorruft, dass der gesamte magnetische Zustand zunächst unverändert bleibt und dann, anstatt sich plötzlich zu ändern, eine allmähliche Transformation erfährt, was im Idealfall der Fall ist benötigt für seine Erfüllung unendlich viel Zeit (asymptotischer Verlauf der Exponentialkurve). Dieses Prinzip regelt jeden Prozess der elektromagnetischen Induktion, unabhängig von der Ursache und der Richtung der Änderung des Magnetfelds.

Wir wissen, dass elektromagnetische Induktion auch dann stattfindet, wenn ein Leiter so durch ein Magnetfeld bewegt wird, dass er , wie der Fachausdruck sagt, die Kraftlinien des Feldes „schneidet". Während der oben beschriebene Prozess im Transformator zum Einsatz kommt, wird dieser letztere Prozess bei der Stromerzeugung durch Dynamo verwendet. Wir haben gesehen, dass ein Magnetfeld dem betreffenden Raumteil Dichteeigenschaften verleiht, die sonst nur im Inneren fester Massen vorherrschen. Wir erinnern uns weiterhin daran, dass das Auftreten von Elektrizität bei den beiden anderen Arten ihrer Erzeugung durch die Lockerung des Zusammenhangs der materiellen Substanz verursacht wird. Eine ähnliche Lockerung der Kohärenz des Magnetfeldes findet statt, wenn seine Feldlinien durch die Bewegung des Leiters darüber geschnitten werden. So wie Wärme entsteht, wenn wir einen festen Gegenstand durch eine Flüssigkeit bewegen, entsteht Elektrizität, wenn wir einen Leiter durch ein Magnetfeld bewegen. In jedem Fall greifen wir in eine bestehende Leichtigkeits-Schwerkraft-Beziehung ein.

*

Nachdem wir bisher das Bild sowohl der Elektrizität als auch des Magnetismus erstellt haben, das sich jeweils als Ergebnis bestimmter Wechselwirkungen zwischen der Schwerkraft und der Schwerkraft zeigt, fragen wir nun, wie insbesondere negative und positive Elektrizität einerseits und Nord- und Südmagnetismus andererseits bestimmt werden durch diese Interaktionen. Beginnen wir noch einmal mit der Elektrizität.

Wir erinnern uns, dass Galvani zu seinen Beobachtungen durch die Ergebnisse von Walshs Studie über die elektrischen Fische geführt wurde. Während Galvani an der Ansicht festhielt, dass in seinen eigenen Experimenten die Quelle der elektrischen Kraft im Körper der Tiere liege, erkannte Volta, dass dies ein Trugschluss war. Dann kam ihm die Idee, den von Galvani zufällig gefundenen Aufbau mit rein anorganischen Stoffen nachzuahmen . Das paradoxe Ergebnis war – wie er selbst überrascht feststellte –, dass sich sein Apparat als eine genaue Nachbildung des eigentümlichen Organs herausstellte, mit dem die elektrischen Fische von der Natur ausgestattet sind. Wir müssen uns dieses Organ nun genauer ansehen.

Das elektrische Organ eines solchen Fisches besteht aus vielen tausend kleinen Häufchen, von denen jedes aus einer sehr großen Anzahl von Platten zweier verschiedener Art besteht, die in abwechselnden Schichten angeordnet sind. Die beiden Arten unterscheiden sich in der Substanz: In einem Fall besteht die Platte aus einem Material, das dem im Nervensystem von Tieren vorkommenden ähnelt; im anderen Fall besteht die Ähnlichkeit mit einer Substanz, die im Muskelsystem vorhanden ist, allerdings nur, wenn sich die Muskeln in einem Zerfallszustand befinden. Auf diese Weise scheinen die beiden gegensätzlichen Systeme des Tierkörpers hier in direkten Kontakt gebracht zu werden, der sich viele tausend Mal wiederholt.

Bei den elektrischen Fischen werden also Empfindung und Wille in eine eigentümliche Wechselbeziehung gebracht. Denn der Willenspol steht mit seinem körperlichen Fundament in einer Weise in Beziehung, wie es sonst nur zwischen dem Nervensystem und den mit ihm koordinierten psychischen Prozessen der Fall ist . Diese Fische haben dann die Fähigkeit, Kraftströme auszusenden, die bei anderen Tieren und beim Menschen zu „Gehirnerschütterungen der Gliedmaßen" oder in extremen Fällen zu Lähmungen und sogar zum Tod führen. Indem wir den Prozess auf diese Weise beschreiben, erkennen wir, dass Elektrizität hier als metamorphisierter tierischer Wille erscheint, der diese eigentümliche Form annimmt, weil ein Teil des Willenssystems des Tieres auf außergewöhnliche Weise an sein Sinnessystem assimiliert wird.

Heute weiß man, dass das, was die Natur im Fall des elektrischen Fisches so eindrucksvoll offenbart, nichts anderes ist als die Manifestation eines Prinzips, das in den Körpern aller mit Empfindung und Willenskraft ausgestatteten Wesen am Werk ist – in körperlicher Hinsicht mit der Dualität von ein Nerven- und ein Muskelsystem – und daher auch im menschlichen Körper am Werk. Beobachtungen haben gezeigt, dass die Aktivitäten dieser beiden Systeme bei Mensch und Tier mit dem Auftreten unterschiedlicher elektrischer Potentiale in verschiedenen Körperteilen einhergehen. Tafel A, Abb. iii, zeigt die Verteilung der beiden polaren elektrischen Kräfte im menschlichen Körper. Die gebogenen Linien im Diagramm stehen für Kurven gleichen elektrischen Potentials. Die gerade Linie zwischen ihnen ist die neutrale Zone. Wie zu erwarten ist, verläuft diese Linie durch das Herz. Was weniger offensichtlich erscheint, ist seine schräge Position. Hier kommt die für den menschlichen Körper charakteristische Asymmetrie zum Ausdruck.

Wenn wir bedenken, dass das Nervensystem den Salzpol und das Stoffwechselsystem den Schwefelpol des menschlichen Organismus darstellt, und wenn wir die Beziehung zwischen Leichtigkeit und Schwerkraft an den beiden Polen berücksichtigen, können wir aus der Verteilung erkennen von den beiden Elektrizitäten , dass die Kopplung von Lebhaftigkeit und Schwerkraft am negativen Pol der elektrischen Polarität so ist, dass die Lebhaftigkeit in die Schwerkraft absinkt, während die Schwerkraft am positiven Pol zur Lebhaftigkeit aufsteigt. Negative Elektrizität muss daher irgendwie einen „kugelförmigen" Charakter haben und positive Elektrizität einen „radialen" Charakter.

Dieser Befund wird durch elektrische Phänomene im vom Menschen am weitesten entfernten Naturbereich vollständig bestätigt (obwohl es ein Versuch war, das Rätsel des Menschen zu lösen, der zur Entdeckung dieses Bereichs führte). Seit Crookes' Beobachtungen des Verhaltens von Elektrizität im Vakuum ist es allgemein bekannt, dass nur die negative Art von Elektrizität als frei strahlende Kraft auftritt (obwohl sie einige Trägheitseigenschaften beibehält), während positive Elektrizität viel enger an die Minute gebunden zu sein scheint Teilchen schwefelfähiger Materie. Auch hier finden wir auf der negativen Seite schwerkraftbeladene Leichtigkeit, auf der positiven Seite leichtgewichtige Schwerkraft.

Die gleiche Sprache sprechen die Formen, in denen die Lichterscheinungen an den beiden Polen einer Crookes-Röhre erscheinen. Abb. i auf Tafel A stellt das gesamte Phänomen dar, soweit ein solches Diagramm es zulässt. Hier sehen wir auf der positiven Seite radiale Formen, auf der negativen Seite planar-sphärische Formen. Als Symbole der Naturschrift sagen uns diese Formen, dass an den beiden Enden der Röhre die kosmische Peripherie und das irdische Zentrum in einer polaren Beziehung zueinander stehen. (Unsere optischen Untersuchungen werden später zeigen, dass auch die Farben , die an Anode und Kathode erscheinen, damit völlig übereinstimmen.)

An diesem Punkt unserer Diskussion kann, ohne Gefahr zu laufen, die Sache zu verwirren, die Frage nach der Verteilung der beiden elektrischen Kräfte auf die an der Erzeugung von Elektrizität sowohl durch Reibung als auch auf galvanischem Weg beteiligten Stoffpaare aufgeworfen werden. Diese Verteilung scheint dem Bild zu widersprechen, zu dem uns die vorangegangenen Beobachtungen geführt haben, denn in beiden Fällen werden die „ schwefelhaltigen " Substanzen (Harz im einen, die edleren Metalle im anderen) zu Trägern negativer Elektrizität; während die „salzhaltigen" Substanzen (Glas und korrosive Metalle) positive Elektrizität transportieren. Ein solches Kreuzen der Pole – so überraschend es auf den ersten Blick erscheinen mag – ist für uns nichts Neues. Wir haben es bei der Funktionsverteilung der Fortpflanzungsorgane der Pflanze kennengelernt, und wir werden ein weiteres Beispiel dafür finden, wenn wir die Funktion des menschlichen Auges untersuchen. Zukünftige Untersuchungen müssen das Prinzip finden, das allen Fällen in der Natur gemeinsam ist, in denen eine solche Vertauschung der Pole vorherrscht.

Während das elektrische Feld, das um ein elektrifiziertes Stück Materie entsteht, keinen Rückschluss auf die *absoluten* Eigenschaften der beiden gegensätzlichen elektrischen Kräfte zulässt, erkennen wir sie doch an der Verteilung der Elektrizität im menschlichen Körper. Ähnliches gilt für den Magnetismus. Nur um die Phänomene zu finden, aus denen sich die absoluten Eigenschaften der beiden Seiten der magnetischen Polarität ablesen lassen, müssen wir uns nicht dem Körper des Menschen zuwenden, sondern dem der Erde, deren Eigenschaften es ist, ebenso Träger zu sein eines Magnetfeldes sowie von Gravitations- und Levitationsfeldern. Es ist von Bedeutung, dass auch heute noch, wo die Tendenz vorherrscht, die Ursachen von Naturphänomenen nicht in der makrokosmischen Weite, sondern in den mikroskopischen Grenzen des Raums zu suchen, die beiden Pole des Magnetismus nach den magnetischen Polen der Natur benannt werden Erde. Es zeigt den Grad an, in dem das Gefühl des Menschen den Magnetismus instinktiv mit der Erde als Ganzes in Verbindung bringt.

In unserer neu entwickelten Terminologie können wir sagen, dass der Magnetismus als Polarität zweiter Ordnung ein Kraftfeld darstellt, dessen beide Pole innerhalb eines endlichen Raums liegen, und dass diese Situation im makrotellurischen Mutterfeld so ist, dass die Die Achse dieses Feldes fällt mehr oder weniger mit der Achse des physischen Erdkörpers zusammen. So fordert uns die magnetische Polarisierung der Erde als Buchstabe in der Naturschrift dazu auf, sie neben andere Phänomene zu stellen, die auf ihre Weise Ausdruck der Polarisierung der Erde in Nord-Süd-Richtung sind.

Der österreichische Geograph E. Süß machte in seinem großen Werk „ *Das Antlitz der Erde* " erstmals darauf aufmerksam, dass einem Beobachter, der sich aus dem Weltraum der Erde nähert, die einseitige Verteilung und Ausbildung der Kontinente der Erde auffallen würde. Er würde feststellen, dass der größte Teil des trockenen Landes auf der Nordhalbkugel liegt und die Südhalbkugel hauptsächlich mit Wasser bedeckt ist. Bezogen auf die elementaren Grundeigenschaften bedeutet dies, dass die Erde in ihrer nördlichen Hälfte überwiegend „trocken" und in ihrer südlichen Hälfte „feucht" ist.

In dieser Tatsache haben wir ein Symbol, das uns sagt, dass die Erde eine Polarität zweiter Ordnung darstellt, mit ihrem „Salz"-Pol im Norden und ihrem „ Schwefel "-Pol im Süden. Daher muss der als „Nord" bezeichnete

Magnetismus salzhaltiger und daher kugelförmiger Natur sein, was dem negativen Pol im Bereich der Elektrizität entspricht, während der „Süd"-Magnetismus schwefelhaltiger, also radialer Natur sein muss, was der positiven Elektrizität entspricht. Darüber hinaus muss dies gleichermaßen für die magnetischen Kraftfelder gelten, die von natürlich magnetischen oder künstlich magnetisierten Eisenstücken erzeugt werden. Denn der Umstand, der ein Stück Materie zu einem Magneten macht, ist einfach, dass ein Teil des allgemeinen Magnetfelds der Erde in es hineingezogen wurde. Von besonderem Interesse ist in diesem Zusammenhang die bekannte Abhängigkeit der Richtung eines elektrisch erzeugten Magnetfeldes von der Position der Pole des elektrischen Feldes.

*

Die nun gewonnene Einsicht in die Natur der Elektrizität hat uns zu der Erkenntnis geführt, dass wir mit jedem Akt der Bewegung elektromagnetischer Energien in das gesamte Schwerkraft-Leicht-Gleichgewicht unseres Planeten eingreifen, indem wir einen Teil der zusammenhängenden Substanz der Erde in kosmische Energie umwandeln. Staub'. Wenn wir uns an unser Bild der Radioaktivität erinnern, in dem wir ein Zeichen des Alters der Erde erkannten, können wir sagen, dass wir mit jeder Stromerzeugung den kosmischen Alterungsprozess der Erde beschleunigen. Offensichtlich wird dies durch die Erzeugung künstlicher Radioaktivität nach dem kürzlich entdeckten Prinzip enorm verstärkt, wodurch es nun möglich geworden ist, chemische Elemente ineinander umzuwandeln oder sogar ihre an die Schwerkraft gebundene Existenz ganz aufzuheben.

Wenn man die Dinge in diesem Licht betrachtet, erkennt man, dass der Menschheit eine enorme Verantwortung auferlegt wurde, da wir in der Lage waren, Elektrizität und Magnetismus aus ihrem Ruhezustand zu erwecken und für uns arbeiten zu lassen. Es war das Schicksal des Menschen, sich dieser Tatsache während der ersten Phase der Elektrifizierung seiner Zivilisation nicht bewusst zu sein; Jetzt in diesem Zustand der Unwissenheit weiterzumachen, würde eine Gefahr für die Menschheit bedeuten.

Die Tatsache, dass die moderne Wissenschaft schon lange keine „Naturwissenschaft" mehr ist, ist etwas, das dem modernen wissenschaftlichen Forscher selbst allmählich klar wird. Was so als Frage an ihn herangetreten ist, findet in dem Bild der Elektrizität , das wir entwickeln konnten, eine eindeutige Antwort. Es ist wiederum Eddington, der besonders auf diese Frage aufmerksam gemacht hat: siehe Kapitel „Entdeckung oder Herstellung?" in seiner *Philosophie der Physik*. An dieser Stelle ist es angebracht, sich an seine Ausführungen zu erinnern, denn sie beziehen sich nicht nur auf das Ergebnis unserer eigenen gegenwärtigen Diskussion, sondern, wie das nächste Kapitel zeigen wird, auch auf den weiteren Verlauf unserer Studien.

Eddington beginnt mit der Frage: „Als Lord Rutherford uns den Atomkern zeigte, hat *er ihn gefunden* oder hat er ihn *hergestellt*?" Welche Antwort wir auch immer geben, sagt Eddington weiter, sie ändert nichts an unserer Bewunderung für Rutherford selbst. Aber es macht den entscheidenden Unterschied für unsere Vorstellungen über die Struktur des physischen Universums. Um zu verdeutlichen, wo der moderne Physiker in dieser Hinsicht steht, verwendet Eddington einen eindrucksvollen Vergleich. Wenn ein Bildhauer in unserer Gegenwart auf einen rohen Marmorblock zeigen würde und sagen würde, dass in dem Block die Form eines menschlichen Kopfes verborgen liege, „würde unser ganzer rationaler Instinkt gegen eine solche anthropomorphe Spekulation geweckt werden". Denn es ist für uns unvorstellbar, dass die Natur eine solche Form in den Block gelegt haben könnte. Aufgeweckt durch unseren Einwand geht der Künstler dazu über, seine Theorie experimentell zu verifizieren – „auch mit recht rudimentärem Apparat: Indem er lediglich die Form für unsere Betrachtung mit einem Meißel auseinandertrennt, beweist er triumphierend seine Theorie."

„Konkretisierte Rutherford auf diese Weise", fragt Eddington, „den Kern, den seine wissenschaftliche Vorstellungskraft geschaffen hatte?" Eines ist sicher: „In jedem physikalischen Labor sehen wir raffiniert konstruierte Werkzeuge zur Ausführung bildhauerischer Arbeit, entsprechend den Entwürfen des theoretischen Physikers." Manchmal rutscht das Werkzeug ab und schneidet eine seltsame Form heraus, die er nicht erwartet hatte. „Dann haben wir eine neue experimentelle Entdeckung",

Zu dieser Analogie fügt Eddington die folgende noch drastischere hinzu: „Procrustes, Sie werden sich erinnern", sagt er, „hat seine Gäste ausgestreckt oder niedergehackt, damit sie in das von ihm gebaute Bett passen." Aber vielleicht haben Sie den Rest der Geschichte noch nicht gehört. Er maß sie, bevor sie am nächsten Morgen abreisten, und schrieb für die Anthropologische Gesellschaft von Attika einen wissenschaftlichen Aufsatz *über die Einheitlichkeit der Statur von Reisenden* .

*

Unsere neu gewonnene Einsicht in die Natur der elektrischen und magnetischen Polaritäten liefert nicht nur eine eindeutige Antwort auf die Frage, inwieweit es sich bei den scheinbar entdeckten Tatsachen der Wissenschaft um künstliche Tatsachen handelt, sondern wirft auch Licht auf die Möglichkeit, beide so zu handhaben, dass ihre Anwendung zu Nein führen wird nicht mehr zu einer Aufhebung, sondern zu einer wahren Fortsetzung der schöpferischen Taten der Natur.

Ein Beispiel hierfür wird im nächsten Teil unserer Studien vorgestellt, der sich mit Beobachtungen auf dem Gebiet der Optik befasst.

1 Beachten Sie, dass die Reihe links mit Graphit beginnt, also mit Kohlenstoff. Dieser Stoff erscheint hier als Metall unter den Metallen, und zwar als das „edelste" von allen. Elektrizität enthüllt auf diese Weise ein Geheimnis des Kohlenstoffs, das dem mittelalterlichen Alchemisten wohlbekannt war und auch heute noch den Menschen im Orient bekannt ist.

2 Es gibt sogar ein Gas, das magnetische Eigenschaften annimmt, wenn es im festen Zustand extrem kaltem Sauerstoff ausgesetzt wird.

3 Durch die Bewässerung von Pflanzen mit Wasser, das Wärme aus verschiedenen Quellen ausgesetzt war, hat E. Pfeiffer im chemischen Labor des Goetheanums gezeigt , dass es sich bei der mittels Elektrizität erzeugten Wärme um „tote" Wärme handelt. Daraus folgt, dass es für die menschliche Gesundheit nicht gleichbedeutend ist, ob die zum Kochen oder Heizen verwendete Wärme durch die Verbrennung von Holz oder Kohle oder durch Elektrizität gewonnen wird.

KAPITEL XIV

Farben als „Taten und Leiden des Lichts"

„Was ich als Dichter getan habe, darauf bin ich überhaupt nicht stolz. Ausgezeichnete Dichter haben zur gleichen Zeit wie ich gelebt; Vorzüglichere Dichter haben vor mir gelebt, und andere werden nach mir kommen. Aber dass ich in meinem Jahrhundert der einzige Mensch bin, der die Wahrheit in der schwierigen Wissenschaft der Farben kennt – darauf, sage ich, bin ich nicht wenig stolz, und hier habe ich das Bewusstsein, vielen überlegen zu sein.'

Mit diesen Worten äußerte Goethe 1829, wenige Jahre vor seinem Tod, an seinen Sekretär Eckermann seine Meinung über die Bedeutung seiner wissenschaftlichen Forschungen auf dem Gebiet der optischen Phänomene. Er wusste, dass der Weg, den er eröffnet hatte, ihn zu Wahrheiten geführt hatte, die zu den ursprünglichen Wahrheiten der Menschheit gehören. Er brachte dies mit der Bemerkung zum Ausdruck, dass seine Farbentheorie „ so alt wie die Welt" sei.

Wenn wir in diesem Buch etwas spät zu einer Diskussion von Goethes Farbentheorie kommen, trotz der Rolle, die sie in seinem eigenen wissenschaftlichen Werk spielte, und trotz ihrer Bedeutung für die Begründung einer auf seiner Methode basierenden Physik, dann sind die Gründe dafür diese. Als Goethe seine Studien auf diesem Gebiet begann , musste er nicht mit den Denkformen rechnen, die seit der Entwicklung des mechanistischen und vor allem – um es prägnant zu sagen – des „ elektrischen " Denkens üblich geworden sind. Bevor in unserer Zeit für eine Physik des Lichts und der Farbe im Sinne Goethes Gehör gefunden werden kann , müssen zunächst gewisse Hindernisse aus dem Weg geräumt werden. So musste zunächst ein Bild einerseits der Materie und andererseits der Elektrizität aufgebaut werden, wie es sich ergibt, wenn man sie mit Goetheschen Methoden untersucht; Erst dann ist die Grundlage für ein vorurteilsfreies Urteil über Goethes Beobachtungen und die Folgerungen gegeben, die heute daraus gezogen werden können.

Wie Professor Heisenberg in seinem oben zitierten Vortrag (Kapitel II) richtig bemerkt, strebte Goethe nur auf dem Gebiet der Farbentheorie und Optik direkt mit Newton an. Dennoch richtete sich sein Wahlkampf nicht nur gegen Newtons *Ansichten* auf diesem Gebiet. Er ließ sich stets von der Überzeugung leiten, dass die Grundprinzipien der gesamten Newtonschen Sichtweise auf dem Spiel standen. Aus diesem Grund wurde seine Polemik gegen Newton so heftig geäußert, obwohl er für solche Kontroversen keine Vorliebe hatte. Als er auf den Teil der *Farbenlehre* zurückblickte, den er selbst im Titel als „polemisch" bezeichnet hatte, sagte er zu Eckermann: „Ich leugne meine strengen Zerlegungen der Newtonschen Aussagen keineswegs; es war damals notwendig und wird auch in Zukunft seinen Wert haben; aber im Grunde widerspricht jede polemische Handlung meiner Natur, und ich kann daran nur wenig Freude haben.'

Der Grund, warum Goethe die Optik als Konfliktfeld wählte und ihr neben all den anderen Arbeiten seines reichen Lebens mehr als zwanzig Jahre Forschung und Reflexion widmete, lag sicherlich in seinem individuellen Temperament – „ *zum .*" *Sehen geboren , zum Schauen bestellt* '. [1] Zugleich muss man hier eine eindeutige Führung der Menschheit sehen. Da für die Menschheit die Stunde gekommen war, den ersten Schritt zur Überwindung der Weltanschauung des einäugigen, farbenblinden Betrachters zu tun, welcher Schritt hätte passender sein können als dieser von Goethe, als er die Fähigkeit des Auges, Farben zu sehen, steigerte in den Rang eines Instruments wissenschaftlicher Erkenntnis?

Tatsächlich liegt der wesentliche Unterschied zwischen Goethes Farbenlehre und der seit Newtons Zeiten (allen Modifikationen zum Trotz) in der Wissenschaft vorherrschenden Theorie darin: Während die Theorie Newtons und seiner Nachfolger auf dem Ausschluss des Farbensehens beruhte Goethe begründete seine Theorie auf dem Farbenerleben des Auges .

*

Angesichts der gegenwärtigen wissenschaftlichen Vorstellung von der Wirkung, die ein prismatisches Stück eines transparenten Mediums auf das hindurchtretende Licht hat, erscheint Goethes Einwand gegen Newtons Interpretation und die daraus gezogenen Schlussfolgerungen keineswegs so ketzerisch wie zu Goethes Zeiten für hundert Jahre danach. Denn wie Lord Rayleigh und andere gezeigt haben, widerlegen die Tatsachen, die für die Entstehung der Spektralfarben verantwortlich sind , wenn diese durch ein Beugungsgitter erzeugt werden, Newtons Idee, dass der optische Apparat der *Offenbarung dient* Farben , die dem ursprünglichen Licht innewohnen. Heute weiß man, dass diese Farben ein *Ergebnis* der Interferenz des Geräts (ob Prisma oder Gitter) mit dem Licht sind. So finden wir Professor RW Wood im Eröffnungskapitel seiner *Physikalischen Optik,* nachdem er die historische Bedeutung von Newtons Konzeption der Beziehung zwischen Licht und Farbe beschrieben hat : „Seltsamerweise ist diese Entdeckung, die wir als den Beginn markieren." Wir werden im letzten Kapitel dieses Buches die Existenz eines bestimmten Wissens über Licht vernichten, [2] denn unsere gegenwärtigen Vorstellungen über die Wirkungsweise des Prismas ähneln eher der Vorstellung, die vor Newtons klassischen Experimenten vertreten wurde. „Wir glauben jetzt, dass das Prisma tatsächlich das farbige Licht erzeugt."

Wir sehen uns hier mit einem Beispiel des Problems „Entdeckung oder Herstellung?" konfrontiert. wurde von Eddington in der in unserem vorherigen Kapitel beschriebenen Weise behandelt. Genau diesen Fall wird von Eddington selbst tatsächlich als Fall herangezogen, in dem die Antwort eindeutig zugunsten der „Herstellung" ausfällt. Dennoch, so beklagt Eddington, bleiben Experten trotz besseren Wissens bei der traditionellen Art und Weise, von den Spektralfarben als ursprünglich im Licht enthalten zu sprechen. „Das ist der Glanz eines historischen Experiments."[3] Aus dem gleichen Grund wird Goethes Entdeckung weiterhin von der Mehrheit der Wissenschaftler nicht anerkannt, die es vorziehen, sich der traditionellen Behauptung anzuschließen, dass „Goethe Newton nie verstanden hat", anstatt die Frage selbst zu untersuchen.

*

Wie Goethe am Ende des „historischen" Teils seiner *Farbenlehre*[4 berichtet], wurde er durch den Wunsch, etwas über die objektiven Gesetze der Ästhetik zu erfahren, zum Studium der Farbe hingezogen. Er fühlte sich der Poesie zu nahe, um sie mit ausreichender Distanz studieren zu können, und so wandte er sich der Malerei zu – einer Kunst, mit der er sich ausreichend vertraut fühlte, ohne mit ihr schöpferisch verbunden zu sein – in der Hoffnung, dass er die Gesetze einer Kunst entdecken würde, wenn er sie entdecken könnte sich als auf andere anwendbar erweisen.

Sein Besuch in Italien, einem Land, das sowohl reich an Naturfarben als auch an Kunstwerken ist, gab ihm eine willkommene Gelegenheit, dieser Untersuchung nachzugehen, doch er kam lange Zeit nicht voran. Die Gemälde, die er sah, deuteten auf kein inhärentes Gesetz in ihrer Farbanordnung hin , und die Maler, die er befragte, konnten ihm auch kein solches nennen. Der einzige qualitative Unterschied, den sie zu erkennen schienen, war zwischen „kalten" und „warmen" Farben .

Seine eigenen Beobachtungen führten ihn zu einem eindeutigen Erlebnis der Qualität der Farbe Blau, für das er den Ausdruck „Ohnmacht des Blaus" prägte . In gewisser Weise schien ihm diese Farbe mit Schwarz verwandt zu sein. Um seine Künstlerfreunde aufzurütteln und zum Nachdenken anzuregen , erging er sich gern in Paradoxien, etwa wenn er behauptete, dass Blau überhaupt keine Farbe sei. Mit der Zeit stellte er jedoch fest, dass er auf diese Weise seinem Ziel nicht näher kam.

Obwohl die Farbenpracht des italienischen Himmels und der italienischen Landschaft einen starken Eindruck auf Goethe machte, fand er nicht genügend Gelegenheit für systematische Studien, um zu mehr als einer vagen Vermutung eines Gesetzes zu gelangen, das dem Auftreten von Farben in der Natur zugrunde liegt . Dennoch gab es eine Sache, die er als Ergebnis seiner Arbeit mit nach Hause nahm . Er war zu der Überzeugung gelangt, dass „die erste Annäherung an Farben als physikalische Phänomene von der Seite ihres Vorkommens in der Natur aus erfolgen muss, wenn man sie in Bezug auf die Kunst verstehen will".

Zu Hause bemühte er sich, sich an die Theorie von Newton zu erinnern, wie sie in Schulen und Universitäten gelehrt wurde – nämlich dass „Farben in ihrer Gesamtheit im Licht enthalten sind". Bisher hatte er keinen Anlass gehabt, an der Richtigkeit dieser Theorie zu zweifeln. Wie alle anderen hatte er es in Vorlesungen als unbestreitbares Ergebnis empirischer Beobachtung dargelegt gehört, ohne dass ihm dies jedoch jemals durch Experimente gezeigt worden wäre. Indem er ein Handbuch konsultierte, überzeugte er sich von der Richtigkeit seiner Erinnerung, stellte aber gleichzeitig fest, dass die darin dargelegte Theorie keine Hilfe bei der Beantwortung seiner Fragen bot. [5] Also beschloss er, die Phänomene selbst zu untersuchen.

Zu diesem Zweck lieh er sich einen Satz Prismen von einem im nahegelegenen Jena lebenden Freund, dem Physiker Büttner. Da er jedoch zu diesem Zeitpunkt keine Gelegenheit hatte, eine dunkle Kammer nach Newtons Vorbild zu errichten, in der der notwendige Lichtstrahl aus einem winzigen Loch in der Fensterabdeckung durch ein Prisma geschickt wurde, verschob er das Ganze auf die Zeit inmitten all seiner vielen anderen Interessen und Pflichten geriet es in Vergessenheit. Vergeblich drängte Büttner mehrfach auf die Rückgabe der Prismen; schließlich schickte er einen gemeinsamen Bekannten mit der Anweisung, nicht ohne sie zurückzukehren. Goethe machte sich dann auf die Suche nach dem lange vernachlässigten Apparat und beschloss, einen kurzen Blick durch eines der Prismen zu werfen, bevor er sie ihm zurückgab.

Er erinnerte sich dunkel an seine Freude als Junge, als er die Welt sah, die ihm durch ein Stück ähnlich geformtes Glas gegeben wurde. „Ich erinnere mich noch gut daran, dass alles farbig aussah, aber auf welche Art konnte ich mich nicht mehr erinnern." Ich befand mich gerade in einem völlig weißen Raum; Ich erinnerte mich an die Newtonsche Theorie und erwartete, als ich das Prisma an mein Auge hielt, die gesamte weiße Wand in verschiedenen Farbtönen gefärbt vorzufinden und das von dort ins Auge reflektierte Licht in ebenso viele farbige Lichter aufgespalten zu sehen.

„Aber wie erstaunt war ich, als die weiße Wand, die man durch das Prisma sah, nach wie vor weiß blieb." Nur dort, wo etwas Dunkles dagegenstand, zeigte sich eine mehr oder weniger deutliche Farbe, und zuletzt erschienen die Fenstergitter am lebhaftesten gefärbt, während am hellgrauen Himmel draußen keine Spur von Farbe zu sehen war. Es bedurfte keiner langen Überlegung, um zu erkennen, dass eine Grenze oder Kante notwendig ist, um die *Farben hervorzurufen*, und ich sagte sofort laut, wie instinktiv, dass die Newtonsche Lehre falsch ist.

An eine Rücksendung der Prismen war für Goethe nicht mehr zu denken und er überredete Büttner, sie noch einige Zeit bei sich zu lassen.

Goethe fügt einen kurzen Bericht über den Fortschritt der Experimente hinzu, die er nun unternahm, sowie über seine Bemühungen, andere für seine Entdeckung zu interessieren. Er verweist dankbar auf diejenigen, die ihn zum Verständnis gebracht und ihm durch den Gedankenaustausch geholfen haben. Unter ihnen finden wir neben Schiller, den Goethe besonders erwähnt, eine Reihe führender Anatomen, Chemiker, Schriftsteller und Philosophen seiner Zeit, aber keinen einzigen der damals in Lehre oder Forschung tätigen Physiker. Die „Zunft" nahm eine Haltung völliger Missbilligung oder Gleichgültigkeit ein, und so blieb es bis hundert Jahre nach seinem Tod, wie Goethe selbst prophezeite.

Optik Satz für Satz durchzugehen, Newtons Experimente zu rekapitulieren und sie in der Reihenfolge neu anzuordnen, die ihm wesentlich erschien. Dadurch gewann er Erkenntnisse, die für alle künftigen Arbeiten von grundlegender Bedeutung waren und sich oft als sehr nützlich für die Perfektionierung seiner eigenen Methoden erwiesen. Seine Untersuchung des Newtonschen Verfahrens zeigte ihm, dass der ganze Fehler auf der Tatsache beruhte, dass „ein komplizierteres Phänomen zugrunde gelegt und das einfachere aus dem Komplexen erklärt werden sollte". Dennoch bedurfte es noch „viel Zeit und Einsatz, um durch all die Labyrinthe zu wandern, mit denen Newton seine Nachfolger gerne verwirrt hatte".

*

Es scheint eine kleine Sache zu sein, und doch ist es eine große Sache, die Goethe, wie die obige Beschreibung zeigt, fast zufällig entdeckt hat. Das zeigen die Schlussfolgerungen, zu denen er bei der systematischen Verfolgung seiner Entdeckung gelangte. In seinen *Beiträgen wird darüber berichtet zur Optik* , [6], veröffentlicht im Jahr 1791, dem Jahr, in dem Galvani mit seinen Beobachtungen auf dem Gebiet der Elektrizität an die Öffentlichkeit trat.

Goethe beschreibt in diesem Buch die grundlegenden Phänomene der Entstehung der prismatischen Farben mit Einzelheiten zu einer Reihe von Experimenten, die so angeordnet sind, dass die Wahrheit, die er entdeckt hatte, im Gegensatz zu Newtons Ansicht, durch die Phänomene selbst ans Licht kommt. Erst viel später, im Jahr 1810, und nachdem er vier Jahre zuvor die von ihm die ganze Zeit mit größter Sorgfalt verfolgten Forschungen zu einem gewissen Abschluss gebracht hatte, veröffentlichte er das eigentliche Meisterwerk, den *Entwurf einer Farbenlehre* . [7] (Eine englische Übersetzung des didaktischen Teils erschien etwa zehn Jahre nach Goethes Tod.)

für unser nächstes Kapitel eine detailliertere Beschreibung des Aufbaus von Goethes *Entwurf hinterlassen* , werden wir uns hier gleichzeitig mit einigen der wesentlichen Schlussfolgerungen befassen, zu denen der Leser in diesem Buch geführt wird. Wie bereits erwähnt, hatte Goethe bei seiner ersten Untersuchung des durch das Prisma erzeugten Farbphänomens gezeigt, dass dieses Phänomen auf dem Vorhandensein einer Grenze zwischen Licht und Dunkelheit beruhte. Newtons Versuch, das Spektrum allein aus Licht zu erklären, erschien ihm daher als eine unzulässige Außerkraftsetzung einer der beiden notwendigen Bedingungen. Farben , so leitete Goethe direkt aus dem prismatischen Phänomen ab, werden sowohl durch Licht als auch durch sein Gegenstück, die Dunkelheit, verursacht. Um zu einer Vorstellung von der Natur der Farbe zu gelangen , die mit ihrem tatsächlichen Erscheinungsbild übereinstimmt, sah er sich daher der Untersuchung verpflichtet, inwieweit die qualitativen Unterschiede in unserer Farberfahrung auf ihren unterschiedlichen Lichtverhältnissen beruhen Dunkelheit.

Es ist charakteristisch für Goethes ganze Vorgehensweise, dass er die Frage „Was ist Farbe ?" sogleich veränderte. in die Frage „Wie entsteht Farbe ?" Ebenso charakteristisch war, dass er sich nicht wie Newton in einen abgedunkelten Raum einschloss, um mittels eines künstlich aufgebauten Apparats an das Farbphänomen heranzukommen . Stattdessen wandte er sich zunächst der Natur zu, um sich von ihr die Antwort auf die von ihr aufgeworfenen Fragen geben zu lassen.

Goethe war sich darüber im Klaren, dass er, um das Gesetz der Farbentstehung in der Natur durch die Lektüre ihrer Phänomene nachzuvollziehen , nach Vorkommnissen von Farben Ausschau halten musste, die den Bedingungen der *Ur-Phänomene genügten ,* wie er es gelernt hatte es wissen. Das bedeutete, dass er die Natur fragen musste, wo sie aus Licht und Dunkelheit Farben so entstehen ließ, dass keine anderen Bedingungen zur Wirkung beitrugen.

Er sah, dass eine solche Wirkung auf sein Auge ausgeübt wurde, als er seinen Blick einerseits auf den blauen Himmel und andererseits auf die gelblich leuchtende Sonne richtete. Wo wir das Blau des Himmels sehen, da breitet sich vor unseren Augen der universelle Raum aus, der als solcher dunkel ist. Warum es tagsüber und nachts nicht so dunkel erscheint, liegt daran, dass wir es durch die sonnenbeschienene Atmosphäre sehen. Die entgegengesetzte Rolle spielt die Atmosphäre, wenn wir durch sie in die Sonne blicken. Im ersten Fall wirkt es als aufhellendes, im zweiten als verdunkelndes Medium. Ändert sich demnach die optische Dichte der Luft infolge ihres unterschiedlichen Feuchtigkeitsgehaltes, so erfährt das Farbphänomen in jedem der beiden Fälle eine entgegengesetzte Änderung. Während mit zunehmender Luftdichte das Blau des Himmels heller wird und allmählich ins Weiß übergeht, verdunkelt sich das Gelb der Sonne allmählich und weicht schließlich der völligen Lichtlosigkeit.

das Ur-Phänomen einst am Himmel entdeckt wurde, konnte es dann leicht an anderer Stelle in der Natur in großem oder kleinem Maßstab gefunden werden – beispielsweise im Blau ferner Hügel, wenn die Luft ausreichend undurchsichtig ist, oder in der Farbe von der farblose, leicht milchige Opal, der tiefblau aussieht, wenn man ihn vor einem dunklen Hintergrund sieht, und rötlich gelb, wenn man ihn gegen das Licht hält. Dasselbe Phänomen kann künstlich durch Trübung von Glas mit geeigneten Substanzen erzeugt werden, wie man es bei verschiedenen Glashandwerksgegenständen findet. Der ästhetische Effekt ist darauf zurückzuführen, dass das behandelte Glas so gestaltet ist, dass es dem Licht ständig wechselnde Winkel bietet, wenn beide Farbpole und alle Zwischenphasen gleichzeitig erscheinen. Es ist auch möglich, das Ur-Phänomen experimentell hervorzurufen, indem man einen mit Wasser gefüllten Glaskrug vor einen schwarzen Hintergrund stellt, den Krug von der Seite beleuchtet und das Wasser durch Beimischung geeigneter Substanzen allmählich trübt. Während die in Lichtrichtung erscheinende Helligkeit von Gelb und Orange zu einem zunehmend roten Farbton übergeht, hellt sich die Dunkelheit des schwarzen Hintergrunds zu Blau auf, das zunimmt und in ein milchiges Weiß übergeht.

Bereits in Italien war Goethe klar geworden, dass allen Farbenerfahrungen eine Polarität zugrunde liegt, die er bei den Malern als Kontrast zwischen „kalten" und „warmen" Farben zum Ausdruck brachte. Nachdem ihm nun die *Entstehung* des Blaus des Himmels und des Gelbs der Sonne als zwei Vorgänge gegensätzlichen Charakters erschienen war, erkannte er in ihnen den objektiven Grund, warum beide Farben von uns subjektiv als Gegensätze erlebt werden. „Blau ist erleuchtete Dunkelheit – Gelb ist verdunkeltes Licht" – so konnte er das Urphänomen behaupten, während er die Beziehung der Farben in ihrer Gesamtheit zum Licht ausdrückte, indem er sagte: „Farben sind Taten und Leiden des Lichts."

Damit hatte Goethe den ersten entscheidenden Schritt zu seinem Ziel getan – der Rückführung des ästhetischen Erlebens des Menschen auf objektive Tatsachen der Natur.

Farbige beobachtet ur-Phänomen gelang es herauszufinden, wie aus der primären Polarität Hell-Dunkel der Gegensatz der Farben Gelb und Blau als sekundäre Polarität entsteht. Für ein solches Wechselspiel von Licht und Dunkelheit wurde die Existenz der Luft als notwendige Bedingung angesehen, die im einen Fall ein aufhellendes, im anderen Fall ein verdunkelndes Element darstellt. Dass es diese Doppelrolle spielen konnte, lag daran, dass es einerseits lichtdurchlässig war und andererseits eine gewisse stoffliche Dichte besaß. Für ein Medium dieser Art prägte Goethe den Ausdruck „*Trübes Medium*".

Es scheint im Englischen kein passendes Wort zu geben, um den Begriff „*Trübe*" in dem Sinne wiederzugeben, wie Goethe ihn zur Bezeichnung des optischen Widerstands eines mehr oder weniger transparenten Mediums verwendete. Die folgenden Bemerkungen Goethes, berichtet von seinem Sekretär Riemer, werden dem Leser ein Bild davon vermitteln, was Goethe mit diesem Begriff meinte, und zwar klar genug, dass wir das deutsche Wort verwenden können. Goethes Erklärung zeigt sicherlich, wie unzureichend es ist, *Trübe* mit „trüb" oder „halbdurchsichtig" zu übersetzen, wie es Kommentatoren getan haben. „Licht und Dunkelheit haben ein gemeinsames Feld, einen Raum, ein Vakuum, in dem sie erscheinen." Dieser Raum ist das Reich des Transparenten. So wie die verschiedenen Farben auf Licht und Dunkel als ihre schöpferischen Ursachen bezogen sind, so ist auch ihr körperlicher Teil, ihr Medium, *die Trübe,* auf das Transparente bezogen. Die erste Verkleinerung des Durchsichtigen, also die erste geringste Raumerfüllung, gleichsam die erste Anordnung zum Körperlichen, also Undurchsichtigen – das ist *Trübe.*[8]

makrotellurischen Phänomen herausgefunden hatte , dass für das Erscheinen der Farbe im Raum ein Zusammenspiel von Licht und Dunkelheit innerhalb *der Trübe notwendig sei* , zweifelte er nicht daran, dass auch die prismatischen Farben nur durch das Zusammentreffen aller dieser Farben verstanden werden könnten drei Elemente. Seine Aufgabe war nun zu untersuchen, auf welche Weise das Prisma als *Trübe* Licht und Dunkelheit, oder wie er es auch ausdrückte, Licht und Schatten ins Spiel bringt, wenn sie sich an einer Grenze treffen.

Wir müssen uns daran erinnern, dass Goethe beim ersten Blick durch das Prisma sofort erkannt hatte, dass das Erscheinen von Farbe immer von der Existenz einer Grenze zwischen Licht und Dunkelheit abhängt, es sich also um ein Grenzphänomen handelt. Welche Farben auf einem solchen Rand erscheinen, hängt von der Position von Licht und Dunkelheit im Verhältnis zur Basis des Prismas ab. Befindet sich der hellere Teil näher an der Basis, sind am Rand blaue und violette Farbtöne zu sehen, an der umgekehrten Stelle gelbe und rote Farbtöne (Tafel B, Abb. i). Auf diesem Studienweg fand Goethe keinen Grund, das Spektralphänomen erst dann als vollständig anzusehen, wenn beide Arten von Grenzphänomenen gleichzeitig auftreten (geschweige denn, wenn - infolge der Kleinheit der Apertur, durch die das Licht auf das Prisma trifft - das (zwei Kanten liegen so nah beieinander, dass ein durchgehendes Farbband entsteht). Daher sehen wir, dass Goethe – anders als Newton – die beiden Enden des Spektrums als zwei getrennte Phänomene behandelt.

Auf diese Weise bestätigte das Spektrumphänomen für Goethe, dass es ihm gelungen war, das Entstehungsgesetz der blauen und gelben Farben , wie er es vom Himmel gelesen hatte, in allgemeingültiger Form auszudrücken. Denn auch im Spektrum, wo die Farbe Blau auftritt, sah er dort eine Aufhellung der Dunkelheit durch eine Verschiebung des Bildes der Grenze zwischen Hell und Dunkel in Richtung Dunkelheit; Wo Gelb erscheint, sah er, wie Licht durch eine Verschiebung des Bildes in Richtung des Lichts verdunkelt wurde. (Siehe den Pfeil in Abb. i .)

In den daran anschließenden Farben – Indigo und Violett auf der blauen Seite, Orange und Rot auf der gelben Seite – erkannte Goethe „überhöhte" Abwandlungen von Blau und Gelb. So hatte er aus dem makrotellurischen Bereich gelernt, dass mit abnehmender Dichte des körperlichen Mediums der blaue Himmel immer tiefere Töne annimmt, während mit zunehmender Dichte des Mediums das Gelb des Sonnenlichts ins Orange und schließlich ins Rot übergeht. Prismatische Phänomene und makrotellurische Phänomene korrespondierten auch in dieser Richtung.

Getreu seiner Frage „Wie entsteht Farbe ?" Goethe untersuchte nun, unter welchen Bedingungen zwei einander gegenübergestellte Ränder ein durchgehendes Farbband ergeben, also ein Farbband , bei dem an Stelle des ungefärbten Lichtbereichs Grün erscheint. Dies geschah, wie er beobachtete, wenn man sein Auge oder den das Licht auffangenden Schirm in die Entfernung vom Prisma brachte, in der die sich stetig erweiternden gelb-roten und blau-violetten Farbkegel ineinander übergehen (Abb. ii) . [9] Offensichtlich kann dieser Abstand geändert werden, indem der Abstand zwischen den beiden Grenzen geändert wird. Bei einem extrem schmalen Lichtraum überlappen sich die blauen und gelben Ränder sofort. Doch die Entstehung der grünen Farbe wird immer auf eine Vereinigung der blauen und gelben Farben zurückzuführen sein , die sich von den beiden Rändern ausbreiten. Dies überzeugte Goethe davon, dass es unzulässig ist, das Grün im Spektrum in eine Reihe mit den anderen Farben zu stellen , wie es bei der Erklärung des Spektrums seit Newtons Zeiten üblich ist.

Diese Einsicht in das Verhältnis der zentralen Farbe des kontinuierlichen Spektrums zu seinen anderen Farben stärkte Goethes Überzeugung noch mehr, dass in der Art und Weise, wie der Mensch die Natur in seiner Seele erlebt, objektive Naturgesetze zum Ausdruck kommen. Denn so wie wir die Farben auf der blauen Seite des Spektrums als kalte Farben und die auf der gelben Seite als warme Farben erleben , so vermittelt Grün dem Menschen den Eindruck einer neutralen Farbe , die uns in keiner Richtung beeinflusst. Und so wie die Erfahrung der beiden polaren Farbbereiche Ausdruck des ihnen zugrunde liegenden objektiven Naturgesetzes ist, so ist es auch die Erfahrung von Grün, das aufgrund seiner objektiven Entstehungsbedingungen eine neutrale Stellung zwischen beiden einnimmt.

Damit wurde auch klar, warum der vegetative Teil des Pflanzenorganismus, der Bereich der Blatt- und Stängelbildung, in dem das Licht der Sonne eine lebendige Verbindung mit der Dichte der irdischen Substanz eingeht, in einem grünen Gewand erscheinen muss .

*

Nachdem Goethe auf diese Weise den Schlüssel zur wahren Entstehung des Spektrums gefunden hatte, konnte er nicht umhin zu bemerken, dass es ein anderes – ein „negatives" Spektrum, sein polares Gegenteil – erforderte, um die Hälfte zu einem Ganzen zu machen. Denn wer einmal gelernt hat, dass Licht und Dunkelheit zwei gleichermaßen wesentliche Faktoren bei der Entstehung der Farbe sind und dass die Gegenüberstellung zweier Grenzen der Dunkelheit, um ein Licht einzuschließen, eine „abgeleitete" Versuchsanordnung ist , *ist von* Natur aus frei die Anordnung zu ändern und zu ergänzen, indem man die Reihenfolge der beiden Ränder umkehrt und so zwei Lichter eine Dunkelheit zwischen sich einschließen lässt.

Setzt man eine solche Anordnung der Wirkung des Prismas aus, dessen Position unverändert geblieben ist, so erscheinen an jeder der beiden Kanten wie zuvor Farben , jedoch in umgekehrter Reihenfolge (Abb. iii). Das Spektralphänomen beginnt nun auf einer Seite mit Hellblau und geht in Indigo und Violett über, mit ungefärbter Dunkelheit im Zentrum . Aus dieser Dunkelheit tritt es durch Rot hervor und geht am anderen Ende über Orange zu Gelb über.

Auch hier erscheint dort, wo die beiden inneren Farbkegel zusammenlaufen, eine zusätzliche Farbe . Es hat wie Grün einen neutralen Charakter, ist aber gleichzeitig in seiner Qualität dem von Grün entgegengesetzt. In der Newtonschen Optik, die davon ausgeht, dass Farbe nur aus Licht entsteht, existiert diese Farbe natürlicherweise nicht. Doch in einer Optik, die gelernt hat, sowohl mit Dunkelheit als auch mit Licht als Farbgeneratoren zu rechnen , umfasst das Gesamtspektrumphänomen diese Farbe ebenso wie Grün. In Ermangelung eines existierenden Eigennamens nannte Goethe es „reines Rot" (da es weder den blauen Farbton des Malvenfarbens noch den gelben Farbton des roten Endes des gewöhnlichen Spektrums aufwies) oder „Pfirsichblüte". ' *(pfirsichblut)* oder 'lila' (da es dem Farbstoff am nächsten kommt, den die Alten nach dem Weichtier , aus dem er gewonnen wurde, so nannten). [10]

Es genügt ein Blick durch das Prisma in die sonnenbeschienene Welt, um sich von der Natürlichkeit dieser zarten und zugleich kraftvoll leuchtenden Farbe zu überzeugen . Denn ein schmales dunkles Objekt auf einem hellen Feld kommt in der Natur viel häufiger vor als das Umschließen eines schmalen Lichtraums durch zwei breite Objekte, die Voraussetzung für die Entstehung eines kontinuierlichen Farbbandes mit Grün in der Mitte.

Tatsächlich kommt das Spektrum, das die Wissenschaft seit Newton als das einzige ansieht, unter natürlichen Bedingungen viel seltener vor als Goethes Gegenspektrum.

Mit der Pfirsichblüte wird ein neuer Beweis dafür geliefert, dass das, was der Mensch in seiner Seele erlebt, im Einklang mit den objektiven Tatsachen der Natur steht. Wie Grün erleben wir auch die Pfirsichblüte als eine Farbe , die uns ins Gleichgewicht bringt. Bei der Pfirsichblüte ist das Gleichgewicht jedoch von anderer Art, da es aus der Vereinigung der Farbpole entsteht , nicht in ihrem ursprünglichen Stadium, sondern in ihrer „erhöhten" Form. Und so steht Grün, die Farbe der von der Natur gegebenen Pflanzen-Welt-Harmonie, dem „Lila", der Farbe des nach Harmonie strebenden Menschen, gegenüber . Aufgrund dieser Eigenschaft diente Purpur seit der Antike als Gewand für diejenigen, die für ihre Zeit die höchste Stufe der menschlichen Entwicklung erreicht hatten. Diese Charakteristik der Mittelfarben der beiden Spektren brachte Goethe zum Ausdruck, als er Grün „wirkliche Gesamtheit" und Pfirsichblüte „ideale Gesamtheit" nannte.

Von diesem Standpunkt aus konnte Goethe die Newtonianer belächeln. Er könnte sagen, wenn sie weiterhin behaupten würden, dass das farblose , sogenannte „weiße" Licht aus den sieben Farben des gewöhnlichen Spektrums besteht – Rot, Orange, Gelb, Grün, Blau, Indigo, Violett –, dann wären sie in der Pflicht Ich muss auch behaupten, dass die farblose , „schwarze" Dunkelheit aus den sieben Farben des umgekehrten Spektrums besteht – Gelb, Orange, Rot, Lila, Violett, Indigo, Blau.

Trotz der überzeugenden Kraft dieses Arguments gelang es der Stimme des Hans-Andersen-Kindes, die durch Goethe sprach, in der Menge der Newton-Gläubigen kein Gehör zu finden. So ist es bis heute – ungeachtet der Tatsache, dass die moderne Physik, wie wir gezeigt haben, zu Ergebnissen gelangt ist, die einen Widerspruch zum Newtonschen Konzept des gegenseitigen Verhältnisses von Licht und Farbe nicht mehr so ketzerisch erscheinen lassen wie er war zu Goethes Zeiten.

*

Wenn wir die Art und Weise vergleichen, wie Goethe einerseits und der Physiker andererseits zu der Wahrheit gelangt sind, dass das, was Newton als „Entdeckung" ansah, in Wirklichkeit „Manufaktur" war, sehen wir uns damit konfrontiert ein weiteres Beispiel für eine Tatsache, auf die wir bereits bei unserem Studium der Elektrizität gestoßen sind. Es ist die Tatsache, dass eine Wahrheit, die sich dem wissenschaftlichen Betrachter erst als Ergebnis einer hochentwickelten experimentellen Forschung offenbart, durch ganz einfache Beobachtung erkannt werden kann, wenn diese Beobachtung mit der Absicht durchgeführt wird, die Phänomene selbst für sich sprechen zu lassen ihre „Theorie".

Darüber hinaus gibt es einen entsprechenden Unterschied in der Wirkung, die die Kenntnis einer solchen Wahrheit auf den menschlichen Geist hat. Auf dem Gebiet der Elektrizität sahen wir, dass zusammen mit der Anerkennung der absoluten Eigenschaften der beiden polaren Formen der Elektrizität durch den Wissenschaftler der Hypothese der atomaren Struktur der Materie ein falscher Anschein von Realität verliehen wurde. Ähnliches ist auf dem Gebiet der Optik geschehen. Nachdem der Betrachter hier gezwungen war, den Irrtum von Newtons Theorie zu erkennen, wurde er dazu getrieben, sich ein Konzept über die Natur des Lichts zu bilden, das weiter denn je von der Wahrheit entfernt ist. Denn was dann vom Licht übrig bleibt, ist – in Eddingtons Worten – eine „ganz unregelmäßige Störung, ohne Tendenz zur Periodizität", was bedeutet, dass dem Licht die Qualität eines undefinierten Chaos (im negativen Sinne dieses Wortes) zugeschrieben wird, das aus reiner Natur stammt Chance.

Darüber hinaus wird, wie Eddington zeigt, die Frage, ob die optische Vorrichtung aus dem chaotischen Licht eine bestimmte Periodizität „aussortiert" oder ob sie diese dem Licht „aufprägt", nur „eine Frage des Ausdrucks". [11] Auch hier wird der moderne Forscher zu einer resignativen Anerkennung des Prinzips der Unbestimmtheit getrieben.

Solche Schlussfolgerungen werden demjenigen nicht aufgezwungen, der das Spektrumphänomen mit den Augen Goethes studiert. Wie der moderne Experimentator steht auch er vor der Frage „Entdeckung oder Herstellung?". und auch er findet die Antwort „Manufaktur". Ihm aber kann sich die Natur als die eigentliche Herstellerin offenbaren und ihm zeigen, wie sie bei der Entstehung der Farben vorgeht , weil er in Anlehnung an Goethe darauf achtet, seine Beobachtungen so zu ordnen, dass sie die Taten der Natur nicht verschleiern.

1 „Sehen ist meine Mitgift, schauen mein Dienst." Worte des Turmwächters in *Faust, II, 5,* in denen Goethe sein eigenes Verhältnis zur Welt zum Ausdruck bringt.

2 Das vorletzte Kapitel der Ausgabe von 1924.

3 Wegen der drastischen und damit sehr aufschlussreichen Art und Weise, wie Eddington das Problem darstellt, sei auf Eddingtons eigene Beschreibung verwiesen.

4 *Konfession des Verfassers* .

5 Farbe als *Qualität* ist kein wesentlicher Faktor für die wissenschaftliche Erklärung des Spektrums.

6 *Beiträge zur Optik.*

7 *Abriss einer Farbtheorie* .

8 Siehe Rudolf Steiners Ausgabe von Goethes *Farbenlehre* unter *Paralipomena zur* Chromatik, Nr. 27.

9 Goethes eigene Darstellung des Phänomens. (Das Diagramm wird vereinfacht, indem auf jeder Seite eine Farbe weggelassen wird.)

10 Dies ist nicht mit der Bedeutung von „purple" im modernen englischen Sprachgebrauch zu verwechseln.

11 Dies ergibt sich aus der Anwendung des Fourier-Theorems, wonach jede Schwingung jeglicher Art in eine Summe periodischer Teilschwingungen teilbar ist und daher als aus diesen zusammengesetzt angesehen wird.

Kapitel XV

Als „Tat" sehen – I

Nachdem wir uns bisher mit den Grundlagen von Goethes Herangehensweise an die im Spektrum beteiligten äußeren Farbphänomene vertraut gemacht haben, werden wir dies für eine Weile verlassen, um Goethe auf einer anderen, nicht weniger wesentlichen Forschungsrichtung zu folgen. Es führt uns zum Studium unseres eigenen Sehprozesses, durch den wir uns der optischen Tatsachen im Weltraum bewusst werden.

*

Die Bedeutung, die Goethe selbst in diesem Aspekt des optischen Problems sah, zeigt die Stellung, die er ihm im didaktischen Teil seiner *Farbenlehre einräumte*. Die ersten drei Kapitel nach der Einleitung heißen „Physiologische Farben ", „Physikalische Farben " und „Chemische Farben ". Im ersten Kapitel fasst Goethe eine Gruppe von Phänomenen zusammen, die die Wissenschaft „subjektive" Farben nennt, da ihr Ursprung auf Ereignisse im Sehorgan zurückzuführen ist. Das nächste Kapitel befasst sich mit einer tatsächlichen Physik der Farbe – also mit der Erscheinung von Farben im Außenraum als Ergebnis der Brechung, Beugung und Polarisation von Licht. Das dritte Kapitel behandelt Materialfarben in Bezug auf chemische und andere Einflüsse. Nach zwei Kapiteln, die uns hier nicht zu beschäftigen brauchen, folgt das sechste und letzte Kapitel mit dem Titel „Physisch-moralische Wirkung der Farbe " („ *Sinnlich-sittliche") Wirkung der Farben* '), die das Ganze krönt. Dort wird zum ersten Mal in der Geschichte der modernen Wissenschaft eine Brücke zwischen Physik, Ästhetik und Ethik geschlagen. Wir erinnern uns, dass Goethe mit diesem Ziel seine Suche nach der Lösung des Farbproblems begann.

In diesem Kapitel wird das Erleben der verschiedenen Farben und ihr Zusammenspiel durch die menschliche Seele in vielen Aspekten behandelt, und Goethe kann zeigen, dass das, was im Bewusstsein des Menschen als qualitatives Farberleben entsteht, nichts anderes als ein direktes „Verinnerlichen" von ist was sich dem Auge und Geist des „Lesers" als objektive Natur der Farben manifestiert. So gelang es Goethe, in einem Bereich der Sinnenwelt die Kluft zu schließen, die Existenz und Bewusstsein trennt, solange letzteres auf eine bloße Betrachterbeziehung zur Sinnenwelt beschränkt bleibt.

Farben vor den physikalischen Farben zu behandeln und damit so radikal von der in der Wissenschaft üblichen Reihenfolge abzuweichen, finden wir die Antwort in einer Passage aus der Einleitung zu seinem *Entwurf*. Goethe sagt in seinen Ausführungen zum Zusammenhang zwischen Licht und Auge:

„Das Auge verdankt seine Existenz dem Licht." Aus gleichgültigen tierischen Hilfsorganen ruft das Licht ein seiner Natur ähnliches Organ hervor; So wird das Auge durch das Licht für das Licht geformt, damit das innere Licht auf das äußere treffen kann. In einem Vers, der einen ursprünglich von Plotin geäußerten Gedanken in poetischer Form wiedergibt, fasst Goethe seine Vorstellung von der schöpferischen Verbindung zwischen Auge und Licht wie folgt zusammen :

„ Wenn unsere Augen nicht etwas von der Sonne hätten, wie könnten wir jemals auf das Licht schauen?" Wenn nicht Gottes eigene Macht in uns lebte, wie könnten uns die Gottähnlichen in Ekstase versetzen? [1]

(Trans. Stawell -Dickinson)

Farbenlehre so ausdrückt , macht Goethe gleich zu Beginn deutlich, dass er, wenn er vom „Licht" als der Quelle von Farbphänomenen spricht , eine ganz andere Vorstellung von Licht im Sinn hat als die, die Goethe vertritt moderne Physik. Denn wenn es um die Optik geht, wendet sich die physikalische Wissenschaft sofort den Lichtphänomenen zu, die außerhalb des Menschen vorkommen – und zwar den Phänomenen in jenem physikalischen Bereich, von dem als unterstem Naturreich die Beobachtungen der Naturwissenschaft zwangsläufig ausgehen müssen. Auf diesem Weg wird man, wie wir gesehen haben, dazu getrieben, sich Licht als bloße „Störung" im Universum vorzustellen, als eine Art unregelmäßiges Chaos.

Im Gegensatz dazu sieht Goethe, dass wir, um eine naturgemäße Erklärung natürlicher physikalischer Phänomene zu erhalten, uns ihnen auf dem Weg nähern müssen, auf dem die Natur sie ins Leben gerufen hat. Im Bereich des Lichts ist es ein Weg, der vom Licht als schöpferischem Akteur zum Licht als bloßem Phänomen führt. Die höchste Form der Manifestation des schöpferischen Lichts, die seiner *Idee* am nächsten kommt, liegt im Menschen. Dort schafft sich das Licht das Organ, durch das es schließlich als manifestes Licht in das menschliche Bewusstsein gelangt. Für Goethe war es daher klar, dass eine Theorie des Lichts, die im Einklang mit der Natur vorgehen soll, mit der Untersuchung des Auges beginnen sollte: seiner Eigenschaften, seiner Wirkungsweise, wenn es uns Informationen über seine Taten und Leiden in der äußeren Natur liefert .

Das lichtaffine Auge entsteht im scheinbar dunklen Raum des Mutterleibs. Dies weist darauf hin, dass der menschliche Organismus über ein „inneres" Licht verfügt, das zunächst von innen das Auge formt, um anschließend auf das Licht von außen zu treffen. Dieses innere Licht macht Goethe zum Ausgangspunkt seiner Untersuchungen, und aus diesem Grund behandelt er physiologische Farben vor physischen Farben .

*

Von grundlegender methodischer Bedeutung ist die Art und Weise, wie Goethe an die oben zitierte Stelle anknüpft und von der Tätigkeit des inneren Lichts spricht: „Diese unmittelbare Verwandtschaft zwischen Licht und Auge wird von niemandem geleugnet werden; Sie als inhaltlich identisch zu betrachten, ist weniger leicht zu verstehen. Es wird verständlicher sein zu behaupten, dass im Auge ein ruhendes Licht wohnt und dass dieses Licht durch die geringste Ursache von innen oder von außen erregt werden kann. In der Dunkelheit können wir durch die Anstrengung unserer Vorstellungskraft die hellsten Bilder hervorrufen; in Träumen erscheinen uns Gegenstände wie am helllichten Tag; „Wenn wir wach sind, ist die geringste äußere Lichteinwirkung wahrnehmbar, und wenn das Organ einer mechanischen Einwirkung ausgesetzt ist, entstehen Licht und Farben ."

Was Goethe hier tut, ist nichts Geringeres, als die Entwicklung des Sehens bis zu seinem eigentlichen Ursprung zu verfolgen. Erinnern wir uns daran, dass eine allgemeine Quelle der Illusion im modernen wissenschaftlichen Weltbild darin liegt, dass das Betrachterbewusstsein sich selbst als eine in sich geschlossene, vorgefertigte Einheit akzeptiert, anstatt sich genetisch auf die Bewusstseinszustände zurückzuführen, aus denen es hervorgeht es hat sich im Laufe der Evolution entwickelt. In Wirklichkeit ging dem durch die äußere Sinneswahrnehmung entfachten Bewusstsein ein träumendes Bewusstsein voraus, und zwar ein schlafendes Bewusstsein, sowohl für den Einzelnen als auch für die Menschheit als Ganzes. Auch dem äußeren Sehen durch den physischen Apparat des Auges ging ein inneres Sehen voraus. In Träumen erleben wir diese innere Vision noch; wir nutzen es bei der Aktivität unserer bilderbildenden Vorstellungskraft; und es spielt kontinuierlich mit dem Prozess des äußeren Sehens. Warum wir dies nicht bemerken, wenn wir unser Auge auf normale Weise benutzen, liegt an dem blendenden Prozess, der weiter oben in diesem Buch erwähnt wurde. Goethes stetes Bestreben war es, dieser Blindheit nicht zum Opfer zu fallen, sich also nicht von der Tageserfahrung dazu verleiten zu lassen, die Nachtseite des menschlichen Lebens zu vergessen. Die zitierte Passage aus der Einleitung seiner *Farbenlehre* zeigt, wie er bei allem, was er anstrebte, dieses Ziel im Auge hatte.

Wie unweigerlich eine Denkweise, die ein intuitives Verständnis der Natur anstrebt, zu Ansichten wie denen Goethes führt, zeigen die folgenden Zitate von Reid und Ruskin, die ihre Sicht auf die Beziehung zwischen dem Auge bzw. dem Akt des Sehens und dem Äußeren zum Ausdruck bringen optische Phänomene. In seiner *Untersuchung* sagt Reid zu Beginn seiner Betrachtung visueller Wahrnehmungen:

„Die Struktur des Auges und all seiner Zubehörteile, die bewundernswerten Vorrichtungen der Natur zur Ausführung aller ihrer verschiedenen äußeren und inneren Bewegungen und die Vielfalt der Augen verschiedener Tiere, die zu ihren unterschiedlichen Naturen und Lebensweisen passen, zeigen dies deutlich." Orgel ein Meisterwerk der Natur zu sein. Und er muss sehr unwissend darüber sein, was darüber entdeckt wurde, oder er muss über ein sehr seltsames Verständnis verfügen, der ernsthaft daran zweifeln kann, ob *die Lichtstrahlen und das Auge mit vollkommener Weisheit und vollkommener Geschicklichkeit füreinander geschaffen wurden oder nicht in der Optik*." [3]

Die folgende Passage aus Ruskins *Ethics of the Dust* (Vorlesung X) bringt seine Kritik an der wissenschaftlichen Art und Weise der Behandlung optischer Phänomene zum Ausdruck:

„Im Hinblick auf die interessanteste aller ihrer [Philosophen] Arten des Kraft-Lichts; Sie denken nie darüber nach, inwieweit seine Existenz davon abhängt, dass bestimmte Glaskörper- und Nervensubstanzen in die formale Anordnung, die wir Auge nennen, eingefügt werden. Die deutschen Philosophen begannen den Angriff dagegen vor langer Zeit, indem sie uns sagten, dass es überhaupt kein Licht gäbe, es sei denn, wir entscheiden uns dafür, es zu sehen. [2] Nun haben sowohl die Deutschen als auch die Engländer ihre Motoren umgekehrt und bestehen darauf, dass das Licht genau das gleiche Licht sein würde, das es ist, obwohl niemand es jemals sehen könnte. Die Tatsache, dass die Kraft da sein muss, und das Auge dort, und „Licht" bedeutet die Wirkung des einen auf das andere – und vielleicht auch – (Platon hat tiefer in dieses Geheimnis geschaut als irgendjemand seitdem, soweit ich weiß) - auf etwas, das ein wenig in den Augen liegt.'

Bemerkungen wie diese und das weiter unten angeführte Zitat lassen es besonders tragisch erscheinen, dass Ruskin offenbar keine Kenntnis von Goethes *Farbenlehre hatte* . Dies ist umso bemerkenswerter angesichts der Bedeutung, die Turner, mit dem Ruskin in so enger Verbindung stand , ihm aus der Sicht des Künstlers zuschrieb. Denn die Art und Weise, wie Ruskin in seinen *Modern Painters* von der Wirkung des modernen wissenschaftlichen Farbbegriffs auf das ethisch-religiöse Gefühl des Menschen spricht, zeigt, dass er das Fehlen dessen beklagt, was Goethe in seiner Farbenlehre längst erreicht *hatte* mit rein physikalischen Beobachtungen hatte er daraus eine „physikalisch-moralische" Theorie der Farbe entwickeln können .

Ruskins Wachsamkeit gegenüber den Auswirkungen eines wissenschaftlichen Weltbildes, das von allen qualitativen Werten frei ist, auf das ethische Leben veranlasste ihn zu schreiben:

„Wissenschaftliche Bestrebungen sind vor allem dadurch zu loben, dass sie uns vom ersten Zustand des untätigen Träumens zum zweiten Zustand des nützlichen Denkens erheben. Aber wenn sie uns auf dieser zweiten Stufe zurückhalten und die Impulse zu höherer Kontemplation hemmen, sind sie zu fürchten oder zu tadeln. In bestimmten Köpfen mögen sie mit einer solchen Kontemplation vereinbar sein, aber nur durch eine Anstrengung; Sie sind von Natur aus immer dagegen und haben die Tendenz, die Gefühle abzukühlen und zu unterdrücken und alle Dinge in Atome und Zahlen aufzulösen. Für die meisten Menschen ist ein unwissender Genuss besser als ein informierter; es ist besser, sich den Himmel als eine blaue Kuppel denn als einen dunklen Hohlraum vorzustellen, und die Wolke als einen goldenen Thron als einen Schneeregennebel. Ich frage mich sehr, ob jemand, der sich mit Optik auskennt, so religiös er auch sein mag, in gleichem Maße die Freude und Ehrfurcht empfinden kann, die ein ungebildeter Bauer beim Anblick eines Regenbogens empfinden kann.

Was Ruskin nicht ahnte, war, dass die Grundlagen der „moralischen Theorie des Lichts", nach der er sich sehnte, wie diese Passage zeigt, schon lange zuvor von Goethe aufgestellt worden waren.

*

In dem Abschnitt seiner *Farbenlehre* , der sich mit den „physiologischen Farben " befasst, widmet Goethe den sogenannten „Nachbildern", die im Auge durch Reizung durch äußeres Licht entstehen und für kurze Zeit bestehen bleiben, den weitaus größten Raum. Um auf einfache Weise ein solches Nachbild zu erzeugen, muss man nur auf ein hell erleuchtetes Fenster und dann auf eine schwach beleuchtete Wand des Raumes blicken. Dort erscheint das Bild des Fensters, jedoch mit umgekehrten Lichtwerten: Der dunkle Querbalken erscheint hell, die hellen Scheiben dunkel.

Bei der Beschreibung dieses Phänomens gibt Goethe zunächst die übliche Erklärung, dass der Teil der Netzhaut, der dem Licht der Fensterscheiben ausgesetzt war, ermüdet und daher für weitere Eindrücke abgestumpft wird, während der Teil, auf dem das Bild abgebildet ist, dunkel ist Der Baumstamm ist ausgeruht und reagiert daher empfindlicher auf den gleichmäßigen Eindruck der Wand. Goethe fügt jedoch sofort hinzu, dass diese Erklärung zwar für diesen besonderen Fall angemessen erscheinen mag, es aber auch andere Phänomene gibt, die nur dann erklärt werden können, wenn man annimmt, dass sie einer „höheren Quelle" entstammen. Goethe meint Erfahrungen mit farbigen Nachbildern. Dies wird durch unsere eigene Diskussion des Themas bestätigt.

Was wir jedoch zunächst benötigen, ist ein genauerer Einblick in den physiologischen Prozess im Auge, der die Nachbilder als solche verursacht. Wo Goethe von einer einfachen Aktivität der Netzhaut spricht, handelt es sich in Wirklichkeit um ein Zusammenwirken der Netzhaut mit anderen Teilen unseres Sehorgans. Um dies zu verdeutlichen, betrachten wir, wie sich das Auge an unterschiedliche Licht- und Dunkelheitsbedingungen anpasst.

Es ist bekannt, dass das Auge, wenn es sich an die Dunkelheit gewöhnt hat, geblendet wird, wenn es plötzlich Licht ausgesetzt wird, selbst wenn das Licht nur eine ganz normale Helligkeit aufweist. Hier betreten wir einen

Grenzbereich, in dem der Sehvorgang in einen pathologischen Zustand übergehen beginnt. [4] Hier wird ein „Geheimnis" der Wirkung des Lichts auf das Auge enthüllt, das dem gewöhnlichen Sehen verborgen bleibt, denn normalerweise halten sich die verschiedenen Kräfte, die im Auge zusammenwirken, gegenseitig im Gleichgewicht, sodass sich keine davon einzeln manifestieren kann. Dieses Gleichgewicht wird jedoch gestört, wenn wir das Auge plötzlich dem Licht aussetzen, während es an die Dunkelheit angepasst ist. Das Licht wirkt dann in gewohnter Weise auf das Auge ein, jedoch ohne die unmittelbare Gegenwirkung, die normalerweise das Gleichgewicht wiederherstellt. Unter diesen Bedingungen bemerken wir, dass die plötzliche Blendung eine schmerzhafte, also in gewisser Weise destruktive Wirkung auf das Auge hat. Dies wird nicht überraschend erscheinen, wenn wir uns daran erinnern, dass das Bewusstsein beschleunigt wird, wenn Licht auf den Hintergrund des Auges trifft, und dies setzt, wie wir wissen, einen Substanzabbau in einem Teil des Nervensystems voraus. Ein solcher Vorgang findet tatsächlich in der Netzhaut, dem Nerventeil des Auges, statt, wenn äußeres Licht auf sie fällt. Wäre das Auge lediglich eine Struktur aus Nerven, würde es durch die Einwirkung von Licht so weit zerstört werden, dass es nicht einmal durch Schlaf wiederhergestellt werden könnte, ebenso wie die weiter innen liegenden Teile des Nervensystems. Aber auch das Auge erhält einen Blutfluss, und wir wissen, dass das Blut im gesamten dreigliedrigen menschlichen Organismus das Nervensystem mit aufbauenden Kräften versorgt, die den zerstörenden Kräften entgegengesetzt sind . Wie wir bereits gesehen haben, ermöglicht die Unterbrechung des Bewusstseins im Schlaf, dass das Blut das Nervensystem mit seiner heilenden, aufbauenden Tätigkeit gewissermaßen überschwemmt. Es ist jedoch nicht notwendig, dass der gesamte Körper in einen Schlafzustand übergeht, bevor diese Aktivität stattfinden kann. Es funktioniert teilweise auch im Wachzustand, insbesondere in den Teilen des Organismus, die wie das Auge in höchstem Maße der Entfaltung des Bewusstseins dienen.

Nachdem wir dies festgestellt haben, verfügen wir über eine Grundlage für das Verständnis des gesamten Prozesses des Sehens. Wir sehen, dass es keineswegs nur der Nerventeil des Auges ist, der für das Sehen verantwortlich ist, wie die Betrachterphysiologie annehmen musste. Allein die Tatsache, dass die Stelle, an der der Sehnerv ins Auge eintritt, blind ist, weist darauf hin, dass die Funktion der Sehvermittlung nicht allein dem Nerv zugeschrieben werden kann. Was wir „Sehen" nennen, ist vielmehr das Ergebnis eines Zusammenspiels zwischen der Netzhaut, die die Nerven trägt, und der Aderhaut, die die Blutgefäße trägt. In diesem Zusammenspiel sind die Nerven das passive, aufnahmefähige Organ für die Einwirkung des äußeren Lichtes, während die Bluttätigkeit dem Nervenvorgang mit einer genau korrelierten Wirkung entgegenkommt. In dieser Aktion finden wir das, was Goethe das „innere Licht" nannte.

Der Prozess der Anpassung wird nun nachvollziehbar. Der Grund für die blendende Wirkung von Licht normaler Intensität auf ein an die Dunkelheit angepasstes Auge liegt darin, dass sich das Blut in einem solchen Auge in einem Ruhezustand befindet und dadurch nicht schnell genug die notwendige Gegenwirkung auf den Einfluss ausüben kann des Lichtes. Ein entsprechender Effekt entsteht, wenn man das an Licht angepasste Auge plötzlich der Dunkelheit aussetzt. Man kann leicht beobachten, was dann geschieht, wenn man, nachdem man eine Zeit lang auf eine undifferenzierte Lichtfläche wie den gleichmäßig leuchtenden Himmel geschaut hat, die geöffneten Augen mit den ausgehöhlten Händen bedeckt. Man wird dann feststellen, dass der Raum vor den Augen von einer Art weißem Licht erfüllt ist, und wenn man genau hinschaut, erkennt man, dass es von den Augen in den ausgehöhlten Raum strömt. Es kann sogar mehrere Minuten dauern, bis das Gesichtsfeld wirklich schwarz erscheint, das heißt, bevor die Aktivität des inneren Lichts in der Aderhaut so weit abgeklungen ist, dass ein Gleichgewicht zwischen den nicht stimulierten Nerven und dem nicht stimulierten Blut herrscht.

Mit dieser Einsicht in die Doppelnatur des Sehprozesses sind wir nun in der Lage, das negative Nachbild ausführlicher zu beschreiben. Obwohl in diesem Fall, wie Goethe selbst bemerkte, die gewöhnliche Erklärung auszureichen scheint, könnte es angesichts unserer späteren Studien dennoch sinnvoll sein, hier diese umfassendere Konzeption vorzustellen.

Auf der Grundlage unserer bisherigen Erkenntnisse reicht es nicht mehr aus, das Auftreten des Nachbildes allein auf eine unterschiedliche Ermüdung der Netzhaut zurückzuführen. Tatsache ist, dass, solange das Auge auf die helle Fensterscheibe gerichtet ist, in den Teilen des Augenhintergrundes, auf die das Licht trifft, eine intensivere Blutaktivität auftritt als in denen, wo die dunkle Fensterscheibe ihren Schatten auf die Netzhaut wirft . Richtet man das so beeinflusste Auge nun auf die schwach erleuchtete Wand des Zimmers, bleibt der Unterschied in der Aktivität des Blutes einige Zeit bestehen. Daher erleben wir in den Teilen des Auges, die an die Dunkelheit angepasst sind, die schwache Helligkeit als stark leuchtend, sogar blendend, während wir in den Teilen, die mehr an das Licht angepasst sind, den gleichen Grad an Helligkeit als dunkel empfinden. Dass die Wirkung des inneren Lichts für die Unterschiede verantwortlich ist, wird deutlich, wenn wir das Auge mit den ausgehöhlten Händen verdunkeln, während das negative Nachbild noch sichtbar ist. Dann erscheint im dunklen Gesichtsfeld sofort das positive Faksimile des Fensters, gewebt durch die Aktivität des Blutes, das die äußere Realität reproduziert.

Nachdem wir das farblose Nachbild auf „höhere Quellen" – also auf die Wirkung des Blutes – zurückgeführt haben, wollen wir nun farbige Nachbilder untersuchen. Wir müssen uns zunächst der farberzeugenden

Lichtaktivität bewusst werden, die im Blut vorhanden ist. Dazu setzen wir die Augen für einen Moment einem intensiven Licht aus und verdunkeln sie dann für eine ausreichende Zeit. Nichts in der äußeren Natur gleicht an Schönheit und Glanz dem Farbenspiel, das dann entsteht, es sei denn, es handelt sich um die Farbenerscheinung des Regenbogens unter außergewöhnlich günstigen Umständen.

Der physiologische Vorgang, der auf diese Weise als Seherlebnis ins Bewusstsein gelangt, ist genau derselbe wie der Vorgang, der uns im Traum Seherlebnisse beschert. Es gibt tatsächlich Hinweise darauf, dass man sich weniger geblendet fühlt, wenn man aus einem lebhaften Traum in einem hell erleuchteten Raum erwacht, als wenn man aus einem traumlosen Schlaf erwacht. Dies weist darauf hin, dass beim Traumsehen das Blut im Auge ebenso aktiv ist wie beim Wachsehen. Der einzige Unterschied besteht darin, dass der Reiz im Wachzustand von außen, über das Auge, ins Blut gelangt, während er im Traum von Ursachen im Organismus ausgeht. Die Natur dieser Ursachen interessiert uns hier nicht; darauf wird später noch eingegangen. Zunächst genügt die Feststellung, dass unser Organismus mit einer bestimmten Kräftetätigkeit ausgestattet ist, die wir als das Erscheinen bestimmter Sehbilder erleben, ganz gleich, von welcher Seite der Reiz kommt. Physiologisch gesehen hat jedes Sehen den Charakter eines Traumsehens; Das heißt, wir verdanken unser Tagessehen der Tatsache, dass wir den Bildern der Außenwelt, die uns das Licht bringt, mit einem Träumen der entsprechenden Nachbilder begegnen können.

So wie das einfache Hell-Dunkel-Nachbild eine Umkehrung der Lichtwerte im Verhältnis zum Außenbild zeigt, so besteht bei den farbigen Nachbildern ein ganz bestimmtes und entgegengesetztes Verhältnis ihrer Farben zu denen des Originalbildes. Wenn man also das Auge eine Zeit lang einem Eindruck der Farbe Rot aussetzt und es dann auf eine neutrale, nicht zu hell beleuchtete Fläche richtet, sieht man, dass es mit einem schimmernden Grün bedeckt ist. Auf diese Weise besteht eine wechselseitige Entsprechung zwischen den Farbpaaren Rot-Grün, Gelb-Violett, Blau-Orange. Welcher dieser sechs Farben auch immer man das Auge aussetzt, es erscheint immer ein Nachbild ihrer Kontrastfarbe und bildet mit ihr ein Gegensatzpaar.

Wir müssen hier kurz daran erinnern, wie dieses Phänomen im Allgemeinen auf Newtonschen Linien erklärt wird. Ausgangspunkt ist die Annahme, dass das Auge durch den Blick auf die Farbe ermüdet und nach und nach unempfindlicher wird. Wenn ein so betroffenes Auge nach Newtons Theorie auf eine weiße Oberfläche blickt, trifft die Summe aller Farben von dort auf sie, während die Empfindlichkeit des Auges für die bestimmte Farbe, auf die es geblickt hat, verringert ist. Und so ist diese Farbe in der Gesamtheit der Farben, aus denen das „weiße" Licht besteht, für das Auge so gut wie nicht vorhanden. Es wird angenommen, dass die übrigen Farben den kontrastierenden Farbeindruck hervorrufen .

Wenn wir hier den gesunden Menschenverstand des Hans-Andersen-Kindes anwenden, sehen wir, wohin es tatsächlich führt. Denn es besagt nicht weniger: Solange sich das Auge in einem normalen Zustand befindet, lügt es uns über die Welt, denn es lässt weißes Licht als etwas erscheinen, was es in Wirklichkeit nicht ist. Damit die Wahrheit ans Licht kommt, muss die natürliche Funktion des Auges durch Müdigkeit beeinträchtigt sein. Zu glauben, dass ein Körper, der auf diese Weise funktioniert, die Schöpfung Gottes sei, und gleichzeitig diesen Gott als ein Wesen von absoluter moralischer Vollkommenheit anzusehen, würde dem Hans-Andersen-Kind als völliger Widerspruch erscheinen. In diesem Widerspruch und anderen Widersprüchen gleicher Art, denen heutzutage jedes Kind im Schulunterricht usw. immer wieder und wohl oder übel ausgesetzt ist, müssen wir nach der wahren Ursache der moralischen Unsicherheit suchen, die für junge Menschen heute so charakteristisch ist. Weil Ruskin dies spürte, forderte er eine „moralische" Theorie des Lichts.

Da Goethe den Menschen nicht nach künstlich ersonnenen Experimenten beurteilte, sondern diesen nach dem Menschen, führten ihn ganz einfache Überlegungen zu folgender Ansicht über das Vorhandensein der Kontrastfarbe in den farbigen Nachbildern. Die Natur außerhalb des Menschen hatte ihn gelehrt, dass das Leben auf allen Ebenen in einem ständigen Wechselspiel von Gegensätzen verläuft, das sich äußerlich in einem Wechselspiel von Diastole und Systole manifestiert, vergleichbar mit dem Vorgang der Atmung. Er führte daher den Austausch von Lichtwerten in farblosen Nachbildern auf einen „stillen Widerstand" zurück, den jedes Lebensprinzip aufbringen muss, wenn ihm ein bestimmter Zustand präsentiert wird. Das Einatmen setzt also das Ausatmen voraus; also jede Systole, ihre Diastole. Wenn dem Auge Dunkelheit präsentiert wird, fordert das Auge Helligkeit und umgekehrt: Es offenbart seine Lebenskraft, seine Fähigkeit, den Gegenstand zu erfassen, gerade indem es aus sich etwas hervorbringt, das dem Gegenstand entgegengesetzt ist.

Folglich fasst er seine Überlegungen zu farbigen Nachbildern und deren Farbumkehrungen mit den Worten zusammen: „Das Auge fordert tatsächliche Vollständigkeit und schließt den Farbkreis in sich." Wie wahr das ist, zeigt das Gesetz, das die entsprechenden Farben verbindet , wie in der folgenden Abbildung zu sehen ist. Dabei stehen Rot, Gelb und Blau als drei Grundfarben den drei übrigen Farben Grün, Violett und Orange gegenüber, so dass letztere jeweils eine Mischung der beiden anderen Grundfarben darstellen . (Abb. 10.)

Farbe und Kontrastfarbe hängen tatsächlich so zusammen, dass das Auge zu jeder Farbe, der es ausgesetzt ist, eine Gegenfarbe erzeugt, so dass es die Gesamtsumme aller drei Grundfarben in sich hat. Und so ist durch das Zusammenspiel von äußerem und innerem Licht im Auge stets die Gesamtheit aller Farben vorhanden .

Daraus folgt, dass das Auftreten der Kontrastfarbe im Gesichtsfeld nicht, wie die Newtonsche Theorie behauptet, das Ergebnis einer Ermüdung ist, sondern einer verstärkten Aktivität des Auges, die auch nach dem Farbeindruck, der sie hervorgerufen hat , anhält aufgehört hat. Was auf der neutralen Oberfläche zu sehen ist (wir werden später zeigen, warum wir es sorgfältig vermeiden, von „weißem Licht" zu sprechen), ist überhaupt keine äußerlich vorhandene Farbe . Es ist die Aktivität des Auges selbst, die aus ihrem Blutgefäßsystem auf traumhafte Weise wirkt und auf diese Weise in unser Bewusstsein gelangt.

Auch hier ist, ebenso wie beim einfachen Gegensatz von Hell und Dunkel, die Wahrnehmung farbiger Nachbilder mit einem Abbauvorgang in der Nervenregion des Auges und einer entsprechenden Aufbautätigkeit aus dem Blut verbunden. Nur in diesem Fall wird das Auge nicht durch einfaches Licht, sondern durch Licht einer bestimmten Farbe beeinflusst . Der durch dieses Licht verursachte spezifische Zerstörungsprozess wird mit einem spezifischen Aufbauprozess des Blutes beantwortet. Unter bestimmten Bedingungen können wir uns dieses Vorgangs, der normalerweise nicht in unser Bewusstsein eindringt, im Traum bewusst werden. In einem solchen Fall sehen wir die Kontrastfarbe als farbiges Nachbild .

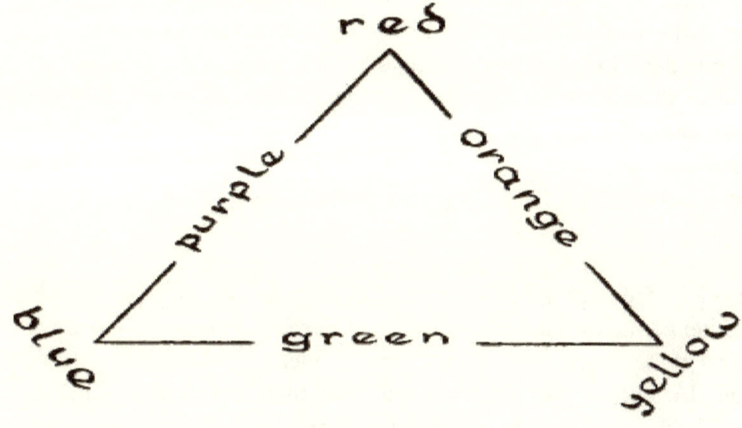

FIG. 10.

Kontrastfarbe erzeugt, während es noch dem Einfluss der äußeren Farbe ausgesetzt ist . Da dies so ist, werden alle Farben , die uns im gewöhnlichen Sehen erscheinen, bereits durch das gedämpfte Licht der Gegenfarbe gefärbt

, das vom Auge selbst erzeugt wird. Davon kann man sich leicht durch das folgende Experiment überzeugen. Anstatt das Auge, nachdem es einer bestimmten Farbe ausgesetzt wurde, wie bisher auf eine neutrale Oberfläche zu richten, blicken Sie auf die entsprechende Kontrastfarbe. (Die ersten und zweiten farbigen Flächen sollten so angeordnet sein, dass die erstere erheblich kleiner ist als die letztere.) Dann erscheint in der Mitte der zweiten Fläche (und in einem Feld etwa von der Größe der ersten) ihre eigene Farbe mit eine auffallend gesteigerte Intensität.

Hier sehen wir, wie das Auge wie üblich aus sich selbst heraus eine Kontrastfarbe als Nachbild erzeugt, auch wenn sein Blick auf dieselbe Farbe in der Außenwelt gerichtet ist. Die erhöhte Brillanz innerhalb des gegebenen Feldes ist auf die Hinzufügung der Nachbildfarbe zur Außenfarbe zurückzuführen.

Der Leser mag sich fragen, warum dieses Phänomen nicht sofort als entscheidender Beweis für den Irrtum der gesamten Newtonschen Theorie über die Beziehung von „weißem" Licht zu den verschiedenen Farben angeführt wird. Obwohl es tatsächlich einen solchen Beweis liefert, haben wir gute Gründe, ihn hier nicht zu nutzen. In diesem Buch ist es niemals unsere Absicht, in einen Erklärungswettbewerb einzutreten oder eine Erklärung durch eine andere zu besiegen. Wie wenig dies helfen würde, wird deutlich, wenn wir uns darüber im Klaren sind, dass der Forschung sicherlich nicht unbekannt war, dass die entgegengesetzte Farbe auch dann entsteht, wenn das Auge nicht auf eine weiße Fläche gerichtet ist. Dennoch empfand die Wissenschaft ihre Vorstellung vom weißen Licht als Summe aller Farben nicht als Irrtum, da es ihr gelungen ist, auch dieses Phänomen zu „erklären" und in die vorherrschende Theorie einzuordnen. Dies zu tun steht im vollen Einklang mit dem Denken des Zuschauers. Unser eigenes Anliegen ist es jedoch, wie in allen früheren Fällen, dieses Denken mit all seinen „Beweisen" und „Erklärungen" durch das *Einlesen* in die Phänomene selbst zu ersetzen. Zu keinem anderen Zweck als diesem werden nun auch die folgenden Tatsachen vorgebracht.

*

Neben Rudolf Steiners grundlegender Einsicht in die geistig-körperliche Natur des heranwachsenden Menschen, mit der er den Grundstein für eine wahre Erziehungskunst legte, gab er in vielen praktischen Punkten Ratschläge. Beispielsweise zeigte er auf, wie man durch die Wahl einer geeigneten Farbumgebung einen harmonisierenden Einfluss auf extreme Temperamente bei kleinen Kindern ausüben kann. Heutzutage ist es eine praktische Erfahrung, dass erregbare Kinder beruhigt werden, wenn sie mit roten oder rotgelben Farben umgeben sind oder Kleidung dieser Farben tragen, während inaktive, lethargische Kinder zu innerer Bewegung angeregt werden, wenn sie ihnen ausgesetzt werden Einfluss blauer oder blaugrüner Farben .

Diese psychologische Reaktion der Kinder auf die Farbe ist nicht verwunderlich, wenn man weiß, welche Rolle das Blut im Sehvorgang spielt und wie unterschiedlich das Seelenleben des Menschen mit der Blut-Nerven-Polarität seines Organismus in der Kindheit und im späteren Leben zusammenhängt Leben. Was wir als polares Zusammenspiel von Blut und Nerven beim Sehen beschrieben haben, ist nicht auf den engen Bereich des Auges beschränkt. Ebenso wie die in der Netzhaut entstehenden Nervenprozesse bis zum Sehzentrum im Großhirn fortgeführt werden, so müssen wir den Ursprung des entsprechenden Blutprozesses nicht in der Aderhaut selbst, sondern in den unteren Regionen des Organismus suchen. Überall dort, wo also die Farbe Rot auf das gesamte Nervensystem einwirkt, antwortet das Blutsystem als Ganzes mit einer Aktivität des Stoffwechsels, die der Kontrastfarbe Grün entspricht. Ebenso reagiert es als Ganzes auf ein Blau-Violett, das auf das Nervensystem einwirkt, diesmal mit einer Produktion, die Gelb-Orange entspricht.

Der Grund, warum wir dies in späteren Jahren so wenig bemerken, liegt in einer Tatsache, die uns immer wieder begegnet ist. Das Bewusstsein des erwachsenen Menschen achtet heute durch seine einseitige Bindung an die Todesvorgänge in der Nervenregion nicht auf dessen Zusammenhang mit den im Blutsystem zentrierten Lebensvorgängen . In dieser Hinsicht ist der Zustand des kleinen Kindes ganz anders. So wie das Kind in seinem Nervensystem mehr schläft als der Erwachsene, ist es in seinem Blutsystem wacher. Daher ist sich ein Kind in allen Sinneswahrnehmungen nicht so sehr darüber im Klaren, wie die Welt auf sein Nervensystem wirkt, sondern vielmehr darüber, wie sein Blutsystem reagiert. Und so fühlt sich ein Kind in einer roten Umgebung beruhigt, weil es, wenn auch undeutlich, erlebt, wie sein gesamtes Blutsystem zur grünen Produktion angeregt wird; Bläuliche Farben beleben es, weil es spürt, wie sein Blut mit der Erzeugung heller Gelbtöne antwortet.

Aus den letztgenannten Phänomenen erkennen wir noch einmal die Bedeutung von Goethes Gestaltung seiner *Farbenlehre* . Denn wir sind nun in der Lage zu erkennen, dass die Aufmerksamkeit auf die Taten und Leiden des *inneren* Lichts nichts Geringeres bedeutet, als die Vorgänge des Sehens ins Bewusstsein zu rücken, die in der Kindheit, wenn auch auf traumhafte Weise, das Seherlebnis der Seele bestimmen. Indem Goethe die Auseinandersetzung mit den physiologischen Farben an den Anfang seiner *Farbenlehre stellte* , beschritt er in der wissenschaftlichen Forschung tatsächlich den Weg, den Thomas Reid in der Philosophie aufzeigte. In Anlehnung an Reids Worte können wir sagen, dass Goethe in seiner *Farbenlehre* als Grundprinzip einer wahren Optik verkündet: dass wir wieder wie kleine Kinder werden müssen, wenn wir zu einer Philosophie des Lichts und der *Farben* gelangen wollen .

1 *Wär' nicht das Auge sonnenhaft ,*

Wie könnte wir das Licht erblicken ?

Lebt ' nicht in uns des Gottes eigener Kraft,

Wie könnte ' uns Göttliches entzucken !

2 *Anfrage,* VI, 1. Die Kursivschrift stammt von Reid.

3 Vermutlich Kant und seine Schule. Schopenhauer war durchaus dieser Meinung.

4 Zum Prinzip, das der hier verfolgten Überlegung zugrunde liegt, siehe die Bemerkung in Kapitel V im Zusammenhang mit Goethes Studie über die „wuchernde Rose" (S. 76 *f*.).

Kapitel XVI

Als „Tat" sehen – II

Die Beobachtung unseres eigenen visuellen Prozesses, mit der wir im letzten Kapitel begonnen haben, wird nun dazu dienen, uns von einer Reihe illusorischer Vorstellungen zu befreien, die das Betrachterbewusstsein mit den durch Licht hervorgerufenen Phänomenen in Verbindung gebracht hat.

Zunächst wird allgemein davon ausgegangen, dass Licht als solches sichtbar ist. Um zu erkennen, dass Licht selbst ein unsichtbares Mittel ist, müssen wir nur einige selbstverständliche Tatsachen berücksichtigen – zum Beispiel, dass Licht immer auf einen materiellen Widerstand im Raum stoßen muss, damit Sichtbarkeit entsteht. Tatsächlich handelt es sich hierbei um eine Begegnung zwischen Licht, das die Leichtigkeit verkörpert, und der Dichte der materiellen Welt, die die Schwerkraft verkörpert. Dementsprechend haben wir es überall dort, wo sichtbare Farben auftreten, immer damit zu tun, dass Licht auf sein Gegenteil trifft.

Die Optik als Wissenschaft des physikalisch Wahrnehmbaren beschäftigt sich daher nie mit Licht allein, sondern immer mit Licht und seinem Gegenteil zusammen. Darauf bezieht sich tatsächlich Ruskins im letzten Kapitel zitierte Aussage, in der er von der Notwendigkeit der „Kraft" und des abfangenden Körperorgans spricht, bevor eine Wissenschaft der Optik entstehen kann. Ruskins „Licht" ist jedoch das, was wir bei Goethe als „ Farbe " bezeichnen gelernt haben, wohingegen das, wofür wir uns den Begriff „Licht" vorbehalten, von ihm einfach „Kraft" genannt wird.

All dies zeigt, wie illusorisch es ist, von „weißem" Licht als Synonym für einfaches Licht im Unterschied zu „ farbigem " Licht zu sprechen. Und doch ist dies seit der Zeit Newtons bis heute bei Wissenschaftlern üblich, wobei Newtons Kritiker Eddington nicht ausgeschlossen ist. Tatsächlich existiert Weiß für das Auge sichtbar als Teil der manifestierten Welt und wird daher ordnungsgemäß als Farbe charakterisiert . So hat also Goethe davon gesprochen. Wir werden gleich die besondere Stellung von Weiß (und ebenso von Schwarz) als Farbe unter den Farben sehen . Zunächst kommt es darauf an, sich bewusst zu machen, dass Weiß strikt vom Licht als solchem unterschieden werden muss, denn die Funktion des Lichts besteht darin, die materielle Welt sichtbar zu machen, ohne selbst sichtbar zu sein.

Zu sagen, dass Licht unsichtbar ist, bedeutet jedoch nicht, dass es überhaupt nicht wahrnehmbar ist. Es ist schwierig, die Wahrnehmung von Licht ins Bewusstsein zu bringen, denn natürlich wird unsere Aufmerksamkeit, wenn wir in den lichtdurchfluteten Raum blicken, von den Objekten der beleuchteten Welt in all ihren vielfältigen Farben und Formen beansprucht .

Dennoch lässt sich die Wirkung von reinem Licht auf unser Bewusstsein beobachten, wenn wir zum Beispiel während einer Bahnfahrt einen Tunnel verlassen, der so lang ist, dass sich die Augen vollständig an die vorherrschende Dunkelheit anpassen. Dann können wir in den ersten Momenten der Aufhellung des Gesichtsfeldes und bevor irgendwelche einzelnen Objekte die Aufmerksamkeit erregen, bemerken, wie das Licht selbst einen deutlich erweiternden Einfluss auf unser Bewusstsein ausübt. Wir spüren, wie das Licht das Bewusstsein auffordert, gewissermaßen an der Welt außerhalb des Körpers teilzuhaben.

Es ist auch möglich, das direkte Gegenteil von Licht wahrzunehmen. Dies ist einfacher als die direkte Wahrnehmung von Licht, da man im Dunkeln nicht durch den Anblick umgebender Objekte abgelenkt wird. Man muss nur darauf achten, dass man nach vollständiger Anpassung der Augen an die Dunkelheit immer noch ein deutliches Erlebnis der Erweiterung des Gesichtsfeldes beider Augen hat. Wir stellen hier, genau wie im Fall des Lichts, fest, dass unser Wille in einer bestimmten Weise im Auge tätig ist; eine systolische Wirkung geht von Dunkelheit aus, eine diastolische Wirkung von Licht. Wir haben eine klare Wahrnehmung von beidem, aber nicht von irgendetwas „Sichtbarem" im gewöhnlichen Sinne.

Was unser visuelles Erleben von Weiß und Schwarz betrifft, ist es ganz anders. Es geht hier um bestimmte Zustände körperlicher Oberflächen, wie auch bei anderen Farben , wobei die Zustände, die den Eindruck von Weiß oder Schwarz vermitteln, einen besonderen Charakter haben. Bei näherer Betrachtung dieser Bedingungen offenbart sich eine Eigenschaft unseres Sehaktes, die der wissenschaftlichen Beobachtung völlig entgangen ist, für das dynamische Verständnis optischer Phänomene jedoch von grundlegender Bedeutung ist.

Es ist bekannt, dass eine Körperoberfläche, die wir als weiß empfinden, die Eigenschaft hat, fast das gesamte Licht, das auf sie trifft, zurückzuwerfen, während Licht von einer Oberfläche, die wir als schwarz empfinden, mehr oder weniger vollständig absorbiert wird. Solche extremen Wechselwirkungen zwischen Licht und einer Körperoberfläche treten jedoch nicht nur dann auf, wenn das Licht keine bestimmte Farbe hat , sondern auch, wenn eine farbige Oberfläche von Licht gleicher oder entgegengesetzter Farbe getroffen wird . Es findet zunächst eine vollständige Reflexion statt; im zweiten vollständige Absorption. Und beide Effekte werden vom Auge auf genau die gleiche Weise registriert wie die zuvor erwähnten. Beispielsweise sieht eine rote Fläche in rotem Licht einfach weiß aus; Eine grüne Fläche im roten Licht sieht schwarz aus.

Die übliche Interpretation dieses Phänomens besteht nämlich darin, dass es in einem subjektiven „Kontrast"-Eindruck des Auges besteht – eine rote

Fläche in rotem Licht erscheint heller, eine grüne Fläche dunkler als ihre Umgebung und verursacht dadurch die Illusion von Weiß oder Schwarz - ist eine typische Betrachterinterpretation, der der Beweis einer unvoreingenommenen Beobachtung entgegensteht. Die Realität des „Weißen" und des „Schwarzen", die man in solchen Fällen sieht, ist so verblüffend, dass eine Person, die die Farben der Objekte bei gewöhnlichem Licht nicht gesehen hat, kaum zu der Annahme überredet werden kann, dass sie nicht „wirklich" weiß oder schwarz seien . Tatsache ist, dass das Weiß und das Schwarz, die unter diesen Bedingungen gesehen werden, genauso real sind wie „normales" Weiß und Schwarz. Wenn das Auge in beiden Fällen „weiß" registriert, registriert es genau das gleiche Ereignis, nämlich die vollständige Reflexion des Lichts durch die Oberfläche, auf die es trifft. Wenn das Auge in beiden Fällen „Schwarz" registriert, registriert es wiederum einen identischen Vorgang, nämlich die vollständige Absorption des Lichts. [1]

So gesehen macht uns das Phänomen deutlich, dass es für unser Auge überhaupt nicht um die Farbe des Lichts geht, das in seinen eigenen Hohlraum eintritt, sondern vielmehr darum, was zwischen dem Licht und der Oberfläche passiert, auf die das Licht fällt. Mit anderen Worten: Das Phänomen zeigt, dass unser Sehvorgang nicht auf das Körperorgan Auge beschränkt ist, sondern sich in den Weltraum erstreckt, bis zu dem Punkt, an dem wir das sichtbare Objekt wahrnehmen. [2]

Zu diesem Bild des visuellen Prozesses, zu dem wir hier durch einfache optische Beobachtung geführt wurden, gelangte Thomas Reid durch seine eigene Erfahrung, wie der Mensch im Akt der Wahrnehmung der Welt intuitiv mit ihr verbunden ist. Wir erinnern uns, dass er in seiner Philosophie die Hypothese *ad absurdum* führen wollte, dass „die Bilder der äußeren Objekte durch die Sinnesorgane an das Gehirn weitergeleitet und dort vom Geist wahrgenommen werden". Der gesunde Menschenverstand lässt Reid wie folgt sprechen: „Wenn irgendjemand zeigen will, wie der Geist Bilder des Gehirns wahrnehmen kann, werde ich es unternehmen, zu zeigen, wie er die am weitesten entfernten Objekte wahrnehmen kann; Denn wenn wir dem Geist Augen geben, um wahrzunehmen, was zu Hause in seiner dunklen Kammer geschieht, warum sollten wir die Augen dann nicht etwas weitersichtig machen? Und dann haben wir keinen Anlass für diese unphilosophische Fantasie von Bildern im Gehirn." *(Inq., VI, 12.)* Reid zeigt dies weiter, indem er zunächst darauf hinweist, dass wir die Idee des „Bildes" nur für wirklich visuelle Wahrnehmungen verwenden dürfen; zweitens, dass der einzige Ort dieses Bildes der Hintergrund des Auges ist und nicht irgendein dahinter liegender Teil des Nervensystems; Drittens, dass auch dieses Netzhautbild als solches nicht zu unserem Bewusstsein gelangt, sondern nur dazu dient, das Bewusstsein auf die Ursache des Bildes, nämlich das äußere Objekt selbst, zu lenken. Im Folgenden beschäftigen wir uns mit einer Beobachtung, die zeigen wird, wie recht Reid in dieser Hinsicht hatte.

Diejenigen, die mit dieser Beobachtung vertraut sind (in der Tat den Bewohnern der hügeligen und bergigen Gebiete sowohl hier als auch auf dem Kontinent gut bekannt), wissen, dass, wenn entfernte Merkmale der Landschaft in einer ansonsten klaren und sonnenbeschienenen Atmosphäre plötzlich fast nah genug zum Greifen erscheinen , Regenwetter naht. Ebenso deutet eine auffällige Vergrößerung der Entfernung bei noch bewölktem Himmel auf schönes Wetter hin.

Dieser Effekt (dessen übliche „Erklärung" für uns wie üblich nutzlos ist und uns daher hier nicht beschäftigen muss) gehört zu den Phänomenen, die in der Optik unter dem Namen „scheinbare optische Tiefe" beschrieben werden, ein Thema, auf das wir noch näher eingehen werden ausführlich im nächsten Kapitel. An dieser Stelle genügt die Feststellung, dass es die höhere Luftfeuchtigkeit ist, die der Atmosphäre eine größere optische Dichte verleiht (ohne ihre Klarheit zu verändern) und entfernte Objekte dem Auge näher erscheinen lässt und umgekehrt. (Wenn wir die Luft durch ein viel leichteres Gas ersetzen könnten – sagen wir Wasserstoff –, dann würden die Dinge, die wir durch sie sehen, weiter entfernt aussehen, als sie es jemals in unserer Atmosphäre tun.)

Beobachtungen wie diese zeigen uns, dass *(a)* wenn äußeres Licht auf die Netzhaut unseres Auges trifft, unser inneres Licht dazu angeregt wird, sich aus dem Auge heraus zu bewegen; (*b*) Beim Drängen nach außen stößt dieses innere Licht auf einen gewissen Widerstand, und dessen Ausmaß bestimmt, in welcher Entfernung vom Auge unser Sehstrahl infolge einer Art Erschöpfung zur Ruhe kommt. So wie das äußere Licht eine innere Grenze an unserer Netzhaut erreicht, trifft auch das innere Licht auf eine äußere Grenze, die durch die optische Dichte des vor dem Auge ausgebreiteten Mediums festgelegt wird. Äußeres und inneres Licht durchdringen einander entlang des gesamten dazwischen liegenden Abschnitts diese beiden Grenzen, aber normalerweise sind wir uns dieses Prozesses nicht bewusst. Wir werden uns dessen erst dort bewusst, wo unser aktiver Blick, also das innere Licht, das durch das Auge ausgesendet wird, die Grenze seiner Aktivität erreicht. An diesem Punkt werden wir uns des Objekts unseres Blicks bewusst. Hier finden wir also die Bestätigung einer zuvor erwähnten Tatsache, dass Bewusstsein – zumindest in seinem gegenwärtigen Entwicklungsstadium – dort entsteht, wo unser Wille aus irgendeinem Grund zur Ruhe kommt.

*

Die vorangegangenen Beobachtungen haben dazu gedient, uns vorab bewusst zu machen, dass ein wesentlicher Teil unseres Sehvorgangs außerhalb unseres körperlichen Sehorgans stattfindet und dass unser Seherlebnis durch das bestimmt wird, was da draußen zwischen unserem Blick und dem Medium geschieht es muss eindringen. Unsere nächste Aufgabe wird es sein, herauszufinden, wie dieser Teil unserer visuellen Aktivität durch die Eigenschaften der verschiedenen Farben beeinflusst wird . Wir werden dadurch einen weiteren Einblick in die Natur der Polarität gewinnen, die allen Farbphänomenen zugrunde liegt, und dies wird es uns wiederum ermöglichen, einen Schritt weiter in Richtung Bewusstwerden dessen zu gehen, was in unserem Sehakt geschieht.

Wir beginnen mit der Beobachtung, was mit den beiden Seiten der Farbskala geschieht , wenn das optische Medium unterschiedliche Dichtegrade annimmt.

Damit der Himmel tagsüber blau erscheint, ist eine gewisse Reinheit der Atmosphäre erforderlich. Je verschleierter die Atmosphäre wird, desto mehr wird das Blau des Himmels weiß; Je reiner und seltener die Atmosphäre, desto tiefer das Blau und nähert sich allmählich dem Schwarz. Für Bergsteiger und diejenigen, die in großer Höhe fliegen, ist es ein vertrautes Erlebnis, wenn der Himmel einen tiefen Indigoton annimmt. Es besteht kein Zweifel, dass in noch größeren Höhen die Farbe des Himmels ins Violette und schließlich in reines Schwarz übergeht. So verdankt das Gesichtsfeld im Fall von Blau seine Verdunkelung einer Verringerung des Widerstands, auf den unser Sehstrahl im optischen Medium trifft. Bei Gelb ist es genau umgekehrt. Denn hier wird mit zunehmender Dichte des Mediums die Farbwirkung immer dunkler, indem Gelb zunächst zu Orange und dann zu Rot verdunkelt, bis es schließlich in völlige Dunkelheit übergeht.

Farbskala völlig unterschiedlichen dynamischen Wirkungen unterliegt . Am blauen Pol entspringt die Helligkeitswirkung dem widerstandsfähigen Medium, durch das wir blicken, einem Medium unter dem Einfluss der Schwerkraft, während die Dunkelheit durch die Antigravitationsqualität des kosmischen Raums entsteht, der als „negativer" Widerstand wirkt ein Sog am inneren Licht des Auges. Am gelben Pol ist es genau umgekehrt. Dabei bewirkt das resistente Medium eine Verdunkelung unseres Blickfeldes, während der Helligkeitseffekt aus der direkten Begegnung des Auges mit Licht und damit aus der Sogwirkung der negativen Dichte resultiert.

Unsere Suche nach den dynamischen Ursachen, die unserer Wahrnehmung der beiden Pole der Farbskala zugrunde liegen, hat uns an einen Punkt geführt, an dem es notwendig wird, bestimmte neue Begriffe einzuführen, um über Goethes allgemeine Unterscheidung zwischen *Finsternis* (Dunkelheit) und *Licht* hinauszugehen (Licht). In Anlehnung an Goethe haben wir bisher diese beiden Begriffe für das verwendet, was sowohl in Blau als auch in Gelb als die jeweiligen hellen und dunklen Zutaten erscheint.

Diese Unterscheidung kann uns nicht mehr befriedigen . Denn durch unsere letzten Beobachtungen ist klar geworden, dass die *Finsternis* in Blau und das *Licht* in Gelb nur dem Aussehen nach Gegensätze sind, weil sie beide durch die Leichtigkeit verursacht werden, und dass in ähnlicher Weise sowohl die aufhellende Wirkung in Blau als auch die verdunkelnde Wirkung in Gelb bewirkt wird durch die Schwerkraft. Um daher zwischen dem, was zur primären Polarität, der Levitation-Schwerkraft, gehört, einerseits und ihren sichtbaren Auswirkungen in der sekundären Polarität der Farben andererseits zu unterscheiden, werden wir uns künftig den Begriff *Dunkelheit* und damit *Helligkeit vorbehalten* B. wenn es um die wahrnehmbaren Komponenten der jeweiligen Farben geht, während von *Dunkel* und *Licht* die Rede von der erzeugenden Primärpolarität ist.

*

Farbpolarität auf ein polarisch geordnetes Zusammenspiel von Leichtigkeit und Schwerkraft zurückzuführen , können wir den folgenden Gedankengang verfolgen. Aus früheren Überlegungen wissen wir, dass es sich, wo immer ein solches Wechselspiel der Pole der Primärpolarität stattfindet, geometrisch gesehen um die Polarität von Kugel und Radius handelt. Wir können daher den Schluss ziehen, dass die gleichen Eigenschaften auch für die Art und Weise gelten, wie das Blau des Himmels und das Gelb des Sonnenlichts räumlich wahrgenommen werden. Nun brauchen wir nur noch zu beobachten, wie sich einerseits der blaue Himmel kugelförmig über uns wölbt und andererseits der gelbe Glanz der Sonne strahlenförmig in die Luft eindringt, um zu erkennen, dass dem wirklich so ist.

Nachdem wir damit den Zusammenhang der beiden Pole der Farbskala mit der sphärischen und radialen Struktur des Raumes hergestellt haben, können wir nun das Goethesche ur -Phänomen dynamischer wie folgt ausdrücken: Einerseits sehen wir das Das Blau des Himmels entsteht, wenn die Schwerkraft die Leichtigkeit aus ihrer ursprünglichen Unsichtbarkeit in die sichtbare, sphärische Manifestation herabzieht. Im Gelb des Sonnenlichts hingegen sehen wir die Schwerkraft, die unter dem Einfluss der Leichtigkeit der Sonne radial in die Sichtbarkeit aufleuchtet. Der Aspekt der beiden Farbpole , der so vor uns auftaucht, veranlasst uns, Goethes „erhelltes Dunkel" durch die *zur Erde heraufdämmernde Lebhaftigkeit* und sein „verdunkeltes Licht" durch die *zum Himmel strahlende Schwerkraft zu ersetzen*.

Wir müssen nun zeigen, dass dieses Bild der dynamischen Beziehung, die dem Auftreten der Farbpolarität am Himmel zugrunde liegt, auch für andere Fälle gültig ist, die Beispiele für das Ur -Phänomen der Farberzeugung im Sinne Goethes sind, aber nicht scheinen sich für die gleiche kosmische Interpretation eignen. Ein solcher Fall ist das Erscheinen von Gelb und Blau, wenn wir durch ein trübes transparentes Medium auf eine Lichtquelle oder auf einen schwarzen Hintergrund blicken. Hier besteht keine besondere Schwierigkeit darin, das Erscheinungsbild von Gelb mit seinem makrotellurischen Gegenstück in Einklang zu bringen , das Erscheinungsbild von Blau erfordert jedoch einige Überlegungen.

Wir haben gesehen, dass eine Körperoberfläche schwarz erscheint, wenn das auftreffende Licht vollständig von ihr absorbiert wird. Wo immer also die Farbe Schwarz auf unser Auge trifft , ist unser Sehstrahl in einen Prozess verwickelt, bei dem Licht aus dem physischen Raum verschwindet. Jetzt brauchen wir nur noch diesen Vorgang ins Bewußtsein zu bringen, wie wir es schon früher in ähnlichen Fällen versucht haben, um zu erkennen, dass das, was hier mit dem Sehstrahl geschieht, etwas Ähnliches ist, was er durchmacht, wenn er von der Erde in den Weltenraum geleitet wird.

Beachten Sie in diesem Zusammenhang das Prinzip des Spiegels als ein weiteres Beispiel dafür, dass das Zusammenspiel von Licht und einer beleuchteten Oberfläche auf den Sehstrahl eine ähnliche Wirkung haben kann wie der Außenraum. Denn die optischen Vorgänge, die auf der Oberfläche eines Spiegels ablaufen, sind so beschaffen, dass sie, obwohl sie auf einer zweidimensionalen Ebene ablaufen, in unserem Bewusstsein Bilder von genau der gleichen Art hervorrufen, als würden wir durch den Spiegel in den Raum dahinter blicken .

*

Der Wert unseres Bildes der Farbpolarität wird noch deutlicher, wenn wir beobachten, wie Naturphänomene, die auf der gleichen Art von Polarität in anderen Naturbereichen basieren, dazu passen. Wir erinnern uns, dass einer der Ausgangspunkte Goethes bei der Erforschung des Rätsels der Farben die Beobachtung war, dass von der Gesamtheit der Farben ein Teil als „warm" und der andere als „kalt" erlebt wird. Nun können wir noch weiter gehen und sagen, dass die Farben des Kugelpols als kalt, die des Radialpols als warm empfunden werden. Dies entspricht genau der Polarität von Schneebildung und vulkanischer Aktivität. Ersteres erfordert als sphärisch gerichteter Prozess physikalisch niedrige Temperaturen; Letzteres erfordert als radial gerichteter Prozess hohe Temperaturen. Hier sehen wir noch einmal, mit welcher Objektivität die menschlichen Sinne die Tatsachen der Außenwelt erfassen.

Ein weiterer Bereich von Phänomenen, der auf einer ähnlichen polaren Ordnung basiert, ist der der Elektrizität. Als wir die negativen und positiven Pole der Vakuumröhre im Hinblick auf die Polarverteilung von Radius und Kugel untersuchten, fielen uns die Farben auf, die an den beiden Elektroden auftraten – rot an der (positiven) Anode, blau an der (negativen).) Kathode. Auch hier finden wir eine Übereinstimmung mit der natürlichen Ordnung der Farben .

Beachten Sie, wie die hier verwendete qualitative dynamische Methode die Beziehung zwischen Licht und Elektrizität direkt sichtbar macht und gleichzeitig den Fehler ausschließt, Lichtprozesse auf die Elektrizität zurückzuführen, wie es die moderne Wissenschaft tut. Elektrische Prozesse werden unter diesem Gesichtspunkt auch nicht nur als Variationen von Lichtprozessen „erklärt". Vielmehr beruht die Beziehung zwischen Licht und Elektrizität auf der Tatsache, dass alle Polaritäten, die in der Natur wahrnehmbar auftreten, Schöpfungen derselben ursprünglichen Polarität sind, der von Levity und Gravity. Das Zusammenspiel von Levitation und Schwerkraft kann viele verschiedene Formen annehmen, die sich im Wesentlichen durch Unterschiede im kosmischen Alter unterscheiden. So unterscheidet sich die Farbpolarität in ihrer ursprünglichen Form, die durch den Himmel manifestiert wird, ebenso stark von der entsprechenden Polarität, die die Vakuumröhre zeigt, wie auch der Blitz in der Höhe vom elektrischen Funken.

*

Mit Hilfe dessen, was wir hier über äußere Lichtprozesse gelernt haben, wenden wir uns noch einmal der Aktivität unseres eigenen inneren Lichts zu.

Wir können inzwischen davon ausgehen, dass unser Auge mit zwei Modi der Sehaktivität ausgestattet ist, die zueinander polar sind, und dass die Art und Weise, wie sie wirken, davon abhängt, ob das Zusammenspiel von positiver und negativer Dichte außerhalb des Auges zum Auftreten von … führt der blau-violetten oder der gelb-roten Seite der Farbskala . Eine solche Polarität in der Aktivität des Auges lässt sich tatsächlich feststellen. Damit einher geht ein erheblicher funktioneller Unterschied zwischen den beiden Augen (nicht unähnlich dem hier gezeigten der beiden Hände).

dies zu beobachten , müssen wir lediglich die beiden Augen einer Person auf einem Foto vergleichen, indem wir abwechselnd die rechte und die linke Gesichtshälfte abdecken. Fast immer wird man feststellen, dass das rechte Auge mit einem aktiven Ausdruck klar in die Welt hinausschaut, während das linke Auge mit einem viel sanfteren, fast zurückhaltenden Ausdruck blickt. Künstler sind sich dieser Asymmetrie, wie auch anderer Aspekte im menschlichen Antlitz, durchaus bewusst und legen großen Wert darauf, sie darzustellen. Ein herausragendes Beispiel ist Raffaels Sixtinische Madonna, wo sich diese Asymmetrie in den Augen und im gesamten Antlitz von Mutter und Kind auf besonders eindrucksvolle Weise studieren lässt.

Die innere Beobachtung führt zu einem entsprechenden Erlebnis. Eine bequeme Methode besteht darin, die beiden Augen wie folgt in völliger Dunkelheit zu trainieren. Ein Auge wird dazu gebracht, aktiv in den Raum vor ihm zu blicken, als würde es mit seinem Sehstrahl die Dunkelheit durchdringen, während die Aktivität des anderen Auges zurückgehalten wird, so dass sein Blick gleichsam nur oberflächlich ruht. auf die Dunkelheit davor. Die Erfahrung zeigt, dass es für die meisten Menschen selbstverständlich ist, die aktive Note dem rechten Auge und die passive Note dem linken Auge zu geben.

Sobald man sich dieses natürlichen Unterschieds zwischen den beiden Augen bewusst geworden ist, kann man ihn recht leicht erkennen, wenn man normal in die lichtdurchflutete Umgebung blickt. Dadurch erkennen wir, dass es normal ist, dass die beiden Augen auf diese Weise unterschiedlich reagieren.

Als Beispiel dafür, dass diese Tatsache gut beobachtet und wirksam genutzt wird, sei hier das Schießen genannt, insbesondere das Schießen auf Flugwild. Wer diese Sportart trainiert, lernt, die beiden Augen beim Anvisieren des Ziels ganz anders zu nutzen. Das von Natur aus aktivere Auge – nur einmal in etwa fünfzig Fällen ist es das linke – wird von ihnen „Meisterauge" genannt. Während das weniger aktiv blickende Auge normalerweise dazu dient, das Feld als Ganzes zu überblicken, in das das Ziel voraussichtlich eindringen wird, wird das Meisterauge dazu verwendet, aktiven Kontakt mit dem Ziel selbst herzustellen („sich auf das Ziel „werfen" durch „durch" das Auge).

Es kann noch eine weitere Bemerkung hinzugefügt werden. Wenn man mit ausgeruhten Augen und bei sehr schwachem Tageslicht (vielleicht am frühen Morgen beim Erwachen) auf eine weiße Fläche schaut, während man die Augen abwechselnd öffnet und schließt, dann erscheint die weiße Fläche für das „Meisterauge" leicht rötlich, und zwar schwach bläulich zum anderen.

*

In Anlehnung an unsere Behandlung der Nachbilder im letzten Kapitel werden wir als nächstes die anatomischen und physiologischen Grundlagen der beiden gegensätzlichen Sehaktivitäten untersuchen. Im vorigen Fall haben wir dies in der Polarität von Nerv und Blut gefunden. Diesmal müssen wir es in einer bestimmten zweifachen Struktur des Auges selbst suchen. Wir werden dies am besten erkennen, wenn wir das „Werden" des Auges beobachten und dabei wiederum einer Methode folgen, die erstmals von Goethe gezeigt wurde.

Abb. 11 zeigt das menschliche Auge in verschiedenen Stadien seiner Embryonalbildung. Es ist deutlich zu erkennen, dass das Auge aus zwei Teilen besteht, deren Ursprung sich wesentlich unterscheidet. Aus dem Inneren des embryonalen Organismus wächst eine Struktur heraus, die nach und nach hineingedrückt wird und in ihrer weiteren Entwicklung zum gesamten hinteren Teil des Auges wird, der dazu bestimmt ist, seine lebenserhaltenden Funktionen zu erfüllen. Von außen wächst hierauf ein zweiter selbständiger Teil zu; Hierbei handelt es sich zunächst nur um eine

bloße Verdickung der

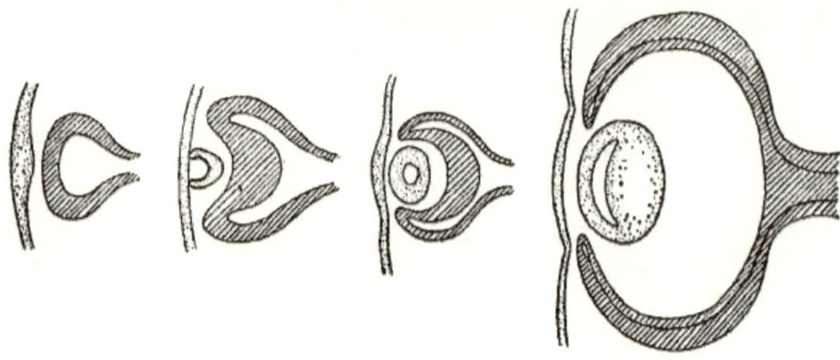

FIG. 11.

embryonalen Hautformation, die sich später jedoch lockert und in das Innere des becherförmigen Gebildes vordringt. Nach und nach wird es davon umschlossen und entwickelt sich schließlich zu dem Teil des fertigen Auges, der den nach rein physikalischen Gesetzen funktionierenden optischen Apparat verkörpert.

Diese Formenreihe zeigt, dass wir bei der embryonalen Bildung des Auges mit zwei Prozessen konfrontiert sind, einem mit sphärischer und einem mit radialer Ausrichtung. Folglich unterscheiden sich die beiden Teile des Auges in der Weise, *dass* der hintere Teil, der radial aus dem embryonalen Organismus herausgewachsen ist, als lebenserfülltes Element den Schwefelpol des *gesamten* Auges darstellt, während der vordere Teil mit seine viel kristallinere Beschaffenheit, die kugelförmig zum Organismus hin gewachsen ist, stellt den *Salzpol des Auges dar.*

Bei näherer Betrachtung des Zusammenhangs der beiden Sehtätigkeiten des Auges mit seinen Grundkörperteilen zeigt sich, dass wir hier, an der äußersten Grenze des menschlichen Organismus, erneut auf jene eigentümliche Funktionsumkehr stoßen, die wir in verschiedenen Bereichen bereits mehrfach kennengelernt haben von Natur. Denn der vordere Teil des Auges – sein Salzpol –, der durch einen sphärisch gerichteten Gestaltungsprozess entstanden ist, scheint derjenige zu sein, durch den wir die vom Auge radial ausströmende Wahrnehmungstätigkeit ausüben, während der hintere Teil – der Der Schwefelpol des Auges , der durch radial gerichtete Gestaltungswirkung entstanden ist, dient der empfänglicheren und flächigeren Form des Sehens.

Überlegungen dieser Art und nur sie ermöglichen es uns auch, echte Vergleiche zwischen den verschiedenen Sinnesorganen anzustellen. Nehmen Sie das Hörorgan. Normalerweise wird angenommen, dass das Ohr im Bereich des Hörens die gleiche Rolle spielt wie das Auge im Bereich des Sehens. Tatsächlich entspricht das Ohr nur einer Hälfte des Auges ; die andere Hälfte muss im Kehlkopf gesucht werden. Mit anderen Worten: Die beiden Teile des Auges werden im Hörbereich durch zwei getrennte Organe, Ohr und Kehlkopf, repräsentiert. Unter dem Aspekt der Metamorphose kann der lebenswichtige Teil unseres Auges als unser „Lichtohr" betrachtet werden; der kristalline Teil, als unser „Licht-Kehlkopf". Um bewusst zu einer Wahrnehmung des Sehens zu gelangen, müssen wir auf die „Taten und Leiden" des Lichts „lauschen" und ihnen gleichzeitig mit Hilfe des „Sprechens" unseres inneren Lichts begegnen. Ähnliches gilt auch für das Hören. Tatsächlich zeigt die Beobachtung, dass wir keinen Höreindruck wahrnehmen, es sei denn, wir begleiten ihn mit einer Aktivität unseres Kehlkopfes, wenn auch einer stillen. Die Bedeutung dieser Tatsache für die Gesamtfunktion des Hörens wird uns später noch ausführlicher beschäftigen.

*

Unsere Einsicht in die polare Natur der visuellen Aktivität wird es uns nun ermöglichen, das äußere Wechselspiel von Licht und Dunkelheit, dem die physischen Farben ihre Existenz verdanken, mit jenem Kräftespiel zu verknüpfen, das wir selbst in Gang setzen, wenn unser Auge auf die Welt trifft Farben in ihrer polaren Differenzierung.

Wir haben zuvor festgestellt, dass bei den kalten Farben die Rolle der Dunkelheit zum Pol der Leichtigkeit oder negativen Dichte gehört und die Rolle der Helligkeit zum Pol der Schwerkraft oder positiven Dichte, während bei den warmen Farben die Rollen umgekehrt sind . Damit verbinden wir nun die inzwischen gewonnene Einsicht in die beiden Arten der Sehtätigkeit, die rezeptive, „linksäugige" und die ausstrahlende, „rechtsäugige", die uns die Erfahrung des Positiven oder Negativen vermitteln Die Dichte des Raumes breitete sich vor unseren Augen aus. Wenn wir die Ergebnisse der äußeren und inneren Beobachtung zusammenfassen, können wir die im Reich der Farben herrschende Polarität wie folgt ausdrücken.

Wenn Licht und Dunkelheit als Elemente der Farbe uns so begegnen, dass Helligkeit aufgrund seiner positiven Dichte eine „linksäugige" Aktivität und Dunkelheit aufgrund seiner negativen Dichte eine „rechtsäugige" Aktivität hervorruft , dann erhält unsere Seele den Eindruck der Farbe Blau und der damit verbundenen Farben . Wenn uns Licht und Dunkelheit so begegnen, dass wir Ersteres „rechtsäugig" und Letzteres „linksäugig" sehen, dann erleben wir dies als Anwesenheit von Gelb und den damit verbundenen Farben .

Der Grund dafür, dass wir bei der Wahrnehmung der einen oder anderen der beiden Farbkategorien die verschiedenen Arten des Zusammenspiels der beiden Sehweisen normalerweise nicht beobachten, liegt darin, dass beim normalen Sehen beide Augen jede der beiden Aktivitäten ausüben, ohne dass wir uns dessen bewusst werden welches in einem bestimmten Auge das führende ist. Wenn man jedoch die innere Polarität des visuellen Aktes wirklich erlebt hat, braucht man nur ein wenig Übung, um die Unterscheidung zu erkennen. Schaut man zum Beispiel in den blauen Himmel, besonders zur Mittagszeit, auf der sonnenabgewandten Seite, oder in den Morgen- oder Abendhimmel, der gelb und rot leuchtet, wird einem schnell bewusst, wie unsere Augen das wahrnehmen besonderen Beitrag, den Licht und Dunkelheit zu der einen oder anderen der beiden Farberscheinungen leisten .

*

Im natürlichen Verlauf unserer Auseinandersetzung mussten wir uns zunächst auf die Erscheinung der Farben beschränken , wie sie im Raum frei vor uns auftauchen. Die Ergebnisse, die wir erhalten haben, gelten jedoch ebenso gut für die permanenten Farbtöne materieller Gegenstände, wie das folgende Beispiel zeigen wird.

Eine der Wissenschaft bekannte Tatsache ist, dass rote und blaue Oberflächenfarben , wenn sie mit Licht stetig abnehmender Intensität beleuchtet werden, ihr normales Helligkeitsverhältnis umkehren. Dieses Phänomen lässt sich in der Natur beobachten, wenn man beispielsweise im schwindenden Abendlicht ein Beet aus blauen und roten Blumen betrachtet und den Eindruck mit dem vergleicht, den dieselben Blumen bei hellem Tageslicht machen. Wird das Phänomen künstlich nachgebildet, lässt sich der tatsächliche Übergang von einem Zustand in den anderen deutlich beobachten. Am einfachsten ist es, eine rote und eine blaue Fläche nebeneinander unter elektrisches Licht zu legen, dessen Intensität durch einen Schiebewiderstand stufenweise verringert werden kann. Hier, ebenso wie bei Naturphänomenen, fällt es unserem Verstand schwer anzuerkennen, dass die Oberfläche, die in einem weißlichen Schimmer schimmert, diejenige sein sollte, die normalerweise dunkelblau erscheint, und dass die, die in der Dunkelheit verschwindet, die Oberfläche sein sollte, die sich normalerweise präsentiert sich selbst als strahlendes Rot.

Dieses Rätsel lässt sich leicht lösen, wenn wir das, was wir über die jeweiligen Anteile von Helligkeit und Dunkelheit in diesen beiden Farben gelernt haben , anwenden und dies mit den jeweiligen Sehformen unserer beiden Augen verknüpfen. Offensichtlich reagieren unsere Augen eher auf das schwache Licht als auf die „rechtsäugige" Form des Sehens. Jetzt wissen wir, dass es das „linksäugige" Sehen ist, das durch die Helligkeitskomponente in Blau und die Dunkelheitskomponente in Rot geweckt wird. Es ist daher nur zu erwarten, dass diese Elemente auffällig werden, wenn wir im schwachen Licht hauptsächlich „linksäugig" sehen. Diese Lösung des Problems lässt uns weiter erkennen, dass die Gesetze, die Goethe erstmals für das Auftreten frei im Raum schwebender Farben gefunden hat, tatsächlich auch auf die festen materiellen Farben anwendbar sind.

1 Es wird gut sein, sich hier an die Diskussion unseres Temperaturerlebens durch den Wärmesinn in Kapitel VIII (S. 134 *f.*) zu erinnern.

2 In diesem Sinne wird die wahre Lösung des Problems der sogenannten farbigen Schatten gefunden, Goethe hat dies untersucht, ohne jedoch eine befriedigende Antwort zu finden.

Kapitel XVII

Optik des Machers

Drei Grundkonzepte bilden die Grundlage für die heutige wissenschaftliche Beschreibung eines weiten Feldes optischer Phänomene, darunter das Auftreten der Spektralfarben als Folge des Durchgangs von Licht durch ein transparentes Medium mit Prismenform. Sie sind: „optische Brechung", „Lichtstrahl" und „Lichtgeschwindigkeit" – die beiden letzteren dienen zur Erklärung des ersten. In einer Wissenschaft der Optik, die ihre Grundlage im Zusammenspiel der eigenen Sehtätigkeit des Menschen mit dem Tun und Leiden des Lichts sucht, müssen diese drei Begriffe eine entscheidende Veränderung erfahren, sowohl in ihrer Bedeutung als auch in ihrem Wert für die Beschreibung des betreffenden Optischen Phänomene. Denn es handelt sich allesamt um rein kinematische Konzepte, die typisch für die Wahrnehmungsweise des Betrachters sind – Konzepte also, denen im Bereich der tatsächlichen Phänomene nichts entspricht.

Unsere nächste Aufgabe wird es daher sein, diese Begriffe nach Möglichkeit mit neuer Bedeutung zu füllen oder sie durch andere, den tatsächlichen Phänomenen entnommene Begriffe zu ersetzen. Sobald dies geschehen ist, ist der Weg frei für die Entwicklung des Bildes des Spektrumphänomens, das in wahrer Übereinstimmung mit der Goetheschen Konzeption von Licht und Farbe steht .

*

Das erste, was wir in diesem Sinne untersuchen, ist der Begriff des „Lichtstrahls".

Unter diesem Begriff versteht man in der heutigen Optik eine vom Licht im Raum sozusagen gezeichnete geometrische Linie unendlich kleiner Breite, während der den Raum tatsächlich ausfüllende Lichtkegel oder Lichtzylinder als aus unzähligen solchen Strahlen zusammengesetzt beschrieben wird. Ebenso stellt man sich vor, dass das Objekt, das Licht erzeugt oder reflektiert, aus unzähligen einzelnen Punkten besteht, aus denen die Lichtstrahlen austreten. Alle Beschreibungen optischer Prozesse basieren auf dieser Vorstellung.

Offensichtlich können wir uns mit einer solchen Reduktion von Ganzen in einzelne geometrisch beschreibbare Teile und der anschließenden Wiederzusammenfügung dieser Teile zu einem Ganzen nicht zufrieden geben. Denn in Wirklichkeit handelt es sich um gleichmäßig mit Licht gefüllte Raumbereiche, ob konisch oder zylindrisch, die dadurch entstehen, dass dem Licht bestimmte Grenzen gesetzt werden. In der optischen Forschung haben wir es daher immer mit *Bildern zu tun, die* räumlich begrenzt sind. Was also vor unser Bewusstsein kommt, wird gleichermaßen durch das Licht, das das Bild hervorruft, und durch den unbeleuchteten Raum, der es begrenzt, bestimmt.

Wenn wir uns an die Ergebnisse unserer früheren Studie erinnern, müssen wir weiter sagen, dass einem so lichtdurchfluteten Bereich die Qualität der Sichtbarkeit fehlt und er daher keine Farbe hat , nicht einmal Weiß. Goethe und andere „Leser" wie Reid und Ruskin versuchten immer wieder, sich vorzustellen, was solch ein lichterfüllter Raum in der Realität darstellt. Daher richteten sie ihre Aufmerksamkeit zunächst auf jene Sphären, in denen das Licht seine formschöpfende Tätigkeit offenbart, etwa bei der Gestaltung des Sehorgans bei Tier oder Mensch oder bei der Erschaffung der vielen Formen des Pflanzenreichs – und gaben erst dann ihre Aufmerksamkeit Geist auf die rein physikalischen Lichtphänomene. Machen wir uns mit der gleichen Methode ein Bild von einem lichterfüllten Raum und verbinden wir dies mit den Vorstellungen, die wir zuvor über das Zusammenwirken von Leichtigkeit und Schwerkraft im Raum gewonnen haben.

Nehmen wir an, wir hätten zwei ähnliche Pflanzensamen im Keim; und der eine liege in einem lichtdurchfluteten Raum, der andere in einem unbeleuchteten Raum. Anhand des unterschiedlichen Verhaltens der beiden Samen können wir gewisse Unterschiede zwischen den beiden Raumregionen beobachten. Wir stellen fest, dass innerhalb der lichterfüllten Region dem spirituellen Archetyp der zum Samen gehörenden Pflanze geholfen wird, sich physisch im Raum zu manifestieren, während er in der dunklen Region keine solche Hilfe erhält. Denn in letzterem entwickelt die physische Pflanze, selbst wenn sie wächst, nicht ihre eigentlichen Formen. Dies sagt uns, in Übereinstimmung mit dem, was wir zuvor gelernt haben, dass in beiden Fällen ein unterschiedliches Verhältnis des Raumes zur kosmisch entfernten, allumfassenden Ebene besteht. Somit besteht innerhalb und außerhalb der Lichtregion ein ganz unterschiedliches Verhältnis von Leichtigkeit und Schwerkraft – und dieses Verhältnis ändert sich schlagartig an den Grenzen der Region. (Diese Tatsache wird für uns von besonderer Bedeutung sein, wenn wir die Entstehung von Farben an der Grenze von Licht und Dunkelheit untersuchen , wenn Licht durch ein Prisma fällt.)

*

Nachdem wir das übliche Konzept des aus einzelnen Strahlen bestehenden Lichtbündels durch das Konzept zweier dynamisch polarer, aneinander angrenzender Raumbereiche ersetzt haben, wenden wir uns der Untersuchung dessen zu, was in diesen Bereichen dynamisch vor sich geht. Dies wird uns helfen, ein richtiges Konzept für die Ausbreitung von Licht durch den Raum zu gewinnen.

In einer Zeit, in der die Existenz einer messbaren Lichtgeschwindigkeit zum Bereich der längst experimentell bewiesenen Tatsachen zu gehören scheint; wenn die Wissenschaft begonnen hat, das Universum zu vermessen, indem sie die Größe dieser Geschwindigkeit als eine für den gesamten Kosmos gültige Konstante verwendet; und wenn ganze Zweige der Wissenschaft auf den so gewonnenen Ergebnissen gegründet sind, ist es nicht leicht und doch nicht zu vermeiden, zu verkünden, dass weder jemals eine *tatsächliche Lichtgeschwindigkeit gemessen wurde, noch dass Licht als solches jemals davon abhängig gemacht werden kann Eine solche Messung erfolgt mit optischen Mitteln* – und außerdem verbietet uns das Licht aufgrund seiner Natur die Vorstellung, dass es irgendeine endliche Geschwindigkeit besitzt.

Mit der letzten Behauptung wollen wir nicht sagen, dass im Zusammenhang mit dem Auftreten optischer Phänomene nichts vor sich geht, auf die der Begriff einer endlichen Geschwindigkeit anwendbar ist. Nur ist das, was auf diese Weise propagiert wird, nicht das, was wir unter dem Begriff „Licht" verstehen. Unsere nächste Aufgabe wird daher darin bestehen, eine angemessene Unterscheidung zwischen dem zu schaffen, was sich räumlich bewegt und was nicht, wenn Licht in der physischen Welt aktiv ist. Einmal mehr wird uns ein historischer Rückblick dabei helfen, einen eigenen Standpunkt zu den bestehenden Theorien zu finden.

Der erste, der Licht als eine endliche Geschwindigkeit betrachtete, war Galilei, der auch den ersten, wenn auch erfolglosen Versuch unternahm, diese zu messen. Ebenso erfolglos waren bald darauf von Mitgliedern der Accademia del Cimento unternommene Versuche ähnlicher Art . In beiden Fällen bestand die offensichtliche Vorgehensweise darin, regelmäßige Lichtblitze zu erzeugen und zu versuchen, die Zeit zu messen, die zwischen ihrer Erzeugung und ihrer Beobachtung durch einen mehr oder weniger entfernten Beobachter verging. Dennoch war die Überzeugung von der Existenz einer solchen Geschwindigkeit so tief in den Köpfen der Menschen verwurzelt, dass diese Beobachtungen große Anerkennung fanden, als es späteren Beobachtungen gelang, eine endliche Größe für die scheinbare Geschwindigkeit der Lichtbewegung durch den Raum zu ermitteln mehr als der quantitative Wert dieser Bewegung denn als Beweis ihrer bereits als selbstverständlich angesehenen Existenz.

Einen klaren Hinweis auf den Geisteszustand des Menschen in Bezug auf diese Frage gibt die folgende Passage aus Huygens' berühmtem *Traité de la Lumière* , durch die die Welt erstmals mit dem Konzept des Lichts als einer Art wellenförmiger Bewegung vertraut gemacht wurde.

„Man kann nicht daran zweifeln, dass Licht in der Bewegung einer bestimmten Substanz besteht." Denn wenn man seine Entstehung betrachtet, stellt man fest, dass es hier auf der Erde hauptsächlich durch

Feuer und Flammen erzeugt wird, die zweifellos Körper in schneller Bewegung enthalten, denn sie lösen zahllose andere Körper auf und schmelzen sie. Oder wenn man seine Auswirkungen betrachtet, sieht man, dass Licht, das beispielsweise von einem konkaven Spiegel gesammelt wird, die Kraft hat, wie Feuer zu erhitzen, dh die Teile der Körper zu trennen; Dies deutet sicherlich auf Bewegung hin, zumindest in der wahren Philosophie, in der man alle natürlichen Aktivitäten auf mechanische Ursachen zurückführt. Meiner Meinung nach muss man das tun, sonst muss man die Hoffnung aufgeben, jemals etwas in der Physik zu begreifen.'

Bei diesen Worten von Huygens muss uns auffallen, wie er zunächst eine Erklärung für eine Reihe von Phänomenen liefert, als ob diese Erklärung aus den Phänomenen selbst hervorgegangen wäre. Nachdem er daraus ganz bestimmte Schlussfolgerungen gezogen hat, leitet er ihre Notwendigkeit aus ganz anderen Prinzipien ab, nämlich aus einer bestimmten Denkweise, die er so akzeptiert, wie sie ist, unhinterfragt und unabänderlich festgelegt. Wir sind hier mit einer „Unlogik" konfrontiert, die das menschliche Denken in seiner Isolation vom dynamischen Substrat der Sinneswelt auszeichnet und die einem in der wissenschaftlichen Argumentation immer wieder begegnet, wenn man sich ihrer bewusst geworden ist. In Kreisen moderner Denker, in denen dieses Bewusstsein vorherrscht (und sie nehmen heute rasch zu), wurde der Begriff „Beweis einer ausgemachten Sache" geprägt, um diese Tatsache zu beschreiben. [1]

„Beweis einer ausgemachten Sache" ist in der Tat das Urteil, zu dem man in Bezug auf alle Beobachtungen gelangt, die sich mit der Lichtgeschwindigkeit befassen – seien es nun existierende, am Himmel erkennbare Phänomene oder künstlich erzeugte terrestrische Phänomene –, wenn man sie mit der Einstellung studiert Geisteshaltung, die das Kind in Hans Andersens Geschichte darstellt. Angesichts der Ernsthaftigkeit der Angelegenheit ist es nicht unangebracht, sie hier so kurz wie möglich einzeln zu besprechen. [2]

Die relevanten Beobachtungen lassen sich in zwei Kategorien einteilen: Beobachtungen bestimmter astronomischer Tatsachen, aus denen auf die Existenz einer endlichen Lichtgeschwindigkeit und deren Größe als absolute Eigenschaft geschlossen wurde; und terrestrische Experimente, die eine direkte Beobachtung eines Ausbreitungsprozesses im Zusammenhang mit der Etablierung des Lichts im Weltraum ermöglichten, was zur Messung seiner Geschwindigkeit führte. Zu letzterer Kategorie gehören die Experimente von Fizeau (1849) und Foucault (1850) sowie das Michelson-Morley-Experiment mit seinen Implikationen für Einsteins Relativitätstheorie. Die erstere Kategorie wird durch Roemers Beobachtungen bestimmter scheinbarer Unregelmäßigkeiten in den Umlaufzeiten eines der Jupitermonde (1676) und durch Bradleys

Untersuchung der Ursache für die scheinbaren rhythmischen Veränderungen der Positionen der Fixsterne (1728) repräsentiert.

Wir beginnen mit den irdischen Beobachtungen, denn nur bei ihnen ist der gesamte Weg des Lichts überblickbar, und es wird also etwas gemessen, das mit Sicherheit zu jedem Punkt des Raumes gehört, der sich zwischen der Lichtquelle und dem Beobachter erstreckt. Aus diesem Grund heißt es in Lehrbüchern zu Recht, dass nur die Ergebnisse dieser irdischen Beobachtungen den Wert empirisch beobachteter Tatsachen haben. (Die Interpretation dieser Tatsachen ist eine andere Frage.)

Allen diesen Experimenten ist nun gemeinsam, dass sie zwangsläufig auf einer Anordnung basieren, mit der ein Lichtstrahl abwechselnd erscheinen und verschwinden kann. In dieser Hinsicht gibt es keinen Unterschied zwischen den ersten primitiven Versuchen Galileis und der Akademiker und den genial ausgetüftelten Experimenten der späteren Beobachter, ob sie nun mit einem Zahnrad oder einem rotierenden Spiegel arbeiten. Es ist immer ein *Lichtblitz* – und wie könnte es anders sein? - der in bestimmten regelmäßigen Abständen erzeugt und zur Bestimmung der Ausbreitungsgeschwindigkeit verwendet wird.

Offensichtlich wird in all diesen Fällen die Geschwindigkeit gemessen, mit der sich ein Lichtstrahl im Raum etabliert. *Über das, was innerhalb des Strahls geschieht, sagen diese Beobachtungen überhaupt nichts mehr aus, sobald er einmal etabliert ist. Der Beweis, den sie für* die Existenz einer endlichen Lichtgeschwindigkeit als solchen liefern sollen , ist ein „Beweis einer ausgemachten Sache". Sie sagen uns lediglich, dass die Vorderseite des Strahls in dem Moment, in dem dieser Strahl zum ersten Mal entsteht, mit einer endlichen Geschwindigkeit durch den Raum wandert und dass die Geschwindigkeit dieser Bewegung so und so ist. Und sie sagen uns überhaupt nichts über andere Regionen des Kosmos.

Dass es sich bei diesen Beobachtungen nur um die Geschwindigkeit der Lichtfront und nicht um die Geschwindigkeit des Lichts selbst handelt, ist eine Tatsache, die von der modernen physikalischen Optik voll und ganz anerkannt wird. Seit Lord Rayleigh in den achtziger Jahren des letzten Jahrhunderts erstmals über dieses Thema diskutierte, haben Physiker gelernt, zwischen der „Wellengeschwindigkeit" des Lichts selbst und der Geschwindigkeit einer „eingeprägten Besonderheit", der sogenannten „Gruppengeschwindigkeit", zu unterscheiden. , und es wurde anerkannt, dass nur Letzteres direkt gemessen wurde und werden kann. Es besteht keine Möglichkeit, daraus auf den Wert der „Wellengeschwindigkeit" zu schließen, es sei denn, man verfügt über eine vollständige Kenntnis der Eigenschaften des Mediums, durch das sich die „Gruppen" bewegen. Dennoch lässt sich der moderne Geist davon überzeugen, dass Licht eine endliche

Geschwindigkeit besitzt und dass dies durch tatsächliche Messungen nachgewiesen wurde. Wir fühlen uns hier an Eddingtons Kommentar zu Newtons berühmten Beobachtungen erinnert: „Das ist der Glanz eines historischen Experiments." (Kapitel XIV.) [3]

Wenden wir uns nun Roemer und Bradley zu. In gewissem Sinne stehen Roemers Beobachtungen und sogar die von Bradley auf einer Stufe mit den terrestrischen Messungen. Als optische Signale nutzte Roemer das Erscheinen und Verschwinden eines Jupitermondes im Verlauf seiner Umlaufbahn um den Planeten; er arbeitete also mit *Lichtblitzen,* wie es auch bei den experimentellen Untersuchungen der Fall ist. Daher betrafen seine Messungen auch – wie die optische Wissenschaft anerkennt – nur die Gruppengeschwindigkeit. Tatsächlich unterliegen sogar Bradleys Beobachtungen, obwohl er der einzige war, der mit kontinuierlichen Lichtphänomenen arbeitete, dem Vorwurf, dass sie Informationen über die Gruppengeschwindigkeit des Lichts und nicht über seine Wellengeschwindigkeit liefern. Wir werden diese Einschränkungen jedoch in beiden Fällen ignorieren, da es noch ganz andere Faktoren gibt, die die Beweise, die sie liefern sollen, ungültig machen, und es für uns von besonderer Bedeutung ist, einen klaren Einblick in diese Faktoren zu gewinnen.

Roemer beobachtete einen Unterschied in der Zeitdauer, in der ein bestimmter Jupitermond vom Körper des Planeten verdeckt wurde, und stellte fest, dass dieser Unterschied regelmäßigen Veränderungen unterworfen war, die mit den Veränderungen in der Position der Erde im Verhältnis zu Jupiter und der Sonne zusammenfielen. Von der Sonne aus gesehen steht die Erde einmal im Jahr in Konjunktion mit Jupiter, einmal in Opposition dazu. Es schien naheliegend, die zeitliche Verzögerung beim Wiedererscheinen des Mondes, als sich die Erde auf der anderen Seite der Sonne befand, durch die Zeit zu erklären, die das Licht des Mondes benötigte, um die durch die beiden äußersten Positionen der Erde markierte Distanz zurückzulegen ist ein Abstand, der dem Durchmesser der Erdumlaufbahn entspricht. Indem Roemer das beobachtete Zeitintervall durch den akzeptierten Wert dieser Entfernung dividierte, erhielt er für die Lichtgeschwindigkeit einen Wert, der nicht weit von dem Wert entfernt war, der später durch terrestrische Messungen gefunden wurde.

Wir können hier außer Acht lassen, dass Roemers Argumentation auf der Annahme beruht, dass die kopernikanische Vorstellung von den relativen Bewegungen der Mitglieder unseres Sonnensystems die gültige Vorstellung ist, eine Annahme, die, wie spätere Überlegungen zeigen werden, nicht aufrechterhalten *werden* kann in einer Wissenschaft, die ein wirklich dynamisches Verständnis der Welt anstrebt. Denn der dadurch notwendig werdende Aspektwechsel entkräftet Roemers Beobachtung als solche nicht;

es schließt nur die übliche Interpretation davon aus. Von allen hypothetischen Nebengedanken befreit, sagt uns Roemers Beobachtung erstens, dass die Zeit, die ein Lichtblitz benötigt, der von einer kosmischen Lichtquelle ausgeht, um die Erde zu erreichen, in einem messbaren Ausmaß variiert, und zweitens, dass dieser Unterschied gebunden ist mit den jährlichen Veränderungen der Position der Erde im Verhältnis zur Sonne und dem jeweiligen Planetenkörper.

Ebenso außer Acht lassen wir die Tatsache, dass unsere Betrachtungen über die Natur des Raums in Kapitel dieses oder jenes Mal. Was uns hier wichtig ist, ist die Gültigkeit der aus Roemers Entdeckung gezogenen Schlussfolgerungen im Rahmen des Denkens, in dem sie gemacht wurden.

Auf den rein empirischen Gehalt reduziert, sagt uns Roemers Beobachtung einzig und allein, dass sich Lichtblitze *innerhalb der kosmischen Umlaufbahn der Erde mit einer bestimmten messbaren Geschwindigkeit fortbewegen*. Diese Informationen als automatisch gültig anzusehen, erstens für ständig vorhandenes Licht und zweitens für überall im Universum, beruht wiederum auf nichts anderem als einer vorweggenommenen Schlussfolgerung.

Genau die gleiche Kritik trifft auf Bradleys Beobachtung zu, und zwar in noch höherem Maße. Was Bradley entdeckte, ist die Tatsache, dass die scheinbare Richtung, in der wir einen Fixstern sehen, von der Richtung abhängt, in der sich die Erde relativ zum Stern bewegt, ein Phänomen, das unter dem Namen „Aberration des Lichts“ bekannt ist. Dieses Phänomen wird den Schülern häufig durch die folgende oder eine ähnliche Analogie verständlich gemacht.

Stellen Sie sich vor, dass ein Maschinengewehr in einer festen Position sein Projektil quer über einen Eisenbahnwaggon geschickt hat, so dass beide Wände des letzteren durchbohrt wurden. Wenn der Zug ruht, könnte die Position des Geschützes bestimmt werden, indem durch die Schusslöcher geschossen wird, die durch den Ein- und Austritt des Geschosses entstehen. Wenn sich der Zug jedoch mit hoher Geschwindigkeit bewegt, wird er während der Zeit, die das Projektil benötigt, um den Waggon zu überqueren, eine bestimmte Distanz zurückgelegt haben, und der Austrittspunkt liegt näher am Heck des Waggons als im vorherigen Fall. Denken wir nun an einen Beobachter im Zug, der, obwohl er die Bewegung des Zuges nicht kannte, es unternahm, die Position der Waffe zu bestimmen, indem er die Richtung der Verbindungslinie zwischen den beiden Löchern berücksichtigte. Er würde das Geschütz zwangsläufig an einer Position positionieren, die im Vergleich zu ihrer tatsächlichen Position den Anschein erweckte, als hätte sie sich um eine gewisse Strecke in der Fahrtrichtung des Zuges verschoben. Andererseits ist bei gegebener Geschwindigkeit des Zuges der Winkel, den die Verbindungslinie der beiden Löcher mit der wahren Richtung des

Projektilverlaufs bildet – der sogenannte Aberrationswinkel – ein Maß für die Geschwindigkeit des Projektils .

Unter der ausgemachten Schlussfolgerung, dass Licht selbst eine bestimmte Geschwindigkeit hat und dass diese Geschwindigkeit im gesamten Universum gleich ist, schien es Bradleys Beobachtung der Aberration der Sterne tatsächlich möglich zu machen, diese Geschwindigkeit aus der Kenntnis der eigenen Geschwindigkeit und Geschwindigkeit der Erde zu berechnen der Winkel der Aberration. Dieser Winkel könnte ermittelt werden, indem man die verschiedenen Richtungen vergleicht, in die ein Teleskop zu verschiedenen Jahreszeiten gedreht werden muss, um einen bestimmten Stern zu fokussieren. Aber was sagt uns Bradleys Beobachtung, wenn wir alle vorgefertigten Schlussfolgerungen ausschließen?

Da die obige Analogie zum Verständnis des Konzepts der Aberration beiträgt, wird es auch hilfreich sein, die Grenzen zu bestimmen, bis zu denen wir gültige Schlussfolgerungen aus dem vermeintlichen Ereignis selbst ziehen dürfen. Ein Geist, der frei von allen vorgefassten Meinungen ist, wird die Tatsache nicht ignorieren, dass das Projektil dadurch, dass es gezwungen wird, die Wand des Wagens zu durchdringen, eine erhebliche Verringerung seiner Geschwindigkeit erleidet. Das Projektil durchläuft den Wagen daher mit einer Geschwindigkeit, die sich von der Außengeschwindigkeit unterscheidet. Da jedoch die Geschwindigkeit von Loch zu Loch den Aberrationswinkel bestimmt, kann daraus kein Rückschluss auf die ursprüngliche Geschwindigkeit des Projektils gezogen werden. Nehmen wir den imaginären Fall an, dass das Projektil mit unendlicher Geschwindigkeit aus der Kanone geschossen wurde und dass der Verlangsamungseffekt der Wand groß genug war, um eine endliche Geschwindigkeit der üblichen Größe zu erzeugen, dann ist die Auswirkung auf die Position des Projektils Das Austrittsloch wäre genau das Gleiche, als ob sich das Projektil die ganze Zeit mit dieser Geschwindigkeit bewegt hätte und überhaupt nicht abgebremst worden wäre.

Wenn wir die Dinge in diesem Licht sehen, wird das wissenschaftliche Andersen-Kind in uns zum Ausruf geweckt: „Aber alles, worüber uns Bradleys Beobachtung mit Sicherheit informiert , ist eine endliche Geschwindigkeit des optischen Prozesses , *der im Inneren des Teleskops* abläuft !" „In der Tat, wenn jemand mit gutem Grund behaupten sollte (wie wir später tun werden), dass die eigene Geschwindigkeit des Lichts unendlich ist und (was wir nicht tun werden) dass die *im* Teleskop erzeugte dynamische Situation den Effekt hatte, das Licht zu verlangsamen zur gemessenen Geschwindigkeit - es gibt nichts in Bradleys Beobachtung, was diese Behauptungen widerlegen könnte.

*

Nachdem wir damit die falschen Schlussfolgerungen beseitigt haben, die ein kinematisch orientiertes Denken aus den verschiedenen Beobachtungen und Messungen der Geschwindigkeit, die im Zusammenhang mit Licht auftritt, gezogen hat, können wir unsere eigenen Studien ungestört fortsetzen. Vor uns stehen zwei Beobachtungen, die empirisch gesicherte Tatsachen darstellen: Erstens, dass, sofern eine endliche Geschwindigkeit gemessen oder aus anderen Beobachtungen berechnet wurde, nichts über die Existenz oder Größe einer solchen Geschwindigkeit bekannt ist, außer innerhalb der Grenzen des konstituierten dynamischen Bereichs durch die Präsenz der Erde im Universum; die andere, dass diese Geschwindigkeit eine „Gruppen"-Geschwindigkeit ist, das heißt die Geschwindigkeit der Vorderseite eines sich etablierenden Lichtstrahls. Sehen wir uns an, was uns diese beiden Tatsachen zu sagen haben, wenn wir sie als Buchstaben des „Wortes" betrachten, das das Licht als Hinweis auf seine eigene Natur in die Erscheinungswelt einschreibt.

Um zunächst die letztgenannte Tatsache zu berücksichtigen, wollen wir uns des folgenden Vergleichs bedienen, um zu erkennen, wie wenig wir berechtigt sind, aus Beobachtungen der Frontgeschwindigkeit eines Lichtstrahls Rückschlüsse auf die im Inneren des Lichtstrahls vorherrschenden kinematischen Verhältnisse zu ziehen Strahl selbst. Stellen Sie sich den Prozess des Baus eines Tunnels vor, mit all den Anstrengungen und der Zeit, die erforderlich sind, um seinen Durchgang durch das widerstandsfähige Gestein zu schaffen. Mit der Fertigstellung des Tunnels sind die für seine Herstellung notwendigen Arbeiten abgeschlossen. Diese bleiben zwar nur für eine begrenzte Zeit bestehen, hinterlassen aber bleibende Spuren in der Existenz des Tunnels, die man dynamisch als deutliche Veränderung der örtlichen Schwerkraftverhältnisse der Erde beschreiben kann. Nun würde es niemandem einfallen, dem Tunnel selbst die Geschwindigkeit, mit der er gebaut wurde, als bleibende Qualität zuzuschreiben. Doch etwas Ähnliches passiert, wenn man nach der Beobachtung der Geschwindigkeit, die das Licht benötigt, um den Raum zu erobern, diese Geschwindigkeit dann dem Licht als eine eigene Qualität zuschreibt. Es war einer Denkweise vorbehalten, die sich keine Vorstellung von der wirklichen Dynamik von Licht und Dunkelheit machen konnte, aus Erfahrungen, die man durch die Beobachtung seiner ursprünglichen Ausbreitung im Raum machte, Rückschlüsse auf die Eigenschaften des Lichts zu ziehen.

Von einem unabhängig existierenden Raum zu sprechen, in dem sich Licht wie ein physischer Körper bewegen könnte, ist nach dem, was wir über den Raum gelernt haben, völlig verboten. Denn der Raum in seiner relevanten Struktur ist selbst nur ein Ergebnis einer besonderen Koordination von Leichtigkeit und Schwerkraft oder, mit anderen Worten, von Licht und Dunkelheit. Was wir zuvor über die Eigenschaften der beiden Polarräume herausgefunden haben, führt uns nun dazu, sie als repräsentativ für zwei Grenzbedingungen der Geschwindigkeit aufzufassen: absolute Kontraktion, die eine Geschwindigkeit von Null darstellt; absolute Ausdehnung, unendliche Geschwindigkeit (jedes auf seine Weise ein Zustand der „Ruhe"). Somit ist jede Bewegung mit endlicher Geschwindigkeit ein Mittelwert zwischen diesen beiden Extremen und als solche das Ergebnis einer besonderen Koordination von Leichtigkeit und Schwerkraft. Dies macht deutlich, dass es völlig unwirklich ist, von einer Geschwindigkeit zu sprechen, die *im Raum* verläuft , sei es in Bezug auf Licht oder in Bezug auf einen physischen Körper in Bewegung.

Sehen wir uns nun an, was uns die Zahl 186.000 Meilen pro Sekunde als Maß für die Geschwindigkeit, mit der sich ein Lichtimpuls räumlich etabliert, wirklich sagt. Im vorangegangenen Kapitel haben wir gelernt, dass das Schwerkraftfeld der Erde unserem Sehstrahl einen deutlichen Widerstand entgegensetzt. Was für das innere Licht gilt, gilt auch für das äußere Licht. Anhand eines Bildes aus einer anderen dynamischen Schicht der Natur können wir sagen, dass Licht, während es im Feld der Schwerkraft erscheint, sich an dieser „reibt". Von der Größe dieser Reibung hängt die Geschwindigkeit ab, mit der sich ein Lichtimpuls im Medium der widerstehenden Schwerkraft ausbreitet. Während das Licht selbst als Ausdruck der Leichtigkeit eine unendliche Geschwindigkeit besitzt, wird diese durch den Widerstand des Erdschwerefeldes auf das bekannte endliche Maß herabgedrückt. Somit zeigt sich die von Beobachtern wie Fizeau und Foucault gemessene Lichtgeschwindigkeit als Funktion der Gravitationskonstante der Erde und hat daher nur für diesen Bereich Gültigkeit. [1] Das Gleiche gilt für die Beobachtungen von Roemer und Bradley, von denen keine, nach dem, was wir zuvor dargelegt haben, diesem Ergebnis widerspricht. Im Gegenteil, aus dieser Sicht liefert Roemers Entdeckung, dass sich das Licht mit endlicher Geschwindigkeit innerhalb des durch die Erdumlaufbahn markierten kosmischen Bereichs bewegt, einen wichtigen Einblick in die dynamischen Bedingungen dieses Bereichs.

*

Unter den oben zitierten Experimenten, die mit dem Ziel durchgeführt wurden, die Eigenschaften der Lichtausbreitung durch direkte Messungen zu bestimmen, erwähnten wir das Michelson-Morley-Experiment, das einen besonderen Einfluss auf Einsteins konzeptionelles Gebäude hatte. Sie bildete die Grundlage für den (früheren) Teil von Einsteins Theorie, den er selbst die Spezielle Relativitätstheorie nannte. Lassen Sie uns sehen, was aus diesem Fundament – und mit ihm dem darauf errichteten konzeptuellen Gebäude – wird, wenn wir es vor dem Hintergrund dessen untersuchen, was wir als wahre Natur der sogenannten Lichtgeschwindigkeit herausgefunden haben.

Es ist allgemein bekannt, dass moderne Vorstellungen von Licht offenbar etwas (Huygens' „bestimmte Substanz") als Träger der dem Licht zugeschriebenen Bewegung erfordern. Dies führte zur Vorstellung einer unwägbaren Kraft, die zu bestimmten Bewegungen fähig ist, und um diese Kraft zu bezeichnen, wurde das griechische Wort „ *Äther*" entlehnt. (Wie dieses Wort heute seiner eigentlichen Bedeutung entsprechend wieder verwendet werden kann, wird sich im weiteren Verlauf unserer Erörterungen zeigen.) Dennoch ist alles Bestreben , in der Existenz eines solchen Äthers ein Erklärungsmittel für weite Gebiete der Natur zu finden Phänomene waren enttäuscht. Denn je genauer man sich die Eigenschaften dieses Äthers vorzustellen versuchte, desto größer wurden die Widersprüche.

Ein solcher entscheidender Widerspruch entstand, als man mit optischen Mitteln herausfinden wollte, ob der Äther etwas absolut Ruhendes im Raum war, durch das sich physische Körper frei bewegten, oder ob er an deren Bewegung teilnahm. Experimente von Fizeau mit fließendem Wasser schienen die eine Ansicht zu beweisen, die von Michelson und Morley, die die Bewegung der Erde einbeziehen, die andere Ansicht. Im berühmten Michelson-Morley-Experiment wurde gezeigt, dass die Lichtgeschwindigkeit unabhängig von der Richtung, in der sie gemessen wurde, relativ zur Eigenbewegung der Erde gleich ist. Dieser scheinbare Beweis der absoluten Konstanz der Lichtgeschwindigkeit – der jedoch anderen Beobachtungen zu widersprechen schien – veranlasste Einstein, die gesamte Annahme eines Trägers der dem Licht zugrunde liegenden Bewegung aufzugeben, unabhängig davon, ob der Träger ruhend sein sollte oder nicht sich selbst in Bewegung. Stattdessen entkleidete er die Konzepte von Raum und Zeit, von denen üblicherweise der Begriff der Geschwindigkeit abgeleitet wird, ihrer bisher zugeschriebenen Absolutheit, so dass in seiner Theorie die Zeit als Teil eines vierdimensionalen „Raums" begriffen wurde -Zeitkontinuum'.

Anstrengungen wie die von Einstein erfordert . Denn durch dieses Experiment wird nichts bewiesen, was über das hinausgeht, was überhaupt bekannt ist, nämlich dass die Ausbreitungsgeschwindigkeit eines Lichtimpulses *in* allen Richtungen konstant ist, solange die Messung auf Regionen beschränkt ist, in denen die Dichte des Erdraums liegt ist mehr oder weniger gleich. Mit der Erkenntnis dieser Wahrheit verliert Einsteins Spezielle Theorie jedoch ihre gesamte Grundlage. Dazu bleibt nur noch zu sagen, dass es ein großartiges Unterfangen war , ein Problem zu lösen, das, richtig betrachtet, gar nicht existiert. [1]

*

Nachdem wir nun erkannt haben, dass es unzulässig ist, vom Licht als aus einzelnen Strahlen bestehend zu sprechen oder ihm eine endliche Geschwindigkeit zuzuschreiben, ist der Begriff der Lichtbrechung, wie er heute von der Optik verstanden und zur Erklärung der Lichtbrechung verwendet wird Spektrum, wird ebenfalls unhaltbar. Lassen Sie uns herausfinden, was wir an seine Stelle setzen müssen.

Das Phänomen, das das Betrachterbewusstsein zur Idee der optischen Brechung veranlasste, ist seit frühester Zeit bekannt. Es

besteht darin, dass ein auf den ersten Blick überraschender Umstand, dass ein Gegenstand, etwa eine Münze, der am Boden eines Gefäßes liegt und durch den Rand für den Betrachter verdeckt liegt, sichtbar wird, wenn das Gefäß mit Wasser gefüllt ist. Die moderne Optik hat dies dadurch erklärt, dass sie annimmt, dass von den einzelnen Punkten des Gefäßbodens Lichtstrahlen nach allen Seiten ausgehen, wobei ein Strahl in Richtung des Auges des Beobachters fällt. Aufgrund der Lage von Auge und Fangrand gibt es daher eine Reihe von Punkten, von denen aus keine Strahlen das Auge erreichen können. Ein solcher Punkt wird durch die Münze dargestellt (P in Abb. 12a). Wenn nun das Gefäß mit Wasser gefüllt ist, werden die aus ihm austretenden Lichtstrahlen gebrochen, so dass auch Strahlen von den bisher unsichtbaren Punkten auf das Auge treffen, das sich noch in seiner ursprünglichen Position befindet. Das Auge selbst ist sich dieser „Unterbrechung" der Lichtstrahlen nicht bewusst,

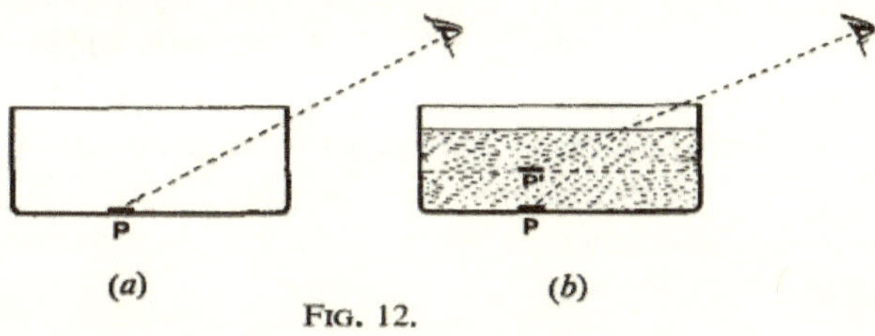

FIG. 12.

denn es ist es gewohnt, alle Lichteindrücke geradlinig in den Raum zu „projizieren" (Abb. 12b.). Daher sieht es P an der Position von P'. Man geht davon aus, dass dadurch der Eindruck entsteht, dass der gesamte Boden des Gefäßes angehoben ist.

Diese Art der Erklärung steht ganz im Einklang mit der bereits erwähnten Eigentümlichkeit des Betrachterbewusstseins, der Arbeitsweise des Auges eine optische Täuschung zuzuschreiben, während dem Geist die Aufgabe übertragen wird, die Täuschung aufzuklären. In Wirklichkeit ist es genau umgekehrt. Da sich der Intellekt vom Akt des Sehens keine andere Vorstellung machen kann, als dass es sich um einen passiven Vorgang handelt, der ausschließlich im Auge abläuft, verfällt er selbst in die Illusion. Wie groß diese Illusion ist, erkennen wir daran, dass der Intellekt schließlich gezwungen ist, das Auge dazu zu bringen, die Eindrücke, die es empfängt, irgendwie in den Raum zu „projizieren" – ein Vorgang, der keinen konkreten dynamischen Inhalt hat.

Auch hier ist es nicht unsere Aufgabe, diese Art der „Erklärung" des Phänomens durch eine andere zu ersetzen, sondern vielmehr die hier vorgestellten Phänomene mit anderen verwandten Phänomens zu kombinieren, so dass die darin enthaltene Theorie direkt aus ihnen herausgelesen werden kann. Ein weiteres solches Phänomen ist die sogenannte scheinbare optische Tiefe, die ein Beobachter beim Blick durch transparente Medien unterschiedlicher optischer Dichte antrifft. Was die beiden verbindet, ist die Tatsache, dass die Geschwindigkeit der Tiefenänderung und die Geschwindigkeit der Änderung der Lichtrichtung für dasselbe Medium gleich sind.

In der heutigen Optik wird dieses Phänomen mit Bezug auf ersteres erklärt. Indem sie so vorgeht, macht die optische Wissenschaft genau den Fehler, den Goethe bei Newton verurteilte, indem er sagte, man habe ein kompliziertes Phänomen zur Grundlage gemacht und aus dem Komplexen das Einfachere abgeleitet. Denn von diesen beiden Phänomenen ist das einfachere, da es von keiner Nebenbedingung unabhängig ist, dasjenige, das zeigt, dass unser Tiefenempfinden von der Dichte des optischen Mediums abhängt. Dem letztgenannten Phänomen begegneten wir schon einmal, allerdings ohne Bezug auf seine quantitative Seite, als wir beim Betrachten einer Landschaft feststellten, wie sich unsere Tiefenerfahrungen entsprechend den Veränderungen der atmosphärischen Bedingungen verändern. Dies hat uns dann bewusst gemacht, dass die Art und Weise, wie wir Dinge optisch wahrnehmen, das Ergebnis eines Zusammenspiels zwischen unserem Sehstrahl und dem Medium außerhalb von uns ist, auf das er trifft.

Genauso verhält es sich, wenn wir durch ein mit Wasser gefülltes Gefäß blicken und sehen, dass der Boden des Gefäßes angehoben ist. Dies ist keineswegs eine optische Täuschung; es ist das Ergebnis dessen, was objektiv und dynamisch innerhalb des Mediums geschieht, wenn unser Augenstrahl es durchdringt. Nur unser Verstand unterliegt einer Illusion, wenn er im Falle des Sichtbarwerdens der Münze am Boden des Gefäßes mit der Münze umgeht, als wäre sie ein Punkt, von dem aus ein einzelner Lichtstrahl ausgeht ... usw. , anstatt das Phänomen des Anhebens des Gefäßbodens als ein unteilbares Ganzes zu begreifen, wobei die Münze nur dazu dient, unsere Aufmerksamkeit darauf zu lenken.

*

Nachdem wir damit die kinematische Interpretation des Münze-in-der-Schüssel-Phänomens geklärt haben, können wir mit der Diskussion des optischen Effekts fortfahren, durch den das sogenannte Brechungsgesetz erstmals in der Wissenschaft etabliert wurde. Anstatt uns, wie es üblicherweise geschieht, Lichtstrahlen vorzustellen, die an der Grenzebene zwischen zwei Medien unterschiedlicher optischer Eigenschaften von der Senkrechten weg oder zur Senkrechten hin verschoben sind, werden wir vielmehr das Bild so aufbauen, wie es das Licht selbst in den Raum gestaltet .

Wir haben gesehen, dass unser inneres Licht, ebenso wie das äußere Licht, beim Durchgang durch ein physisches Medium – sogar wie das Schwerkraftfeld der Erde – eine gewisse Behinderung erleidet. Während wir diese Verzögerung nicht wie üblich als eine geringere Lichtgeschwindigkeit selbst im dichteren Medium beschreiben, können wir zu Recht sagen, dass die Dichte die Wirkung hat, die Intensität des Lichts zu verringern. (Es ist die Zeit, die für die anfängliche Etablierung eines lichterfüllten Bereichs benötigt wird, der innerhalb eines solchen Mediums größer ist als außerhalb.) Nun kann die Intensität des Lichts naturgemäß nicht räumlich gemessen werden. Dennoch gibt es ein Phänomen, durch das die Abnahme der inneren Intensität des Lichts räumlich sichtbar und damit räumlich messbar wird. Dabei handelt es sich um die Veränderung der Apertur eines Lichtkegels beim Übergang von einem optischen Medium zum anderen.

Wenn man einem leuchtenden Kegel eine mit Wasser gefüllte Wanne mit Glaswänden in den Weg stellt, dann sieht man, dass der Kegel innerhalb des Wassers einen spitzeren Winkel bildet als außerhalb, wenn sowohl das Wasser als auch die umgebende Luft leicht getrübt sind (Abb. 13). Hier treffen wir in einem äußeren Phänomen auf die gleiche Abschwächung der Ausdehnungstendenz des Lichts, die wir bei der Verkürzung unseres Tiefenerlebnisses beim Blick durch ein dichtes Medium erkannt haben. Offensichtlich erwarten wir, dass die äußerlich beobachtbare Verengung des Lichtkegels und die subjektiv empfundene Änderung der optischen Tiefe im gleichen Verhältnis stehen.

Um die Ausdehnungsgeschwindigkeit eines leuchtenden Kegels innerhalb und außerhalb des Wassers zu vergleichen, müssen wir messen, um wie viel weniger die Breite des Kegels innerhalb des Wassers zunimmt als außerhalb. (Um vergleichbar zu sein, müssen die Messungen auf den gleichen Abständen am Rand des Kegels basieren, da dies die tatsächliche Weglänge des Lichts ist.) In Abb. 13 ist dies durch die beiden Abstände ab und a dargestellt '-B'. Ihr Verhältnis ist dasselbe wie das, um das der Boden eines Gefäßes angehoben erscheint, wenn das Gefäß mit Wasser gefüllt ist (4:3).

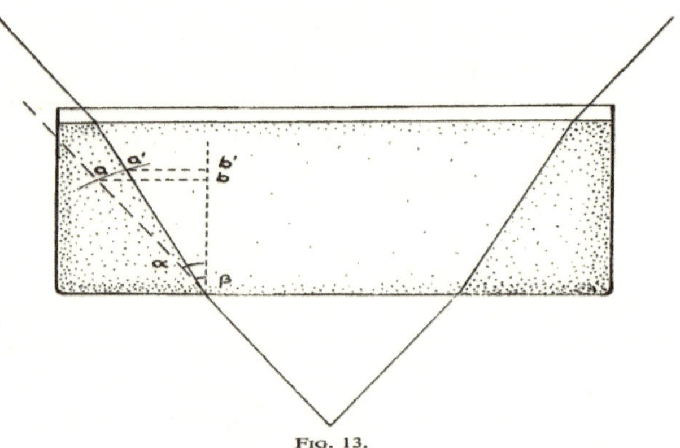

Fig. 13.

also zu nichts Geringerem gelangt als zu dem, was in der physikalischen Optik als Snelliussches Brechungsgesetz bekannt ist. Dieses Gesetz war selbst das Ergebnis reiner Beobachtung, war jedoch in eine konzeptionelle Form gekleidet, die jeder Realität entbehrte. In dieser Form heißt es, dass ein Lichtstrahl beim Übergang zwischen zwei Medien unterschiedlicher Dichte an deren Grenzfläche gebrochen wird, sodass das Verhältnis des Winkels, den der Strahl in einem der beiden Medien bildet, zu einer Linie im rechten Winkel zur Grenzfläche entspricht ist so, dass der Quotient der Sinuswerte beider Winkel für diese Medien ein konstanter Faktor ist. In Symbolen $\sin \hat{I}{\pm} / \sin \hat{I}^2 = c$.

Dem mit der Trigonometrie vertrauten Leser wird klar sein, dass dieses Verhältnis der beiden Sinuswerte nichts anderes ist als das Verhältnis der beiden Abstände, die uns als Maß für die jeweiligen Öffnungen des Kegels dienten. Aber während es bei der Messung dieser beiden Abstände um etwas ganz Reales geht (da sie eine tatsächliche dynamische Veränderung des Lichts ausdrücken), basiert die Messung des Winkels zwischen dem Lichtstrahl und der Senkrechten auf nichts Realem. Es ist nun klar, dass der Begriff des Strahls, wie er im üblichen Bild der Brechung vorkommt, in Wirklichkeit die Grenze zwischen dem leuchtenden Raum und seiner Umgebung darstellt. Offensichtlich ist der Begriff der Senkrechten an der Grenze zwischen den beiden Medien an sich eine völlige Abstraktion, da in ihrer Richtung nichts dynamisch geschieht.

Für ein normales menschliches Verständnis ist es unverständlich, warum ein Lichtstrahl mit einer äußeren geometrischen Linie in Beziehung gesetzt werden sollte, wie es das Brechungsgesetz in seiner üblichen Form besagt. Die physikalische Optik musste also, um die Brechung zu erklären, auf räumlich zerstreute Lichtbündel zurückgreifen und unter Verwendung verschiedener rein kinematischer Konzepte bestimmte Bewegungsvorgänge in diese Lichtbündel hineininterpretieren, die durch die Lichtbündel nicht im Geringsten dargestellt werden Phänomen selbst. Im Gegensatz dazu steht die

Vorstellung, dass die Grenze eines Leuchtkegels räumlich verschoben wird, wenn seine Ausdehnung durch ein optisches Medium einiger Dichte behindert wird, und dass das Maß dieser Verschiebung gleich der Verkürzung der Tiefe ist, die wir beim Durchschauen erfahren Dieses Medium ist unmittelbar ersichtlich, da alle seine Elemente der Beobachtung entnommen sind.

*

Aufgrund dessen, was wir hier herausgefunden haben, können wir erwarten, dass wir zur Erklärung der numerischen Beziehungen zwischen Naturphänomenen (mit denen sich die Wissenschaft in der Vergangenheit ausschließlich befasst hat) keineswegs die künstlichen Theorien benötigen, auf die der Betrachter im Menschen beschränkt ist Er ist zum abstrakten Denken zwangsläufig getrieben worden. Tatsächlich werden für einen Beobachter, der sich an den in diesem Buch aufgezeigten Leitlinien orientiert, selbst die *quantitativen* Geheimnisse der Natur zu Objekten intuitiver Beurteilung, so wie Goethe durch die Entwicklung dieses Verständnisorgans erstmals Zugang zu den *qualitativen* Geheimnissen der Natur fand. (Die damit einhergehende Änderung unserer Vorstellung von Zahlen wird in einem späteren Stadium unserer Diskussionen gezeigt.)

1 Vergleichen Sie damit unseren Bericht in Kapitel X über den Aufstieg der atomistisch-kinematischen Interpretation von Wärme.

2 Selbstverständlich lässt die folgende kritische Untersuchung unsere Anerkennung der Hingabe, die die jeweiligen Beobachter bei ihrer Arbeit leitete, und des Einfallsreichtums, mit dem einige ihrer Beobachtungen erdacht und durchgeführt wurden, völlig unberührt.

3 Es wird davon ausgegangen, dass sich die Wellengeschwindigkeit von der Gruppengeschwindigkeit, wenn überhaupt, nur vernachlässigbar unterscheidet.

4 Sobald dies erkannt ist, besteht kein Zweifel daran, dass mit Hilfe einer angemessenen mathematischen Berechnung (die auf einem realistischen Verständnis der jeweiligen Eigenschaften der ins Spiel kommenden Kraftfelder basieren müsste) eine Ableitung möglich sein wird Berechnen Sie die Geschwindigkeit der Lichtausbreitung im physischen Raum aus der Gravitationskonstante der Erde.

5 Die Grundlagen von Einsteins allgemeiner Theorie wurden in unseren früheren Diskussionen behandelt.

Kapitel XVIII

Das Spektrum als Skript des Geistes

Die Erkenntnis, dass Newtons Erklärung des Spektrums nicht den Tatsachen entspricht, veranlasste Goethe zu all jenen Studien, die ihn zum Begründer einer modernen Optik machten, die auf der intuitiven Teilnahme an den Phänomenen beruhte. Trotz allem, was er erreichte, gelangte er jedoch nie zu einer wirklichen Lösung des Rätsels des Farbphänomens , das entsteht, wenn Licht durch einen transparenten Körper mit prismatischer Form fällt. Für seine Annahme gewisser „Doppelbilder", die als Ergebnis der optischen Verschiebung der Grenzen zwischen den lichterfüllten und den dunkelerfüllten Teilen des Raumes und deren gegenseitiger Überlagerung, die er dafür verantwortlich zu machen glaubte, entstehen sollen Das Erscheinen der jeweiligen Farben löst das Problem nicht. [1]

Licht und *Finsternis* entsprechen .

Mit Hilfe dieser Unterscheidung, die wir in der Tat durch die konsequente Anwendung der Methode Goethes etabliert haben, werden wir nun in der Lage sein, genau jene Einsicht in die Entstehung der Spektralfarben zu entwickeln, die Goethe gesucht hat . [2]

*

Dynamisch gliedert sich der Prozess der Spektralbildung durch Licht, das durch ein Prisma fällt, in zwei klar unterscheidbare Teile. Die erste besteht in der Beeinflussung, die das Licht innerhalb des Prismas durch dessen besondere Form erfährt, die andere darin, was außerhalb des Prismas an der Grenze zwischen dem Lichtraum - beeinflusst durch die Form des Prismas - und dem geschieht umgebenden Dunkelraum. Dementsprechend werden wir diese beiden Teile des Prozesses getrennt untersuchen.

Um die einzelnen Prozesse deutlich voneinander unterscheiden zu können, nehmen wir an, dass das Prisma-Experiment so angeordnet ist, dass die Lichtfläche größer ist als die Breite des Prismas, das dann vollständig darin liegt. Wir gehen weiterhin davon aus, dass die Dimensionen des Ganzen so sind, dass der auf dem Schirm sichtbare Teil nur einen Teil des gesamten Lichtbereichs darstellt, der zwischen den Grenzen des Prismas liegt. Das Ergebnis ist, dass der Bildschirm ein Lichtphänomen darstellt, in dem es keine Spur von Farbe gibt . Für das normale Sehvermögen unterscheidet sich das Phänomen auf dem Bildschirm in keiner Weise von dem, wie es wäre, wenn kein Prisma in den Lichtweg eingreifen würde.

Diese beiden scheinbar identischen Lichtphänomene offenbaren sofort ihren inneren dynamischen Unterschied, wenn wir das Lichtfeld von beiden Seiten verengen, indem wir in es einen Gegenstand einführen, der Schatten werfen kann. Wenn kein Prisma vorhanden ist, sehen wir lediglich, wie sich ein schwarzer Schatten in den beleuchteten Bereich auf dem Bildschirm bewegt, unabhängig davon, von welcher Seite die Verengung kommt. Wenn das Licht jedoch durch ein Prisma (wie oben beschrieben angeordnet) gelangt ist, erscheinen an der Grenze zwischen den Licht- und Schattenbereichen bestimmte Farben , die je nach der Seite, von der aus die Verdunkelung erfolgt , unterschiedlich sind . Auf diese Weise kann derselbe Teil der Lichtfläche entweder die Farben des blauen Pols der Farbskala oder die des gelben Pols anzeigen . Dies zeigt, dass der innere dynamische Zustand des Lichtbereichs in gewisser Weise verändert wird, wenn er einem optisch widerstandsfähigen Medium mit prismatischer Form ausgesetzt wird. Wenn wir die Ursache und Natur dieser Veränderung herausfinden wollen, müssen wir auf das Prisma selbst zurückgreifen und untersuchen, welche Wirkung es auf das Licht in dem von ihm eingenommenen Teil des Raums hat. Mit diesem Vorgehen folgen wir Goethes Vorbild: erstens die beiden Grenzphänomene getrennt zu halten und zweitens nicht dem Licht selbst zuzuschreiben, was tatsächlich auf bestimmte Randbedingungen zurückzuführen ist.

Um zu verstehen, was mit dem Licht passiert, wenn es durch das Prisma geht, erinnern wir uns daran, dass es eine Eigenschaft eines gewöhnlichen Lichtstrahls ist, sich in einer geraden Linie durch den Raum zu richten, wenn er nicht gestört wird, und jedes Kreuz gleichmäßig zu beleuchten. Teil der Fläche, die es ausfüllt. Beide Merkmale verändern sich, wenn das Licht einem transparenten Medium mit prismatischer Form ausgesetzt wird – das heißt einem optisch widerstandsfähigen Medium, das so geformt ist, dass sich die Länge des Lichtdurchgangs durch das Medium von einer Seite des Strahls zur anderen ändert und am geringsten ist an der sogenannten Brechkante des Prismas, am größten an der gegenüberliegenden Basis. Der Abblendeffekt des Mediums ist daher an jedem Punkt der Strahlbreite unterschiedlich groß. Offensichtlich variiert das Verhältnis zwischen Leichtigkeit und Schwerkraft innerhalb eines solchen Lichtbereichs von einer Seite zur anderen, anstatt konstant zu sein. Das Ergebnis ist ein transversaler dynamischer Impuls, der von dem Teil des Lichtbereichs, in dem der schwächende Einfluss des Prismas am geringsten ist, hin zu dem Teil wirkt, in dem er am stärksten ist (siehe langer Pfeil in Tafel C, Abb. i) . [3] Dieser Impuls äußert sich in der Ablenkung des Lichts von seinem ursprünglichen Verlauf. Ansonsten ist im Licht selbst, wenn es von einem Beobachtungsschirm aufgefangen wird, nichts wahrnehmbar, da der nun im Lichtbereich immanente Querimpuls keine Wirkung auf die reflektierende Oberfläche hat.

Die Situation ändert sich, wenn der Lichtbereich von der einen oder anderen Seite her eingeengt wird, mit anderen Worten, wenn eine abrupte Änderung der Feldbedingungen, also ein plötzlicher Sprung von hell nach dunkel oder von dunkel nach hell, eingeführt wird innerhalb dieses Bereichs. In diesem Fall wird die Wirkung des transversalen Feldgradienten auf einen solchen Sprung offensichtlich unterschiedlich sein, abhängig von der Beziehung zwischen den Richtungen der beiden (siehe kleine Pfeile in Abb. i). Unsere Augen zeugen von diesem Unterschied, indem sie die Farben des *blauen* Pols der Farbskala sehen, wenn der Feldgradient *auf* den Sprung gerichtet ist (a), und die Farben des *gelben* Pols, wenn der Gradient von diesem *weg gerichtet ist* (B).

Für unsere weitere Untersuchung ist es sehr wichtig zu beobachten, wie sich die Farben ausbreiten, wenn sie am Rand des schattenwerfenden Objekts austreten und so von der einen oder anderen Seite in das Lichtreich eingebracht werden. Die Abbildungen ii und iii auf Tafel C zeigen für unseren Zweck genau genug die Position der farbtragenden Bereiche in jedem Fall, wobei die gestrichelte Linie die Richtung angibt, die das Licht am Ursprungsort der Farben haben würde, wenn es dort wäre Es gab kein Objekt, das seine freie Entfaltung behinderte. [4] Wir beobachten einen deutlichen Unterschied in der Aufweitung der beiden Farbflächen auf beiden Seiten der ursprünglichen Lichtrichtung: Jeweils ist der Winkel, den die Grenze der Farbfläche mit dieser Richtung bildet, auf der Seite kleiner die Farben, die dem Lichtbereich am nächsten liegen (blau bzw. gelb) als auf der gegenüberliegenden Seite (violett und rot).

Wenn wir uns daran erinnern, was wir über die dynamischen Eigenschaften der beiden Farbpole gelernt haben, können wir nun Folgendes sagen. Wenn eine helle Fläche, die einem seitlichen Gradienten unterliegt, verengt wird, so dass der Gradient auf das sich verengende Objekt gerichtet ist, entstehen Farben, in denen die Wechselwirkung zwischen den beiden polar entgegengesetzten Formen der Dichte so ist, dass positive Dichte für Helligkeit sorgt und negative Dichte für Dunkelheit. Wenn die Grenze hingegen so angeordnet ist, dass der Gradient von ihr weg gerichtet ist, ist die Wechselwirkung so, dass eine positive Dichte für Dunkelheit und eine negative Dichte für Helligkeit sorgt. Darüber hinaus zeigt uns die Tatsache, dass in beiden Fällen das Dunkelheitselement im Farbband nach außen hin zunimmt, dass es in dieser Richtung auf der blau-violetten Seite zu einer allmählichen Abnahme der positiven und einer Zunahme der negativen Dichte kommt, während die Farbe eingeschaltet ist Auf der Gegenseite finden wir genau das Gegenteil. Wir stellen noch einmal fest, dass beide Prozesse einen beträchtlichen Teil des Raums einnehmen, der ursprünglich außerhalb der Grenzen des Lichtbereichs liegt, nämlich am violetten Ende den Teil, zu dem der Lichtstrahl abgelenkt wird, und am roten Ende den Teil, von dem aus er abgelenkt wird es wendet sich ab.

Wenn der Sehstrahl aktiv in die beiden so beschriebenen Farbphänomene eindringt , erhält er Hinweise auf ein dynamisches Geschehen, das sich wie folgt ausdrücken lässt.

Wo der Querimpuls, der auf den unterschiedlichen Trübungsgrad im Lichtbereich zurückzuführen ist , auf dessen Rand gerichtet ist, ist die Vermischung der in diesem Bereich enthaltenen Dunkel- und Lichtbestandteile so, dass das Dunkel *folgt* Licht entlang seines bereits vorhandenen Gefälles, wodurch es stetig abnimmt. Daher weist uns unser Sehstrahl auf die Anwesenheit des blau-violetten Farbpols hin, wenn er Bedingungen trifft, die denen ähneln, die auftreten, wenn wir durch die lichterfüllte Atmosphäre in den universellen Raum blicken . Befindet sich die Kante hingegen im Sog des Querimpulses, so entsteht in dem Teil des Raumes, von dem aus der Strahl abgelenkt wird, eine Art dynamisches Vakuum mit der Wirkung, dass sich der Dunkelbestandteil dem Licht aufprägt innerhalb des Prismas, wird durch eine Art Sogwirkung in dieses Vakuum hineingezogen. Folglich geraten hier Dunkelheit und Licht in Opposition, und Ersteres gewinnt auf dem Weg aus dem Lichtbereich an relativer Stärke. Auf dieser Seite trifft unser Sehstrahl auf Bedingungen, die denen ähneln, die auftreten, wenn wir durch die sich verdunkelnde Atmosphäre in die Sonne blicken. Dementsprechend verrät uns unsere optische Erfahrung die Anwesenheit des gelb-roten Farbpols .

Aus unserer Beschreibung der beiden Arten der dynamischen Koordination von positiver und negativer Dichte an den beiden Enden des Spektrums folgt, dass die räumlichen Bedingungen an einem Ende ganz anders sein müssen als am anderen Ende. Dies anhand der tatsächlichen Wahrnehmung zu erkennen, ist in der Tat nicht schwierig. Wenn wir tatsächlich glauben, dass wir beide Enden des Spektrums sozusagen flach auf der Oberfläche des Beobachtungsschirms liegen sehen, ist dies aufgrund unserer oberflächlichen Art, unsere Augen zu benutzen, lediglich eine Illusion. Wenn wir mit unserem Sehstrahl (in der oben beschriebenen Weise aktiviert) in die beiden Seiten des Spektrums blicken und dabei unsere Augen abwechselnd in die eine oder andere Richtung drehen, bemerken wir bald, dass die Farben des Gelb-Rots so zum Auge hin aufsteigen so dass es den Eindruck erweckt, als würde es fast körperlich aus der Bildschirmoberfläche herausragen. Wir spüren: Dichte herrscht hier im Zustand feuriger Strahlung. Wenn wir uns auf die andere Seite drehen, spüren wir, wie unser Sehstrahl, anstatt wie zuvor in den Farben gefangen zu sein , frei über die Farben wandert , als würde er von ihnen ins Unendliche getragen. Auf der blauvioletten Seite scheint der Raum selbst geheimnisvoll zu fluoreszieren [5]. In Anlehnung an Goethes Auffassung von der körperlich-sittlichen Wirkung der Farben können wir die so gewonnene Erfahrung aus den beiden Polen des Spektrums so beschreiben, dass den Farben des blau-violetten Pols ein „jenseitiger" Charakter zukommt; ein

„irdischer" Charakter gegenüber denen des Gelb-Roten; während das Grün, das entsteht, wenn beide Seiten überlappt werden, von seiner vermittelnden Natur zwischen beiden zeugt.

*

In unserem Bestreben , das grundlegende Experiment der Newtonschen Optik mit den Augen Goethes zu betrachten, wurden wir von der weiten Ausdehnung der sonnenbeschienenen Peripherie der Erde in die Grenzen der abgedunkelten Experimentierkammer geführt. Mit Hilfe der Ergebnisse der Untersuchung des künstlich erzeugten Spektrumphänomens kehren wir nun zu unserem ursprünglichen Beobachtungsgebiet zurück, um dasselbe Phänomen in der Natur zu untersuchen. Dort begegnet es uns in Form des Regenbogens, den wir nun als Kapitel im großen Buch der Natur lesen können.

Aus dem, was wir bereits gelernt haben, können wir sofort sagen, dass der Regenbogen eine Art Grenzphänomen darstellen muss, was auf die Existenz einer Grenze zwischen zwei Raumregionen unterschiedlicher Beleuchtung hinweist. Unsere Frage muss also lauten: Was ist das Lichtbild, dessen Grenze zur farbigen Manifestation im Phänomen des Regenbogens kommt? Es besteht kein Zweifel, dass es sich bei dem Bild um das der am Himmel leuchtenden Sonnenscheibe handelt. Wenn wir einen Regenbogen sehen, sehen wir in Wirklichkeit den Rand eines Bildes der Sonnenscheibe, das aufgrund günstiger Bedingungen in der Atmosphäre eingefangen und reflektiert wird. (Beachten Sie dabei, dass der gesamte Bereich innerhalb des Regenbogens immer deutlich heller ist als der Raum außerhalb.)

Sobald wir erkennen, dass dies die wahre Natur des Regenbogens ist, beginnt die besondere Reihenfolge seiner Farben eine bedeutungsvolle Sprache zu sprechen. Der wesentliche zu beachtende Punkt ist, dass der blau-violette Teil des Spektrums auf der Innenseite des Regenbogenbogens liegt – der Seite, die unmittelbar an den äußeren Rand des Sonnenbildes grenzt –, während der gelb-rote Teil auf der Außenseite liegt des Bogens - die dem Sonnenbild abgewandte Seite. Was können wir daraus über die Verteilung der positiven und negativen Dichte innerhalb und außerhalb des von der Sonnenscheibe selbst eingenommenen Bereichs im Kosmos lernen?

Wir erinnern uns, dass entlang des Farbverlaufs von Blau nach Violett die negative Dichte (Hell) zunimmt und die positive Dichte (Dunkel) abnimmt, während es von Gelb nach Rot genau umgekehrt ist – die positive Dichte nimmt zu und die negative Dichte ab. Der Regenbogen zeigt daher eine stetige Zunahme der Dunkelheit zum äußeren Rand und des Lichts zum inneren Rand hin an. Offensichtlich ist das, was das optische Bild der Sonne in der Atmosphäre über die Abstufung des Verhältnisses zwischen Licht und Dunkelheit in radialer Richtung offenbart, ein Attribut des gesamten

Lichtbereichs, der sich von der Sonne bis zu diesem Bild erstreckt. Und wiederum ist die Eigenschaft dieses Bereichs nur eine Auswirkung der dynamischen Beziehung zwischen der Sonne selbst und dem umgebenden kosmischen Raum.

Der Regenbogen wird für uns so zu einem Drehbuch, in dem wir die bemerkenswerte Tatsache lesen, dass die Region, die die Sonne im Kosmos einnimmt, eine Region negativer Dichte ist, im Verhältnis dazu die Region um die Sonne herum eine Region positiver Dichte ist. Weit davon entfernt, eine Ansammlung wägbarer Materie in einem Zustand extrem hoher Temperatur zu sein, wie die Wissenschaft annimmt, stellt die Sonne das genaue Gegenteil von wägbarer Materie dar . (Es würde den Rahmen dieses Buches sprengen, zu zeigen, wie man im Lichte dieser Tatsache lernt, die verschiedenen der Wissenschaft bekannten Sonnenphänomene neu zu interpretieren.)

Sobald wir dies erkennen, wird sich unser Urteil über alles, was uns unsere auf der Erde entwickelten optischen Instrumente wie das Teleskop und das Spektroskop über die Natur der Sonne und ihrer Umgebung sagen, entsprechend ändern. Denn es wird deutlich, dass wir für die Interpretation der von diesen Instrumenten gezeigten Sonnenphänomene Konzepte, die aus Beobachtungen im Bereich der positiven Dichte der Erde abgeleitet sind, nicht richtig verwenden können.

Um solare und terrestrische Phänomene angemessen vergleichen zu können, müssen wir bedenken, dass sie in jeder Hinsicht polare Gegensätze sind . Beispielsweise sollte die Tatsache, dass das Spektroskop Phänomene im Licht der Sonne aufdeckt, die denen auffallend ähnlich sind, die auftreten, wenn irdische Materie zunächst dazu gebracht wird, Licht auszusenden – das heißt in die Nähe der Obergrenze ihrer wägbaren Existenz gebracht wird – und dann spektroskopisch untersucht werden Erwecken Sie uns nicht die Illusion, dass die Sonne in diesem gleichen Zustand aus Materie besteht. Im Gegenteil, die Ähnlichkeit sollte uns sagen, dass die unwägbare Substanz auf ihrem Weg zwischen Sonne und Erde zur wägbaren Existenz am Punkt des Übergangs Aspekte annimmt, die genau denen entsprechen, die die wägbare Substanz an dem entsprechenden Punkt ihrer Aufwärtstransformation offenbart.

Was wir beobachten, wenn wir die Sonne durch ein Spektroskop untersuchen, ist nicht die Sonne selbst, sondern die Bedingungen, die in dieser Grenzregion herrschen, wo unwägbare Substanz in das Erdreich eintritt.

Der Regenbogen erzählt uns, sobald wir ihn als das Grenzphänomen sehen, das er ist, etwas von sich selbst, das in moderner Form eine Vorstellung wiederbelebt, die allgemein in früheren Zeiten vertreten wurde, als er als Mittler zwischen dem Kosmisch-Göttlichen und dem Kosmisch-Göttlichen angesehen wurde irdisch-menschliche Welten. Daher spricht die Bibel davon als Symbol der Versöhnung Gottes mit der Menschheit nach der großen Sintflut. So sahen es die Griechen, als sie darin die Brücke von Iris, der Botin der Götter, sahen; und in ähnlicher Weise spricht die germanische Mythologie davon als den Weg, auf dem sich die Seelen der gefallenen Krieger Walhalla nähern. Durch die Wiederherstellung dieser alten Vorstellung in einer neuen und wissenschaftlich fundierten Form sind wir auch in der Lage, das Missverständnis zu korrigieren, unter dem die alte Brückenvorstellung vom Regenbogen in späteren Zeiten gelitten hat, als die Tradition begann, die direkte Einsicht in die Wahrheit zu ersetzen.

Als mit der zunehmenden Beobachterbeziehung des Menschen zur Welt der Sinne der Regenbogen für ihn nur noch als eine gegen den Himmel abgeflachte Form erscheinen konnte, begannen die Menschen zu glauben, dass das alte Bild von ihm als Brücke von seinem Abbild abgeleitet worden sei zu dessen gewölbter Form. Darstellungen des Regenbogens aus dieser Zeit zeigen tatsächlich übersinnliche Wesen, etwa die Seelen der Toten, die sich entlang der beiden Bogenhälften auf und ab bewegen. Nicht auf diese abstrakte Weise formte der alte Mensch seine kosmischen Bilder. Was sich zwischen der oberen und der unteren Welt abspielte, als ein Regenbogen in den Höhen der Atmosphäre erschien, war kein Verkehr über dem Bogen, sondern ein Wechselspiel über den Regenbogen hinweg *zwischen* dem Reich der Leichtigkeit, das unten am violetten Rand des Regenbogens schimmerte, und dem Reich der Schwerkraft, das aus dem Rot aufleuchtet. Und so haben wir nun gelernt, es wieder zu sehen.

*

An einer Stelle unserer optischen Studien (Seite 259) bezogen wir uns auf einige Worte von Ruskin, in denen er den Einfluss beklagte, den die Weltanschauung der Wissenschaft auf das Seelenleben des modernen Menschen ausübte. Er illustrierte dies, indem er zeigte, wie viel weniger Inspiration ein Mann mit einer Ausbildung in der Wissenschaft der Optik vom Anblick eines Regenbogens erhält als ein „einfacher Bauer“. Eine Lehre aus unseren Studien ist, dass eine Ausbildung in Optik, wenn sie nach Goetheschen Grundsätzen erfolgt, keine derart schädlichen Auswirkungen hat. Es gibt jedoch noch ein weiteres Problem, das außerhalb von Ruskins Zuständigkeitsbereich liegt und dem wir jetzt auf die gleiche gesunde Art und Weise begegnen können.

Ruskin unterscheidet drei mögliche Stadien im Verhältnis des Menschen zur Welt der Sinne. Die erste Stufe nennt er die „inaktive Träumerei“; die zweite – in gewisser Hinsicht fortgeschrittenere – die des „nützlichen Denkens“, die Stufe des wissenschaftlich erwachten Menschen, für den alle Dinge in zählbare und nichts als zählbare Teile zerfallen. Darüber hinaus stellt sich

Ruskin eine dritte, noch höhere Stufe vor, in der der Mensch fähig wird, sich durch „höhere Kontemplation" in eine künstlerisch-ethische Beziehung zum Inhalt der Sinneswelt zu erheben. Nun, so wie Ruskin die zweite und dritte Stufe darstellt, scheinen sie einander auszuschließen. So weit konnte er zu seiner Zeit nicht gehen. Die natürliche Beobachtung im Sinne Goethes führt zu einer Form höherer Kontemplation, die die zweite und dritte Stufe vereint, indem sie das ethische Wesen des Menschen nährt und ihn gleichzeitig mit nützlichem Wissen ausstattet, das ihn also in die Lage versetzt, die Bedingungen des Menschen zu verbessern Rennen auf der Erde. Das Folgende ist ein Beispiel für die praktischen Möglichkeiten, die sich auf dem von uns diskutierten Gebiet eröffnen, wenn wir die durch unseren neuen Ansatz gewonnenen Erkenntnisse auf die in der Natur wirkenden Kräfte anwenden.

Zusammenhang mit der Erneuerung der Naturwissenschaften erwähnte .

Rudolf Steiner verspürte das Bedürfnis nach Pionieren, die auf den von Goethe eröffneten Wegen in das Reich unentdeckter Phänomene an der Obergrenze der Natur vordringen würden, und dies veranlasste ihn, den Zuhörer*innen verschiedene Hinweise zu geben hin zu neuen Wegen der experimentellen Forschung. Soweit praktische Ergebnisse in dieser Richtung bereits erzielt wurden, liegen sie eher auf den Gebieten der Biologie und Physiologie (und in gewisser Hinsicht der Chemie) als auf dem Gebiet der Physik. Unter den Hinweisen, die auf diesem letztgenannten Gebiet gegeben und noch nicht ausgearbeitet wurden, gibt es nun eine, die sich mit einer heute unbekannten Möglichkeit befasst, das Spektrum durch den Magneten zu beeinflussen.

Die Möglichkeit eines magnetischen Einflusses auf das Spektrum ist an sich in der modernen Physik nicht unbekannt. Es war der Niederländer Zeeman, der als Erster eine Veränderung im Aussehen bestimmter Spektrallinien beobachtete, wenn Licht ein Magnetfeld durchdrang. Diese Entdeckung ist jedoch in zweierlei Hinsicht typisch für die moderne Wissenschaft. Der Zeeman-Effekt besteht in der Aufspaltung bestimmter Spektrallinien in andere Linien, also in der Zerlegung eines Ganzen in Teile. Und indem Zeemans Entdeckung scheinbar eine entscheidende Bestätigung zeitgenössischer Ansichten über die elektromagnetische Natur des Lichts lieferte, stellte sie einen der Meilensteine im Fortschritt des modernen physikalischen Denkens dar – mit dem üblichen Ergebnis, das eine Erweiterung des menschlichen Wissens über das Verhalten natürlicher Kräfte zur Folge hat diente dazu, seine Naturauffassung noch tiefer in Illusionen zu verstricken.

Abgesehen davon, dass unsere eigene Art, Beobachtung und Denken zu verbinden, uns davor schützt, theoretische Schlussfolgerungen aus Zeemans

Entdeckung zu ziehen, eröffnet Rudolf Steiners Hinweis die Aussicht, ganz praktische Ergebnisse zu erzielen, die denen des Zeeman-Effekts entgegengesetzt sind. Denn im Gegensatz zur Verwendung eines Magnetfeldes zur Aufspaltung des Spektrums hat uns Rudolf Steiner auf die Möglichkeit aufmerksam gemacht, Teile des Spektrums, die normalerweise getrennt auftreten, zu einer höheren Synthese zu vereinen. Sein Hinweis deutet auf nichts Geringeres als eine Überführung des optisch erzeugten Spektrums von seiner üblichen linearen Form mit zwei Grenzen auf beiden Seiten in eine geschlossene Kreisform hin, und zwar durch eine adäquate Anwendung – noch unentdeckter – magnetischer Kraft. Darüber hinaus wird sich seiner Aussage zufolge der Punkt, an dem sich die beiden Enden des Spektrums treffen, als Quelle bestimmter höherer Naturkräfte erweisen, die sonst nicht direkt zugänglich sind.

Um zu verstehen, wie dies möglich ist, müssen wir bedenken, dass das Spektrum in zweierlei Hinsicht kein vollständiges Phänomen ist. Erstens ist das auf dem Beobachtungsschirm sichtbare Farbband nur scheinbar auf die Oberfläche des Schirms beschränkt. Denn wie wir gesehen haben, sind die Raumbedingungen, die an beiden Enden des Spektrums herrschen, aufgrund der unterschiedlichen Koordination von Leichtigkeit und Schwerkraft an beiden Enden des Spektrums polar entgegengesetzt. Hinter den blau-violetten Farben öffnet sich auf der einen Seite sphärisch der negative Raum, auf der anderen Seite entsteht der positive Raum, ausgefüllt von den radial leuchtenden gelb-roten Farben. Wir sehen also, dass das, was wir zuvor für die beiden Pole Magnetismus und Elektrizität gefunden haben, auch für das Spektrum gilt. Das heißt, die beiden Prozesse, die die relevanten Phänomene hervorrufen, sind nicht auf den Teil des Raums beschränkt, den diese Phänomene einzunehmen scheinen; denn die gesamten positiven und negativen Bereiche des Universums haben daran Anteil. Daher erweist sich das Spektrum, obwohl es scheinbar an seinen beiden Enden begrenzt ist, seiner Natur nach als Teil eines größeren Ganzen.

Schon einmal mussten wir – wenn auch aus einem anderen Blickwinkel – erkennen, dass das Spektrum ein Phänomen ist, das bei richtiger Betrachtung einer gewissen Vervollständigung bedarf. Als wir Goethes ersten Beobachtungen folgten, erkannten wir, dass das bekannte Spektrum, das von Rot über Grün bis Violett reicht, ein Gegenstück hat, das von Violett über Pfirsichblüten bis Rot reicht. Der Leser hat sich vielleicht gefragt, warum wir nie zu diesem anderen Spektrum zurückgekehrt sind, trotz der Rolle, die es dabei spielte, Goethe auf Newtons Fehler aufmerksam zu machen. Der Grund dafür war, dass wir, um das benötigte Verständnis des Spektrums zu erlangen, die beiden Grenzphänomene unabhängig voneinander beobachten mussten – das heißt ohne Rücksicht auf ihre relative Position. Darüber hinaus ist es mit gewöhnlichen optischen Mitteln möglich, jeweils nur eine Art von

Spektrum zu erzeugen, so dass jedes Spektrum durch das andere ergänzt werden muss. Um beides zusammen im endlichen Raum als Teil ein und desselben Phänomens zu haben, muss der Raum selbst dynamisch so transformiert werden, dass die Fortsetzung des durch die Unendlichkeit verlaufenden endlichen Spektralbandes auch ins Endliche eindringt.

Unser Verständnis des Magnetismus als spezifische Darstellung der Polarität zweiter Ordnung ermöglicht es uns, zumindest im Prinzip zu verstehen, wie der Magnetismus – nicht das Licht selbst, wie die heutige Physik fälschlicherweise glaubt –, sondern die sekundäre Polarität der Spektralfarben beeinflussen könnte gebildet aus der Primärpolarität Licht und Dunkelheit. Dies in allen notwendigen Einzelheiten zu sehen, ist eine Aufgabe der Zukunft, die den Rahmen dieses Buches sprengen würde. Wir müssen hier unsere Darstellung von Rudolf Steiners Aussage fortsetzen, indem wir mitteilen, was er über die besondere Natur der neuen Kraftquelle angedeutet hat, die im normalerweise unendlichen Teil des Spektrums erscheinen würde, wenn diese in den Bereich des Endlichen gebracht würde.

Um die Bedeutung dieses Hinweises zu verstehen, müssen wir unsere Aufmerksamkeit auf an sich bekannte Teile des gewöhnlichen Spektrums richten, die wir bisher absichtlich aus unserer Untersuchung herausgelassen haben. Dies sind die Bereiche des Ultravioletts und des Infrarots, die an sich unsichtbar sind, aber einen Teil des Spektrums als Ganzes bilden. Das Ultraviolett manifestiert sich durch chemische Effekte, das Infrarot durch thermische Effekte. Wir haben sie aus unseren Betrachtungen herausgelassen, weil sich diese Bereiche des Spektrums vom sichtbaren Teil nicht nur quantitativ, wie die heutige Wissenschaft glaubt, sondern auch qualitativ und in grundlegender Weise unterscheiden. Wir müssen sie als dynamische Bereiche besonders extremer sphärischer und radialer Aktivitäten betrachten. Als solche stellen sie im Goetheschen Sinne Metamorphosen der Leichtigkeit-Schwerkraft-Wechselwirkung dar, die durch den optisch sichtbaren Teil des Spektrums repräsentiert wird. Auf diese Weise offenbart das Spektrum eine dreifache Differenzierung dieses Kraftbereichs, den wir bisher einfach Leichtigkeit genannt haben, in Aktivitäten, die chemische, optische und thermische Wirkungen hervorrufen.

Bisher können uns physikalische Untersuchungen weiterführen, aber nicht weiter. Wenn wir jedoch die Natur selbst zu uns sprechen lassen und dabei diesen differenzierten Begriff der Leichtigkeit im Hinterkopf behalten, sagt sie uns, dass es über die bisher in Betracht gezogenen drei Metamorphosen hinaus noch eine vierte geben muss.

Erinnern wir uns daran, dass es bestimmte Phänomene des Lebens waren, die uns erstmals auf die Existenz eines Kräftereichs mit den Eigenschaften der Antigravitation aufmerksam machten, und dass diese Kräfte sich erstmals

als Formschöpfer offenbarten. Nun ist es offensichtlich, dass Wärme, Licht und chemische Energie, obwohl sie alle eine wesentliche Rolle in lebenden Organismen spielen, allein niemals dazu in der Lage sein könnten, Chaos, Kohlenstoff, Wasser, Kalk und was auch immer aufzufangen und in eine bestimmte Form zu bringen ' was Ruskin als die Aktivität des Geistes in der Pflanze beschreibt. Um in diesem Sinne ein Instrument des in der Natur tätigen Geistes zu sein, muss die Leichtigkeit zu einer weiteren Metamorphose in eine Aktivität fähig sein, die die anderen drei beherrscht, so dass durch ihr Wirken definiert geformte organische Strukturen entstehen können.

Der Grund dafür, dass diese vierte und höchste Metamorphose des Lichts nicht im gewöhnlichen Spektrum erscheint, liegt darin, dass sie von zu spiritueller Qualität ist, als dass sie vom optischen Apparat erfasst werden könnte. In der Natur selbst erfordert ein schöpferischer Lebensprozess immer die Anwesenheit eines bereits mit Leben durchdrungenen Keimes. Um diese vierte Metamorphose des Lichts ins Spektrum zu rufen, bedarf es also stärkerer Mittel als der bloßen optischen Transformation lichterfüllter Räume. Dieser stärkere Wirkstoff ist laut Rudolf Steiner der Magnetismus. Mit ihrer Hilfe wird es möglich sein, den Teil der Aktivität der Leichtigkeit, der dem optischen Instrument entgeht und so kosmisch bleibt, und den Teil, der für sich allein im irdischen Raum erscheint, um ein gemeinsames räumliches Zentrum zu organisieren .

Sobald dies praktisch durchgeführt wird, können wir erwarten, dass ein vollständiger Farbkreis entsteht, wie bereits von Goethe erahnt. Der Vollkreis besteht aus zwölf erkennbaren Farben , wobei die Goethean-*Pfirsichblüte* dem Grün diametral gegenüberliegt. In dieser Region der Pfirsichblüte finden wir – wiederum nach Rudolf Steiner – eine Quelle aktiv wirkender Lebenskräfte, die der vierten Metamorphose des Leichtsinns entspringen. Dies sind die Aussichten für Forschungsarbeiten, die sich an den neuen Linien orientieren.

NACHSCHRIFT

Die Tatsache, dass wir hier einen Hinweis Rudolf Steiners auf noch unentdeckte Möglichkeiten wissenschaftlicher Forschung offengelegt haben, erfordert die Auseinandersetzung mit einem Einwand, der insbesondere von einigen Lesern erhoben werden könnte, die diesen Hinweis bereits aus ihrer eigenen Beziehung zu Rudolf Steiner kennen arbeiten. Sie mögen einer Diskussion des Themas in einer Veröffentlichung wie dieser widersprechen, weil sie es für gefährlich halten, Informationen an die Welt weiterzugeben, die in den wirtschaftlichen Kämpfen von heute in einem Sinne verwendet werden könnten, der den damit verfolgten sozialen und moralischen Zielen zuwiderläuft dem Werk Rudolf Steiners gewidmet.

Als Antwort kann man sagen, dass alles, was wir in diesem Buch durchgearbeitet haben, gezeigt hat, dass ohne eine gewisse ethische Anstrengung des Suchenden kein konkretes Wissen über die Welt erlangt werden kann. Daher wird jeder, der dieses Wissen mit einer passiven Geisteshaltung erhält, es für bedeutungslos halten und wird es überhaupt nicht in die Praxis umsetzen können. Wir können daher sicher sein, dass die Lösung des hier angesprochenen Problems, wie auch jeder anderen experimentellen Aufgabe Rudolf Steiners, in sich die Garantie dafür enthalten wird, dass davon kein Gebrauch gemacht wird, der dem wahren Fortschritt der Menschheit abträglich ist.

Andererseits lässt die gegenwärtige Weltsituation, die in so hohem Maße von der enormen Befreiung der subphysischen Kräfte der Erde bestimmt ist, das Gefühl entstehen, dass es wichtig ist, die Betrachtungen der behandelten Wissensgebiete nicht abzuschließen mit in diesen Kapiteln, ohne einen Hinweis auf die praktischen Möglichkeiten, die sich aus einer Fortsetzung von Goethes Bemühungen auf diesem Gebiet ergeben.

1 Siehe in Rudolf Steiners Ausgabe von Goethes wissenschaftlichen Schriften seine Fußnote zu Goethes Kritik an Nuguets Theorie des Spektrums im historischen Teil der *Farbenlehre* (Bd. IV, S. 248, in Kürschners Ausgabe).

2 Es ist offensichtlich, dass der Leser, der die Bedeutung der in den folgenden Absätzen beschriebenen Beobachtungen vollständig verstehen möchte, diese Beobachtungen wie in früheren Fällen selbst durchführen muss.

3 In diesem und den beiden folgenden Diagrammen wurde der Lichtbereich als kleiner dargestellt als der durch das Prisma gewonnene Raum. Um unnötige Komplexität zu vermeiden, sind die Farben , die in einem solchen Fall tatsächlich an der Grenze des Lichtbereichs erscheinen, wo es aus dem Prisma austritt, in keinem der Diagramme dargestellt.

4 Diese Richtung lässt sich hinreichend genau bestimmen, indem man einen sehr dünnen Gegenstand direkt vor das Prisma hält und mit einem gespannten Faden die Richtung markiert, die vom Gegenstand zu seinem Schatten auf dem Bildschirm führt. Die farbgebende Kante muss dann von beiden Seiten so eingeführt werden, dass sie den Faden gerade berührt.

5 Der oben beschriebene Unterschied im Charakter der verschiedenen Teile des Spektrums kommt besonders eindrucksvoll zur Geltung, wenn man zur Erfassung des Farbphänomens anstelle einer flachen weißen Fläche einen klaren, nicht zu kleinen Kristall oder auch einen Cluster verwendet aus Kristallen - und bewegt es langsam entlang des farbigen Bandes von einem Ende zum anderen. (Für diesen Vorschlag bin ich Pater Julius, Lehrer für Naturwissenschaften an der Freien Schule in Den Haag, zu Dank verpflichtet.)

TEIL III

Auf dem Weg zu einer neuen Kossophie

KAPITEL XIX

Das Land, in dem der Mensch *kein* Fremder ist

Ich stelle mein körperliches oder vegetatives Auge nicht mehr in Frage, als ich ein Fenster hinsichtlich des Sehens in Frage stelle. Ich schaue hindurch und nicht damit.
WILLIAM BLAKE.

(a) EINLEITENDE BEMERKUNG

Eine grundlegende Errungenschaft auf unserem Studienweg war die Erkenntnis, dass eine Kraft der Leichtigkeit existiert, die polar zur Schwerkraft ist, und dass diese beiden zusammen eine primäre Polarität in der Natur darstellen, die wiederum die Quelle der vielfältigen sekundären Polaritäten der Natur ist.

Im letzten Teil dieser Studien eröffnete sich der Blick auf eine innere Differenzierung der Leichtigkeit selbst in Wärme, Licht, chemische Wirkung und die gestaltende Tätigkeit des Lebens. Unsere nächste Aufgabe wird darin bestehen, eine klarere Vorstellung von diesen vier Wirkungsweisen der Leichtigkeit zu entwickeln.

Bei der Bewältigung dieser Aufgabe müssen wir jedoch unsere Beobachtungen der Natur über die Grenze hinaus erweitern, die nur durch die Nutzung dessen, was wir von Goethe lernen können, erreichbar ist. Hier kommt uns Rudolf Steiner zu Hilfe, was er durch seine Forschungen im Bereich des Übersinnlichen selbst vermitteln konnte.

Diese Hinwendung zu Informationen, die von einem anderen Geist stammen, dessen Wissensquellen außerhalb unserer unmittelbaren Reichweite liegen, scheint auf den ersten Blick unvereinbar mit den Prinzipien zu sein, die alle unsere bisherigen Studien leiten; denn um Einsicht in das Wie und Woher eines Phänomens der Sinneswelt zu gewinnen, haben wir bisher nur das zugelassen, was sich aus der Beobachtung des Phänomens an sich ergibt (allerdings mit *Hilfe* des „Auges des Geistes") und anderer damit zusammenhängender Phänomene. Das ist es, was wir „Lesen im Buch der Natur" genannt haben, und wir haben herausgefunden, dass es die Methode ist, auf der eine Wissenschaft basieren muss, die das Betrachterbild des Universums überwinden will. Deshalb müssen wir zunächst sicherstellen, dass der Schritt, den wir jetzt unternehmen wollen, keinen Verstoß darstellt

dieses Prinzip.

*

Die Gewissheit, die wir wollen, wird in zwei Merkmalen der Mitteilungen Rudolf Steiners aus seinen Forschungen zu finden sein. Der Inhalt dieser

Mitteilungen wurde durch eine „Lesung" erworben, die nichts anderes ist als eine höhere Metamorphose der von Goethe erstmals verwendeten Lesart; und die Annahme dieses Inhalts durch einen anderen Geist ist selbst nichts anderes als ein weiterer Akt des Lesens, außer dass die Richtung des lesenden Blicks von der üblichen abweicht.

Um dies zu verstehen, müssen wir auf das zurückgreifen, was wir im Laufe unserer optischen Studien über die beiden Formen des Sehens gelernt haben, die aus der Aktivität des inneren Lichts des Auges entstehen – das Traumsehen und das Sehen von Nachbildern. Von diesen beiden ist das Sehen im Traum in gewissem Sinne die reinere Form des inneren Sehens, da es ohne äußere Reize entsteht, die auf das physische Sehorgan ausgeübt werden. Andererseits fehlt ihm die objektive Gesetzeskonformität, die für die Nachbilder charakteristisch ist, die die Ordnung der Außenwelt widerspiegeln. In Traumbildern steckt ein willkürliches, rätselhaftes Element, und ihre Logik scheint oft der Logik des Wachbewusstseins zuwiderzulaufen. Ein weiteres Merkmal der Traumwahrnehmung ist, dass wir an die im Traum vorherrschende Bewusstseinsebene gebunden sind. Während wir träumen , können wir nicht soweit erwachen, dass wir die Bilder zum Gegenstand bewusster Beobachtung machen könnten.

Bei den Nachbildern ist das anders. Auch wenn sie in unserem Bewußtsein zunächst mit einer Deutlichkeit vorhanden sind, die nicht größer ist als die der Traumbilder, so können wir doch unser Bewußtsein über sie so weit steigern, daß wir sie wie jedes äußere Phänomen unter Beobachtung bringen. Wie bereits gezeigt, ist es möglich, selbst wenn das Auge auf einen Eindruck von außen fixiert ist, ein solches Bewusstsein für die Aktivität des inneren Lichts zu entwickeln, das durch diesen Eindruck hervorgerufen wird, zusammen mit den Ergebnissen der Taten und Leiden des Lichts wir können etwas von diesen Taten und Leiden selbst wahrnehmen. Die Wahrnehmung der Nachbilder wird so zu dem, was wir Wahrnehmung gleichzeitiger Bilder nennen können. (Diese Tätigkeit des Auges entspricht dem, was Goethe in einem anderen Zusammenhang eine „Allianz der Augen des Geistes mit den Augen des Körpers" nannte.)

Diese beiden Formen der visuellen Wahrnehmung – die wir kurz als (1) Wahrnehmung von *Nachbildern* und (2) Wahrnehmung von Co-Bildern bezeichnen können – stellen aufeinanderfolgende Stufen auf einer „spirituellen Leiter" dar, die über sich selbst hinaus zu einer weiteren Stufe führt. Nach der Logik der Sukzession kann erwartet werden, dass dies in einer Art Sehen von *Vorbildern besteht* , mit der Eigenschaft, dass es sich um eine noch weniger physische Art des Sehens handelt als die beiden anderen. Dieses Sehen muss auf einer Aktivität des inneren Lichts beruhen, die der im Traum ähnelt, indem sie ohne jeglichen Reiz durch äußere Lichteindrücke entsteht, gleichzeitig darf es jedoch keine Willkür in den Inhalten dieser

Wahrnehmung geben. Darüber hinaus muss unser Bewusstsein bei dieser Wahrnehmungsaktivität so beschaffen sein, dass wir die volle Kontrolle darüber haben, so wie wir es beim gewöhnlichen Sehen am Tag tun.

Diese Art der rein sinnesfreien Wahrnehmung gibt es tatsächlich, und sie kann durch ein wohlgeordnetes Training aus dem Ruhezustand, in dem sie in jedem Menschen vorhanden ist, erweckt werden. Wer auf diese Weise sehen lernt, nimmt die Wirkung des kosmischen Lichts wahr und nimmt damit direkten Kontakt mit seinem eigenen inneren Licht auf – also ohne Vermittlung seines der Schwerkraft unterworfenen körperlichen Auges. So wird dieses Auge des Geistes in der Lage, die von der Leichtigkeit verwobenen Archetypen (Urbilder) wahrzunehmen , die allem zugrunde liegen, was das physische Auge in der Welt des gewöhnlichen Raums wahrnimmt.

In Bezug auf den intrinsischen Charakter des so wahrgenommenen Weltinhalts nannte Rudolf Steiner diese Art der Wahrnehmung „imaginative Wahrnehmung" oder einfach „Imagination". Dadurch verlieh er diesem Wort seine gebührende und rechtmäßige Bedeutung.

Aus dem, was wir in unseren optischen Studien über die Natur von Nachbildern (Kapitel XV) herausgefunden haben, ist klar, dass der Erwerb der imaginativen Wahrnehmung auf einem Wiedererwachen im Auge (und damit im gesamten Organismus hinter dem Auge) beruht bestimmte „kindliche" Kräfte, die im Laufe des Heranwachsens des Menschen schlummern. Es stellt somit eine Erfüllung des philosophischen Anspruchs von Thomas Reid dar. Folglich finden wir unter den Beschreibungen, die Traherne über die Art der Wahrnehmung gibt, die dem Menschen eigen ist, wenn das innere Licht, das bei der Geburt in diese Welt gebracht wurde, noch nicht vom physischen Auge absorbiert ist, viele hilfreiche Charakterisierungen der Natur der imaginativen Wahrnehmung, einige davon die hier zitiert werden dürfen.

Betrachten Sie in diesem Zusammenhang die folgende Passage aus Trahernes zuvor *zitiertem Gedicht The Praeparative* . Traherne beschreibt den Seelenzustand zu einer Zeit, in der die physischen Sinne noch nicht in Betrieb sind, und sagt:

„Dann war meine Seele mein einziges Alles für mich,

Ein lebendiges, endloses Auge, dessen Kraft, Tat und Wesen zu sehen war:

„Ich war eine innere Sphäre des Lichts oder eine endlose Kugel des Sehens, die
über das hinausging, was die Tage ausmacht,
eine lebenswichtige Sonne, die ihre Strahlen ausstrahlte:
alles Leben, alle Sinne,
eine nackte, einfache, reine Intelligenz. "

Dies ist der Zustand der Seele, von dem Traherne im selben Gedicht sagt, dass der Mensch dadurch immer noch Empfänger der „wahren Ideen aller Dinge" sei. In diesem Zustand ist das Objekt des Sehens nicht die körperliche Welt, die das Licht reflektiert, sondern das Licht selbst, das am Weben der archetypischen Bilder beteiligt ist. In einer späteren Passage desselben Gedichts drückt Traherne dies aus, indem er sagt:

Es ist nicht das Objekt, sondern das Licht, das
Hev'n macht . ...'

Und noch deutlicher im folgenden Teil seines Gedichts „*An Infant Eye*":
„ Ein einfaches Licht, frei von aller Ansteckung,
ein Strahl, der rein spirituell ist, ein Auge,
das ganz und gar jungfräulich ist, die Dinge sehen
selbst wie die Gottheit;"
Das heißt, es leuchtet in einem himmlischen Sinne
und verbreitet (unbewegt) sein Licht rundherum.

„Die sichtbaren Strahlen sind tatsächlich Lichtstrahlen,
raffiniert, subtil , durchdringend, schnell und rein;
Und während sie es tun, übertreffen die lebhaften Winde,
Sind es wert, länger auszuhalten;
Sie übertreffen die Reichweite der größeren Luft bei weitem, womit diese Exzellenz
vielleicht nicht zu vergleichen ist. Aber nachdem sie einmal entwertet wurden , werden sie bald
weniger aktiv als zuvor."

Wie die Seele in diesem Stadium den Akt der Wahrnehmung an sich selbst erlebt, zeigt die folgende Passage aus dem Gedicht „ *Wunder*":

„Eine einheimische Gesundheit und Unschuld
wuchs in meinen Knochen
und während mein Gott all seine Herrlichkeiten zeigte,
fühlte ich eine Kraft in meinen Sinnen
, die alles GEIST war: Ich floss in mir mit Meeren von Leben wie Wein. "

Äußerungen dieser Art veranschaulichen die Tatsache, dass die Wahrnehmung der Urbilder der Welt in einer Lesung mit dem Auge des Geistes besteht, das so stark geworden ist, dass für seine Wirkung keine Unterstützung mehr durch das physische Auge mehr gegeben ist erforderlich. Diese Fähigkeit zur spirituellen Vorstellungskraft (die Rudolf Steiner vor anderen Menschen ausüben konnte) wird auf einem Ausbildungsweg erworben, der die direkte Fortsetzung des Goetheschen Weges darstellt. [1]

Es bleibt zu zeigen, dass die Annahme von Informationen, die wir durch spirituelle Vorstellungskraft erhalten haben, ohne dass wir sie bereits beherrschen, nicht im Widerspruch zu den Prinzipien des „Lesens" steht.

Denken wir zu diesem Zweck an das Lesen im gewöhnlichen Sinne dieses Wortes und erinnern wir uns daran, dass wir zum Erwerb dieser Fähigkeit auf jemanden angewiesen sind, der sie lehren kann, weil er sie bereits besitzt. Genau das Gleiche gilt auch für die Lesart, um die es hier geht. Auch hier ist eine Lehrkraft erforderlich, die diese Fähigkeit bereits besitzt. So wurde Goethe für uns zum Lehrer des Lesens, und es wäre ein Fehler zu glauben, dass er seinerseits keinen Lehrer brauchte. In seinem Fall wurde diese Funktion teilweise durch das erfüllt, was er durch seine Studien über die früheren Früchte der spirituellen Aktivität des Menschen lernte, das heißt aus einer Zeit, in der zumindest noch Spuren der ursprünglichen, instinktiven Fähigkeit spiritueller Vorstellungskraft vorhanden waren. Eine ähnliche Funktion auf unserem eigenen Studienweg hatte unsere Beschäftigung mit der alten Lehre von den vier Elementen und den Grundkonzepten der Alchemie.

So unerlässlich eine solche Leseschulung durch Rückgriff auf vergangene Menschenbilder ist, reicht sie doch nicht aus, um den heutigen Anforderungen eines wissenschaftlichen Verständnisses des Universums gerecht zu werden. Dazu benötigen wir eine „Technik" des Lesens, die auf diesem Weg allein nicht zu erreichen ist. Das Bewusstsein dieser Tatsache veranlasste Rudolf Steiner, seine geisteswissenschaftlichen Untersuchungen fortzusetzen und die Ergebnisse so zu kommunizieren, dass sie für diejenigen, die sie studieren, eine „Schule des Lesens" sein können. [2] Tatsächlich haben wir in diesem Sinne bereits von einem Ergebnis der Forschungen Rudolf Steiners Gebrauch gemacht, denn gleich zu Beginn dieses Buches wurde sein Bild vom dreigliedrigen psychophysischen Organismus des Menschen unserem eigenen zugrunde gelegt Untersuchungen. Der Grund, warum die vorliegenden Ausführungen damals nicht aufgenommen wurden, liegt darin, dass die relevanten Ergebnisse der höheren Forschung in diesem Fall derart waren, dass sie, sobald sie bekannt waren, durch die einfachste Art der Selbstbeobachtung bestätigt werden konnten. Es bleibt jedoch die Tatsache, dass wir von Anfang an jemanden mit einer umfassenden Lesekompetenz herangezogen haben, um bei der Entschlüsselung bestimmter Tatsachen der Natur – in diesem Fall der menschlichen Natur – zu helfen.

Ein ähnlicher Bedarf, wenn auch in verstärkter Form, entsteht im gegenwärtigen Stadium unserer Studien. Und hier, aus der Fülle an Erkenntnissen, die Rudolf Steiner aus dem Bereich der übersinnlichen Imagination vermittelt hat, ist es seine Charakterisierung der vier Modifikationen der Leichtsinnigkeit, die nun die für unsere eigene Beobachtung notwendige Orientierung geben wird. Wenn wir die von ihm für die Beschreibung dieser Sphäre gewählte Terminologie übernehmen, werden wir in Zukunft von ihr als vom „Äther" sprechen, der das Universum durchdringt (womit wir dieses Wort auch in seiner wahren und ursprünglichen Bedeutung verwenden). Entsprechend beziehen wir uns auf seine vierfache Differenzierung in die vier Arten des Äthers: Wärme-Äther, Licht-Äther, chemischer Äther und Lebens-Äther.

(b) WÄRME

Wir beginnen mit dem Wärmeäther als der einzigen Modifikation des Äthers, die bestimmte ätherische mit bestimmten physikalischen Eigenschaften verbindet. Als Grenzzustand zwischen den beiden Welten hat der Wärmeäther einerseits die Funktion, die ihm von den höheren Äthern übermittelten Bildwebereien aufzunehmen und andererseits physische Materie herbeizuführen in den Zustand, in dem es für das Wirken der ätherischen Kräfte empfänglich wird. Der Wärmeäther erreicht dies, indem er die Materie von der einseitigen Kontrolle durch die zentrumsgebundenen Kräfte der Erde befreit. Sie ruft somit, wenn sie physikalisch wirkt, die Prozesse des Schmelzens von Festkörpern und des Verdampfens von Flüssigkeiten hervor: Phänomene, die die ersten Beobachtungen für unsere Einführung des Konzepts der Leichtigkeit lieferten. In Vorgängen dieser Art erkennen wir nun die physische Manifestation einer universellen Funktion des Wärmeäthers, nämlich die Materie aller Form zu entledigen und sie aus dem von der Schwerkraft beherrschten Bereich in den der Leichtigkeit hinüberzuführen. Vorausgesetzt, wir geben dem Wort die richtige Bedeutung, können wir sagen, dass die Funktion des Wärmeäthers darin besteht, *Chaos* an der oberen Grenze der physischen Natur herbeizuführen. So haben wir es bereits in der Pflanze wirken sehen, wenn durch die Vereinigung des Pollens mit dem Samen im Samen ein Zustand des Chaos entsteht, der es dem Typus ermöglicht, ihm *sein* Formprinzip erneut einzuprägen.

Ein weiteres Beispiel für die antigravitative Wirkung des Wärmeäthers, das ebenfalls bereits erwähnt wurde, ist die seismische Aktivität der Erde. Allerdings scheint es auf den ersten Blick so, als hätte es wenig gebracht, von Wärme-Äther zu sprechen, statt, wie zuvor, von Leichtigkeit überhaupt. Aber es darf nicht vergessen werden, dass im Ätherbereich als Ganzes die Wärme, also die Überwindung der irdischen Schwerkraft, nur eine der vier Arten ätherischer Wirkung ist, wenn auch diejenige, die es den anderen drei ermöglicht, in sie hineinzuwirken physikalische Welt. Wir werden später sehen, dass es nur durch die Berücksichtigung der Wirkung der höheren Modifikationen des Äthers möglich ist, Einblick in die wahren Ursachen des scheinbar so willkürlichen Auftretens vulkanischer und verwandter Phänomene zu gewinnen. Auch hier ist es die Aufgabe des Wärmeäthers, in der physischen Sphäre das Chaos zu erzeugen, das notwendig ist, um die physische Sphäre für die Aktivitäten in höheren Sphären empfänglich zu machen.

Angesichts dieser universellen Funktion des Wärmeäthers, die ihn von den anderen Modifikationen des Äthers unterscheidet, können wir ihm als zweiten Namen den „ chaotisierenden Äther" geben.

* * *

(c) LICHT

Die Funktion des Lichtäthers, der zweiten der vier Äthermodi, kann man sich am besten vorstellen, wenn man an den Unterschied zwischen einer Pflanze, die in der Dunkelheit wächst (vielleicht einer Kartoffel, die in einem Keller sprießt) und einer anderen derselben Art, die dem Licht ausgesetzt ist, denkt Einfluss des Lichts. Auf den Tafeln VII und VIII sind zwei Arten einzelliger Organismen dargestellt, von denen die eine – die Grünalge – daran gewöhnt ist, im Licht zu leben, die andere – die Bazillen – im Dunkeln. Diese Dinge sind natürlich bekannte Tatsachen. Unser Ziel hier ist jedoch nicht nur, sie als „Tatsache" aufzuzeichnen, sondern durch die Neuerschaffung in uns selbst, sie zu nutzen, um eine Erfahrung der Funktion des Lichtäthers zu erlangen.

Die folgenden Passagen aus Goethes *Metamorphose der Pflanzen* sind ein klassisches Beispiel für die Beobachtung der Aktivität des Lichtäthers in der Pflanze. Sie sind dem zweiten Teil des Aufsatzes entnommen, in dem Goethe die Blattentwicklung beschreibt:

„Während die Blätter ihre erste Nahrung hauptsächlich den mehr oder weniger veränderten wässrigen Teilen verdanken, die sie aus dem Stängel beziehen, verdanken sie ihre zunehmende Vollkommenheit und Verfeinerung dem Licht und der Luft." Die unter der geschlossenen Samenhülle gebildeten Keimblätter sind sozusagen nur mit rohem Saft gefüllt; sie sind kaum und nur grob organisiert und ziemlich unterentwickelt. Ebenso sind die Blätter bei Pflanzen , die unter Wasser wachsen, grober organisiert als bei anderen, die der freien Luft ausgesetzt sind. Tatsächlich entwickelt sogar die gleiche Pflanzenart glattere und weniger kompliziert geformte Blätter, wenn sie an Orten mit niedriger Luftfeuchtigkeit wächst, wohingegen sie, wenn sie in eine höher gelegene Region verpflanzt wird, Blätter produziert, die rau, haarig und feiner gestaltet sind."

So verhält es sich auch mit der Anastomose der Gefäße, die aus den größeren Venen hervorgehen, sich mit ihren Enden gegenseitig suchen und verschmelzen und so die notwendige Grundlage für die Blatthaut oder Cuticula bilden. All dies wird, wenn auch nicht ausschließlich durch subtile Formen der Luft verursacht, durch sie zumindest sehr gefördert. Wenn die Blätter vieler Wasserpflanzen fadenförmig sind oder die Form eines Geweihs annehmen, neigen wir dazu, dies auf das Fehlen einer vollständigen Anastomose zurückzuführen. Das lässt sich am Wachstum des

Wasserhahnenfußes (*Ranunculus aquatilis*) deutlich erkennen, dessen im Wasser lebende Blätter nur aus fadenförmigen Adern bestehen, während bei den über Wasser entwickelten Blättern die Anastomose vollständig ist und eine zusammenhängende Ebene entsteht. Gelegentlich kann man bei dieser Pflanze tatsächlich den Übergang noch deutlicher beobachten, und zwar bei Blättern, die halb anastomosiert und halb fadenförmig sind.

Der zweite dieser Absätze beschreibt das Phänomen der Gefäßanastomose, das, nachdem es bereits mehr als einmal Gegenstand unserer Untersuchung war, hier eine neue Bedeutung offenbart. Wenn wir, Goethes Methode folgend, in unserem Geist die wiederholten Trennungen und Wiedervereinigungen der Saftgefäße nachbilden und dabei die Tatsache im Auge behalten, dass die äußere Form des Blattes das Ergebnis einer gezielten, vielfach wiederholten Anastomose ist, dann entsteht das Bild der Tätigkeit des Webens entsteht vor unserem geistigen Auge. (Daher das Wort „Gewebe" für das Fleisch eines Lebewesens.) In Wahrheit sind alle Formen der Natur aus Licht gewebt, auch die Kristalle. [3]

Wie klar sich Goethe die Übereinstimmung des Denkaktes des Menschen mit der Art und Weise, wie die Natur ihre Formen hervorbringt – beides ein Akt übersinnlichen Webens – war, zeigen die beiden folgenden Verse. Das auf der linken Seite ist eine Passage aus *Faust,* aus der Szene, in der Mephisto (verkleidet als Faust) den jungen Gelehrten unterrichtet. Die andere ist eine veränderte Version davon, die Goethe zu einem späteren Zeitpunkt zum Abschluss eines Aufsatzes (*Bedenken und Ergebung*) verfasste , in dem er sich mit dem Problem der Beziehung zwischen Erfahrung und Idee befasst:

Wahrlich, wenn Männer ihre Gedanken begreifen
, dann ist es, als ob sie ein Meisterwerk weben würden. Ein Faden und tausend Fäden
fliegen, die Schiffchen bewegen sich schnell hin und
her , alle unsichtbaren Fäden fließen, ein Schlag und tausend Fäden vereinen sich . [1]

also mit bescheidenem Auge
Ihr Meisterwerk „Dame Nature" wahr.
Ein Faden, und tausend Stränge fliegen,
die Schiffchen gehen schnell hin und her,
die Fäden fließen ineinander, ein Schlag, und tausend enge vereinen sich . [4] -

Was Goethe hier zeigen will, indem er auf das Wirken der Natur dasselbe Bild anwendet, das er ursprünglich für die Darstellung des Denkvorganges verwendet hat, das können wir heute so ausdrücken, dass es die Identität des Wirkens des Lichtäthers im Menschen ist Denken und in der äußeren Natur, die dafür verantwortlich ist, dass die in der Natur wirkenden objektiven Ideen in Form von Gedanken zum Inhalt des Bewusstseins des Menschen werden können. [5]

In Anlehnung an unsere bisherige Vorgehensweise, als wir dem Wärmeäther einen zweiten Namen gaben, indem wir ihn chaotisierender Äther nannten, können wir den Lichtäther auch als „webenden Äther" bezeichnen.

*

Wenn wir an diesem Punkt unserer Diskussion noch einmal auf den Bereich der physikalischen Manifestationen des Lichts zurückkommen, der in den vorangegangenen Kapiteln behandelt wurde, tun wir dies, weil wir durch die Untersuchung dieser Erscheinungen im vorliegenden Kontext weitere Einsichten in die Tatsache gewinnen werden, dass eine Ebene von Die Natur liefert Abbildungen von Prozessen, die auf einer anderen Ebene mehr oder weniger verschleiert bleiben. Gleichzeitig wird uns dies helfen, mehr über die Eigenschaften des Levity-Raums zu erfahren. Das optische Phänomen, das wir in diesem Sinne diskutieren werden, ist das der *sogenannten Lochkamera*. (Der Lochkameraeffekt lässt sich leicht durch ein Schlüsselloch in einer geschlossenen Tür erzeugen, die auf der einen Seite zum Fenster zeigt und auf der anderen Seite in einen vergleichsweise dunklen Raum führt.)

Die übliche Erklärung für das Erscheinen des optischen Bildes auf der hinteren Innenwand einer solchen Kamera ist, dass Lichtstrahlen, die von jedem Punkt außerhalb ausgehen, sich in der Öffnung der Kamera kreuzen und so - wieder Punkt für Punkt - das erzeugen invertiertes Bild. Offensichtlich steht uns eine solche Erklärung nicht zur Verfügung. Denn die Welt der äußeren Objekte ist ein Ganzes, und so erscheint auch ihr Bild in der Kamera. Ebenso ist das in die Kamera einfallende Licht keine Summe einzelner Strahlen. Die reine Beobachtung führt zu der folgenden Beschreibung des optischen Vorgangs.

Wenn wir den Weg untersuchen, den das Licht von der beleuchteten Oberfläche der äußeren Objekte über die Lochblende bis zum optischen Bild im Inneren der Kamera nimmt, erkennen wir, dass der an diesem Prozess beteiligte Lichtbereich die Form eines Doppelkegels hat Scheitelpunkt in der Öffnung der Kamera. Innerhalb dieses Kegels trägt das Licht das Bild über den Raum, der sich vor den lichtreflektierenden Objekten erstreckt, bis zu dem Punkt, an dem das Bild sichtbar wird, indem es an der Rückwand der Kamera eingefangen wird.

Somit ist in jedem Abschnitt des Kegels das Bild in seiner Gesamtheit vorhanden – sogar in der Spitze des Kegels. Auch dort ist das Bild in all seinen Details als Ganzes vorhanden, allerdings ohne (idealerweise) räumliche Ausdehnung. So gesehen offenbart der Lichtäther auf dieser Ebene seiner Wirkung als eine seiner Eigenschaften die Fähigkeit, ein ursprünglich im Raum ausgedehntes Bild in einem raumlosen Punkt gegenwärtig zu machen und es in räumlicher Ausdehnung von diesem Punkt aus entstehen zu lassen.

Hinzu kommt die Tatsache, dass überall dort, wo wir eine Lochkamera aufstellen, die Öffnung an der Vorderseite dazu führt, dass in ihrem Inneren ein optisches Bild entsteht. Dies zeigt, dass jeder mit Licht gefüllte Punkt im Raum Träger eines auf einen Punkt zusammengezogenen optischen Bildes der gesamten ihn umgebenden Welt der lichtreflektierenden Objekte ist. Alles, was wir mit einer solchen Kamera tun, ist, ein bestimmtes Bild auszuwählen und es in eine separate Sichtbarkeit zu bringen.

Durch diese Beobachtungen werden wir uns der Fähigkeit des Lichts bewusst, gleichzeitig dem Raum als Ganzem und jedem Punkt darin ein potenzielles Bild des lichtreflektierenden Objekts zu vermitteln.

Was wir hier im Bereich der physischen Lichttätigkeit beobachten, ist genau das, was der Lichtäther auf einer höheren Ebene der Natur bewirkt, wenn mit seiner Hilfe das geistige Urbild einer Pflanze räumliche Erscheinung annimmt. Denn zu diesem Zweck prägt der Archetyp, selbst ohne räumliche Begrenzung, sein Bild in den winzigen Samen ein, von wo aus der wachsende Pflanzenorganismus es wieder in den Raum trägt. Und es gibt im Prinzip keine Begrenzung hinsichtlich der Anzahl solcher Samen, von denen jeder das vollständige Bild des Archetyps trägt.

* * *

(d) TON

dem *chemischen Äther* auch den zweiten Namen Klangäther zu geben . Angesichts der zu Beginn dieses Kapitels betonten Tatsache, dass die Wahrnehmung des Äthers durch eine Steigerung der Kraft des *Geisterauges erreicht wird,* muss es überraschend sein, zu erfahren, dass eine bestimmte Wirkungsweise des Äthers eine Rolle spielt Qualität, die Hörerlebnisse reizvoll macht. Die vollständige Antwort auf dieses Rätsel muss auf die Diskussion warten, die diesem Kapitel folgt. Zwei Punkte können jedoch gleichzeitig vorgebracht werden. Erstens gibt es dort, wo die Schwerkraft mit ihrer Tendenz zur Individualisierung fehlt, keine so scharfen Unterschiede zwischen einer Wahrnehmungsform und einer anderen, wie sie im Bereich der physischen Sinne zu finden sind. [6] Zweitens ist uns auch in der gewöhnlichen Sinneswahrnehmung eine gewisse Überschneidung von visuellen und akustischen Erfahrungen bekannt. Wir müssen nur darüber nachdenken, wie üblich es ist, Farben musikalische Attribute wie „konsonant" und „dissonant" zuzuordnen und Töne als „hell" und „dunkel" zu beschreiben. Der Grund dafür ist, dass wir visuelle Erlebnisse unbewusst mit Tonempfindungen begleiten und umgekehrt. Es sind sogar Fälle von Menschen bekannt, bei denen die sekundäre Empfindung mit einer solchen Intensität auftritt, dass sie der primären gleichkommt. Solche Leute sagen, dass sie Geräusche „sehen" und Farben „hören" .

Wir dürfen erwarten, dass alles, was von der übersinnlichen Sphäre gilt, in irgendeiner Form in der Welt der Sinneswahrnehmung zum Ausdruck kommt. Die Sphäre des Äthers ist die Sphäre der schöpferischen Archetypen der Welt, und wenn wir erfahren, dass einem Teil dieser Welt der Charakter des Klangs zugeschrieben wird, müssen wir nach einem Phänomen suchen, das für unsere Sinne wahrnehmbar ist und uns offenbart das Geheimnis der formbildenden Kraft des Klangs. Dies liegt an den sogenannten Klangfiguren, die der deutsche Physiker Chladni (1756-1827) entdeckte und nach ihm „Chladnis Klangfiguren" nannte. Eine kurze Beschreibung, wie sie hergestellt werden, ist nicht unangebracht.

Benötigt wird eine runde oder quadratische Platte aus Glas oder Messing, die in der Mitte so befestigt ist, dass sie an den Rändern frei schwingen kann. Es wird gleichmäßig und nicht zu dick mit feinem Sand oder Lycopodiumpulver bedeckt und dann durch wiederholtes Ziehen eines Geigenbogens mit etwas Druck über den Plattenrand in akustische Schwingungen versetzt, bis ein gleichmäßiger Ton hörbar wird. Durch die so innerhalb der Platte erzeugten Vibrationen werden die Sand- oder Pulverpartikel in Bewegung versetzt und bewirken, dass sie sich in bestimmten stationären Teilen der Platte sammeln und so entstehen

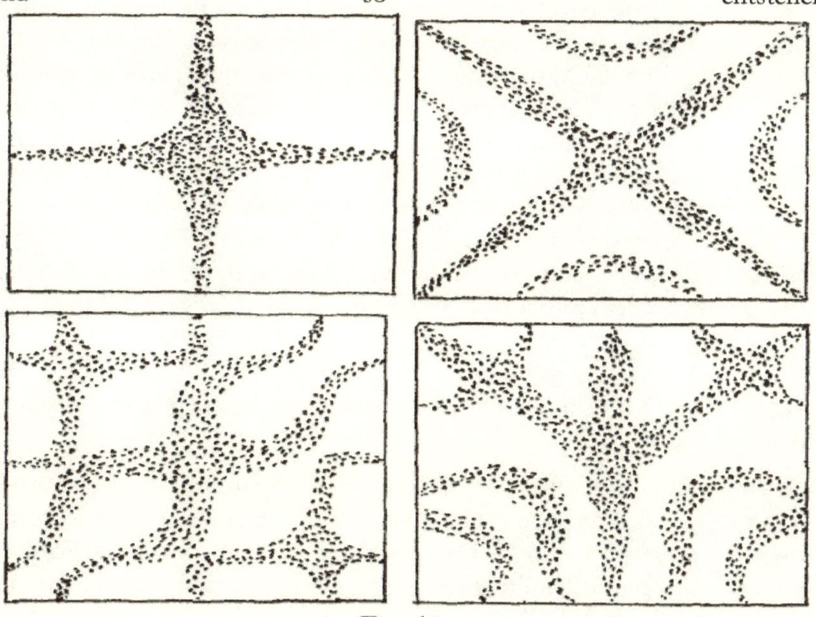

FIG. 14.

Figuren von sehr regelmäßiger und oft überraschender Form. Durch Streichen der Platte an verschiedenen Stellen des Randes und gleichzeitiges Dämpfen der Vibrationen durch Berühren des Randes an anderen Stellen mit dem Finger können Töne unterschiedlicher Tonhöhe erzeugt werden, und für jeden dieser Töne erscheint eine charakteristische Figur (Abb. 14).[7]

Die Bedeutung von Chladnis Experiment für uns wird noch deutlicher, wenn wir es wie folgt modifizieren. Anstatt die Platte mit dem Pulver direkt durch Streichen mit dem Bogen in Schwingung zu versetzen, erzeugen wir auf einer zweiten Platte eine entsprechende Bewegung und lassen diese durch Resonanz auf die andere übertragen. Hierzu müssen die beiden Platten akustisch aufeinander abgestimmt und nicht zu weit auseinander platziert werden . Stellen wir uns weiter vor, dass das ganze Experiment – was auch gut sein könnte – so angeordnet war, dass die zweite Platte einem Zuschauer verborgen blieb, der ebenfalls nicht hörfähig war. Dies gibt uns ein Bild von der Situation, in der wir uns befinden, wenn die höheren Ätherarten durch eine für unser physisches Ohr unhörbare Tontätigkeit dazu führen, dass formlose Materie eine regelmäßig geordnete Form annimmt.

*

Dieser Vergleich der Tätigkeit des Klangäthers als formbildendes Element in der Natur mit dem Chladni-Phänomen ist nur dann richtig, wenn wir erkennen, dass die Vorstellung von Form als Ausdruck dessen, was durch die ätherischen Kräfte in *hervorgerufen* wird Die Natur umfasst mehr als die äußere, räumlich begrenzte Form einer organischen oder anorganischen Einheit. Abgesehen von der bereits angedeuteten Tatsache, dass zur Bildung solcher Wesenheiten auch die Mitwirkung des Lebensäthers notwendig ist, können wir die Tätigkeit des Tonäthers nur dann richtig beurteilen, wenn wir sie uns als eine viel innerlichere Tätigkeit im Vergleich dazu vorstellen die Bildung von Chladnis Figuren im Außenraum. Im letzteren Fall liegt der Grund dafür, dass der Einfluss von Schall nichts anderes bewirkt als die Ordnung der Form im Weltraum, darin, dass auf dieser Ebene der Natur die einzigen Veränderungen, die auftreten können, Veränderungen in der Position einzelner physischer Körper sind. Wo die Kräfte des Klangs in Ätherform in der Lage sind, die Materie von innen heraus zu ergreifen, können sie Formveränderungen ganz anderer Art hervorrufen. Dieser Effekt der Aktivität des Klangäthers hat ihm seinen anderen Namen gegeben: chemischer Äther.

Wir haben schon einmal erwähnt, dass unsere Vorstellung von „Form" in der organisch aktiven Natur nicht nur auf die räumliche Umrisse eines Körpers beschränkt sein darf. Dies stand im Zusammenhang mit Ruskins Definition des spirituellen Prinzips, das bei der Pflanzenbildung aktiv ist, als „die Kraft, die Holzkohle, Wasser, Kalk und was auch immer aus dem Chaos herausfängt und sie in einer bestimmten Form festhält". Neben der äußeren Ordnung der Materie, die sich in der Raumform offenbart, gibt es auch eine innere qualitative Ordnung, die in der chemischen Zusammensetzung eines

Körpers zum Ausdruck kommt. Auf dieser inneren chemischen Ordnung basiert alles, was uns an Farbe , Geruch, Geschmack usw. eines Stoffes begegnet, sowie seine nährenden, heilenden oder schädlichen Eigenschaften. Dementsprechend haben alle diese Teile eines Organismus, sowohl im Pflanzenreich als auch innerhalb der höheren Organismen, abgesehen von ihrer charakteristischen Raumstruktur eine gewisse innere materielle Ordnung. Das eine ist nie ohne das andere vorhanden und sie sind in irgendeiner Weise kausal miteinander verbunden.

In dieser inneren Ordnung der Substanz müssen wir zunächst die Wirkung des Klangs oder des chemischen Äthers sehen. Und wir sollten uns darüber im Klaren sein, dass wir mit dem Wort „Chemie" in diesem Zusammenhang etwas weitreichenderes meinen als jene chemischen Reaktionen, die wir durch die gegenseitige Verwandtschaft physikalischer Substanzen herbeiführen können, so kompliziert diese Reaktionen auch sein mögen. An einigen Beispielen soll der Unterschied zwischen chemischen Prozessen, die durch den direkten Einfluss des chemischen Äthers entstehen, und anderen, bei denen nur die physikalischen Folgen des Äthers wirksam sind, verdeutlicht werden.

in seinem Buch „ *Man the Unknown*" sehr eindrucksvoll am Beispiel des menschlichen Organismus den Unterschied im Mengenverhältnis bei äußerlich ähnlichen Vorgängen, von denen der eine innerhalb des Lebensbereichs, der andere außerhalb davon abläuft. Er vergleicht die Menge an Flüssigkeit, die notwendig ist, um ein Stück lebendes Gewebe, das zu Brei zerkleinert wurde, künstlich am Leben zu erhalten, mit der Menge an Blut, die dasselbe im lebenden Organismus bewirkt. Wenn alle Gewebe eines menschlichen Körpers auf diese Weise behandelt würden, wären 45.000 Gallonen zirkulierende Flüssigkeit erforderlich, um zu verhindern, dass sie innerhalb weniger Tage durch ihre eigenen Abfallprodukte vergiftet werden. Im lebenden Organismus erfüllt das Blut mit 1J Gallonen die gleiche Aufgabe.

Sehr viele chemische Veränderungen in lebenden Organismen werden durch die beiden polaren Prozesse Oxidation und Reduktion bewirkt . Wir haben sie wiederholt als Hieroglyphen für vieles diskutiert, was in der Natur aufgrund der Polarität vorkommt. In Übereinstimmung mit dem auf der physischen Ebene der Natur herrschenden Prinzip, dass Niveauunterschiede dazu neigen, zu verschwinden, kann Oxidation von selbst erfolgen, während Reduktion den Aufwand von Energie erfordert. Vergleichen wir unter diesem Gesichtspunkt die Umwandlung von oxidiertem in reduziertes Eisen, wie sie innerhalb und außerhalb des Lebensbereichs stattfindet.

Ein Beispiel für diesen Prozess in seiner rein physikalischen Form ist die Reduktion von Eisenerz zu metallischem Eisen in Hochöfen, wo mit Hilfe hoher Temperatur und hohem Druck Kohlenstoff mit dem Sauerstoffbestandteil des Erzes verbunden wird ihm seine eigene unwägbare Energie zu verleihen. Genau derselbe Vorgang läuft im menschlichen Körper unter normalen Temperatur- und Druckbedingungen kontinuierlich und unauffällig ab, wenn das Oxyhämoglobin des arteriellen Blutes in das Hämoglobin des venösen Blutes übergeht . Ein makrotellurisches Gegenstück dazu ist die Umwandlung des roten Flussschlamms in den blauschwarzen Kontinentalschlamm am Meeresgrund rund um die Kontinentalküsten. Auch hier erfolgt die Reduktion ohne die Vorleistungen, die für die technische Durchführung des Prozesses notwendig sind.

Durch Beispiele dieser Art gewinnen wir Einblick in die Natur des chemischen Äthers als „magische" Kraft (in dem Sinne, in dem wir diesen Begriff zu Beginn des Buches eingeführt haben). Was der chemische Äther im Zusammenwirken mit der die Trägheit überwindenden Kraft des Wärmeäthers sozusagen auf sanfte Weise zu bewirken vermag, kann physikalisch nur durch eine außerordentliche Konzentration äußerer Energie und den Einsatz großer Stoffmengen nachgeahmt werden Substanz. Gleichzeitig ist die Nachahmung nie vollständig. Denn zu allem, was durch die Wirkung des chemischen Äthers geschieht, gehört die Qualität kosmischer Jugend, während alles, was auf rein physische Weise zustande kommt, notwendigerweise kosmisch alt ist. [8]

Von allen Gebieten der Natur, denen sich der forschende Blick des Menschen seit Beginn des Betrachterbewusstseins zugewandt hat, hat keines sein rein quantitatives Denken mehr gefördert als die Chemie, seit der Entdeckung, dass die chemischen Reaktionen der verschiedenen Substanzen durch ein Ganzes bedingt sind bestimmte und konstante numerische Beziehung. Es waren diese Beziehungen, die den Aufstieg der atomaren Vorstellung von Materie und all ihren Konsequenzen vorangetrieben haben. Denn da das Betrachterbewusstsein überhaupt nicht in der Lage ist, sich die Existenz numerischer Beziehungen in der physischen Welt außer als Summen berechenbarer Einheiten im Raum vorzustellen, war es für diese Art von Bewusstsein selbstverständlich, alle empirisch festgestellten numerischen Beziehungen auf entsprechende Beziehungen zwischen Mengen zu reduzieren die kleinstmöglichen materiellen oder materieähnlichen Einheiten.

Wissenschaftliches Denken bedarf, wenn es sich von der Kenntnis der Existenz ätherischer Kräfte und ihrer Wirkung leiten lässt, keiner solchen Interpretation der in der physischen Welt offenbarten Zahlenverhältnisse; denn es weiß, dass sie nichts anderes sind als der letzte Ausdruck der Wirkung des chemischen Äthers (von Rudolf Steiner daher gelegentlich auch „Zahlenäther" genannt). Um dem Auftreten messbarer Zahlenverhältnisse in der Natur, in welchem Bereich auch immer, gerecht zu werden, ist es notwendig, uns von der abstrakten Zahlenvorstellung, die das moderne wissenschaftliche Denken beherrscht, zu befreien und sie durch eine konkretere zu ersetzen. Wir werden sehen, dass es für die Existenz einer bestimmten Zahl zwei ganz verschiedene Gründe geben kann, obwohl die Methode zur Bestimmung der Zahl selbst in jedem Fall die gleiche ist. Ein einfaches Beispiel soll dies verdeutlichen.

Schauen wir uns eine Reihe ähnlicher Objekte an, beispielsweise eine Gruppe von fünf Äpfeln. Wir beobachten, dass die Beziehung der Zahl Fünf zu der Gruppe von Objekten vor uns rein äußerlich und zufällig ist. Indem wir darauf den Begriff „fünf" anwenden, fassen wir die einzelnen Objekte zu einer Gruppe zusammen und geben ihr einen Namen oder eine numerische Bezeichnung, die nichts mit der Art der Elemente zu tun hat, aus denen die Gruppe besteht. Wir können feststellen, dass diese Denkweise genau der Art ist, die die Nominalisten des Mittelalters jeder vom menschlichen Geist gebildeten Vorstellung zuschrieben. Tatsächlich ist der Vorgang des Zählens ein Vorgang der reinen Abstraktion. Je differenzierter die Dinge sind, die wir durch den Prozess des Zählens zu einer Gruppe zusammenfassen wollen, desto weiter muss diese Abstraktion gehen. Unter dem Sammelbegriff „Frucht" können wir Äpfel und Birnen zusammenzählen; kommen noch Rüben dazu, müssen wir uns mit dem Begriff „pflanzliche Produkte" behelfen; bis wir uns schließlich nur noch mit „Dingen" befassen, ohne auf eine qualitative Differenzierung Rücksicht zu nehmen. So entsteht der Zahlenbegriff ausschließlich im menschlichen Geist, der ihn auf Dinge von außen anwendet.

Von dem Moment an, als das menschliche Bewusstsein nicht mehr in der Lage war, sich selbst etwas anderes als eine rein nominalistische Art des Verstehens zuzuschreiben, war es unvermeidlich, dass alle Erklärungen von Naturphänomenen zwei Folgen haben würden: (1) den Ausschluss von allem, was man sich nicht vorstellen konnte, von der Beobachtung Begriffe von Zahlen und (2) das Bestreben , für jede empirisch beweisbare numerische Beziehung eine Erklärung zu finden, die als Ergebnis der Zählung qualitativ identischer Einheiten interpretiert werden könnte. Denn diese Art der Begriffsbildung ist die einzige, die der Nominalismus mit gutem Gewissen akzeptieren kann. Dass es dabei *ad absurdum geführt wird* , ist ihm erst seit Kurzem bewusst. Denn wenn durch die logische Befolgung dieses Weges – wie in der modernen theoretischen Physik – das gesamte Universum in Einheiten aufgelöst wird, die nicht mehr voneinander unterschieden werden können, dann wird es unmöglich, diese Teile zu zählen, da nicht festgestellt werden kann, ob es welche gibt vorausgesetzt, eines dieser hypothetischen Elementarteilchen wurde gezählt oder nicht. Nichtsdestotrotz behauptete Eddington, die genaue Anzahl der Teilchen, aus denen das Universum besteht – eine Zahl mit 80 Ziffern – mithilfe einer speziellen Berechnung gefunden zu haben, aber diese Zahl ist nur unter der Annahme gültig, dass die Teilchen nicht gezählt werden können, weil sie nicht unterscheidbar sind! 9

So richtig der nominalistische Zahlbegriff in einem Fall wie dem der Nummerierung der fünf Äpfel auch sein mag, so ist es doch völlig falsch, den Zahlbegriff selbst auf einen für diese Art von Vorkommnissen gültigen zu beschränken. Das werden wir sofort sehen, wenn wir einen der Äpfel nehmen und ihn quer aufschneiden. Dort steht uns die Zahl Fünf in der bekannten Sternfigur gegenüber, dargestellt durch die fünfzählige Fruchtwand in der Mitte des Apfels. Was der auf die Art des Verstehens beschränkte Mensch völlig übersehen hat, ist Folgendes: Obwohl der Akt des Zählens, durch den wir die Zahl Fünf ermitteln, in beiden Fällen derselbe ist, ist die Qualität der Zahl Fünf völlig unterschiedlich. Denn bei den fünf Fruchthüllen handelt es sich bei dieser Zahl um eine dem Apfel innewohnende Eigenschaft, die er mit der gesamten Rosaceae-Art teilt. Der Apfel selbst ist ebenso „fünf", wie er „rund", „süß" usw. ist. Im übersinnlichen Typus schafft er in der Pflanze ein eigenes Manifestationsorgan, die Schaffung einer Zahl – im Apfel die Zahl fünf - gehört zu den formbildenden Tätigkeiten, die für die Art charakteristisch sind. Die numerischen Beziehungen, die zwischen Naturphänomenen auftreten, hängen von der Art und Weise ab, in der der chemische Äther beteiligt ist. Dies gilt ebenso für die von der Chemie auf dem Gebiet der anorganischen Materie entdeckten und heute mit so großem Erfolg angewandten Methoden.

Lassen Sie uns ganz klar sagen, dass das Verhältnis von Einheit zu Pluralität im Fall der fünf Äpfel völlig anders ist als im fünffachen Perikarp. Im ersten Fall ist die Einheit die kleinste Größe, die durch jeden der fünf Äpfel repräsentiert wird. Dort erfolgt der Schritt von eins zu zwei, indem zwei Einheiten von außen zusammengefügt werden. Der Weg vom Eins zum Vielen erfolgt über kontinuierliche Addition. Im zweiten Fall wird die Einheit durch das Perikarp repräsentiert, also durch das Eine, das die Vielen umfasst, wobei diese als Teile des Ganzen erscheinen. In einem solchen Fall ist zwei Teil von eins, ebenso wie drei, vier, fünf usw. Pluralität entsteht aus einem kontinuierlichen Prozess der Teilung der Einheit.

Die Idee der Zahl kannte die Antike nur in der letztgenannten Form. Dort erschien die Einheit als eine allumfassende Größe, offenbart durch das Universum. Die Mannigfaltigkeit der Welt wurde nicht als ein Nebeneinander äußerlich verbundener Einzeldinge empfunden, sondern als Inhalt dieser Einheit, also aus ihr abgeleitet. Dies wurde von den vorsokratischen griechischen Philosophen in der Formel Î Î½ Î°Î±Î¹ Î¹ ÏÎ±Î¹½ (das Eine und das Ganze) ausgedrückt.

Mit dem Erscheinen der Araber auf der Bühne der Geschichte wandte sich das menschliche Denken dem additiven Zahlenbegriff zu, und der ursprüngliche Verteilungsbegriff geriet allmählich in Vergessenheit. Die Akzeptanz des neuen Konzepts ermöglichte erstmals die Vorstellung der Null. Es ist klar, dass man durch eine kontinuierliche Teilung der Einheit zu einer ständig wachsenden Zahl immer kleiner werdender Teile geführt wird, ohne jedoch jemals das Nichts zu erreichen, das durch die Zahl Null repräsentiert wird. Heute würden wir sagen, dass wir auf diesem Weg den Nullpunkt nur durch eine unendliche Reihe von Schritten erreichen können. Doch die Idee des Unendlichen existierte in dieser Form für den antiken Menschen nicht. Andererseits sind in der arabischen Zahlenvorstellung die Schritte, die nötig sind, um Null zu erreichen, endlich. Denn so wie wir durch die äußere Addition von Einheiten von einer Zahl zur nächsten vorwärtsschreiten können, so können wir auch durch wiederholte Subtraktion von Einheiten auf demselben Weg zurückgehen. Nachdem wir das Eine erreicht haben, kann uns nichts mehr davon abhalten, noch einen weiteren Schritt darüber hinauszugehen. Das arabische Zahlensystem ist daher das einzige, das ein eigenes Symbol für Null besitzt.

Es wurde zu Recht festgestellt, dass das Eindringen dieses additiven Zahlenbegriffs in das europäische Denken für die Entwicklung der Idee der Maschine verantwortlich war; denn es gewöhnte den Menschen daran, ruhig an die Null als eine neben den anderen existierende Größe zu denken. Im alten Menschen erzeugte die Vorstellung des Nichts, der absoluten Leere, Angst; Er beurteilte das Verhältnis der Natur zur Leere entsprechend, wie der Ausdruck „natura abhorretvacuum " andeutet. Seine Fähigkeit, furchtlos an dieses Vakuum zu denken und damit umzugehen, musste entwickelt werden, um das Maschinenzeitalter und insbesondere die Entwicklung effizienter Dampfmaschinen herbeizuführen. Bedenken Sie auch die entscheidende Rolle, die das Vakuum in Crookes' Forschungen spielte, durch das der Weg in den subphysischen Bereich der Natur freigelegt wurde.

Doch die Natur bedient sich der Zahl als regulierendem Faktor auf eine ganz andere Art und Weise, als sie in den rein elektrischen und gravitativen Zusammenhängen der anorganischen Materie auftritt, nämlich dort, wo der Klangäther von der Obergrenze der Natur her die Dynamik der Natur so reguliert, dass die mannigfaltigen Sinnesqualitäten erscheinen in ihrer zeitlichen und räumlichen Reihenfolge. Wenn wir die dort vorgefundene Anordnung der Zahlen auf nominalistischer Basis interpretieren, wie es der Fall ist, wenn die Achsen- und Winkelbeziehungen von Kristallen auf eine bloße Näherung der gitterartig im Raum verteilten Atome reduziert werden, oder wenn der Winkelunterschied von die Stellung der verschiedenen Farben im Spektrum auf bloße Frequenzunterschiede der elektromagnetischen Schwingungen in einem hypothetischen Äther reduziert – dann versperren wir den Weg zum Verständnis nicht nur der Zahl selbst als einer Qualität unter den Qualitäten, sondern auch aller anderen Qualitäten in der Natur.

*

(e) LEBEN

Wie bereits erwähnt, reichen die drei Ätherarten Wärme, Licht und Ton allein nicht aus, um in der Natur das ins Leben zu rufen, was wir im eigentlichen Sinne „Leben" nennen, nämlich die Bildung einzelner Lebewesen . Dies erfordert die Wirkung einer vierten Art von Äther, des Lebensäthers, der über den anderen drei liegt. Wir können den Beitrag des Lebensäthers zur Gesamtaktivität des Äthers in der Natur am besten verstehen, wenn wir die Wechselwirkung der vier Ätherarten mit den vier physikalischen Elementen betrachten.

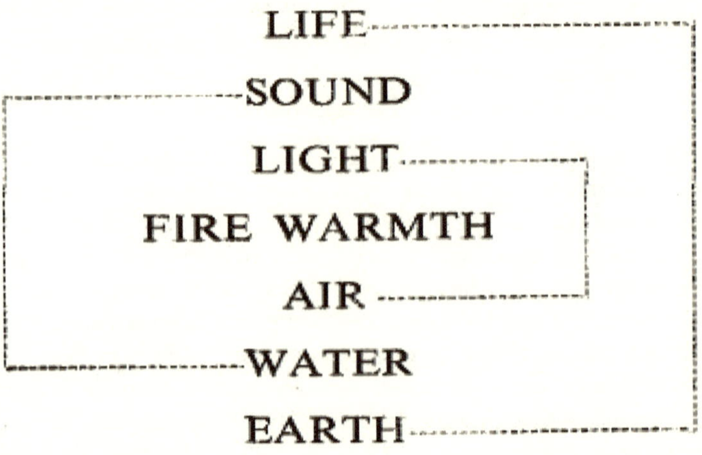

Wir haben gesehen, dass der Wärmeäther die doppelte Funktion hat, gleichzeitig der niedrigste Äther und das höchste physikalische Element zu sein und somit als Reflexionssphäre für die anderen Ätherarten bzw. die Elemente zu fungieren. Jede Stufe im Ätherischen hat ihre Widerspiegelung im Physischen, wie die obige Tabelle zeigt. Somit ist das ätherische Licht mit der physischen Luft verbunden. (Die Affinität von Licht und Luft lässt sich am besten an der Pflanze und ihrer Blattbildung erkennen.) Um echte Veränderungen in der materiellen Zusammensetzung der physischen Welt herbeizuführen, sind die stärkeren Kräfte des chemischen Äthers erforderlich. Daher ist es auch der erste Äther, von dem wir als „magischer" Äther sprechen mussten. Seine Wirkungen reichen bis in das wässrige Element, das bereits mit der Schwerkraft verbunden ist, können aber aus eigener Kraft nicht darüber hinaus dringen. Die Verursachung materieller

Veränderungen in der flüssigen Sphäre wäre tatsächlich alles, was diese drei Arten von Äther zusammen erreichen könnten.

Erst wenn die Kraft des Lebensäthers zu den drei anderen hinzukommt, kann die ätherische Wirkung bis in die Sphäre der festen Materie reichen. Somit ist der Lebensäther für die gesamte feste Bildung in der Natur verantwortlich, sowohl in ihrem organischen als auch in ihrem anorganischen Bereich (wobei letzteres, die Kristallbildung, die Wirkung äußerer Ätherwirkung ist). [10] Der Wirkung des Lebensäthers verdankt die Natur die Existenz einer Vielzahl separater fester Formen in ihren verschiedenen Bereichen. Um ein Beispiel aus unseren früheren Studien zu nennen: So wie vulkanische Phänomene die Kraft des Wärmeäthers zur Überwindung der Schwerkraft auf makrotellurischer Ebene manifestieren, veranschaulicht die Schneebildung die Fähigkeit des Lebensäthers, Materie zu formen.

Durch seine Fähigkeit, fließende Handlungen in feste Form zu binden, steht der Lebensäther mit dem Klangäther auf die gleiche Weise in Beziehung, wie das durch menschliches Sprechen gebildete artikulierte Wort mit dem bloßen musikalischen Ton in Beziehung steht. Letzteres selbst ist sozusagen fließend. In der menschlichen Sprache wird diese Fließfähigkeit durch die Vokale repräsentiert. Mit einer Sprache, die nur aus Vokalen besteht, könnte der Mensch Gefühle ausdrücken, aber keine Gedanken. Um das Wort als Gedankenträger aus dem Klang entstehen zu lassen, besitzt die menschliche Sprache die Konsonanten, die das feste Element in ihr darstellen.

Das Entstehen des sinntragenden Wortes aus dem bloß klingenden Klang ist ein genaues Gegenstück zu dem, was in der Natur geschieht, wenn das durch den chemischen Äther regulierte Spiel organischer Flüssigkeiten durch den Lebensäther zu einer äußerlich wahrnehmbaren Verfestigung gebracht wird. Wenn wir auf diese Weise die besondere Funktion des Lebensäthers unter den anderen drei lesen, werden wir auf den Begriff „*Wortäther*" als passenden zweiten Namen dafür geführt, der dem Begriff Klangäther für den chemischen Äther entspricht.

*

So präsentiert sich uns die Levity als in der vierfachen Aktivität des Chaotisierens , Webens, Erklingens und schließlich des Sprechens des formschöpfenden kosmischen Wortes in den Bereich der Schwerkraft tätig.

1 Um Missverständnisse zu vermeiden, sollte betont werden, dass spirituelle Vorstellungskraft nicht durch irgendeine Übung erreicht wird, die direkt den Sehsinn und sein Organ, das Auge, einbezieht, sondern durch rein mentale Übungen, die darauf abzielen, die Sehfähigkeit des Geistes zu verbessern.

2 In der Tat handelt es sich um ein Missverständnis der gesamten Bedeutung der Anthroposophie, wenn ihre Inhalte – was manchmal sogar von Anhängern geschieht – in einer Weise zitiert werden, die den Eindruck erweckt, dass mit ihrer Hilfe eine bessere „Erklärung" der Sachverhalte gewonnen werden könne Ansonsten gibt es keine oder zumindest keine

zufriedenstellende Erklärung. Die Frage: „Wie erklärt die Anthroposophie dieses oder jenes?" ist völlig falsch formuliert. Wir sollten uns vielmehr fragen: „Wie hilft uns die Anthroposophie, dieses oder jenes ansonsten rätselhafte Kapitel des Daseinsskripts klarer zu lesen?"

3 Siehe *„Space and the Light of Creation"* von G. Adams, wo dieses „Weben" mit Hilfe der projektiven Geometrie gezeigt wird.

4 Übersetzung von J. Darrell.

zuvor zitierte Passage aus Ruskins *„Die Königin der Lüfte",* S. 118).

6 Daß der Äther nicht nur übersinnlich gesehen, sondern auch gehört wird, war Goethe empirisch bekannt. Siehe die Eröffnungsworte des „Prologs im Himmel" *(Faust,* I) und den Ruf des Geistes der Elemente in der ersten Szene des zweiten Teils des Dramas, die auf die Bühnenanweisung folgen: „Die Sonne kündigt ihre Annäherung an." mit überwältigendem Lärm.'

7 Durch den Besuch von Chladnis Vorlesungen über seine Entdeckung in Paris lernte der französische Physiker Savart dieses Phänomen kennen und widmete sich seiner Erforschung. Chladni und Savart veröffentlichten gemeinsam eine große Anzahl dieser Zahlen.

8 Das Verständnis der Eigenschaften des chemischen Äthers ermöglicht es uns, Rudolf Steiners Vorschläge an Landwirte zur Vorbereitung des Bodens und zur Gesunderhaltung der darauf wachsenden Pflanzen aus der richtigen Perspektive zu sehen. Es wurde versucht, diese Vorschläge abzutun, indem man sie „Mystik" und „mittelalterliche Magie" nannte. Beide Begriffe sind Ehrentitel, wenn wir unter dem einen die Form der Einsicht in das übersinnliche Reich der Natur verstehen, die durch die höhere Lesart erlangt wird, und unter dem anderen ein Vermögen der Natur selbst, deren Zauberstab der chemische oder Klangäther ist .

9 Siehe Eddingtons humorvolle und zugleich ernsthafte Behandlung dieses Problems in seiner *Philosophy of Physical Science.*

10 Über den Unterschied zwischen äußerer und innerer Ätherwirkung wird im Schlusskapitel noch mehr gesagt.

KAPITEL XX

Pro Anima

Deine Funktionen sind ätherisch,
als ob in dir ein flüchtiger Geist wohnte, ein Organ des Sehens! Und ein wahrer Geist
informiert die Zelle des Hörens, dunkel und blind.
W. WORDSWORTH

(a) Die Quellen der Taten und Leiden der Natur

Wie unsere Beobachtungen gezeigt haben, existieren Schwerkraft und Leichtigkeit nicht nur als primäre Polarität nebeneinander; Durch die vielfältige Wechselwirkung ihrer Felder entstehen allerlei Sekundärpolaritäten. Offensichtlich muss diese Wechselwirkung durch eine weitere Art von Kraft hervorgerufen werden, der Schwerkraft und Leichtigkeit untergeordnet sind.

Im Folgenden werden wir versuchen, soweit es im Rahmen dieses Buches möglich ist, Licht auf die Natur dieser Kraft zu werfen. Da die direkte Erfahrung des dynamischen Bereichs, den er bildet, auf Fähigkeiten des Geistes basiert, die nicht für die imaginative Wahrnehmung des ätherischen Bereichs erforderlich sind, müssen wir auch die Natur und den Ursprung dieser Fähigkeiten untersuchen. Dies führt uns erneut zum Studium eines der höheren Sinne des Menschen, dieses Mal seines Gehörsinns, mit dem Ziel, die darin verborgene spirituelle Funktion zu finden. Unsere Vorgehensweise wird sich jedoch von der im letzten Kapitel verfolgten unterscheiden müssen, da es notwendig sein wird, uns zunächst mit der Natur der neuen Kraft vertraut zu machen und uns dann der Untersuchung der betreffenden Sinnestätigkeit zuzuwenden.

*

Unser erster Beobachtungsgegenstand sei der Mensch selbst, sofern er eine Polarität zweiter Ordnung verdeutlicht.

Als wir die Natur des Menschen untersuchten, um die Entstehung seines Betrachterbewusstseins zu verstehen, mussten wir, wie wir uns erinnern, die Ordnung seines Bewusstseins in Wachen, Träumen und Schlafen in den verschiedenen Gliedern seines Organismus untersuchen. Wir erkannten drei verschiedene organische Systeme, das sensorische Nervensystem, das rhythmische System und das Stoffwechsel-Gliedmaßen-System, als körperliche Grundlage für drei verschiedene Seelenaktivitäten. Dies sind die gedankenbildenden Aktivitäten, die zum Wachbewusstsein gehören; die Gefühlsaktivität, die zum Traumbewusstsein gehört; und die Willensaktivität, die zum Schlafbewusstsein gehört. Wir sahen dann in diesen drei Systemen

Vertreter der drei alchemistischen Funktionen – „ schwefelhaltig " im Stoffwechselsystem, „salzhaltig" im Nervensystem und „Quecksilber" im vermittelnden rhythmischen System.

So gesehen offenbart sich die Natur des Menschen als mit einer physischen Organisation und einer ätherischen Organisation ausgestattet, die durch die Einwirkung einer dritten Organisation, die aus Kräften der hier untersuchten Art besteht, in unterschiedliche Beziehungen gebracht werden. An seinem unteren Pol koordinieren diese Kräfte den Äther und die physischen Organisationen in einer Weise, die der Funktion des „ Schwefel "-Pols der alchemistischen Triade entspricht. Hier übernimmt also der Wärmeäther die Führung und wirkt so, dass die höheren Ätherarten in stofflichen Vorgängen des Körpers zum Ausdruck kommen können. Am oberen Pol koordinieren entsprechende Kräfte die physischen und ätherischen Organisationen in einer für den „Salz"-Pol charakteristischen Weise. Dies gibt dem Lebensäther die Führung, so dass der physische Organismus die Grundlage für die Tätigkeit der Ätherkräfte liefert, ohne jedoch von diesen tatsächlich durchdrungen zu werden (zumindest nach Abschluss der embryonalen und ersten postembryonalen Entwicklung). . Dadurch erleuchtet das Bewusstsein in diesem Körperteil. Die rhythmische Sphäre zeichnet sich als „Quecksilber"-Mitte durch einen Wechsel der beiden beschriebenen Zustände aus. Mit jeder Diastole nähert es sich dem unteren Pol und mit jeder Systole dem oberen Pol. Die Aufhellung des Bewusstseins erfolgt hier also nur teilweise.

Anhand dieser Beobachtungen erkennen wir, dass die dritte Art von Kraft, soweit sie im Menschen wirksam ist, die Fähigkeit hat, durch die Koordination der physischen und ätherischen Teile des Organismus auf die eine oder andere Weise Ereignisse zu bewirken eher körperlicher oder eher psychischer Natur – nämlich Bewegung an einem Pol, Empfindung am anderen und Gefühl in der Mitte dazwischen. [1] Wenn wir uns an Goethes Formel erinnern: „ Farben sind *Taten* und *Leiden* des Lichts", erkennen wir, wie tief wahr die Konzepte waren, zu denen er durch seine Art, Beobachtung und Denken zu entwickeln, geführt wurde.

Was wir jetzt durch das Studium des Menschen zu unserem Bewusstsein gebracht haben, gilt in gewissem Sinne auch für das Tier. Auch das Tier ist in Bewegung und Empfindung polarisiert. (Was das Tier vom Menschen unterscheidet, muss uns hier nicht interessieren, denn es gehört zu einem anderen dynamischen Bereich als dem, den wir jetzt studieren. Dieser andere Bereich wird im nächsten Kapitel behandelt.) Ein ganz anderes Bild ergibt sich, wenn wir Wenden Sie sich der Pflanze zu. Auch die Pflanze zeichnet sich durch eine dreifache Struktur aus Wurzel, Stängel mit Blättern und Blütenstand aus, die auf ihre Weise die drei alchemistischen Funktionen darstellen. Folglich gibt es auch in der Pflanze Bewegung, allerdings beschränkt sich diese auf innere Bewegungen, die zu Wachstum und Bildung führen. Und am Gegenpol gibt es Empfindungen, allerdings wiederum ganz anders als die Empfindungen höherer Lebewesen. Was wir hier mit „Empfindung" meinen, lässt sich am besten durch ein Zitat der folgenden Passage aus Ruskins „*Die Königin der Lüfte*" *ausdrücken,* in der die doppelte Aktivität der Dynamik, die wir verstehen wollen, besonders deutlich zum Ausdruck kommt.

Ruskin beschreibt die Blütenbildung in der Pflanze als den Höhepunkt des in ihr wirkenden „Geistes" und sagt: „Seine (die Pflanze) Form wird mit Aspekten ausgestattet, die vor allem unsere eigenen menschlichen Leidenschaften erfreuen; nämlich erstens mit den schönsten Umrissen der Form und zweitens mit den leuchtendsten Phasen der Grundfarben Blau , Gelb, Rot oder Weiß, im Einklang aller; Und um es noch seltsamer zu machen: Diese Zeit besonderer und vollkommener Herrlichkeit ist mit den Beziehungen der Pflanzen oder Blüten zueinander verbunden, die der Freude der Liebe in den menschlichen Geschöpfen entsprechen und im Fortbestand der Rasse dasselbe Ziel verfolgen. [2]

Wenn wir verstehen wollen, warum die gleiche dynamische Wirkung, die auf die physischen und ätherischen Organismen der Pflanze einerseits und des Menschen und des Tieres andererseits einwirkt, so unterschiedliche Wirkungen hervorruft, müssen wir uns dem Bereich zuwenden, aus dem sie stammen Diese Aktion entsteht in beiden Fällen. Für das Tier und für den Menschen liegt dieser Bereich innerhalb ihrer Organismen, weil sie zusätzlich zu ihrer individuellen physischen und ätherischen Organisation auch mit einer individuellen Organisation höherer Art ausgestattet sind. Nicht so bei der Pflanze. Für den Rhythmus ihres Wachstums, die sukzessive Bildung ihrer verschiedenen Organe, die Produktion ihrer Farben usw. ist die Pflanze von äußeren Bedingungen abhängig.

Was uns in dieser Hinsicht zunächst auffällt, ist die Abhängigkeit der Pflanze von der Abfolge der Jahreszeiten. Diese wiederum sind ein Ergebnis der veränderten gegenseitigen Positionen von Erde und Sonne. Was bei höheren Lebewesen zum individuellen Organismus gehört, befindet sich in der kosmischen Umgebung der Pflanze. Tatsächlich ist es unser Planetensystem, das die Kräfte bereitstellt, die die ätherischen und physischen Kräfte der Erde zu ihren verschiedenen Wechselwirkungen anregen und so alle vielfältigen sekundären Polaritäten hervorbringen.

*

Bevor wir mit der Beschreibung weiterer Phänomene beginnen, die die kosmische Natur der Kräfte bezeugen, mit denen wir uns hier befassen, ist es sinnvoll (einem bereits angewandten Prinzip folgend), die historischen

Vorgeschichten der Vorstellung des Universums, um das es hier geht, zu ermitteln entwickeln.

Wir erkennen, dass die Art von Kraft, mit der wir uns hier vertraut machen wollen, für die Existenz dessen verantwortlich ist, was wir gemeinhin „Seele" nennen. Die Schaffung einer körpergebundenen Seele ist jedoch nur eine besondere Wirkungsform dieser Kräfte. Ein anderer ist der, den wir gerade in der Pflanze manifestieren sahen. Auf noch andere Weise wirken dieselben Kräfte als Beweger und Rührer der makrotellurischen Prozesse auf der Erde und darüber hinaus des Geschehens im Körper unseres Planetensystems, einschließlich der Bewegungen der verschiedenen Planeten.

Dies ist ein Aspekt, der dem alten Menschen keineswegs unbekannt war. Es ging natürlich verloren, als das Betrachterbewusstsein erwachte. In dieser Hinsicht ist es von historischer Bedeutung, dass derselbe Mann, GA Borelli (1608-79), Mitglied der Florentiner Akademie, als erster die Bewegungen des tierischen und menschlichen Körpers aus rein mechanischer Sicht untersuchte , unternahm den ersten Versuch, die Planetenbewegungen auf eine rein physikalische Ursache zurückzuführen. [3] Durch diese Tatsache kommt ein Impuls zum Ausdruck, den wir „ *Contra Animam" nennen können und* dem wir unser „Pro Anima" entgegenstellen müssen , ähnlich wie wir unser „ *Pro Levitate"* dem „*Contra Levitatem* "-Aufruf der Florentiner Akademiker entgegenstellen.

*

Es wird unseren weiteren Beschreibungen helfen, wenn wir an dieser Stelle den Namen einführen, den Rudolf Steiner für die Art von Kräften übernommen hat, um die es hier geht. Da ihr Ursprung im außerirdischen Bereich des Universums liegt, nannte er sie „Astralkräfte" und gab damit auch diesem Begriff seine wahre und ursprüngliche Bedeutung zurück. Unter diesem Namen werden wir von nun an von ihnen sprechen. Um uns mit dem Charakter der astralen Kräfte besser vertraut zu machen, ist es gut, sie zunächst in ihrer makrotellurischen Wirkungsform zu beobachten.

Es gibt, wie bereits erwähnt, den rhythmischen Ablauf der Jahreszeiten im Zusammenhang mit den unterschiedlichen relativen Positionen von Erde und Sonne. Daneben können wir den Rhythmus der Gezeiten einordnen, der mit den Mondphasen zusammenfällt. So wie sich der Sonnenrhythmus in einem abwechselnden Steigen und Senken der Pflanzensäfte manifestiert, so verhält es sich auch mit dem Mondrhythmus. [4] (Beachten Sie, dass diese Tatsache tatsächlich die übliche Erklärung zunichte macht, dass der Gezeitenrhythmus des Meeres durch eine Anziehungskraft verursacht wird, die der Mondkörper auf das Meereswasser ausübt.) In keinem Fall ist die Positionsänderung des relevanten kosmischen Körpers - in Unsere Beispiele sind die der Sonne oder des Mondes im Verhältnis zur Erde – die „Ursache

" der entsprechenden rhythmischen Ereignisse auf der Erde. Zusammen mit allen anderen rhythmischen Ereignissen gleicher Periodizität ist es selbst die Wirkung der Aktivität einer Kraftsphäre, die den kosmischen Bereich bildet, zu dem der betreffende Planetenkörper gehört.

Aus dieser Aussage ergeben sich drei Hauptfragen, die beantwortet werden müssen, bevor wir mit der Beschreibung der Astralkräfte selbst fortfahren können:

Erstens, indem wir von den unterschiedlichen Beziehungen der Sonne und des Mondes zur Erde gesprochen haben und in ihnen die Auswirkungen bestimmter astraler Aktivitäten gesehen haben, haben wir sie so behandelt, als ob sie von gleicher Natur wären, nämlich das Ergebnis einer Bewegung von der jeweilige Himmelskörper um die Erde. Nach der kopernikanischen Auffassung dreht sich jedoch nur der Mond um die Erde, während der scheinbare Jahreslauf der Sonne tatsächlich durch die Bewegung der Erde um die Sonne verursacht wird. Dies wirft die Frage auf, inwieweit der kopernikanische, heliozentrische Aspekt in einer Wissenschaft gültig ist, die danach strebt, den astralen Bereich des Universums in ihre Untersuchungen einzubeziehen.

Zweitens: Welche Rolle spielen die anderen Mitglieder unseres Planetensystems im Vergleich zu Sonne und Mond?

Drittens, wenn es wahr ist, dass die wesentlichen Sonnen- und Mondeffekte – und vermutlich auch die Auswirkungen der anderen Planeten – auf die Erde nicht auf den physischen Einfluss der sichtbaren Körper der betreffenden Planeten zurückzuführen sind, sondern auf bestimmte astrale Kraftfelder Welchen Teil bilden diese Körper selbst? Welche Bedeutung hat ein solcher Körper im dynamischen Ganzen des Planeten?

Beginnend mit der Antwort auf die erste Frage zitieren wir die folgende Passage aus einer Vorlesung über theoretische Physik, die Professor Planck 1909 an der Columbia University, New York, hielt:

„Nur die Hypothese vom allgemeinen Wert des Relativitätsprinzips in der Mechanik könnte das kopernikanische System in die Physik einführen, da dieses Prinzip die Unabhängigkeit aller Prozesse auf der Erde von der fortschreitenden Bewegung der Erde gewährleistet." Denn wenn wir diese Bewegung berücksichtigen müssten, müsste ich beispielsweise damit rechnen, dass das Stück Kreide in meiner Hand die enorme kinetische Energie besitzt, die einer Geschwindigkeit von etwa 30 km/sec entspricht.

Die Implikationen dieser Bemerkungen eines bedeutenden Physikers für uns können wie folgt ausgedrückt werden:

In einer Wissenschaft, die mit Bewegung als einem Ereignis absoluter dynamischer Realität umzugehen weiß, verliert der kopernikanische Aspekt seine Bedeutung als einzig gültiger Aspekt unseres kosmischen Systems. Denn ihre Anwendung als Mittel zur Beschreibung des dynamischen Geschehens innerhalb dieses Systems setzt die Akzeptanz von Einsteins relativistischem Bewegungskonzept voraus. Tatsächlich ist der kopernikanische Standpunkt für die Erstellung eines Bildes der dynamischen Struktur unseres Systems unzureichend.

Diese Aussage darf nicht so verstanden werden, dass sie dem heliozentrischen Standpunkt jegliche Rechtfertigung verweigert. Schließlich ist es so, dass die Umlaufbahnen, denen die Himmelskörper aus dieser Sicht zu folgen scheinen, einen besonderen geometrischen Charakter annehmen, der nicht zufällig sein kann. Und mehr noch: Wenn der heliozentrische Aspekt in seinem wahren Kontext gesehen wird, bildet er (wie später gezeigt wird) einen äußerst aufschlussreichen Teil des Drehbuchs, der uns von der Natur der Astralkräfte erzählt. Es ist lediglich erforderlich, das heliozentrische Bild als das zu betrachten, was es ist, nämlich als rein kinematischer Aspekt der wahren dynamischen Ordnung unseres kosmischen Systems, der an sich ganz andere Mittel der konzeptionellen Darstellung erfordert.

Aus der Sicht der astralen Ordnung des Universums erscheint die Erde im Zentrum einer Vielzahl von Kraftfeldern, die sich gegenseitig durchdringen und in ihrem Randbereich entsprechend den jeweiligen Umlaufbahnen der verschiedenen Planetenkörper übereinander hinausragen . Wie viele Kraftfelder es gibt und welchen jeweiligen Charakter sie haben, wird aus der folgenden Betrachtung deutlich, die auch die Antwort auf die zweite unserer drei Fragen liefert.

Als Urheber der sekundären Polaritäten in der irdischen Natur muss das Astralreich selbst zweifellos polar strukturiert sein, wobei ein Teil von ihm die Ursache aller Vorgänge bildet, durch die die Leichtigkeit mit der Schwerkraft in Wechselwirkung gebracht wird, der andere Teil aller Vorgänge, durch die die Schwerkraft in Wechselwirkung gebracht wird wird mit Leichtigkeit in Wechselwirkung gebracht. Es muss einen weiteren Teil geben, der für die Herstellung des „Quecksilbermittels" zwischen den beiden Polen der sekundären Polarität verantwortlich ist. Dies führt uns zu einem dreifachen Aspekt des Astralbereichs.

Bei näherer Betrachtung erkennt man, dass sich diese dreifache Ordnung in jeder der beiden Polarregionen wiederholt. In Kapitel XII haben wir gelernt, die materiellen Ereignisse an den beiden Polen der sekundären Polarität zu unterscheiden, indem wir ihr Auftreten in der Pflanze als „Sublimierung" einerseits und „Assimilation" andererseits beobachteten. Wir wissen, dass der erstere Prozess, durch den Materie von ihrem schwerkraftgebundenen Zustand in ihren schwerkraftfreien Zustand überführt wird, in drei Stufen abläuft, von denen die erste das Anheben der Materie vom festen in den flüssigen Zustand beinhaltet zweitens vom flüssigen in den luftförmigen Zustand und drittens in den Zustand reiner Wärme. Es gibt drei entsprechende Stufen, in denen Äther der Schwerkraft ausgesetzt wird. Es liegt in ihrer Natur, dass sie nicht im gleichen Maße manifestiert sind wie ihre polaren Gegensätze. Dennoch ist eine richtig geführte Beobachtung in der Lage, sie zu erkennen und es uns zu ermöglichen, sie wie folgt zu beschreiben. Auf der ersten Stufe wird der Äther, der an sich eine rein periphere Ausrichtung hat, mit einem alles in Beziehung stehenden Punkt verbunden; auf der zweiten Stufe werden die verschiedenen Ätheraktivitäten, die bereits punktuell in Beziehung stehen, in eine charakteristische Wechselbeziehung gebracht, um so zur Ursache einer bestimmten formenden Wirkung im materiellen Bereich zu werden; Auf der dritten Stufe erhält das so organisierte ätherische Aggregat den Impuls, sich mit einem bestimmten Teil der wägbaren Materie zu verbinden.

In diesen sechs Formen der astralen Aktivität erkennt die Beobachtung, wenn sie von der modernen Geisteswissenschaft geleitet wird, die Eigenschaften der sechs Planetensphären, die einerseits als „Mond", „Merkur", „Venus", „Saturn" und „Saturn" bekannt sind. „Jupiter", „Mars" auf der anderen Seite. In gleicher Weise stellt die dynamische Sphäre der „Sonne" die astrale Aktivität bereit, die zwischen den beiden Gruppen planetarischer Sphären vermittelt. [5] Die folgenden Beobachtungen können uns helfen, uns mit den verschiedenen Wirkungsweisen der Kraftsphären vertraut zu machen.

Beginnen wir mit den Astralkräften, die den drei erdnächsten kosmischen Körpern entsprechen – Mond, Merkur, Venus. Ihre Aktivität lässt sich beispielsweise erkennen, indem man die aufeinanderfolgenden Stadien der Pflanzenentwicklung beobachtet – die Bildung der saftführenden Teile; die Blütensubstanz ist teilweise bereits in einen luftförmigen Zustand übergegangen; schließlich die sich ausbreitenden Prozesse, die wesentlich zum Wirkungsbereich des Wärmeäthers gehören. [6] Im menschlichen Organismus finden wir den gleichen Ablauf in der schrittweisen Umwandlung der Nahrung bis zu dem Moment, in dem die irdische Form ins Chaos übergeht, wie wir zuvor gelernt haben. Die sogenannte Enzymwirkung, die die Physiologie den verschiedenen Verdauungssäften zuschreibt, ist in Wirklichkeit das Produkt einer Aktivität des unteren Teils der astralen Organisation des Menschen, für den die betreffenden Säfte die Funktion physischer „Träger" ausüben. Auf dem Gebiet der makrotellurischen Phänomene ist die Metamorphose der atmosphärischen Feuchtigkeit, die sich über die verschiedenen Wolkenstadien bis hin zur reinen Wärmestufe erstreckt, ein Beispiel für die Wirkung derselben Kräfte.

Bei allen dreistufigen Übergängen dieser Art überwiegen im ersten Stadium die mit dem Mond verbundenen Astralkräfte, im zweiten die mit Merkur und im dritten die mit der Venus verbundenen. Wir sind bereits auf einige Beispiele für den herausragenden Anteil des Mondes am Geschehen im Wasserbereich der Erde gestoßen. Zu diesen Phänomenen, die durch ihren Rhythmus ihren Zusammenhang mit dem Mond zeigen, können wir den Fruchtbarkeitsrhythmus im weiblichen menschlichen Organismus hinzufügen, der nicht in der Phase, sondern in der Dauer mit dem Rhythmus zusammenfällt, der durch den Lauf des Mondes am Himmel vorgegeben wird. Wenn wir bedenken, dass die Bildung eines neuen menschlichen Körpers im Mutterleib das Spiel formender Kräfte aus der gesamten Weltumgebung erfordert und dass zu diesem Zweck die Materie in einen aufnahmefähigen Zustand für diese Kräfte gebracht werden muss, dann können wir es besser verstehen die vorbereitende Rolle der Mondkräfte. Damit aber die Substanz des weiblichen Keimes den Zustand des Chaos erreicht, der für die Embryonalentwicklung geeignet ist, bedarf es noch des Einflusses der supralunaren Astralkräfte. Der Eintritt hierfür erfolgt durch die Vereinigung der Keimzelle mit der männlichen Samenzelle. [7]

So wie die drei subsolaren Planetensphären für Ereignisse mit „ schwefelhaltigem " (radialem) Charakter verantwortlich sind, so sind auch die drei suprasolaren Sphären für Ereignisse mit „salzhaltigem" (sphärischem) Charakter verantwortlich. Wir begegnen zum Beispiel der Saturntätigkeit in allem, was vom Kopf des Menschen ausgeht und die Verhärtung sowohl des Kopfes selbst als auch des gesamten Skeletts bewirkt. Beobachtungen haben gezeigt, dass der Mensch, auch wenn er, wie üblich, in den frühen Zwanzigern aufhört zu wachsen, so dass das Skelett keine weitere Verlängerung erfährt, seine endgültige Form und seine endgültige Verhärtung erst zwischen dem 28. und 30. Lebensjahr erreicht . Dies ist die Zeit im Leben des Menschen, in der Saturn zum ersten Mal in die Position zurückkehrt, die er relativ zur Erde bei seiner Geburt oder, genauer gesagt, bei seiner Empfängnis hatte.

Während sich die Aktivität der Saturn-Kraft am deutlichsten in der Bildung des harten Schädels manifestiert, zeigt sich die von Jupiter, dem Planeten der „Weisheit", in der Bildung der komplizierten Struktur des Gehirns, die es ihm ermöglicht, mitzumachen. Ordnen Sie die körperlichen und psychischen Funktionen des gesamten Menschen. Im Bereich der physischen Natur ist das Gehirn des Menschen in der Tat das vollkommenste Beispiel kosmischer Intelligenz, die in einer Weise am Werk ist, die der Aktivität menschlicher Intelligenz ähnelt, die man normalerweise unter „Organisieren" versteht.

Damit diese Form entstehen kann, sind die Kräfte des Saturn erforderlich; Damit der Bildungsprozess in einer von Weisheit erfüllten Ordnung ablaufen kann, sind Jupiters Kräfte notwendig. Sollen Form und Ordnung im Reich der irdischen Substanz zum Ausdruck kommen, bedarf beides der Hilfe des Mars. Welchen Anteil der Mars an der Entstehung der Formenwelt in der Natur hat, können wir uns am besten vorstellen, wenn wir beobachten, was geschieht, wenn wir die Sprache als Mittel zum Ausdruck unserer Gedanken nutzen. Um einen Gedanken formen zu können, müssen wir an der formenden Kraft des Saturn teilhaben. Wir sind darauf angewiesen, dass Jupiter eine logische Verbindung zwischen den einzelnen Gedanken herstellt . Um sie der Welt zu verkünden, brauchen wir die Antriebskraft des Mars, die es uns ermöglicht, äußere Materie so in Bewegung zu setzen, dass sie zum Träger und Übermittler unserer Gedanken wird. (Wir berühren hier den Bereich der akustischen Bewegungen der Luft, der uns später noch näher beschäftigen wird.)

Viele Beispiele für die Aktivität der Kraftsphären, die durch die drei äußeren Planeten repräsentiert werden, finden sich auch in der Natur außerhalb des Menschen. Aus dem Pflanzenreich können wir die holzige und rindenartige Ausbildung der Bäume als Ausdruck der Wirkung der Saturnkräfte annehmen. Ebenso ist alles, was bei der Organisation des einzelnen Blattes und insbesondere bei der Organisation der unzähligen einzelnen Blätter, die das Laub eines Baumes bilden, zu einem einheitlichen Ganzen, der charakteristischen Krone eines Baumes, geschieht, ein Beispiel für diese Arbeit des Jupiter. Beide Aktivitäten werden durch die Kraft des Mars unterstützt, der sie von der kosmischen Peripherie auf das einzelne physische Objekt lenkt.

Zwischen den beiden Gruppen astraler Kräfte, die auf diese Weise wirken, fungiert die Sonne als vermittelndes Element durch ihre doppelte Funktion, die Aktivität der drei unteren Planeten durch ihre Wärme zu unterstützen und durch ihr Licht die Kräfte auf die Erde zu übertragen der drei höheren Planeten. Im menschlichen Mikrokosmos erfüllen die Sonnenkräfte eine entsprechende Aufgabe durch die Einflüsse, die vom Herzen aus auf den Wegen des Blutes durch den Körper strahlen.

*

Im Folgenden werden wir auf eine Gruppe von Phänomenen hinweisen, die die astrale Verbindung zwischen Erde und Universum zeigen; Unser Wissen darüber verdanken wir Rudolf Steiner. Ihm ist es auch zu verdanken, dass die experimentelle Erforschung der relevanten Fakten möglich wurde. Sie betreffen die Widerspiegelung der verschiedenen am Himmel beobachtbaren Planetenbewegungen im Verhalten bestimmter Mineralstoffe der Erde.

Im Zusammenhang mit unserer Erörterung der Elektrizität (Kapitel XIII) sprachen wir über die besondere Funktion der Metalle als Träger der „Quecksilber"-Qualität (im alchemistischen Sinne des Begriffs). Als eine der Eigenschaften, die diese Funktion offenbaren , erwähnten wir die besondere

Fähigkeit von Metallen, sich wie „feste Flüssigkeiten" zu verhalten. Diese Ausnahmestellung unter den Mineralstoffen der Erde verdanken die Metalle ihrer engen Verbindung mit den außerirdischen Astralkräften der Welt. Auch auf diesem Gebiet hat die moderne Geistesforschung etwas wiederentdeckt, was den Menschen früher bekannt war: dass es unter den Metallen sieben gibt, die einen besonderen Charakter haben, denn jedes steht in einer besonderen Beziehung zu einem der sieben Planeten (d. h . die planetaren Kraftsphären) unseres kosmischen Systems. Dies ist in der folgenden Tabelle dargestellt:

Saturn- Leit

Jupiter-Zinn

Mars-Eisen

Sonnengold

Venus Kupfer

Quecksilber Quecksilber

Mondsilber

Im Vergleich zu diesen sieben sind die anderen Metalle Produkte der Kombination verschiedener Planetenkräfte. Ein Vergleich der Rolle des Saturn als äußerster Planet unseres kosmischen Systems mit der Rolle, die sein Metall Blei als Endprodukt des radioaktiven Zerfalls spielt, führt zu der Vorstellung, dass die radioaktive Sphäre der Erde besonders mit dem Planeten Erde in Zusammenhang steht Planeten außerhalb der Umlaufbahn des Saturn, nämlich Uranus, Neptun, Pluto.

Dank der Arbeit von L. Kolisko , der den Hinweisen Rudolf Steiners folgend viele Jahre lang das Verhalten der sieben Metalle einzeln und in Kombination beobachtete, indem er ihre Salze bestimmten Kapillareffekten aussetzte, wissen wir heute, dass die „Erde" trägt ihre Gebärmuttersubstanzen, deren dynamischer Zustand genau den Ereignissen im Planetenbereich des Universums folgt. [8]

*

Das Bild des Universums, das sich so vor unserem geistigen Auge abzeichnet, ist nur so lange verblüffend, wie wir es mit seinem heliozentrischen Vorgänger vergleichen. Wie falsch es wäre, es für etwas Unvorstellbares für den modernen Geist zu halten, zeigt die Tatsache, dass der moderne Physiologe bereits dazu gedrängt wurde, sich ein ganz ähnliches Bild vom menschlichen Organismus zu machen, soweit es die Drüsentätigkeit in diesem Organismus betrifft . Seine Beobachtungen haben ihn gelehrt, zwischen der Drüse als räumlich begrenztem physischem Organ und der

Drüse als Funktionssphäre zu unterscheiden und letztere als essentielle Drüse zu begreifen. So gesehen sind „die räumlichen und zeitlichen Dimensionen jeder Drüse denen des gesamten Organismus gleich" (A. Carrel). Auf diese Weise verstehen wir den menschlichen Organismus als einen Bereich sich durchdringender Sphären unterschiedlicher physiologischer Aktivitäten. Jede dieser Aktivitäten ist irgendwo im physischen Körper durch den anatomisch unterscheidbaren Drüsenkörper verankert, und dessen Beziehung zur Funktionssphäre ist so, dass „die physiologische Individualität einer Drüse weitaus umfassender ist als ihre anatomische Individualität".

Wir müssen diese Aussage nur in ihr makrokosmisches Gegenstück übersetzen, um eine andere Aussage zu erhalten, die die Beziehung des sichtbaren Körpers eines Planeten zur funktionalen (astralen) Sphäre, die durch seine Umlaufbahn angezeigt wird, treffend zum Ausdruck bringt. Dann werden wir sagen: „Die astrale Individualität eines Planeten ist weitaus umfassender als seine astronomische Individualität."

Es sollte beachtet werden, dass der Schritt, den wir hier unternommen haben, indem wir eine durch mikrokosmische Beobachtung gewonnene Vorstellung verwenden, um uns zu helfen, die Antwort auf eine Frage zu finden, die uns der Makrokosmos stellt, mit einer der Grundlagen unserer Forschungsmethode übereinstimmt, nämlich , um zu ermöglichen, dass „die Himmel die Erde erklären und die Erde die Himmel" (R. St.).

* *

*

(*b*) Anhörung als Tat

Im einleitenden Teil des letzten Kapitels sagten wir, dass wir das Recht haben, Forschungsergebnisse höherer spiritueller Wahrnehmungsfähigkeiten zu nutzen, ohne unserem Prinzip zu widersprechen, die Welt der Phänomene durch Lesen verstehen zu wollen, vorausgesetzt, dass wir dadurch zur Verbesserung beitragen unserer eigenen Leseaktivität, und vorausgesetzt, es kann gezeigt werden, dass der Erwerb der höheren Wahrnehmungsfähigkeiten eine direkte Fortsetzung der Schulung ist, die wir auf unseren Geist und unsere Sinne anwenden müssen, um sie zu diesem Lesen fähig zu machen. Was die Kräfte des astralen Charakters betrifft, so ist die erste dieser beiden Bedingungen durch die Beobachtungen erfüllt, die wir in diesem Kapitel bereits durchgearbeitet haben. Wir müssen noch zeigen, dass die zweite Bedingung gleichermaßen erfüllt ist.

Die Fähigkeit des Geistes, die eine direkte Untersuchung des Astralbereichs ermöglicht, wurde von Rudolf Steiner (spirituelle) Inspiration genannt, der damit auch diesem Begriff seine eigentliche Bedeutung zurückgab. Wir haben bereits darauf hingewiesen, dass diese Fähigkeit im Sinne des Hörens liegt, genauso wie die Fähigkeit der Vorstellungskraft – wie wir herausgefunden haben – im Sinne des Sehens liegt. Um zu verstehen, warum gerade dieser besondere Sinn hier in Betracht gezogen wird, müssen wir bedenken, dass die Phänomene, durch die sich die Astralwelt am direktesten manifestiert, alle rhythmischer Natur sind. Nun ist der Sinn, durch den unsere Seele mit direkter Erfahrung in eine äußere rhythmische Aktivität eindringt, der Hörsinn, wobei unsere akustischen Wahrnehmungen durch bestimmte rhythmische Bewegungen der Luft übermittelt werden. Im Folgenden werden wir sehen, wie das Studium sowohl der äußeren akustischen Phänomene als auch unserer eigenen psychophysischen Beschaffenheit im Bereich des akustischen Sinnes zu einem Verständnis der Natur der Inspiration und der Art und Weise führt, wie sie trainiert werden kann.

*

Unter all unseren Sinneswahrnehmungen zeichnet sich der Klang dadurch aus, dass er sich auf zwei ganz unterschiedliche Arten wahrnehmbar macht – über das Ohr als direktes Sinneserlebnis und über das Auge (ggf. auch über den Tast- und Bewegungssinn) in Form bestimmter mechanischer Bewegungen , wie etwa die einer Saite oder einer Stimmgabel. Daher befand sich der Weltbeobachter, sobald er begann, akustische Phänomene wissenschaftlich zu untersuchen, in einer einzigartigen Situation. In allen anderen Bereichen der Wahrnehmung, mit Ausnahme der rein mechanischen Prozesse, hatte der Übergang zur nicht-stereoskopischen, farblosen Beobachtung zur Folge, dass der Weltinhalt des naiven Bewusstseins einfach aufhörte zu existieren und die dadurch entstandene Lücke durch sie ausgefüllt werden musste ein Muster imaginierter kinematischer Ereignisse – zum Beispiel Farbe durch „Äther"-Schwingungen, Wärme durch molekulare Bewegungen. Nicht so im Bereich der Akustik. Denn hier bleibt ein Teil des gesamten Geschehens aufgrund seines echten kinetischen Charakters Inhalt der tatsächlichen Beobachtung.

Infolgedessen wurde die Wissenschaft der Akustik für den wissenschaftlichen Geist des Menschen zu einem Modell für die erforderliche Trennung zwischen dem „subjektiven" (d. h. aus wissenschaftlichen Gründen nicht existierenden) und dem „objektiven" (d. h. dem rein kinematischen) Teil der Beobachtung. Der Bereich der akustischen Wahrnehmung schien das Verfahren zu rechtfertigen, eine Masse von Phänomenen zu sammeln, von allem zu befreien, was die menschliche Seele bei ihrer Begegnung erlebt, und sie unter einem rein abstrakten Begriff, „Klang", zusammenzufassen.

Professor Heisenberg macht in seinem Vortrag (zitiert am Anfang von Kapitel II) über die Art und Weise, in der sich die wissenschaftliche Befragung der Natur bewusst eingeschränkt hat, darauf aufmerksam, dass eine vollständige Kenntnis der Wissenschaft der Optik in ihrer gegenwärtigen Form möglich sei Er wird von einem Blindgeborenen lediglich durch theoretisches Studium erworben, ohne jedoch jemals zu erfahren, was *Licht* ist. Heisenberg hätte natürlich dasselbe über die Wissenschaft der Akustik im Hinblick auf einen von Geburt an gehörlosen Menschen sagen können. Aber wir können noch einen Schritt weiter gehen und fragen, wie weit ein gehörloser und ein blinder Mensch zur *Etablierung* der jeweiligen Wissenschaft kommen könnten. Die Antwort muss lauten: Während der Sehbehinderte von sich aus nicht in der Lage wäre, eine Wissenschaft der Optik zu etablieren, läge es für den Gehörlosen durchaus im Rahmen, eine Wissenschaft der Akustik zu etablieren. Denn alle für eine physikalische Akustik wesentlichen Vorgänge sind dem Auge und anderen Sinnen zugänglich.

Um unsere Erfahrung des Hörens zu einem Wegweiser zum Verständnis der dem Menschen innewohnenden Fähigkeit der Inspiration zu machen, müssen wir zunächst versuchen, die Akustik von einer „gehörlosen" in eine „hörende" Wissenschaft umzuwandeln, ganz wie Goethe verwandelte die Farbentheorie von einer farbenblinden in eine farbensehende Wissenschaft.

*

Nach unserem Vorgehen bei der Optik wählen wir aus dem gesamten Bereich der akustischen Phänomene einen bestimmten Bereich aus, der für unseren Zweck besonders geeignet ist. Wie *es* damals das Spektrum war, so wird es heute die sogenannte *Klangqualität* oder *Klangfarbe sein*.

Unter diesem Begriff wird in der Akustik eine Eigenschaft verstanden, die der Klang neben Tonhöhe und Lautstärke besitzt und die von der Art der Quelle abhängt, aus der ein Ton stammt. Es ist die Klangfarbe, durch die sich beispielsweise der Ton einer Violine von einem Ton gleicher Intensität und Tonhöhe unterscheidet, der von einer Flöte erzeugt wird. Ebenso unterscheiden sich zwei Musikinstrumente der gleichen Art durch die Klangfarbe voneinander.

spielt die Klangfarbe eine besonders wichtige Rolle. Nicht nur jede einzelne Stimme hat ihre einzigartige Farbe, sondern die Farbe variiert auch bei ein und derselben Person oder demselben Tier, je nach vorherrschender Stimmung. Darüber hinaus ist der Mensch durch das Aussprechen der verschiedenen Vokale seiner Sprache in der Lage, den Lauten seiner Sprache unterschiedliche Farben zu verleihen. Denn der Unterschied, den wir erleben, wenn ein Ton auf dem Vokal „a" oder dem Vokal „e" usw. gesungen wird, ergibt sich aus der besonderen Farbe, die der Vokal diesem Ton verleiht.

Unter den Entdeckungen des letzten Jahrhunderts auf dem Gebiet der Akustik gibt es eine, die insbesondere dazu beigetragen hat, eine rein kinematische Vorstellung von Klang zu etablieren. Helmholtz zeigte, dass Töne, die für unsere Ohren eine klare und eindeutige Tonhöhe zu haben scheinen, durch eine Reihe von Resonatoren in eine Reihe verschiedener Töne aufgeteilt werden können, von denen jeder in einer anderen Tonhöhe klingt. Die tiefste davon hat die Tonhöhe, die unsere Ohren dem gesamten Ton zuordnen. Somit kann man in jedem gewöhnlichen Ton einen „Grundton" und eine Reihe von „Obertönen" unterscheiden. Helmholtz zeigte weiter, dass die jeweilige Reihe von Obertönen, in die ein Ton aufgelöst werden kann, für die Farbe dieses Tons als Ganzes verantwortlich ist . Für die vorherrschende Denkweise bedeutete dies natürlich, dass das Erleben der Farbe eines Tons als eine Art akustische Addition mehrerer Einzeltonwahrnehmungen interpretiert werden musste (ähnlich wie Newton „weiß" interpretiert hatte). Licht als Ergebnis einer optischen Addition einer bestimmten Anzahl einzelner Farbempfindungen).

Das Bild wird anders, wenn wir Goethes Theorem auf die Hörerfahrung anwenden, dass, soweit wir getäuscht werden, dies nicht durch unsere Sinne, sondern durch unser eigenes Denken geschieht. Denn dann erkennen wir, dass Klänge niemals von selbst ohne eine gewisse Klangfarbe entstehen , während physikalisch „reine" Töne – solche, die einfache harmonische Bewegungen darstellen – nur als künstliches Laborprodukt existieren. Die Farbe eines Tons ist daher ein integraler Bestandteil desselben und darf nicht als zusätzliches Attribut verstanden werden, das sich aus der Zusammenfassung mehrerer farbloser Tonerlebnisse ergibt.

Wenn wir außerdem unsere Erfahrungen mit den beiden Tonarten vergleichen, zeigen sie uns, dass durch die Qualität oder Farbe des natürlichen Tons etwas Seelenhaftes, Angenehmes oder Unangenehmes, zu uns spricht, während „reine" Töne seelenlos sind Charakter.

Die Auflösung normaler Töne nach Helmholtz' Methode (so nützlich sie für bestimmte Zwecke auch sein mag) kommt einer Zerlegung eines lebenden, beseelten Organismus in seine Glieder gleich; nur die Teile der Leiche

bleiben in unseren Händen.

*

Nachdem wir so festgestellt haben, dass der psychische Inhalt der Hörerfahrung einen integralen Bestandteil des Tonphänomens als solchen bildet, müssen wir versuchen zu verstehen, wie der kinetische Prozess, der für sein Erscheinen unabdingbar ist, zum Vehikel für die Manifestation der „Seele" wird die beschriebene Art und Weise.

Zu diesem Zweck müssen wir zunächst die Tatsache berücksichtigen, dass die Bewegung, die die Hörempfindung vermittelt, eine Bewegung ist, die abwechselnd ausdehnt und zusammenzieht. In der Sprache der vier

Elemente ausgedrückt bedeutet dies, dass die so in Schwingung versetzte Luft sich abwechselnd dem Zustand des darunter liegenden wässrigen Elements und des darüber liegenden Elements Feuer (Hitze) annähert. So nähert sich die Luft in einem regelmäßigen Rhythmus der Grenze ihrer wägbaren Existenz. Rein physikalische Überlegungen lassen uns erkennen, dass es sich hierbei um ein weiteres rhythmisches Geschehen im Bereich der Wärme handelt. Denn bei jeder Ausdehnung der Luft wird Wärme von ihr aufgenommen und dadurch raumgebunden, während bei jeder Kontraktion der Luft Wärme freigesetzt wird und in ihren ursprünglichen Zustand zurückkehrt, also von räumlichen Beschränkungen befreit wird.

Dieses Bild des gesamten Geschehens während eines akustischen Ereignisses ermöglicht es uns zu verstehen, wie ein solcher Prozess das Vehikel für die Übermittlung bestimmter astraler Impulse sein kann, so dass wir sie, wenn sie auf sie stoßen, in Form einer direkten Empfindung wahrnehmen . Wenn wir den Ausdruck „transparent" für die Durchlässigkeit einer Substanz für Licht als Vorbild nehmen, können wir sagen, dass die Luft, wenn sie sich in einem Zustand akustischer Schwingung befindet, für astrale Impulse „transhörbar" wird, und dass die Natur dieser Schwingungen bestimmt, welche besonderen Impulse durchgelassen werden.

Was wir hier als die wahre Rolle des kinetischen Teils des akustischen Prozesses herausgefunden haben, gilt gleichermaßen für Geräusche, die von Lebewesen abgegeben werden, und für solche, die entstehen, wenn lebloses Material mechanisch in Bewegung gesetzt wird, wie im Fall gewöhnlicher Geräusche oder die musikalische Tonerzeugung. Es gibt nur diesen Unterschied: Zunächst haben die Schwingungen der klangerzeugenden Organe ihren Ursprung in der Aktivität des astralen Teils des Lebewesens, und es ist diese Aktivität, die dem Empfänger in Form von akustischen Erfahrungen direkt zur Verfügung steht Eindrücke; Im zweiten Fall übt die Luft, indem sie von außen in einen Schwingungszustand gebracht wird, eine Art Sog auf den Astralbereich aus, der die Luft durchdringt, mit der Folge, dass Teile dieses Bereichs körperlich hörbar werden. Denn wir sind ständig von übersinnlichen Geräuschen umgeben, und der Bewegungszustand der Luft bestimmt, welche von ihnen in unserem gegenwärtigen Bewusstseinszustand für uns wahrnehmbar werden.

An dieser Stelle wenden wir uns einem bereits in einem anderen Zusammenhang betrachteten Geschehen in der makrotellurischen Sphäre der Erde zu , das nun die Bedeutung eines Urphänomens annimmt , das die astrale Klangerzeugung offenbart. Dies ist das Gewitter, das für unsere äußere Wahrnehmung durch die beiden Ereignisse Blitz und Donner konstituiert wird.

Wenn wir uns daran erinnern, was wir früher (Kapitel in den Zustand raumgebundener physikalischer Materie. Dieser Stoff wandelt sich stufenweise vom Zustand des Lichts und der Wärme über den der Luft in den flüssigen und in bestimmten Fällen in den festen Zustand (Hagel) um. Dazu fügen wir nun hinzu, dass während beim Blitz die erste Wirkung der ätherisch-physischen Einwirkung des astralen Impulses vor unseren Augen auftritt, unser Ohr uns diesen Impuls in Form des Donners unmittelbar bewusst macht. Es ist diese Tatsache, die den beeindruckenden Charakter von Gewittern erklärt.

*

Das Bild, das wir so vom äußeren Teil des akustischen Prozesses erhalten haben, hat sein Gegenstück in den Vorgängen innerhalb des Hörorgans. Das Hören ist ebenso wie das Sehen auf das Zusammenwirken beider Pole des menschlichen Organismus – Nerv und Blut – angewiesen. Beim Hören spielen sie jedoch eine umgekehrte Rolle. Im Auge wirken Lichteindrücke vor allem auf den Nerventeil; Eine sekundäre Reaktion auf sie kommt von der Blutorganisation. Im Ohr ist das Empfangsorgan für die auf ihn einwirkenden astralen Impulse ein Teil des Gliedmaßensystems des Körpers, während die Nervenorganisation als Reaktionsorgan fungiert. Denn im Ohr werden die Schallwellen zunächst von den sogenannten Gehörknöchelchen übernommen, drei kleinen Knochen im Mittelohr, die, mit dem Goetheschen Auge betrachtet, wie eine vollständige Metamorphose eines Armes oder eines Beines erscheinen. Sie sind maßgeblich an der Übertragung der äußeren akustischen Bewegungen auf die im Innenohr enthaltene Flüssigkeit beteiligt, von wo aus diese an das gesamte Flüssigkeitssystem des Körpers und schließlich an die Muskulatur weitergeleitet werden. [9] Wir werden später noch ausführlicher darauf eingehen. An dieser Stelle sei darauf hingewiesen, dass die besondere Rolle des Kehlkopfes beim Hören, auf die wir bereits in Kapitel XVI hingewiesen haben, eines der Symptome ist, die auf die Beteiligung des Muskelsystems am inneren akustischen Prozess schließen lassen.

Psychologisch gesehen besteht der Unterschied zwischen Ohr und Auge darin, dass akustische Wahrnehmungen viel direkter auf den menschlichen Willen einwirken – also auf den Teil unserer astralen Organisation, der mit dem Gliedmaßensystem verbunden ist. Während Augeneindrücke uns in erster Linie zum Denken anregen, regen uns Ohreindrücke zum ... Tanzen an. Die gesamte Tanzkunst, von ihrem ursprünglichen sakralen Charakter bis zu ihren entarteten modernen Formen, basiert darauf, dass das Gliedmaßensystem der Empfänger akustischer Eindrücke ist.

Um zu verstehen, wie die Muskeln auf die äußeren astralen Impulse reagieren, die uns durch unser Ohr erreichen, müssen wir zunächst verstehen, was in den Muskeln passiert, wenn unser Wille sie für körperliche Bewegungen nutzt. Auch in diesem Fall ist die Muskulatur das Organ, durch das bestimmte astrale Impulse, diesmal aus dem körpereigenen Astralglied, zum Ausdruck kommen. Darüber hinaus sind die Bewegungen der Muskeln, auch wenn sie äußerlich nicht wahrnehmbar sind, den akustischen Bewegungen außerhalb des Körpers sehr ähnlich. Denn wann immer ein Muskel dazu gebracht wird, seine Länge zu ändern, wird er irgendeine Art von Vibration ausführen – eine Vibration, die sogar durch eine bestimmte Tonhöhe gekennzeichnet ist, die bei verschiedenen Menschen unterschiedlich ist. Da unser Körper ein Leben lang nie völlig bewegungslos ist, befinden wir uns in einem ständigen Zustand der inneren Erkundung. Die Muskulatur ist zu dieser Schwingung fähig, da die Knochen während der anfänglichen Wachstumsphase des Körpers viel stärker an Länge zunehmen als die Sehnen und Muskeln. Dadurch gelangen diese in einen Zustand elastischer Spannung, der dem der Saiten eines Musikinstruments nicht unähnlich ist. [10]

Bei körperlicher Bewegung sind die Muskeln also Tonerzeuger, während sie bei akustischen Wahrnehmungen Tonempfänger sind. Was hindert dann eine akustische Wahrnehmung daran, die Gliedmaßen tatsächlich in Bewegung zu setzen, und ermöglicht es stattdessen unserem fühlenden Wesen, den astralen Impuls zu erfassen, der in unsere Muskeln eindringt?

Diese Behinderung ist auf den Beitrag des Nervensystems zum Hörprozess zurückzuführen. Um die Natur dieses Beitrags zu verstehen, müssen wir uns an die Rolle erinnern, die das Blut beim Sehen spielt. Wir haben herausgefunden, dass es darin besteht, einen Gleichgewichtszustand herbeizuführen, ohne den wir Licht lediglich als schmerzerzeugendes Mittel erfahren würden. Ebenso erfordert die Wahrnehmung von Schall das Vorhandensein eines bestimmten Gleichgewichtszustands zwischen dem Nervensystem und dem Gliedmaßensystem. In diesem Fall würde ein Ungleichgewicht jedoch nicht zu Schmerzen, sondern zu Ekstase führen. Denn wenn akustische Eindrücke direkt in unser Gliedmaßensystem einwirken würden, ohne dass es etwas gibt, das sie in Schach hält, würde uns jeder Ton, dem wir begegnen, zu einer äußeren Manifestation astraler Aktivität zwingen. Wir sollten Teil des Tonprozesses selbst werden und durch den Willensteil unserer astralen Organisation gezwungen werden, ihn in räumliche Bewegung umzuwandeln. Dass dies nicht geschieht, liegt daran, dass die Beteiligung des Nervensystems dazu dient, die potenzielle Ekstase zu dämpfen. Daher bleibt es mehr oder weniger dem empfindungsfähigen Teil der Astralorganisation – also dem Teil, der frei vom physischen Körper ist – überlassen, an den astralen Prozessen teilzunehmen, die dem Tongeschehen zugrunde liegen.

*

Unsere Diskussion ist an einem Punkt angelangt, an dem wir in der Lage sind, eine Frage zu beantworten, die erstmals im Verlauf unseres Studiums der vier Äther aufkam und die hier erneut aufkommt.

Beim Studium des chemischen oder Klangäthers wurden wir mit der Tatsache konfrontiert, dass ein Teil des Ätherbereichs, obwohl er an sich für den spirituellen Teil des Sehsinns zugänglich ist, eine übersinnliche Erfahrung bietet, die mit der Wahrnehmung von Klang vergleichbar ist. Umgekehrt werden wir nun mit der Tatsache konfrontiert, dass es das spirituelle Hören ist, das den Zugang zur unmittelbaren Wahrnehmung eines Kräftereichs ermöglicht, das nicht nur die Quelle akustischer Phänomene, sondern der Ursprung all dessen ist, was sich in der Natur in Form von Schwefel manifestiert Salz- und Quecksilberereignisse, wie die Welt der Farben , der Elektrizität, des Magnetismus, die vielfältigen rhythmischen Vorgänge auf der Erde (sowohl als Ganzes als auch in einzelnen Organismen) usw. – die alle von ganz anderen erfasst werden Sinne als das Hören.

Bei unserer ersten Begegnung mit diesem Problem bemerkten wir, dass es im Übersinnlichen keine so scharfen Unterschiede zwischen verschiedenen Sinnessphären gibt wie in der körpergebundenen Sinneswahrnehmung. Gleichzeitig erinnerten wir uns daran, dass wir auch in der physischen Wahrnehmung dazu neigen, Farben akustische Eigenschaften und Tönen optische Eigenschaften zuzuordnen . Tatsächlich war es genau ein Beispiel dieser Art von Erfahrung, nämlich unsere Vorstellung von Klangfarbe , die uns den Ausgangspunkt für die Diskussion der akustischen Sphäre im Allgemeinen gab. Unser Bild vom besonderen Zusammenspiel der beiden polaren Körpersysteme beim Sehen und Hören ermöglicht es uns nun, klarer zu verstehen, wie sich diese beiden Wahrnehmungsbereiche beim Menschen überschneiden. Denn wir haben gesehen, wie das System, das beim Sehen das empfangende Organ ist, beim Hören als antwortendes Organ fungiert und umgekehrt. Dadurch gehen optische Eindrücke mit schwachen Klangempfindungen und akustische Eindrücke mit schwachen Farbempfindungen einher .

Was uns in der physischen Sinnestätigkeit so undeutlich bewusst wird, wird zur definitiven Erfahrung, wenn der übersinnliche Teil der betreffenden Sinne ungehindert durch das Körperorgan wirken kann. Ein klares Zeugnis davon gibt uns erneut Traherne in einem Gedicht mit dem Titel *Dumnesse* . Dieses Gedicht enthält einen Bericht über Trahernes Erinnerung an die bedeutende Tatsache, dass der Übergang vom kosmischen zum irdischen Zustand seines Bewusstseins durch das Erlernen des Sprechens verursacht wurde. Das Folgende ist eine Passage aus der Beschreibung der Eindrücke, die er hatte, bevor seine Seele von dieser Veränderung überwältigt wurde:

*„Dann wohnte ich in einer Welt des Lichts, die
von allen menschlichen Blicken
abgegrenzt und getrennt war, wo ich seltsame Gedanken empfand und solche Dinge sah,
die
mir nur offenbart wurden oder zu sein schienen ...*

*„... Eine Kanzel in meinem Kopf,
ein Tempel und ein Lehrer, den ich gefunden habe, mit einem langen Text zum
Kommentieren. " Kein Ohr, aber Eys selbst waren alle Hörer dort.
Und jeder Stein und jeder Stern eine Zunge
und jeder Windsturm ein seltsames Lied .'* [11]

*

Wir haben ein hinreichend klares Bild von der Organisation unseres
Gehörsinns gewonnen, um zu sehen, wo der Weg liegt, der vom Hören mit
den Ohren des Körpers zum Hören mit den Ohren des Geistes, also zur
inspirierenden Wahrnehmung des Astrallebens führt Welt.

In dem psychophysischen Zustand, der für unser heutiges Bewusstsein
charakteristisch ist, hängt die Teilnahme unserer astralen Organisation an
allen Ereignissen der äußeren Astralwelt davon ab, dass unser körperliches
Bewegungssystem durch die akustischen Bewegungen der Luft oder einer
anderen Person stimuliert wird geeignetes Medium, das mit unserem Körper
in Kontakt kommt. Denn nur so wird unsere astrale Organisation in die
sympathischen Schwingungen gebracht, die für die Wahrnehmung äußerer
astraler Ereignisse notwendig sind. Damit andere astrale Ereignisse als die,
die sich akustisch manifestieren, für unser Bewusstsein zugänglich werden,
muss unser eigenes astrales Wesen in der Lage sein, im Einklang mit ihnen
zu schwingen, so als ob wir sie hören würden – das heißt, wir müssen in der
Lage sein, unser astrales Wesen zu wecken zwingt zu einer Tätigkeit, die der
des Hörens ähnelt, jedoch ohne körperlichen Reiz. Der Weg dorthin besteht
darin, uns darin zu üben, die Taten und Leiden der Natur so zu erleben, als
wären es die Taten und Leiden eines geliebten Freundes.

Auf diese Weise werden wir lernen, die Seele des Universums direkt zu uns
sprechen zu hören, wie Lorenzo es erahnte, als seine Liebe zu Jessica ihm das
Gefühl gab, in die ganze Welt verliebt zu sein, und er ausrief:

„Es gibt nicht die kleinste Kugel, die du siehst,
aber in seiner Bewegung singt er wie ein Engel,
der immer noch zu den jungäugigen Cherubim spricht: Solche Harmonie
herrscht in unsterblichen Seelen. Aber während dieses schlammige Gewand
des Verfalls es grob verschließt, wir Ich kann es nicht hören.'

* *

(c) KEPLER UND DIE „SPHÄRENMUSIK"

„Man muss sich seine Heiligen aussuchen … " und so habe ich mich und vor allen anderen für Kepler entschieden. In meinem Vorzimmer hat er immer eine eigene Nische mit seiner Büste darin.

Diese Meinung Goethes muss uns angesichts der Tatsache überraschen, dass Kepler der Entdecker der drei nach ihm benannten Gesetze war, von denen eines den Grundstein für Newtons mechanische Konzeption des Universums gelegt haben soll. Im Folgenden wird gezeigt, wie falsch es ist, in Kepler einen Vorläufer der mechanistischen Weltauffassung zu sehen; wie nah sein Weltbild in Wirklichkeit dem ist, zu dem wir durch die Arbeit im Goetheanismus geführt werden ; und wie recht hatte Goethe also mit seinem Urteil über Kepler?

Goethe verfügte über ein sensibles Organ für die historische Angemessenheit menschlicher Ideen. Als Beispiel hierfür sei erwähnt, wie er reagierte, als ihm jemand nahelegte, dass Joachim Jungius – ein herausragender deutscher Denker, Zeitgenosse von Bacon, Van Helmont usw. – seine Idee der Metamorphose der Pflanze vorweggenommen hatte. Diese Bemerkung beunruhigte Goethe nicht, weil er den Gedanken, vorweggenommen zu werden, nicht ertragen konnte (siehe seine Behandlung von KF Wolff), sondern weil dies dem Sinn der historischen Entwicklung des Menschen, wie er ihn sah, zuwidergelaufen wäre. „Warum halte ich die Frage für wesentlich, ob Jungius die Idee der Metamorphose so konzipiert hat, wie wir sie kennen? Meine Antwort ist, dass es in der Geschichte der Wissenschaften am bedeutsamsten ist, *wenn* eine eindringliche und belebende Maxime ausgesprochen wird. Deshalb ist es nicht nur wichtig, dass Jungius diese Maxime nicht zum Ausdruck gebracht hat; aber es ist von höchster Bedeutung, dass er es definitiv nicht zum Ausdruck bringen konnte – wie wir kühn behaupten.' [12]

Aus dem gleichen Grund wusste Goethe, dass es historisch ungerechtfertigt wäre zu erwarten, dass Kepler sich einen Aspekt des Universums hätte vorstellen können, der in seiner eigenen Naturauffassung impliziert war. Daher störte es ihn nicht in seiner Bewunderung für Kepler, dass durch ihn der kopernikanische Aspekt des Universums endgültig im modernen Geist etabliert worden war – das heißt ein Aspekt, der, wie wir gesehen haben, als Mittel zur Bildung eines Universums ungültig ist wirklich dynamisches Weltbild.

Bei der Gestaltung seines Bildes vom Universum ging es Kopernikus allerdings nur um die räumlichen Bewegungen der am Himmel erkennbaren Lichtwesen, ohne Rücksicht auf deren tatsächliche Natur und dynamische

Wechselbeziehungen. Daher ist sein Weltbild – wie es sich für die zu seiner Zeit entstehende Zuschauerform des menschlichen Bewusstseins gehört – ein rein kinematisches. Als solches hat es Gültigkeit für einen bestimmten Bereich menschlicher Beobachtung.

Als Kepler entgegen den Hoffnungen seines Vorgängers und Freundes Tycho Brahe den heliozentrischen Standpunkt akzeptierte und ihn zur Grundlage seiner Beobachtungen machte, tat er dies aus dem Verständnis heraus, was für seine Zeit die Wahrheit war. Keplers Ideal bestand darin, Wissen durch reine Beobachtung zu erlangen. In dieser Hinsicht nahm ihn Goethe zum Vorbild. Keplers Entdeckungen waren ein Beweis dafür, dass der forschende Geist des Menschen in jedem Stadium seiner Entwicklung Einsicht in große Wahrheiten erhält, vorausgesetzt, er behält die Tugend der reinen Beobachtung bei.

Es war bis heute der Fehler von Newton und seinen Nachfolgern, zu versuchen, die Welt innerhalb der Grenzen ihres Betrachterbewusstseins dynamisch zu begreifen und so eine dynamische Interpretation des Universums auf der Grundlage seines heliozentrischen Aspekts zu entwickeln. Dies war für Goethe ebenso abstoßend, wie Keplers Haltung anziehend war.

Aber machen wir durch die scharfe Unterscheidung zwischen Newton und Kepler nicht der Tatsache Unrecht, dass, wie die Welt glaubt, Keplers drittes Gesetz das übergeordnete Gesetz von Newtons Gravitationsgesetz ist? Im Folgenden wird gezeigt, dass dieser Glaube auf einer illusorischen Vorstellung beruht, wie wir sie zuvor kennengelernt haben. Wie wir sehen werden, stellt sich heraus, dass Keplers Entdeckung, wenn man sie im *Keplerschen* Sinne behandelt, anstatt zu Newton zu führen, völlig im Einklang mit dem Weltbild steht, zu dem uns unsere eigenen Beobachtungen geführt haben.

*

Es ist eine feste Überzeugung des Mathematikers, dass, sobald eine beobachtete Regelmäßigkeit in der Natur als mathematische Gleichung ausgedrückt wurde, diese Gleichung auf jede mathematisch gültige Weise transformiert werden kann und die resultierende Formel immer noch auf eine bestehende Tatsache in der Welt anwendbar ist . Bei unzähligen Gelegenheiten wurde dieses Prinzip in der Erwartung genutzt, weitere Einblicke in die Geheimnisse der Natur zu gewinnen. Ein typisches Beispiel dafür stießen wir bei der Diskussion des Grundsatzes der Kinematik und Dynamik (Kapitel VIII). Ein weiteres Beispiel ist Newtons Behandlung des dritten Keplerschen Gesetzes, oder – genauer gesagt – die Art und Weise, wie Newtons Gravitationsgesetz als Bestätigung von Keplers Beobachtungen angesehen wurde, und umgekehrt.

Unsere Aufgabe wird es sein, den Kepler-Newton-Fall genau nach den Grundsätzen unserer Behandlung der beiden Parallelogrammsätze zu analysieren . Diese Analyse wird uns Einblick in eine Wahrheit geben, die wir als eine der Grundmaximen der neuen Wissenschaft betrachten müssen. Darin heißt es, dass die Frage, ob eine gegebene Formel, die mathematisch von einer zuerst aus der Natur gelesenen Formel abgeleitet wurde, noch eine Tatsache der Natur ausdrückt, nicht durch reine mathematische Logik entschieden werden kann, sondern nur durch die Prüfung anhand tatsächlich beobachtbarer Phänomene.

Durch das dritte Keplersche Gesetz wird eine bestimmte Beziehung zwischen den räumlichen Dimensionen der verschiedenen Planetensphären und der Zeit ausgedrückt, die der betreffende Planet benötigt, um einmal den Umfang seiner eigenen Kugel zu umrunden. Darin heißt es: „Die Quadrate der Periodenzeiten der Planeten stehen immer im gleichen Verhältnis wie die Kuben ihrer mittleren Entfernungen von der Sonne." In mathematischen Symbolen lautet dies:

$$t_1{}^2 / t_2{}^2 = r_1{}^3 / r_2{}^3$$

Wir werden später sehen, wie Kepler zu diesem Gesetz kam. Der Punkt ist, dass es darin nichts gibt, was der reinen Beobachtung nicht zugänglich wäre. Dabei werden räumliche Distanzen und Zeitspannen gemessen und die Ergebnisse verglichen. Über die dynamische Ursache der Bewegungen wird beispielsweise nichts gesagt. Die Behauptung beschränkt sich – und das gilt auch für den ersten und zweiten Hauptsatz – auf einen rein kinematischen Inhalt und damit genau auf das, was der irdische Betrachter erfassen kann. Nun heißt es, dass Keplers drittes Gesetz eine notwendige Konsequenz des Newtonschen Gravitationsgesetzes sei und dass es – da es auf reiner Beobachtung beruhe – die Wahrheit von Newtons Konzept begründe. In dieser Behauptung stoßen wir auf ein Missverständnis, genau wie in der Aussage, dass der Satz vom Parallelogramm der Kräfte logisch notwendig aus dem Satz vom Parallelogramm der Geschwindigkeiten folgt. Für:

(a) Das Gravitationsgesetz selbst leitet sich aus Newtons Formel für die Zentripetalkraft ab, die an einem Punkt wirkt, der sich entlang eines Kreises bewegt, wobei diese Formel selbst das Ergebnis einer Erweiterung der Formel für die Zentripetalbeschleunigung um den Faktor „Masse" ist (als ob Letztere waren eine reine Zahl):

Zentripetalbeschleunigung:
$$a = 4\,\ddot{I}^2\, r / t^2$$

Zentripetalkraft:
$$\mathbf{P} = am = 4\,\ddot{I}^2\, mr / t^2$$

(b) Die Formel für die Zentripetalbeschleunigung – und das Konzept einer solchen Beschleunigung selbst – ist das Ergebnis der Aufteilung der Kreisbewegung in zwei geradlinige Bewegungen, eine in Richtung der Tangente, die andere in Richtung des Radius, und deren Betrachtung - durch eine für das Zuschauerdenken typische Argumentationsweise, die sich aus beiden zusammensetzt. Dieses Verfahren widerspricht jedoch der Beobachtung, so nützlich es auch für Berechnungszwecke sein mag. Denn wie wir bereits zuvor betont haben, sagt uns die Beobachtung, dass jede ursprüngliche Bewegung – und was origineller sein kann als die Bewegungen der Planetenkörper – krummlinig ist. Daher kann durch eine solche mathematische Behandlung niemals ein Einblick in die dynamische Realität der kosmischen Bewegung gewonnen werden.

(c) Die Transformation der Keplerschen Formel, die notwendig ist, um ihr eine Form zu geben, die den Kern der Newtonschen Formel darstellt, ist eine, die zwar mathematisch gerechtfertigt ist, der Keplerschen Formel jedoch jede Bedeutung als Ausdruck einer beobachteten Tatsache nimmt . Die folgende Analyse wird dies zeigen.

Keplers Formel-
$r_1{}^3 / r_2{}^3 = t_1{}^2 / t_2{}^2$ kann auch
$r_1{}^3$ geschrieben werden
$/ t_1{}^2 = r_2{}^3 / t_2{}^2$
und dies noch einmal in der verallgemeinerten Form:
$r^3 / t^2 = c$.
Offensichtlich verringern wir durch jeden dieser Schritte den Realitätswert der Formel. In seiner ursprünglichen Form finden wir räumliche Ausdehnung gegenüber räumlicher Ausdehnung und zeitliche Ausdehnung gegenüber zeitlicher Ausdehnung. Jeder der beiden Vergleiche ist ein völlig konkreter Vergleich, da wir Wesen gleicher Natur vergleichen und erst dann die Verhältnisse der beiden – also zweier reiner Zahlen zueinander – testen, um festzustellen, dass sie identisch sind. Der Vergleich einer räumlichen und einer zeitlichen Größe, wie es die Formel in ihrer zweiten Form tut, erfordert bereits einen gewissen Grad an Abstraktion. Dennoch ist es alles die Arbeit des Betrachters, und für den Betrachter ist die Zeit nur als Geschwindigkeit der räumlichen Verschiebung vorstellbar und messbar. Daher stellt die konstante Zahl c ein bestimmtes Strukturelement dar, indem sie das Verhältnis zwischen der räumlichen Ausdehnung des Reiches innerhalb der Umlaufbahn eines Planeten und der Zeit darstellt, die er benötigt, um eine Runde auf dieser Umlaufbahn zurückzulegen – ein Verhältnis, das für alle Planeten gleich ist unseres kosmischen Systems.

Durch diese letzte Operation hat unsere Gleichung nun eine Form erreicht, die nur noch einer weiteren Transformation bedarf, um sie mit Newtons Formel in Einklang zu bringen. Anstatt zu schreiben:

$$r^3 / t^2 = c$$

schreiben wir:

$$r / t^2 = c \, (1 / r^2)$$

Jetzt bleibt nur noch eine Verstärkung dieser Gleichung um den Faktor $4 \ddot{I}^2$ m und eine Bildung des konstanten Produkts $4 \ddot{I}^2 c$ unter einem neuen Symbol, für das wir den Buchstaben f *wählen* . Auf diese Weise kommen wir zu:

$$4 \ddot{I}^2 mr / t^2 = 4 \ddot{I}^2 cm / r^2$$

und schließlich:

$$\mathbf{P} = \ldots = fm / r^2$$

, was der Ausdruck der Anziehungskraft ist, die vermutlich von der Sonne ausgeübt wird auf den verschiedenen Planetenkörpern. Gegen dieses Vorgehen ist aus Sicht nichts einzuwenden

der mathematischen Logik. Für Letzteres ist die Gleichung

$$r / t^2 = c \, (1 / r^2)$$

immer noch ein Ausdruck von Keplers Beobachtung. Nicht so für eine Logik, die versucht, mit der konkreten Realität in Kontakt zu bleiben. Denn welche Bedeutung hat es für das phänomenale Universum, wie es sich in Raum und Zeit für die physische Wahrnehmung manifestiert, darin, wie die Gleichung in dieser Form Folgendes anzugeben: das Verhältnis zwischen der Entfernung eines Planeten von der Sonne und dem Quadrat seiner Periode ist immer proportional zum Kehrwert der innerhalb seiner Umlaufbahn liegenden Fläche?

*

Sobald wir uns von der falschen Vorstellung befreit haben, dass das Keplersche Gesetz Newtons Interpretation des physikalischen Universums als ein dynamisches Gebilde impliziert, das von der Schwerkraft und nur der Schwerkraft beherrscht wird, können wir uns fragen, was dieses Gesetz uns über die Natur des Universums sagen kann, wenn dies der Fall ist Bei der Untersuchung versuchen wir, Keplers eigenem Ansatz treu zu bleiben.

Sich in Bezug auf eine mathematische Formel, die eine beobachtete Naturtatsache ausdrückt, auf Kepler- (und damit Goethean-) Weise zu verhalten, bedeutet nicht, dass es völlig unzulässig ist, eine solche Formel einer algebraischen Transformation zu unterziehen. Wir müssen lediglich sicherstellen, dass die Transformation durch die beobachteten Tatsachen selbst erforderlich ist, beispielsweise durch die Notwendigkeit einer noch klareren Manifestation ihres idealen Inhalts. Dies ist tatsächlich bei der Gleichung der Fall, die das dritte Keplersche Gesetz verkörpert. Wir sagten, dass diese Gleichung in ihrer ursprünglichen Form eine konkrete Aussage enthält, weil sie Vergleiche zwischen räumlichen Ausdehnungen einerseits und zwischen zeitlichen Ausdehnungen andererseits ausdrückt. In der Form, in der die räumlichen Größen nun auftreten, drücken sie etwas unmittelbar Denkbares aus. Die dritte Potenz eines räumlichen Abstands (r^3) gibt das Maß eines Volumens im dreidimensionalen Raum an. Das Gleiche gilt nicht für die zeitlichen Größen auf der anderen Seite der Gleichung (t^2). Denn unsere Vorstellung von Zeit verbietet es uns, irgendeine konkrete Idee mit „quadratischer Zeit" zu verbinden. Wir sind daher aufgerufen herauszufinden, welche Form wir dieser Seite der Gleichung geben können, um den Zeitfaktor in einer Weise auszudrücken, die unserer Vorstellung von Zeit entspricht, also in linearer Form. [13] Diese Form liegt nahe, wenn man bedenkt, dass es sich hier um ein Quadratverhältnis handelt. Denn ein solches Verhältnis lässt sich in ein Verhältnis zweier einfacher Verhältnisse auflösen.

Auf diese Weise ergibt sich die Gleichung -
$r_1^3 / r_2^3 = t_1^2 / t_2^2$
nimmt die Form
an- $r_1^3 / r_2^3 = (t_1 / t_2) / (t_2 / t_1)$
Die rechte Seite der Gleichung besteht nun aus dem doppelten Verhältnis der linearen Werte der Perioden zweier Planeten, womit wir eine ganz konkrete Idee verbinden können.

Um dies zu sehen, wählen wir die Perioden zweier bestimmter Planeten – sagen wir Erde und Jupiter. Für diese nimmt die Gleichung die folgende Form an („J" und „E" bedeuten jeweils „Jupiter" und „Erde"):
$r_J^3 / r_E^3 = (t_J / t_E) / (t_E / t_J)$
Sehen wir uns nun an, welche Bedeutung wir den beiden Ausdrücken t_J beimessen können / t_E und t_E / t_J.

Während einer Rotation des Jupiters um die Sonne umkreist die Erde die Erde zwölfmal. Dies drücken wir gerne dadurch aus, dass Jupiter für eine Umdrehung 12 Erdenjahre benötigt; in Symbolen:
$t_J / t_E = 12 / 1$
Um den analogen Ausdruck für das reziproke Verhältnis zu finden:
$t_E / t_J = 1 / 12$
müssen wir offensichtlich den Begriff „Jupiter-Jahr" bilden, der eine Umdrehung des Jupiter umfasst, genauso wie der Begriff „Erd-Jahr" eine Umdrehung der Erde (immer um die Sonne) abdeckt. In dieser Zeitskala gemessen benötigt die Erde für eine ihrer Umdrehungen 1/12 eines Jupiterjahres.

Mit Hilfe dieser Konzepte können wir nun das doppelte Verhältnis der Planetenperioden folgendermaßen vereinfacht ausdrücken. Wenn wir annehmen, dass die Messung der beiden Planetenperioden nicht auf derselben Zeitskala, sondern *jeweils auf der Zeitskala der anderen erfolgt,* lautet die Formel:

$r_J{}^3 / r_E{}^3 = (t_J / t_E) / (t_E / t_J) =$ *Periode des Jupiter, gemessen in Erdenjahren / Periode der Erde, gemessen in Jupiter-Jahren* .

Auf diese Weise interpretiert, offenbart Keplers drittes Gesetz eine enge Wechselbeziehung zwischen jedem Planeten und allen anderen als Mitgliedern desselben kosmischen Ganzen. Denn die Gleichung sagt uns nun, dass die Sonnenzeiten der verschiedenen Planeten so reguliert sind, *dass für zwei von ihnen das Verhältnis dieser Zeiten, gemessen in ihren gegenseitigen Zeiteinheiten,* dasselbe ist wie das Verhältnis der überstrichenen Räume durch ihre (Sonnen-)Umlaufbahnen heraus.

Darüber hinaus erweist sich unser kosmisches System dadurch, dass die verschiedenen Zeiten seiner Mitglieder auf diese Weise aufeinander abgestimmt sind, dass es nach einem Prinzip geordnet ist, das im Wesentlichen musikalischer Natur ist. Um dies zu erkennen, müssen wir uns nur daran erinnern, dass der musikalische Wert eines bestimmten Tons durch seine Beziehung zu anderen Tönen bestimmt wird, unabhängig davon, ob sie zusammen in einem Akkord oder nacheinander als Melodie erklingen. Ein „C" allein ist musikalisch undefiniert. Seinen Charakter erhält es durch seine Intervallbeziehung zu einem anderen Ton, etwa „G", mit dem es eine Quinte bildet. Als tiefer Ton dieses Intervalls trägt „C" einen bestimmten Charakter; und auch „G" als Oberton.

Jetzt wissen wir, dass jedes Intervall ein bestimmtes Verhältnis zwischen den Periodizitäten seiner beiden Töne darstellt. Bei der Quinte beträgt das Verhältnis 2:3 (im natürlichen Tonleiter). Das bedeutet, dass der Unterton seinen Charakter dadurch erhält, dass er im Verhältnis 2:3 zum Oberton steht. Ebenso erhält der Oberton seinen Charakter durch das Verhältnis 3:2. Der spezifische Charakter eines Intervalls, das aus der Verschmelzung seiner beiden Töne entsteht, wird daher durch das Verhältnis ihrer Verhältnisse bestimmt. Im Fall der Fünften ist dies 4:9. Es ist also dieses Verhältnis, das unserer Erfahrung mit einer Quinte zugrunde liegt.

Der kosmische Faktor, der der Periodizität des einzelnen Tons in der Musik entspricht, ist die Umlaufzeit des einzelnen Planeten. Dem von zwei Tönen gebildeten musikalischen Intervall entspricht das doppelte Verhältnis der Perioden zweier Planeten. So gesehen lässt sich das Keplersche Gesetz wie folgt ausdrücken: *Die räumliche Ordnung unseres Planetensystems wird durch das Intervallverhältnis bestimmt, in dem die verschiedenen Planeten zueinander stehen.*

Indem wir auf diese Weise den im dritten Keplerschen Gesetz verborgenen idealen Inhalt erschließen, werden wir gleichzeitig in die Lage versetzt, der Art und Weise gerecht zu werden, wie er selbst seine Entdeckung verkündete. In Lehrbüchern und Enzyklopädien heißt es üblicherweise, dass die Entdeckung des dritten Gesetzes das überraschende Ergebnis von Keplers fantastischem Versuch war, durch äußere Beobachtung zu beweisen, was einst in der Schule des Pythagoras gelehrt wurde, nämlich dass (in Wordsworths Sprache):

„Durch einen allgegenwärtigen Geist
aus Tönen und Zahlen werden alle Dinge kontrolliert. "

Tatsächlich widmet sich Keplers großartiges Werk „ *Harmonces Mundi"*, in dessen letztem Teil er sein drittes Gesetz verkündet, ausschließlich dem Beweis der Wahrheit der pythagoräischen Lehre, dass das Universum nach den Gesetzen der Musik geordnet ist. Diese Lehre entsprang der Gabe des geistigen Gehörs, die Pythagoras noch besaß und durch die er die Harmonien der Sphären wahrnehmen konnte. Ziel seiner Schule war es, diese Fähigkeit möglichst lange am Leben zu erhalten und mit ihrer Hilfe eine vermittelbare Weltanschauung zu etablieren. Die pythagoräische Lehre wurde zur Grundlage allen späteren kosmologischen Denkens, bis hin zu dem Zeitalter, das dazu bestimmt war, die Zuschauerbeziehung des menschlichen Bewusstseins zur Welt hervorzubringen. So wurde es Kopernikus überlassen, der Menschheit das erste wirklich nicht-pythagoreische Bild des Universums zu geben.

Als Kepler sich für den von Kopernikus angedeuteten heliozentrischen Aspekt aussprach, erkannte er an, dass das Universum für das innere Ohr des Menschen verstummt war. Doch neben seinem starken Drang, den wahren Bedürfnissen seiner Zeit gerecht zu werden, gab es innere Stimmen, die ihm von Geheimnissen erzählten, die hinter dem Schleier verborgen waren, der von der physischen Wahrnehmung des Menschen gewoben wurde. Eines dieser Geheimnisse war die musikalische Weltordnung. Dieses Wissen konnte ihn jedoch nicht dazu bewegen, sich bei seiner Suche nach der Wahrheit an ältere Weltanschauungen zu wenden. Er brauchte sie nicht, denn es gab noch eine andere Stimme in ihm, die ihm sagte, dass sich die spirituelle Ordnung der Welt irgendwie im Körper der Welt manifestieren müsse, wie er für die physische Wahrnehmung offen liege. So wie ein Musikinstrument, wenn es ein perfektes Mittel zur Erzeugung von Musik sein soll, in seinem Aufbau die Gesetze der Musik in sich tragen muss, so muss auch der Körper des Universums als Instrument, auf dem die Harmonien der Sphären ihre Wirkung entfalten, innewohnen spirituelle Musik, spiegeln in ihren Proportionen diese Harmonien wider . Kepler war sich sicher, dass die Untersuchung des Weltkörpers, sofern sie mittels reiner Beobachtung durchgeführt wurde, zwangsläufig zu einer Wiederherstellung der alten Wahrheit in einer für den modernen Geist angemessenen Form führen musste. So konnte sich Kepler, geleitet von einem alten spirituellen Weltbild, der Bestätigung seiner Wahrheit durch modernste Forschungsmethoden widmen. Dass seine Suche nicht umsonst war, hat unsere Untersuchung des dritten Hauptsatzes gezeigt.

Eines bleibt jedoch überraschend: Kepler verkündete seine Entdeckung in der Form, in der sie sich fortan in das moderne Bewusstsein eingeprägt hat, verzichtete aber auf die Analyse, die wir hier vorgenommen haben. Doch auch in dieser Hinsicht erweist sich Kepler als sich selbst treu geblieben. Da ist zum einen die Form, in der Kepler seine Entdeckung verkündete; Zum anderen gibt es den Kontext, in dem er diese Aussage machte. Wir haben bereits darauf hingewiesen, dass das dritte Gesetz Teil von Keplers umfassendem Werk *Harmonices Mundi ist.* Für den modernen Kritiker erscheint es dort wie ein unregelmäßiger Block. Bei Kepler war das anders. Während er seine Entdeckung genau in der Form veröffentlichte, in der sie von einem auf reine Beobachtung ausgerichteten Geist konzipiert wurde, gab er ihr einen Rahmen, durch den er keinen Zweifel an seiner eigenen Vorstellung von ihrem idealen Inhalt ließ. Und als Warnung an den zukünftigen Leser, die Botschaft, die diese Anordnung vermittelt, nicht zu übersehen, leitete er den Abschnitt seines Buches, der die Verkündigung des Gesetzes enthält, mit den geheimnisvollen Worten über sich selbst ein: „Ich habe die goldenen Gefäße der Ägypter gestohlen." um meinem Gott ein heiliges Heiligtum zu errichten, weit entfernt von den Grenzen Ägyptens.'

1 Wir müssen hier die Empfindung vom eigentlichen Gefühl unterscheiden, bei dem Empfindung und Bewegung in einem wechselhaften Gleichgewicht verschmelzen.

2 Beachten Sie, wie für Ruskin die Kluft, die für das Betrachterbewusstsein zwischen Subjekt und Objekt liegt, hier überbrückt wird – wie es für Goethe in seiner Darstellung der physisch -moralischen Wirkung von Farbe der Fall war .

3 *De motu animalium* und *Theoria mediceorum Planetarum ex causis Physik Abzug* .

4 Das Wissen um diesen biologischen Rhythmus ist bei den Ureinwohnern bis heute erhalten geblieben und führt dazu, dass sie bei der Behandlung von Pflanzen die Mondphasen berücksichtigen. Eine solche kosmische Naturweisheit wurde uns in moderner Form von Rudolf Steiner wieder erschlossen und hat seitdem breite praktische Anwendung in der Landwirtschaft gefunden. Siehe L. Kolisko , *Der Mond und das Pflanzenwachstum.*

5 Bei der oben angegebenen Reihenfolge der Namen folgen wir der alten Verwendung für die beiden sonnennächsten Planeten, nicht der umgekehrten Reihenfolge, in der sie heute verwendet werden. Dies ist in einer Kosmologie notwendig, die angesichts der durch diese Namen repräsentierten Qualitäten ein qualitatives Verständnis des Universums anstrebt. Beachten Sie auch die Abwesenheit der drei am weitesten entfernten Planeten Uranus, Neptun und Pluto. Sie sind nicht als Teile der inhärenten Astralstruktur unseres kosmischen Systems zu betrachten – ebenso wenig wie Radioaktivität ein ursprüngliches Merkmal der Erde ist.

6 Beachten Sie den „Venus"-Charakter von Ruskins oben zitierter Beschreibung des Blütezustands der Pflanze (S. 336).

7 Was die Zeitskala der durch Merkur bzw. Venus hervorgerufenen Prozesse betrifft, zeigt die Erfahrung, dass sie die kosmischen Rhythmen weniger deutlich offenbaren als diejenigen, für die die Mondaktivität verantwortlich ist. Das Gleiche findet sich auch am Gegenpol. Dort sind es die vom Saturn erzeugten Prozesse, die den kosmischen Rhythmus deutlicher zeigen als die von Jupiter und Mars erzeugten. Zu lernen, rhythmische Ereignisse in der Natur und im Menschen als Spiegelungen entsprechender planetarischer Rhythmen zu erkennen, ist eine der Aufgaben der zukünftigen wissenschaftlichen Forschung. Ein praktisches Beispiel dieser Art wird im weiteren Verlauf dieses Kapitels erscheinen.

8 Siehe L. Kolisko : *Working of the Stars in Earthly Substances* und andere Veröffentlichungen desselben Autors.

9 Die enge Verbindung zwischen dem Ohr und dem motorischen System des Körpers zeigt sich auch auf andere Weise darin, dass ein Teil des Ohrs als Organ für den Gleichgewichtssinn dient.

10 Der Muskeltonus kann auf folgende Weise hörbar gemacht werden. Drücken Sie in einem lärmgeschützten Raum die Daumen leicht auf die Ohren und spannen Sie die Muskeln der Hände und Arme an – etwa durch Druck der Finger gegen die Handflächen oder durch Anspannen der Oberarmmuskeln. Wenn dies wiederholt durchgeführt wird, ist der Muskeltonus nach einiger Übung immer deutlicher zu hören. Es ist leicht vom Geräusch des zirkulierenden Blutes zu unterscheiden, da es viel höher ist. (Als Beispiel: Die Muskeltonhöhe des Autors, keine besonders hohe, hat eine Frequenz von ca. 630 pro Sekunde und liegt damit zwischen Diskant Dis und E.)

11 Vergleichen Sie auch den Anfang von Trahernes Gedicht *Wonder,* zitiert in Kapitel VI (S. 110), wo er sagt, dass alles, was er sah, „mit mir redete".

12 Zu den besonderen Gründen, mit denen Goethe seine Behauptung begründet, siehe seinen Aufsatz *Leben und Verdienste des Doktor Joachim Jungius.*

13 Die natürliche Frage, warum Kepler selbst diesen Schritt nicht getan hat, wird später beantwortet.

KAPITEL XXI

Erkenne dich selbst

Unsere Untersuchungen haben uns zu einem Bild des Menschen als eines sinnlich-übersinnlichen Organismus geführt, der aus drei dynamischen Aggregaten besteht – physisch, ätherisch, astral. Als drei Sprossen einer spirituellen Leiter weisen sie auf eine vierte hin, die jene besondere Kraft im Menschen darstellt, durch die er sich von allen anderen Wesen in der Natur unterscheidet. Denn was den Menschen von all diesen unterscheidet, ist, dass er nicht nur, wie sie es sind, mit einer ein für alle Mal gegebenen, ihm eigenen Art der geistig-physischen Existenz ausgestattet ist, sondern dass er mit der Möglichkeit ausgestattet ist, seine Existenz zu verändern aufgrund seines freien Willens - dass tatsächlich seine Männlichkeit auf dieser Fähigkeit zum eigenwilligen Werden beruht.

diesem vierten Prinzip im Menschen keinen besseren Namen geben als den, den jeder Mensch nur auf sich selbst und auf keinen anderen anwenden kann und den kein anderer auf ihn anwenden kann. Das ist der Name, *ich* . In Wahrheit beschreiben wir den Menschen nur dann in seiner Gesamtheit, wenn wir ihm neben einem physischen, ätherischen und astralischen Körper auch den Besitz eines Ich (Ich) zuschreiben.

Natürlich haben unsere früheren Studien viele Gelegenheiten geboten, die Natur und die Wirkungsweise des Ich zu beobachten. Dennoch ist es am Ende dieser Studien nicht überflüssig, sich ein prägnantes Bild dieses Teils des menschlichen Wesens zu machen, insbesondere im Hinblick auf das Wie es funktioniert innerhalb der drei anderen Prinzipien als seine Hüllen. Denn in der modernen Psychologie, den Zweig nicht ausgenommen, in dem versucht wird, in tiefere Bereiche des menschlichen Wesens vorzudringen, ist nichts weniger gut verstanden als die wahre Natur des menschlichen Ichs.

*

Um die besondere Funktion des Ich im Menschen zu erkennen, müssen wir uns zunächst darüber im Klaren sein, wie er sich von den anderen Naturreichen unterscheidet und wie sie sich in der Wirkungsweise des Physischen, Ätherischen und Physischen voneinander unterscheiden astrale Kräfte.

Die Wesen aller Naturreiche sind mit einer Ansammlung physikalischer Kräfte in Form eines materiellen Körpers ausgestattet, der der Schwerkraft unterliegt. Das Gleiche gilt nicht für die ätherischen Kräfte. Nur dort, wo das Leben als inhärentes Prinzip vorhanden ist – also in der Pflanze, im Tier und im Menschen – ist der Äther in Form einer einzelnen ätherischen Organisation am Werk, während das Mineral durch den universellen Äther von außen geformt wird. Wo das Leben vorherrscht, begegnen uns die Phänomene von Geburt und Tod. Wenn ein lebender Organismus geboren wird, bildet sich aus der allgemeinen ätherischen Substanz des Universums ein individueller Ätherleib. [1] Der Tod eines solchen Organismus besteht in der Trennung des Ätherkörpers vom physischen Körper und der Auflösung beider in ihren jeweiligen Mutterbereichen. Solange ein Organismus lebt, wird seine Form durch den in ihm vorhandenen Ätherleib aufrechterhalten.

Unsere Studien haben gezeigt, dass die Pflanze nicht frei von astralen Kräften ist. Im Lebenszyklus der Pflanze kommt dies in der Blüte am deutlichsten zum Ausdruck. Aber es ist eine Wirkung der astralen Kräfte von außen, so wie der Äther auf das Mineral einwirkt. Als Symptom dieser Tatsache können wir uns an die Abhängigkeit der Pflanze von den verschiedenen äußeren astronomischen Rhythmen erinnern.

Nur beim Tier und beim Menschen finden wir die astralen Kräfte in Form von getrennten Astralkörpern wirkend. Dies erklärt ihre Fähigkeit zur Empfindung und zum Willen. Neben dem Wechsel von Geburt und Tod erleben sie den Rhythmus von Schlaf und Wachen. Schlaf entsteht, wenn der Astralkörper den physischen und ätherischen Körper verlässt, um sich in seine planetarische Muttersphäre auszudehnen, wo er neue Energie sammelt. Während dieser Zeit wirkt es auf die auf der Erde verbleibende physisch-ätherische Gesamtheit ähnlich wie der Astralkosmos auf die Pflanze.

Auch im Tierreich wirkt das Ich-Prinzip als äußere Kraft in Form verschiedener Gruppenseelenaktivitäten, die das Leben der verschiedenen Tierarten steuern und regulieren. Im Gruppen-Ich der Art müssen wir nach der Quelle der weisheitsvollen Instinkte suchen, die wir bei den einzelnen Tieren antreffen.

Erst im Menschen geht das Ich-Prinzip als Einzelwesen in den einzigen physisch-ätherisch-astralen Organismus ein. Hier findet jedoch die von uns skizzierte Stufenfolge ihren Abschluss. Denn mit dem Erscheinen des Ichs als individuellem Prinzip beginnt sich der vorangegangene Evolutionsprozess – oder richtiger: der Involutionsprozess – umzukehren. Wenn wir von einem Reich zum nächsten aufsteigen, finden wir immer ein weiteres dynamisches Prinzip, das in einem Zustand der Trennung von seiner Muttersphäre erscheint; Dies geht so weit, dass das Ich durch die Vereinigung mit einem so emanzipierten physisch-ätherisch-astralen Organismus die Stufe des Selbstbewusstseins erreicht. Sobald dieses Stadium jedoch erreicht ist, obliegt es dem Ich, den vom Kosmos zum Wohle des Menschen vorübergehend genehmigten Prozess der Isolation umzukehren.

Dass es nicht in der Natur des Ichs liegt, seine Hüllen in dem Zustand zu belassen, in dem es sie vorfindet, wenn es sie zu Beginn des Lebens betritt, kann man an den Aktivitäten erkennen, die es in ihnen während der ersten

Zeit nach der Geburt verrichtet. Tatsächlich treffen wir in der frühen Kindheit des Menschen auf eine Reihe von Ereignissen, in denen wir so etwas wie Ur-Taten des Ichs wahrnehmen können. Es handelt sich um den Erwerb der Fähigkeiten des Gehens, Sprechens und Denkens. Was wir hier über sie sagen werden, wurde im Wesentlichen bereits auf früheren Seiten berührt. Hier stellen wir es jedoch in einem neuen Licht dar.

Wieder einmal richten wir unsere Aufmerksamkeit auf den dreigliedrigen Aufbau des physischen Organismus des Menschen. Denn die Fähigkeit des aufrechten Gehens ist ein Ergebnis der Ichtätigkeit im Gliedmaßensystem des Körpers; der Spracherwerb erfolgt im rhythmischen System; und das Denken ist eine Fähigkeit, die auf dem Nervensystem basiert. Folglich erfolgt jede der drei Errungenschaften auf einer anderen Bewusstseinsebene – Schlafen, Träumen, Wachen. Während des ganzen Kampfes, den Körper gegen die Anziehungskraft der Schwerkraft aufzurichten, ist sich das Kind der Aktivitäten seines eigenen Ichs überhaupt nicht bewusst. Während es sich die Sprache aneignet, gewinnt es, wie im Traum, eine schwache Wahrnehmung seiner Anstrengungen. Es muss eine gewisse Denkfähigkeit entfaltet werden, bevor der erste Schimmer wahren Selbstbewusstseins entfacht wird. (Beachten Sie, dass das Wort „Ich" das einzige ist, das nicht durch Nachahmung in den Wortschatz des Kindes aufgenommen wird. Andernfalls würde es, wie manche geistig gehemmte Kinder es tun, alle anderen Menschen „Ich" und sich selbst „Du" nennen.)

Dieses Bild der drei Ur-Taten des Ich kann nun auf folgende Weise erweitert werden. Wir wissen, dass der Bereich der Körperglieder derjenige ist, in dem physische, ätherische und astrale Kräfte am tiefsten durchdringen. Folglich kann das Ich hier am stärksten in den physischen Körper vordringen und weiter in die dynamische Sphäre, der der Körper unterliegt. Hier ist das Ich in einer Weise tätig, die im höchsten Maße „magisch" ist. Darüber hinaus gibt es keine andere Handlung, für die das Ich so wenig Impulse von außen erhält. Denn im Vergleich dazu hat die Aktivität, die zum Spracherwerb führt, viel mehr den Charakter einer Reaktion auf Reize, die von außen kommen – also auf Geräusche, die das Kind aus seiner Umgebung erreichen. Und es sind auch die ersten Worte der Sprache, mit denen dem Kind die ersten Gedanken in den Sinn kommen. In der ersten Phase passiert nichts dergleichen. Im Gegenteil: Alles, was dem Ich hier entgegentritt, hat den Charakter eines Hindernisses, das es zu überwinden gilt.

Ohne das Hören der ausgesprochenen Laute kann man nicht sprechen lernen. Wenn diese Töne sich dem Menschen nähern, versetzen sie, wie wir gesehen haben, den Astralkörper in Bewegung. Die Bewegungen des Astralleibes fließen zum Kehlkopf, wo sie vom Ich erfasst werden; Durch ihre Hilfe verleiht das Ich dem Kehlkopf die Fähigkeit, diese Laute selbst zu erzeugen. Hier wirkt also das Ich im Wesentlichen innerhalb des

Astralkörpers, der von außen seinen Reiz erhalten hat. Um zu verstehen, was das Ich zu einem solchen Handeln antreibt, müssen wir uns an die Rolle erinnern, die die Sprache im menschlichen Leben spielt: Ohne Sprache gäbe es keine Gemeinschaft der menschlichen Individuen auf der Erde.

Eine Veranschaulichung dessen, was das Ich erreicht , wenn es in die dritte Stufe eintritt, liefert die folgende, tatsächlich beobachtete Episode. Während alle Familienmitglieder am Tisch saßen und ihre Suppe aßen, schrie das jüngste Mitglied plötzlich: „Papa Löffel ... Mama Löffel." ... ' (alle löffeln der Reihe nach) ' ... *alle* löffeln!' In diesem Moment war das Bewusstsein des Kindes vom bloßen Benennen einzelner Objekte mit durch Nachahmung erlernten Namen zum konnektiven Denken erwacht. Dass diese Leistung Anlass zu innerer Zufriedenheit war, konnte man an dem freudigen Crescendo, mit dem diese Ausrufe erfolgten, hören.

Wir wissen, dass das Vorhandensein des Wachbewusstseins innerhalb des Nerven-Sinnes-Organismus darauf beruht, dass dort die Verbindung zwischen dem physischen Körper und dem Ätherleib am äußerlichsten ist. Aber gerade weil das so ist, wird der Ätherleib sehr stark von *den Kräften beherrscht* , denen der physische Kopf seine Bildung verdankt. Auch das ist für uns nicht grundsätzlich neu. Was nun hinzugefügt werden kann, ist, dass dadurch das physische Gehirn und der zu ihm gehörende Teil des Ätherkörpers – das Äthergehirn – eine mit der eines Spiegels vergleichbare Funktion übernehmen, wobei das physische Organ die reflektierende Masse und das Ätherorgan darstellt sein metallischer Glanz. Wenn der Ätherkörper im Kopf die vom Astralkörper empfangenen Eindrücke zurückwirft, werden sie dem Ich in Form von mentalen Bildern (den „Ideen" des Betrachters-Philosophen) bewusst. Durch solche Reflexion wird sich das Ich auch erst seiner selbst bewusst – allerdings als nichts weiter als ein Bild unter Bildern. Hier ist es also selbst am wenigsten aktiv.

Wenn wir noch einmal die drei Vorgänge des Gehenlernens, des Sprechens und des Denkens vergleichen, sehen wir uns mit der bemerkenswerten Tatsache konfrontiert, dass die fortschreitende Aufhellung des Bewusstseins von einer Stufe zur nächsten mit einem Rückschritt einhergeht in der Tätigkeit des Ich selbst. Auf der ersten Stufe, wo das Ich am wenigsten von sich weiß, lebt es im unmittelbarsten Sinne aus seinem eigenen Wesen heraus; Auf der zweiten Stufe, wo es sich im Traumzustand befindet, erhält es durch den Astralleib den Impuls zum Handeln; Auf der dritten Stufe, wo das Ich zu klarem Selbstbewusstsein erwacht, übernimmt es lediglich die Rolle des Betrachters der Bilder, die sich im Ätherkörper bewegen.

Vergleichen Sie damit die Wege zu höheren Fähigkeiten des Wissens, der Vorstellungskraft und der Inspiration, wie wir sie in unseren früheren Studien kennengelernt haben. Der Vergleich zeigt, dass zu Beginn des Lebens, wenn das Ich versucht, aus seiner vorirdischen, kosmischen Umgebung in sein irdisches Dasein herabzusteigen, genau dieselben Kräfte zum Tragen kommen, die für den Aufstieg des Ichs aus diesem heraus genutzt werden müssen irdisches zum kosmischen Bewusstsein. Nur wird, wie selbstverständlich, die Reihenfolge der Schritte umgekehrt. Denn auf dem Weg nach oben ist die erste Tat des Ichs diejenige, die zu einem Erwachen in der ätherischen Welt führt: Es ist ein Lernen, die ätherischen Kräfte in der Region des Kopfes so in Bewegung zu setzen, dass die übliche Isolierung dieser erfolgt Ein Teil des Ätherkörpers wird überwunden. So gesehen zeigt die Aktivität des Ichs auf dieser Stufe eine auffallende Ähnlichkeit mit der Aktivität, die in der frühesten Kindheit am Gegenpol des Organismus ausgeübt wird. Zum imaginativen Sehen fähig zu sein bedeutet eigentlich, sich mit den ätherischen Augengliedern im ätherischen Raum bewegen zu können, so wie man sich mit den physischen Gliedern im physischen Raum bewegen kann.

Ebenso ist der Erwerb der Inspiration eine Wiederaufnahme der Tätigkeit, die das Ich mit Hilfe des Astralkörpers beim Sprechenlernen ausübt, auf einer höheren Ebene. Und auch hier sind die Funktionen umgekehrt. Denn während das Kind durch die gesprochenen Laute , die es hört, dazu angeregt wird, sein eigenes Sprachorgan in entsprechende Bewegungen zu versetzen, und so allmählich lernt, Sprache hervorzubringen, hängt der Erwerb der Inspiration, wie wir gesehen haben, davon ab, dass es lernt, die übersinnlichen Kräfte dazu zu bringen Das Sprachorgan wird so in Bewegung gesetzt, dass diese Kräfte zum Hörorgan der übersinnlichen Sprache des Universums werden.

Unsere Kenntnis der dreigliedrigen Struktur des menschlichen Organismus führt uns dazu, neben den Stufen der Vorstellungskraft und der Inspiration nach einer dritten Stufe zu suchen, die im Bereich der Bewegung des Körpers ebenso keimhaft vorhanden ist wie die beiden anderen in den Bereichen des Denkens und Sprechens . Nach dem, was wir über diese drei gelernt haben, können wir annehmen, dass der Weg, der zu dieser dritten Stufe führt, darin besteht, einen Zustand heller, ruhiger Kontemplation genau in der Region zu erzeugen, in der das Ich seinen höchsten Grad an Initiative zu entfalten pflegt auf der untersten Bewusstseinsebene.

wir diese Seelenhaltung praktiziert , als wir in unseren früheren Studien versuchten , innere Beobachter der Aktivität unserer eigenen Glieder zu werden, mit dem Ziel, den Ursprung unseres Massenbegriffs zu entdecken. Auf diese Weise eröffnete sich uns eine Beobachtungslinie, die zur Erkenntnis führte, dass die physischen Substanzen der Erde erstarrte spirituelle Funktionen oder, wir könnten sagen, erstarrte Äußerungen des kosmischen Willens seien.

Der kosmische Wille wirkt jedoch nicht nur in der Weise in unser Dasein ein, dass er in der Form des alten und daher starren Willens der jungen Willenskraft des Ich Widerstand leistet, so dass das Ich bei der Überwindung dieses Widerstands kann zur Selbstaktivität erwachen. Auch der kosmische Wille ist in aktiver Form in uns vorhanden. Wir weisen hier auf das Eindringen der höheren Mächte des Universums in die Gestaltung des Schicksals der Menschheit und des einzelnen Menschen hin. Und hier hat Rudolf Steiner gezeigt, dass ein Mensch, dem es gelingt, ein völlig objektiver Beobachter seiner eigenen Existenz zu werden, während er aktiv in ihr funktioniert (so wie wir auf elementare Weise versucht haben, Beobachter unserer Gliedmaßenhandlungen zu werden, während wir sie ausführen), die Welt beginnt sich als Schauplatz der Aktivitäten göttlich-spiritueller Wesen zu offenbaren, deren Realität und Handeln er nun durch inneres Bewusstsein erfassen kann. Hiermit wird zu den Stufen der Imagination und der Inspiration eine dritte Stufe der menschlichen Erkenntnisfähigkeit hinzugefügt. Als Rudolf Steiner dafür das Wort „Intuition" wählte, verwendete er dieses Wort auch in seiner wahrsten Bedeutung.

*

Während der Mensch durch die Imagination seinen Ätherleib als Teil seiner Beschaffenheit und dementsprechend durch die Inspiration seines Astralkörpers erkennt und sich dadurch als Teilnehmer an den übersinnlichen Kräften des Universums erkennt, wächst er durch die Intuition in das volle Bewusstsein seines Ichs als Geistwesen unter Geistwesen -

Von Gott gezeugt, mit Gott verbunden, immer auf Gott ausgerichtet.

1 Das Wort „Körper" wird hier in einem Sinne verwendet, der sich nicht von unserem früheren Gebrauch unterscheidet, als wir uns im Zusammenhang mit unserem Studium der Verbrennung (Kapitel XI) auf den „Wärmekörper" als ein Merkmal der höheren Tiere und Tiere bezogen Mann. Ein solcher Wärmekörper ist nichts anderes als der Wärmeätherteil eines Ätherkörpers. Das Wort „Körper" für Ansammlungen ätherischer oder astraler Kräfte zu verwenden, ist legitim, wenn man bedenkt, dass auch der physische Körper tatsächlich eine rein dynamische Einheit ist, das heißt eine bestimmte Ansammlung von mehr oder weniger in sich geschlossenen Kräften.

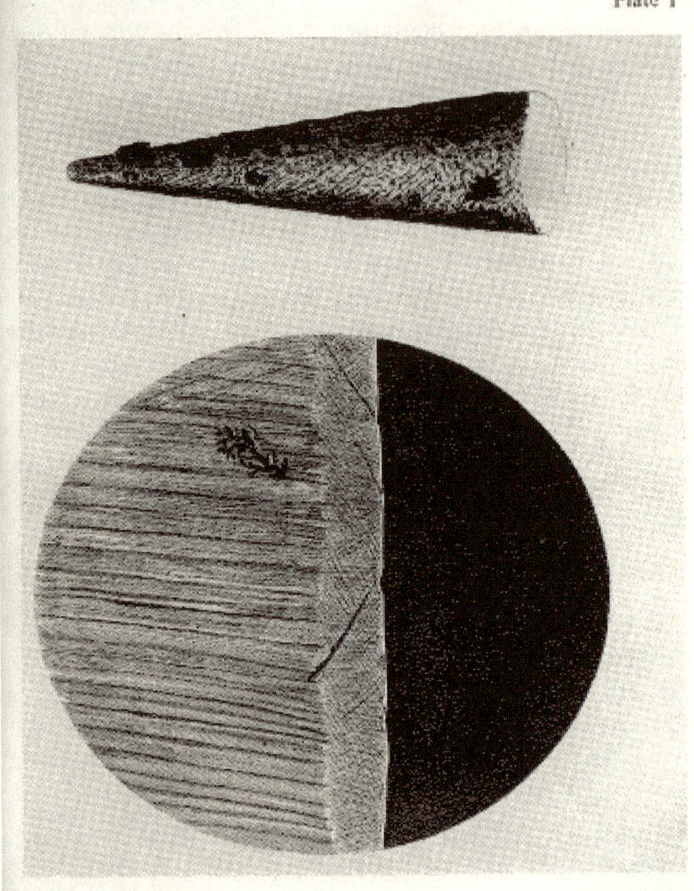

See page 40

Robert Hooke's 'proof' of the non-reality of human concepts: A needle ('point') and the edge of a knife ('line'), seen through the microscope

Leaf-metamorphosis showing a step-wise appearing of the basic form of the leaf. After the achievement of the top leaf the plant 'leaps' into the calyx stage. (Compare with Plate III, facing page 76)

See page 70

Leaf-metamorphosis showing a gradual withdrawal of the basic form after its full appearance in the first leaf. An instance of the plant's 'softly stealing into the calyx stage'.

Goethe's sketch of a cloud-formation showing the entire scale of Howard's types in their order of succession, made after an actual observation during a journey in Bohemia

From O. Procknow, *Erdball und Weltall*

See page 203

A single Snow-Crystal

A cluster of calcite crystals showing the independence of crystal growth from the gradient of the gravitational field of the earth. (Note: the original position of the base of the cluster need not have been the one shown here)

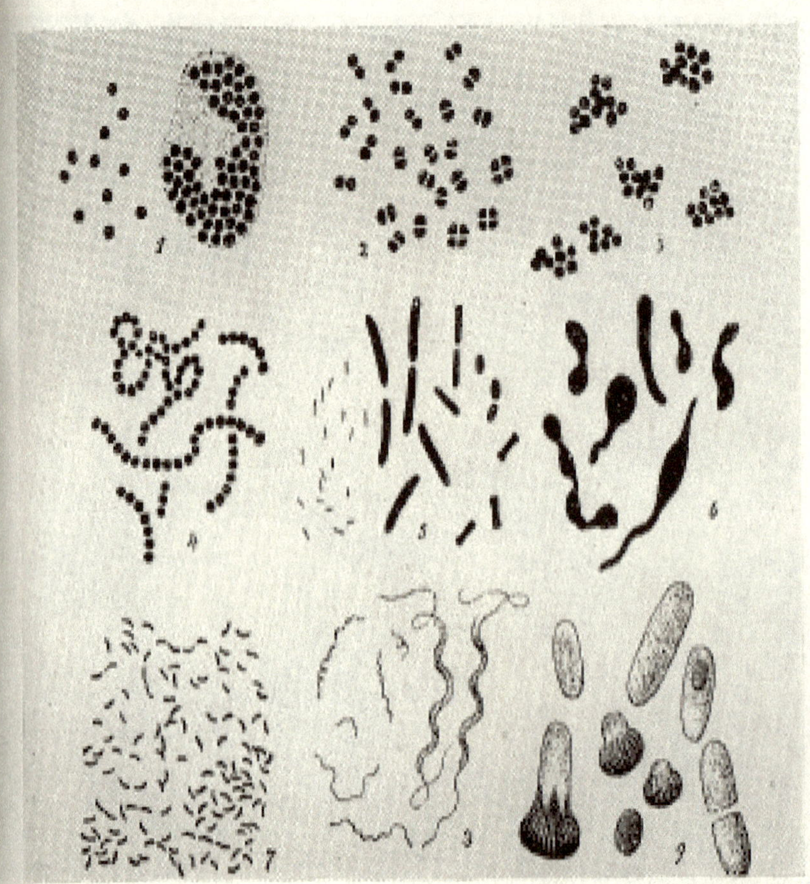

After Schottelius

See page 319

Various species of bacteria—illustrating the absence of form in unicellular organisms that grow in the dark

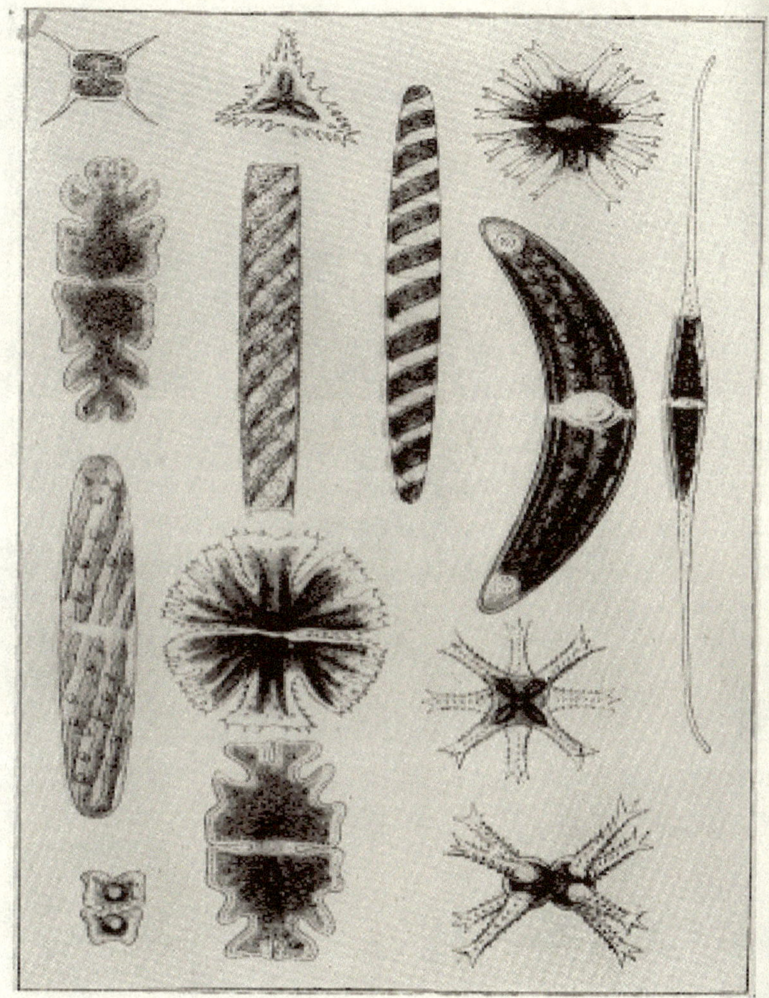

After Migula and Haeckel

See page 319

Various species of fresh-water algae —illustrating the formative power
of light displayed in chlorophyll-bearing unicellular organisms. (The
green parts appear dark in this reproduction)

PLATE A

(i)

The coupling of levity and gravity at the two poles of the electrical polarity, revealed by the vacuum-tube and by their distribution in the human organism

(ii)

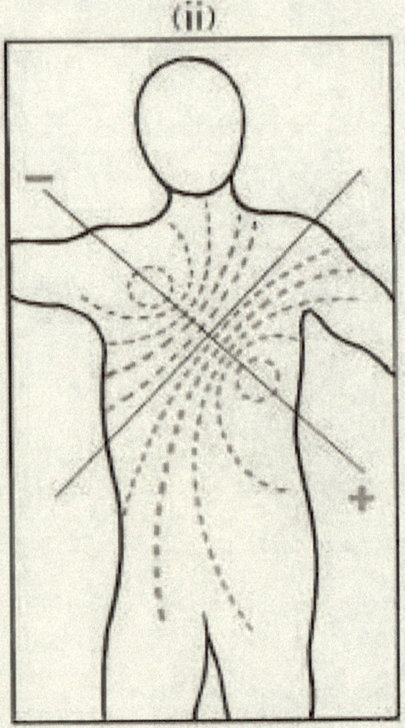

PLATE B

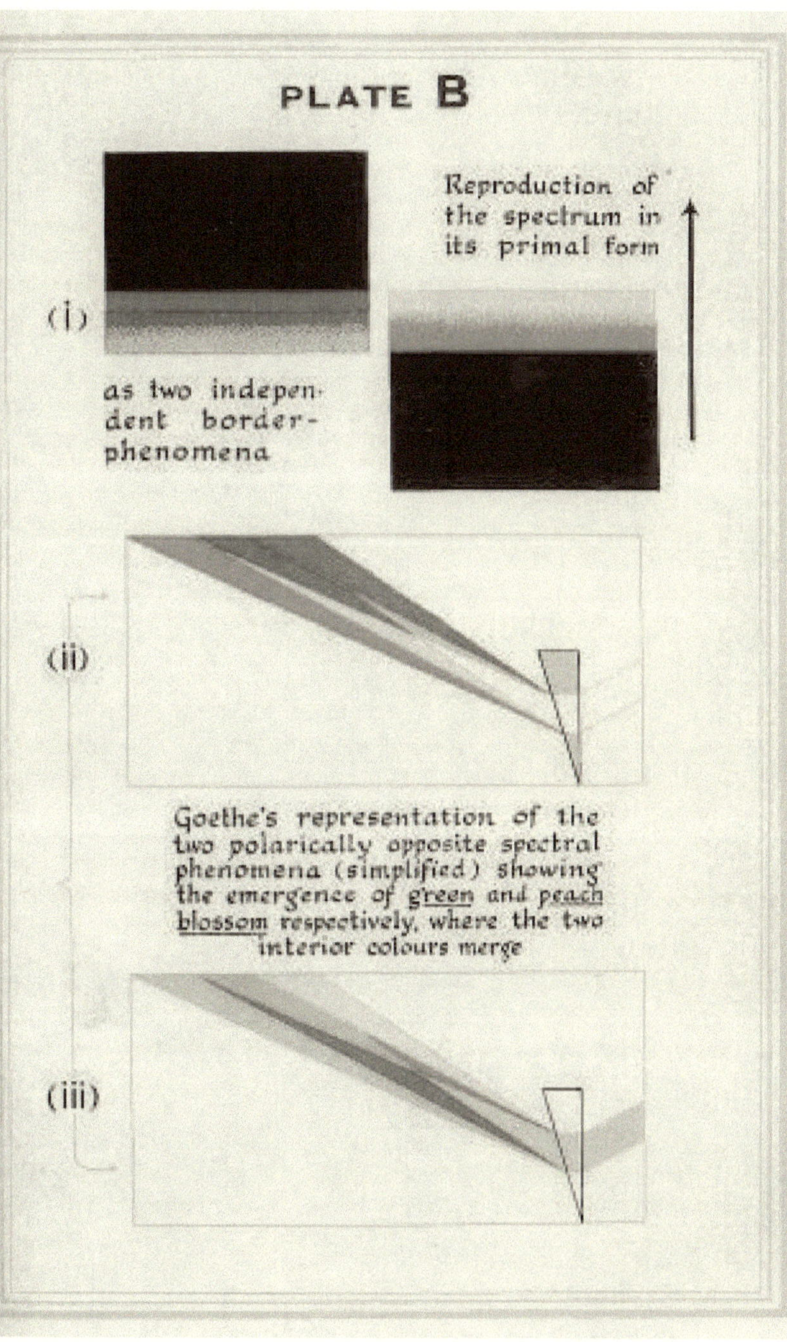

(i)

Reproduction of
the spectrum in
its primal form

as two indepen-
dent border-
phenomena

(ii)

Goethe's representation of the
two polarically opposite spectral
phenomena (simplified) showing
the emergence of green and peach
blossom respectively, where the two
interior colours merge

(iii)

PLATE C

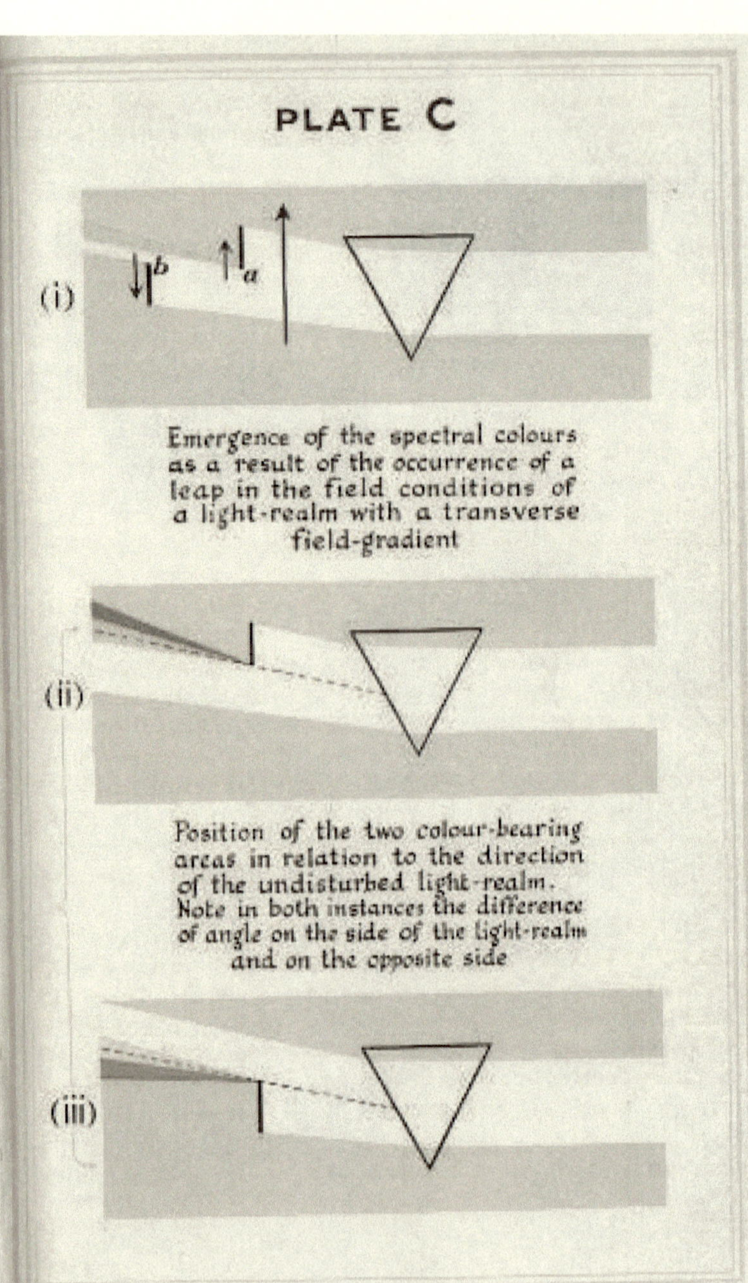

(i)

Emergence of the spectral colours
as a result of the occurrence of a
leap in the field conditions of
a light-realm with a transverse
field-gradient

(ii)

Position of the two colour-bearing
areas in relation to the direction
of the undisturbed light-realm.
Note in both instances the difference
of angle on the side of the light-realm
and on the opposite side

(iii)